HISTOIRE

DE LA VILLE ET DU CHATEAU

DE

S^T.-GERMAIN-EN-LAYE.

A PARIS,

Chez LEDOYEN, Libraire, Palais-Royal, Galerie vitrée, n° 214.

A

Mes Concitoyens.

ABEL GOUJON.

HISTOIRE

DE LA VILLE ET DU CHATEAU

DE

S^T^.-GERMAIN-EN-LAYE,

SUIVIE DE

RECHERCHES HISTORIQUES

SUR LES DIX AUTRES COMMUNES DU CANTON.

Quod potui feci; faciant meliora potentes.

SAINT-GERMAIN,

IMPRIMERIE D'ABEL GOUJON,

RUE DE PARIS, N° 41.

1829.

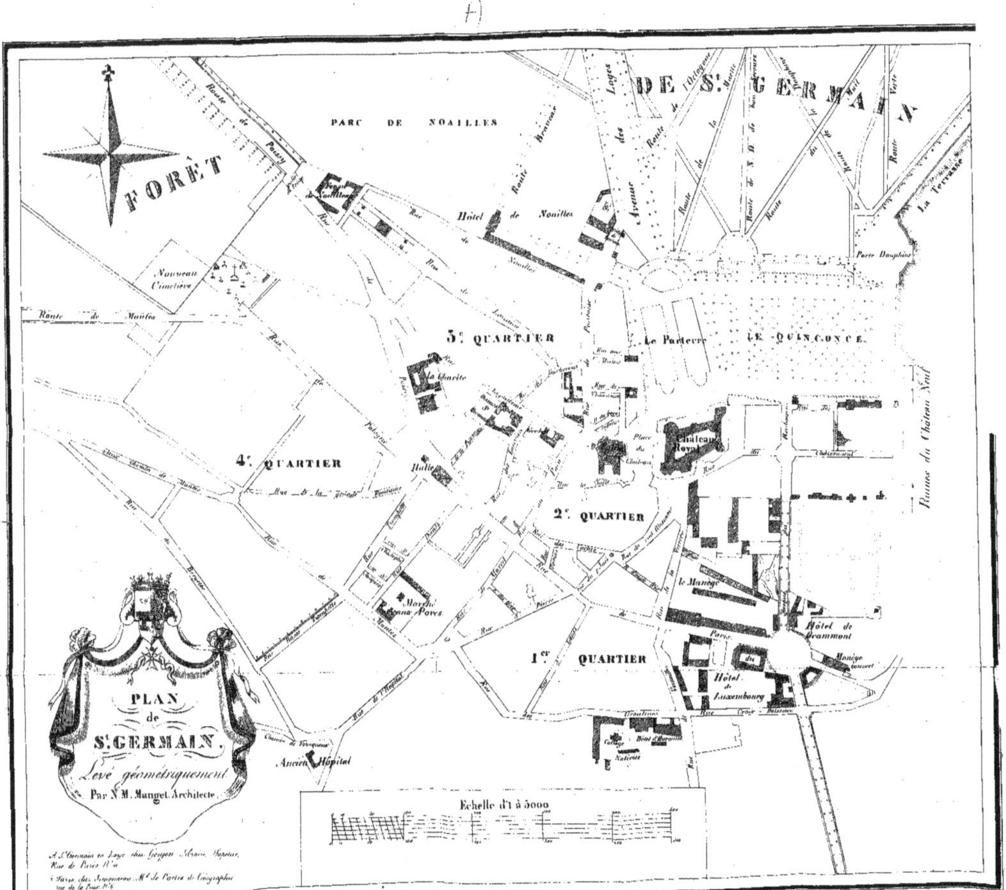

FORÊT DE S.T GERMAIN
PARC DE NOAILLES
Route de Passy
Hôtel de Noailles
Nouveau Cimetière
Route de Mantes
3.e QUARTIER
4.e QUARTIER
2.e QUARTIER
1.er QUARTIER
Le Parterre
LE QUINCONCE
La Terrasse
Porte Dauphine
Château Royal
Place du Château
Ruines du Château Neuf
la Charité
Halle
Marché
le Manège
Hôtel de Grammont
Hôtel de Luxembourg
Rue de Paris
Ancien Hôpital
Avenue des Loges
Echelle d'1 à 5000
PLAN de S.T GERMAIN.
Levé géométriquement Par N.M. Manget, Architecte.

PRÉFACE.

Les Annales des villes et des provinces ne sont que des matériaux pour l'Histoire générale. Il faut, en les écrivant, se livrer à des recherches, citer des chartes, des lettres-patentes, etc., à l'appui de ce qu'on avance; de là résulte cette sécheresse de style qu'on reproche à tous les ouvrages de ce genre; aussi ne doit-on pas s'attendre à trouver dans celui-ci une lecture agréable. Nous n'avons pu prétendre qu'à faire un livre utile, et rien n'a été épargné pour garantir l'authenticité des faits que nous rapportons. C'est aux auteurs contemporains que nous avons emprunté les anecdotes particulières, souvent même nous citons leurs propres paroles; quant aux événemens qui se sont passés récemment, nous avons puisé aux meilleures sources et consulté les personnes les plus capables de nous éclairer. Les administrations locales nous ont ouvert leurs archives, et lorsque nous n'avons pas été assez heureux pour obtenir les renseignemens qui nous étaient indispensables, nous nous sommes adressé aux autorités supérieures : elles nous ont accueilli avec bienveillance, et nous ont mis à même de rendre nos articles encore plus complets.

Nous avouerons qu'appréciant notre insuffisance, nous avons senti le besoin d'être secondé par les lumières d'un littérateur instruit, à qui nous devons une reconnaissance particulière, pour les soins qu'il a pris en nous aidant à élever un monument historique à une ville intéressante sous plusieurs rapports.

Si l'ouvrage que nous publions n'est pas entièrement *nôtre*, nous n'avons rien à nous reprocher sur les moyens que nous avons employés pour lui donner tout l'intérêt dont il était susceptible. Néanmoins, il est encore très possible que nous ayons commis des erreurs : s'il en existe elles s'y sont glissées à notre insu, et ont échappé à notre censure. Nous avons cherché à bien faire : si nous avons réussi, nous jouirons de notre succès sans orgueil ; si nous nous sommes trompé, nous subirons la critique sans humeur.

HISTOIRE

DE LA VILLE ET DU CHATEAU

DE

Saint-Germain-en-Laye.

PREMIÈRE PARTIE.

PREMIÈRE PÉRIODE.

(De 1015 a 1346.)

La forêt d'Iveline (1), célèbre dans les fastes de nos ancêtres, et l'une des plus vastes de la Gaule, occupait presque toute la Beauce, et se prolongeait vers le nord, en comprenant l'espace circonscrit par la Seine, depuis le village du Pecq jusqu'à Poissy. Là, devenant une forêt séparée, elle perdait son nom, et prenait celui de *Laye*, en latin *Ledia*, et par corruption *Lida*, *Leda*, *Lia*, *Lea*, *Leia*, *Laya*, et en langue vulgaire *Léé*, *Leie* et *Laye*.

Les moines, à qui la France doit ses défrichemens et ses premières cultures, portèrent la hache dans les profondeurs impénétrables de la forêt d'Iveline. Bientôt tombèrent avec fracas ces chênes mystérieux si chers aux Druides (2); bientôt parut aux rayons d'un soleil bienfaisant un terrain riche de tous les germes de la plus heureuse fécondité. Des moissons abondantes couvrirent ces plaines long-temps le repaire d'animaux farouches, dont l'espèce a péri entièrement en France, et qu'on ne retrouve aujourd'hui que sous des latitudes éloignées et sauvages.

La forêt d'Iveline disparut en grande partie. Les cantons qui échappèrent aux défrichemens, séparés par les habitations et les cultures, prirent des noms particuliers, empruntés des lieux qui les avoisinaient, et se nommèrent : la *forêt de Saint-Léger*, la *forêt de Dourdan*, les *bois de Rambouillet*. Il n'en resta qu'un seul, près de cette dernière ville; il a conservé, jusqu'à ce jour, le nom de la forêt primitive dont il est un démembrement.

On s'est fort attaché à chercher l'origine du nom que la forêt de Laye porte depuis plus de mille ans. En général les recherches de ce genre sont rarement utiles, et presque toujours ont pour résultat une incertitude plus grande encore qu'auparavant. Il ne faut, pour s'en convaincre, que rappeler les diverses conjectures étymologiques imaginées sur le mot *Laye*. Les uns prétendent qu'il dérive de celui de *Laya*, qui, en celtique, signifie *forêt*. Mais est-on bien sûr que *Laya*, avec sa physionomie toute latine, soit un mot celtique (3)? est-on bien sûr qu'il ait, chez les Celtes, signifié *forêt;* et ensuite, que dès son origine la forêt de Laye ait été ainsi désignée? Jacques Godefroi, dans son *Commentaire sur le Code Théodosien*, fait dériver cette appellation des *Lètes*, vétérans à qui il aurait été distribué des terres dans ces cantons; mais Ducange le reprend avec raison. Ne serait-il pas plus simple et plus vraisemblable de dire avec cet auteur, qu'en effet Laye vient de *Laya*, mais que *Laya* signifie souvent un chemin tracé dans une forêt, et quelquefois une forêt limitée par divers chemins. Cette étymologie, s'il en faut une, nous paraît préférable à celle qu'on prétend tirer de la grande quantité de sangliers et *laies* qui infestaient anciennement ces contrées (4). Au surplus, il est certain que sous le règne de Charlemagne, la forêt de Laye se nommait *Lida*. Irminon, abbé de Saint-Germain-des-Prés, dit que son abbaye y possède un canton de trois lieues de tour : *Habet in Lida de silva in gyro tres leucas* (*).

Nous ne pousserons pas plus loin ces investigations; ce serait surcharger notre ouvrage d'une érudition aussi fastidieuse que stérile.

Quelle que soit d'ailleurs l'origine du nom imposé à la forêt de Saint-Germain, ce qu'on sait, ainsi que nous l'avons déjà dit, c'est qu'elle s'étendait jusqu'à Aupec (aujourd'hui le Pecq), village qui faisait partie du fisc sous les rois de la première race. Sur toute cette côte il n'y avait d'église que celle de Saint-Vandrille, à Aupec,

(*) *Codex Erminon, abb.*, fol. 228.

appartenant à l'abbaye de Fontenelle, qui la tenait dès l'an 704, par un acte de la munificence du roi Childebert, confirmé en 845 par Charles-le-Chauve.

Le roi Robert, qui parvint au trône en 996, conçut et exécuta le projet de construire, sur la crête du côteau d'Aupec, une église sous l'invocation de saint Vincent martyr et de saint Germain évêque de Paris. Cette fondation ne peut être postérieure à l'année 1015; car des lettres-patentes de cette époque, trouvées dans les archives de l'abbaye de Colombs, font l'énumération des priviléges accordés à la nouvelle église par le pieux monarque (5). Ces priviléges, les mêmes que la dévotion quelquefois indiscrète de nos rois concédait aux maisons religieuses qu'ils érigeaient, étaient des dîmes, des redevances, des exemptions, et la juridiction temporelle sur les terres comprises dans leur circonscription.

D'anciens historiens ont donné à l'église de Saint-Vincent et Saint-Germain le nom de *Monasterium;* il ne faudrait pas en conclure qu'elle eut, dès son origine, une haute importance. Le mot *monasterium* ne signifie pas toujours, dans les vieux auteurs, une église desservie par des moines; il désigne aussi une église à laquelle sont attachés plusieurs ecclésiastiques, c'est-à-dire une de ces espèces de communautés qu'on nommait *Abbatiola*. Telle fut celle de Saint-Vincent et Saint-Germain-en-Laye à l'époque de sa fondation.

Aux donations et priviléges dont nous avons

parlé, le roi Robert ou ses successeurs joignirent, dans le siècle même de la fondation de l'église, la terre de Fillancourt, qui était en bas de la montagne, du côté du midi, l'autel d'Orgeval en Pincerais, celui de Borrant en Beauvaisis, et l'église de Sainte-Marine, dans l'île de Paris. Malgré tant de faveurs accordées ou confirmées par plusieurs souverains, peu de cénobites furent tentés d'aller se confiner dans une maison perdue et isolée au milieu des bois, pour n'être connus que de Dieu et de leur abbé. En 1220, cent cinq ou cent dix ans après sa fondation, cet établissement ne comptait encore que deux religieux.

Robert mourut le 20 juillet 1031, et Henri Ier lui succéda. Ce prince confirma et augmenta les priviléges et exemptions que son père avait accordés à l'église de Saint-Germain. Il abandonna aux religieux la dîme de blé et de vin qui appartenait aux cellier et grenier à sel établis à Poissy; il leur donna encore la dîme des mêmes denrées, à percevoir sur les bourgs d'Orgeval, Montfort et autres.

Depuis sa fondation, l'église de Saint-Vincent et Saint-Germain était dans une indépendance absolue de tout ordinaire. Imbert, évêque de Paris, et son chapitre, la trouvant à leur convenance, obtinrent, en 1040 et 1050, qu'elle serait possédée et gouvernée, tant au spirituel qu'au temporel, par les évêques de Paris. A l'occasion de cet arrangement, il fut expédié des lettres-patentes où toute l'origine du moutier ou monastère est rapportée. Mais l'évêque et les chanoines ayant reconnu le peu d'importance de cette concession, la donnèrent, dès avant 1060, à l'abbaye de Colombs ou Coulombs, diocèse de Chartres.

Les abbés de cette maison ne se montrèrent pas d'abord très-empressés à se charger du gouvernement du petit monastère de Saint-Vincent et Saint-Germain; mais Henri Ier étant mort le 29 août 1060, et Philippe Ier en ayant fait reconstruire les bâtimens, donna aux moines la dîme du blé qu'il possédait à Triel, et joignit à ce bienfait la seigneurie de Charlevanne, aujourd'hui Saint-Germain-en-Laye. Alors les bénédictins de Colombs le trouvant suffisamment doté, en prirent possession, l'érigèrent en prieuré, et y envoyèrent, un peu avant 1090, Ulric, qui paraît en avoir été le premier supérieur.

Des historiens, tant anciens que modernes, s'accordent à dire que ce fut vers l'an 1100, que plusieurs étrangers, attirés par la salubrité de l'air, la beauté de la perspective, la fraîcheur et l'ombrage des forêts, vinrent fixer leur demeure dans le voisinage du monastère et formèrent peu à peu le bourg de Saint-Germain. Il est permis de révoquer cette assertion en doute; ceux qui l'ont émise ont vu Saint-Germain tel qu'il fut plus tard et non comme il était alors. Nous ne pensons pas qu'on dût mettre beaucoup d'empressement à venir se fixer au milieu des bois, loin de toutes les commodités de la vie, sur un sol humide et pourtant privé d'eau. Le calme et le silence des forêts, une belle perspective peuvent charmer une population qui, regorgeant du nécessaire, cherche des jouissances plus délicates et plus nobles que celles que procurent les sens ; mais un peuple courbé sous le joug de la féodalité, abruti par l'esclavage et la misère, veut quelque chose de plus positif et de plus substantiel. Nous ne désavouerons pas que le prieuré de Saint-Germain n'ait été de bonne heure entouré de quelques chaumières : plusieurs chartes prouvent que, même avant 1100, les habitations y étaient devenues assez nombreuses pour que l'abbé de Colombs fût obligé d'y envoyer un prêtre exercer les fonctions curiales; mais il est à présumer que le vénérable pasteur n'eut à s'occuper que du salut de quelques pauvres bûcherons et de quelques serfs demi-nus, employés aux défrichemens, et que ce ne fut que plus tard, lorsque le pays plus civilisé offrit des agrémens, qu'il vit sa paroisse se peupler de gens aisés, qu'y attirèrent la salubrité de l'air et la beauté du site.

Quoiqu'il en soit, c'est de cette époque qu'on peut dater l'origine d'une ville qui, plus tard, devait être une résidence royale, et voir naître et mourir dans ses murs plusieurs des maîtres du monde. Cette grandeur future, prévue par Robert, prieur du monastère, l'engagea à demander à Louis-le-Gros la propriété du hameau situé près de son église. Le roi lui répondit très favorablement, et par une charte de 1124, il confirma tout ce que ses prédécesseurs avaient accordé aux religieux de Saint-Vincent et Saint-Germain : le droit de juger les crimes d'homicide et de larcin, et de faire infliger aux coupables les châtimens encourus par les lois.

C'est en vertu de cette dernière concession que le prieur prenait le titre de seigneur spirituel et temporel de Saint-Germain-en-Laye, et avait un bailli, un procureur fiscal, un greffier, un voyer, un sergent et d'autres officiers nécessaires pour le maintien et l'exercice de ses droits. Pour preuve de sa juridiction, ce prieur fit dresser des fourches patibulaires sur l'ancienne route de Poissy, dans un endroit de la forêt appelé le *Clos Victor*, devant le *Clos de Compiègne*, près de Saint-Léger, à l'endroit où la route de Mantes se réunit à l'ancienne route de Paris en Normandie. On y conduisait les condamnés par un chemin appelé *de Justice*, au bout de la rue de la Grande-Fontaine.

Il paraît que dans le treizième siècle les habitans de Saint-Germain étaient peu nombreux, ou du moins qu'ils étaient gens de bien, car de 1224 à 1268, le prieur n'eut qu'une fois à sévir contre eux. Cette dernière année, un voleur fut pendu après avoir été atteint et dûment convaincu de larcin.

Le château de Saint-Germain avait alors pour concierge un officier qui, mécontent de voir un ecclésiastique exercer les droits et les attributions de la puissance souveraine, abattit les fourches patibulaires. Le prieur en appela au parlement; il fut maintenu, par arrêt, dans le droit de *pendre les vilains*, et ses successeurs l'exercèrent plusieurs fois jusqu'à la fin du seizième siècle.

Plus tard, lorsque la nouvelle route de Poissy

fut ouverte par les soins de M. de Montchevreuil, maître particulier de la forêt de Saint-Germain, ou selon d'autres, lorsque Louis XIV réunit à cette forêt le clos de Compiègne, et fit construire des murs depuis la barrière de Pologne jusqu'à la porte des Dames de Poissy, les signes extérieurs d'un droit dont le prieur de Saint-Germain se montrait si jaloux, furent transportés à l'extrémité du territoire de sa juridiction et près du village de Fourqueux. On y parvenait alors par le chemin qui longe la propriété dite *la Maison verte*, et nommé encore, à cette occasion, *Chemin de Justice*, nom qui est resté au territoire qui l'avoisine.

L'Assemblée Constituante ayant aboli toutes les justices seigneuriales, les fourches patibulaires de Saint-Germain furent abattues : on voit encore aujourd'hui les pierres qui en supportaient les quatre piliers.

Anticipant sur l'ordre des temps, nous avons parlé du concierge du château de Saint-Germain avant de nous être occupé de ce palais. En voici l'origine.

Les rois de France faisant alors de fréquens voyages dans leurs états, se réservaient le droit de gîte dans les maisons religieuses dont ils étaient les fondateurs, quoique les habitations royales fussent très-nombreuses; car il eût été imprudent de confier leur personne à des vassaux souvent plus puissans qu'eux, presque toujours leurs ennemis, et qui leur auraient fait payer chèrement une hospitalité peu sûre (6). Le roi Robert, en érigeant l'église de Saint-Vincent et Saint-Germain, s'était attribué un droit semblable dans les bâtimens dont il avait ordonné la construction; mais on ne voit pas que ce prince et ses successeurs en aient fait un fréquent usage.

Louis-le-Gros ayant vaincu, en 1122, ou plutôt 1123, les ennemis que lui avait suscités Bertrade sa belle-mère, et terminé avec l'Angleterre une guerre dans laquelle il avait été battu une fois à Brenneville, et une autre fois devant les trois portes de Breteuil, conçut l'idée de bâtir, pour la sûreté du pays, un château fort à Charlevanne (7), entre Aupec et Ruel. Cette circonstance procura aux religieux du prieuré de Saint-Germain l'honneur de recevoir le roi dans les murs de leur monastère, où il habita les appartemens que Robert s'y était réservés.

Lorsqu'il s'agit de jeter les fondations de la construction nouvelle, le roi pensa être arrêté par une opposition. Le terrain de Charlevanne, sur lequel il se proposait de l'asseoir, avait été donné à l'église de Saint-Vincent et Saint-Germain par le roi Robert son fondateur. Un des moines du prieuré, appelé aussi Robert, en avertit le prince et produisit sous ses yeux la charte de donation. Louis répondit qu'il n'avait point l'intention de révoquer les libéralités que ses prédécesseurs avaient faites aux religieux de Saint-Germain, et que sa piété le portait, au contraire, à les confirmer et les accroître; mais comme il avait besoin du terrain de Charlevanne, il donna au prieuré, en échange, les églises dont nous avons parlé plus haut, et que l'évêque Imbert avait probablement remises au roi Henri Ier, en cédant à l'abbé de Colombs l'église de Saint-Germain; il y joignit les dîmes, et ordonna que, suivant l'usage, l'acte de donation fût déposé, en son nom et en celui de la reine, sur l'autel du prieuré.

Cette difficulté levée, Louis-le-Gros commença son entreprise. On ne peut dire précisément combien de temps il employa à l'achever, ni à quelle époque il en prit possession. D'après une charte de 1124, dont nous parlerons plus tard, et où il est fait mention du château de Saint-Germain comme d'un édifice déjà existant, on pourrait croire qu'il ne mit qu'un an ou deux à le construire. La première charte qui en fut datée est de 1143.

Cet édifice, bâti pour servir à-la-fois d'habitation et de défense, ressemblait à toutes les constructions du même genre, élevées dans le moyen âge en France et en Allemagne, et dont on trouve tant de débris, particulièrement sur les bords du Rhin. Suivant les règles de l'architecture militaire du temps, cette forteresse était flanquée de tours et environnée d'un fossé très large et très profond. Le rempart, fait d'une maçonnerie solide, était garni de créneaux et de meurtrières. On pénétrait dans l'intérieur par trois ponts-levis, dont l'un, d'une construction vraiment singulière, formait une arcade surbaissée sur toute la largeur du fossé, de manière que l'on pouvait sortir sans être vu, et que, quand il était levé, le fossé présentait toute sa largeur pour obstacle aux assaillans.

Durant la construction du château de Saint-Germain, Louis-le-Gros donna, en 1124, une nouvelle charte, qui prouve que ce prince scrupuleux croyait ne pas avoir assez indemnisé le prieuré pour la cession qu'il en avait obtenue du terrain de Charlevanne, et démontre encore que, dès ce moment, il y existait déjà un groupe de bicoques que l'on nommait *Saint-Germain*. D'après cette pièce, extraite des archives de l'abbaye de Colombs, le roi, étant à Saint-Germain, déclare « qu'il confirme à cette église la propriété de tous » les biens que ses prédécesseurs Robert, Henri et » Philippe lui ont donnés, principalement *totam* » *villam predictæ ecclesiæ adjacentem*, plus le mou- » lin de Fillancourt; outre cela, un muid de grain » que les moines se sont retenu par chacun an, sur le » moulin qu'ils ont permis à Barthelemy de Four- » queux de bâtir sur l'étang de Saint-Germain; leur » chauffage dans la forêt de Laye, et du bois pour » bâtir; l'usage de la glandée pour cent porcs dans » la même forêt, et quelques hôtes à Ruaucourt. » Le diplôme est ainsi daté : « *Actum publicè apud* » *sanctum Germanum.... in palatio nostro*, etc. (*) »

Charlevanne, dont Louis-le-Gros eut besoin pour construire son château, était un terrain situé vis-à-vis du prieuré; et il paraît, par tout ce que

(*) Lebeuf, *Histoire du Diocèse de Paris*, tome VII, page 213.

le roi donna en indemnité aux moines qu'il en dépossédait, que ses dépendances étaient assez considérables. En effet, outre la portion sur laquelle il assit ses bâtimens, il lui resta encore une surface assez étendue pour conserver ce qu'on appelait la *chaussée Charlevanne*.

Ce chemin, destiné à servir de communication de Carrières et du Mesnil à Bougival et Ruel, lorsque les débordemens de la Seine avaient rendu le chemin du bas impraticable, traversait Saint-Germain, en suivant à peu près la ligne où a été plus tard élevée la terrasse, aboutissait à l'endroit où fut construit le château, et arrivait à son but en passant à travers le Pecq. Divers chemins de traverse conduisaient, l'un à Saint-Léger, par la direction où est aujourd'hui la rue de Mantes, un autre rejoignait la route du Pecq pour le service des charrettes, un troisième se dirigeait sur l'emplacement qu'occupe à présent la rue de Versailles, pour rejoindre la grande route de Normandie. Par différens embranchemens ces chemins conduisaient aux villages voisins.

L'abbé Lebeuf, après avoir prouvé par des chartes qu'il y avait, environ cent ans après la fondation du petit monastère, un château tout proche, cherche de nouvelles autorités, conclut le fait des conférences que nos rois ont eues à Saint-Germain dans le douzième et le treizième siècle, puis ajoute : « Les conférences que nos » rois y ont eues (à Saint-Germain) dans ce » même siècle (le douzième) et dans le suivant,

» marquent bien clairement qu'ils y avaient un
» château ; en sorte que rien n'empêche de croire
» qu'il eût commencé à être bâti dès le temps du
» roi Robert, et que, peu à peu, il s'y forma une
» paroisse dans le hameau où ce château fut cons-
» truit, lequel hameau fut détaché de celui d'Au-
» pec (*). »

Sans doute on peut, si on le veut, ajouter foi à ce qui précède; mais rien non plus n'oblige à y croire. Les rois de France ont bien pu avoir, dans les douzième et treizième siècles, un château à Saint-Germain, sans qu'il ait été bâti par le roi Robert dans le onzième ; tout, au contraire, rend cette supposition douteuse : 1° Aucune charte, aucun diplôme ne fait mention du château de Saint-Germain avant l'acte de donation de 1124. 2° Rien ne prouve que Robert et ses deux premiers sucesseurs soient venus à Saint-Germain et aient habité soit les appartemens qu'ils s'étaient réservés dans le prieuré, soit dans le château que l'abbé Lebeuf permet de supposer bâti par le premier de ces rois. 3° Quand même Robert et ses deux premiers sucesseurs auraient fait quelque séjour à Saint-Germain, pourquoi ne pas penser qu'ils ont profité du droit de gîte qu'ils avaient au prieuré, et pourquoi vouloir qu'ils aient habité un château que rien ne prouve avoir existé alors ? 4° Si, dans les douzième et treizième siècles, et postérieurement à Louis-le-Gros, nos rois ont eu des conférences à Saint-Germain, s'ils ont daté de cette

(*) Lebeuf, *Histoire du Diocèse de Paris.*

résidence des chartes, des patentes, des ordonnances, comment ces actes prouvent-ils que le château qu'ils habitaient avait été élevé sur les débris d'un plus ancien, construit par le roi Robert? 5° Si ce n'est que depuis 1123 que l'on voit nos rois fréquenter habituellement Saint-Germain, et y séjourner dans le château construit par Louis-le-Gros, à quoi servait donc, avant cette époque, à leurs prédécesseurs, le château bâti par Robert, puisqu'ils n'ont pas même résidé momentanément à Saint-Germain ?

Il nous sera bien permis de penser que Louis-le-Gros, en se créant une habitation à Saint-Germain, la débarrassa des arbres qui l'environnaient, et donna l'ordre d'abattre ceux qui, depuis le château jusqu'à Aupec, couronnaient la côte, où, plus tard, il fut bâti un nouveau palais. Nous pouvons encore supposer que le roi fit tout ce qu'il était nécessaire pour jouir du magnifique point de vue qui se déployait sous ses yeux, et pour rendre Saint-Germain digne des hôtes qui devaient l'habiter.

Quoiqu'il en soit de tout ce que nous venons de dire, il est certain qu'à partir de cette époque, les rois de France firent souvent des voyages et de longs séjours à Saint-Germain, et, à chaque page de notre histoire, on trouve la preuve que les délicieux ombrages de la forêt de Laye étaient souvent recherchés par le prince et les personnes qui formaient sa cour.

« L'an 1141, Louis VII, dit le Jeune, se brouilla » avec Innocent II, au sujet de Pierre de la Châtre,

» que ce pontife avait nommé archevêque de Bourges
» (en 1140), sans la participation du roi. Les choses
» en vinrent au point qu'Innocent mit le royaume
» en interdit pour contraindre le monarque à re-
» connaître la Châtre. Louis s'en prit à Thibaut-
» le-Grand, comte de Champagne, qui avait donné
» retraite à ce prélat et excitait le pape à tenir
» ferme. Il entre à main armée sur les terres du
» comte, et marche droit à Vitry, qu'il prend et
» saccage d'une manière barbare ; treize cents per-
» sonnes furent brûlées dans une église où il fit
» mettre le feu (*). »

C'était un emportement de jeunesse : bientôt la réflexion fait place au repentir. Le jeune prince, rendu à lui-même, conçoit toute l'énormité de son action. Il pleure, il se désespère, il croit à tout moment voir la foudre prête à l'écraser ; il rentre dans ses domaines, et vient à Saint-Germain chercher un repos que ses remords l'empêchent de goûter. Il ne fut pas difficile, dans ces circonstances, de lui persuader de se réconcilier avec Rome. Il fait prier Célestin II, successeur d'Innocent II, mort le 24 septembre 1043, de lever l'interdit que son prédécesseur avait jeté sur la France. Le nouveau pontife y consent; mais, avant tout, il exige impérieusement que de la Châtre soit reconnu pour légitime possesseur du siége de Bourges. Le monarque obéit, et l'interdit est levé.

La même année, Louis VII confirma les dona-

(*) *Art de vérifier les Dates*, art. LOUIS VII.

tions et priviléges que ses prédécesseurs avaient accordés à l'église de Saint-Germain; et les premiers jours de 1169 furent témoins d'une de ces trèves éphémères qui, de temps à autre, suspendaient alors les hostilités entre l'Angleterre et la France.

Henri II, surnommé *Plantagenet*, roi d'Angleterre, après avoir ravagé le Vexin français, soumis le Poitou et la Guyenne révoltés contre lui, se disposait à entrer en France pour se venger de Louis, qui avait excité et soutenu la rébellion de ses sujets du continent. Mais, à la persuasion du duc de Saxe, qui, l'année précédente, avait épousé sa fille Mathilde, il consentit à écouter des paroles de paix, et à rendre visite, avec ses trois fils, au roi de France dans son château de Saint-Germain.

Le 6 janvier, au milieu de toute la pompe imaginable et de fêtes brillantes, les deux rois jurèrent la paix. Deux des fils de Henri rendirent hommage à Louis : l'aîné pour les comtés d'Anjou et du Maine, ainsi que pour la charge de grand sénéchal de France attachée à la maison d'Anjou; le second pour la Guyenne. Quant au troisième, Geoffroy, âgé de dix ans, investi du duché de Bretagne qui, suivant le traité de Charles-le-Simple avec Rollon, dépendait du duché de Normandie, il ne rendit aucun hommage parce qu'il relevait du roi son père.

Les protestations d'amitié que se prodiguèrent les deux monarques ne les trompèrent ni l'un ni l'autre; et, malgré des sermens solennels, ce ne fut point cette année là, comme le dit Mézerai dans son

Histoire de France, que la paix fut réellement conclue. La guerre ne prit fin qu'en 1176 ou 1177, par un traité dont le cardinal Pierre de Saint-Chrisogone, légat du pape, se rendit le médiateur.

On retrouve encore Louis VII à Saint-Germain en 1178. Ce fut là que, courbé sous le poids des infirmités, il assembla son conseil, et après avoir décidé plusieurs affaires importantes, forma la résolution de se rendre au tombeau de Saint-Thomas de Cantorbery, pour obtenir, par son intercession, la santé de Philippe, son fils, dangereusement malade. Ses vœux étant comblés, il s'embarque à Douvres, le 26 août 1179. Frappé d'hémiplégie à son retour d'Angleterre, il meurt à Paris le 18 septembre 1180, âgé de soixante ans. La gloire de son règne appartient tout entière aux grands hommes que la fortune, plutôt que son choix, lui donna pour ministres. Il abandonna les rênes du gouvernement au célèbre abbé Suger, et c'est ce qu'il fit de mieux.

Il paraît que la présence plus fréquente de nos rois et de leur suite à Saint-Germain, y avait attiré des habitans, et que, dès le milieu du douzième siècle, le bourg était déjà assez important pour mériter quelque attention. Nous avons vu comment l'évêque de Paris, Imbert, avant 1160, l'avait donné presque avec dédain à l'abbé de Colombs. Quand il fut devenu une résidence royale, Maurice de Sully, qui occupait le siége épiscopal de Paris, le revendiqua à Roger, alors abbé de Colombs, qui entendait le garder comme une dépendance de son monastère. « Dans ce différend, où chacun d'eux

» prétendait être maître absolu de la paroisse et du
» peuple de Saint-Germain, l'évêque soutenait que
» le monastère de Laye lui appartenait par dona-
» tion du roi Henri, et parce qu'il était situé dans
» son diocèse; que la disposition de la cure était
» aussi à lui, parce que les habitans étaient ses
» diocésains et qu'il leur avait préposé un prêtre
» depuis très long-temps. L'abbé prétendait que le
» monastère n'était pas dans le diocèse de Paris, et
» que c'était à lui qu'il appartenait, aussi bien que
» le droit paroissial de tout le lieu, et qu'un prêtre
» de sa part y avait joui tant de la cure que du
» monastère (*). »

Ce différend fut terminé la même année par deux arbitres. On statua que le monastère et la chapelle de Saint-Gilles (8), regardée par quelques écrivains comme antérieure à l'église de Saint-Germain et séparée d'elle, et que l'abbé Lebeuf croit être l'autel paroissial, prendraient à Paris le saint-chrême et les saintes huiles; que si l'église de Saint-Germain, ou quelques autels, et notamment la chapelle Saint-Gilles, avaient besoin d'une consécration nouvelle, elle serait faite par l'évêque de Paris, qui aurait également le droit de donner la tonsure à ceux de ses paroissiens qui voudraient entrer dans les ordres; que l'abbé Roger recevrait de l'évêque les pouvoirs spirituels et la charge d'âmes, et que ses successeurs requerraient de lui la même investiture dans l'année de leur bénédiction; que l'abbé

(*) Lebeuf, *Hist. du Diocèse de Paris.*

pourrait, s'il le voulait, charger des fonctions curiales l'un des desservans voisins compris dans le diocèse de Paris, soit le curé d'Aupec, soit celui de Mareil, ou tel autre prêtre qu'il jugerait convenable; qu'enfin, s'il s'élevait quelque difficulté sur les mariages, elle serait terminée par l'évêque de Paris, et que, pour marque de soumission et de respect, l'abbé de Colombs ferait hommage d'un besant (9) à chaque évêque de Paris, l'année de son élévation à l'épiscopat.

Du reste, l'abbé de Colombs fut, pour ce qui regardait le prieuré de Saint-Germain, maintenu dans toutes les franchises et tous les priviléges qui avaient été précédemment accordés à cette fondation royale. Il fut décidé que le monastère ne serait *ni tenu au droit de synode*, *ni assujéti à celui de visite*, ni soumis à aucun autre droit envers l'évêque, l'église, le doyen ou l'archidiacre, dont il fut déclaré indépendant, comme il l'avait été jusque-là; que si l'évêque venait au monastère, il y serait reçu, mais sans procession, sans qu'on lui fournisse de procuration, et sans avoir le droit d'exiger des otages.

Cette sentence arbitrale, prononcée par Osmond, chanoine de Paris, et Milon, archiprêtre de Milan, mit fin aux contestations; elle était exactement observée dans le siècle suivant. Vers l'an 1210, sous l'épiscopat de Pierre-de-Nemours, l'abbé de Colombs vint trouver l'évêque de Paris à Saint-Victor, reçut de lui l'investiture spirituelle de la cure de Saint-Germain, et lui offrit le besant qui était le gage de sa soumission.

Philippe-Auguste, parvenu au trône le 18 septembre 1180, aima, comme ses prédécesseurs, le riant séjour de Saint-Germain, et y passa la plus grande partie des instans qu'il ne consacra pas à ses voyages ou n'employa pas à ses guerres. Il y était en 1189, et très probablement en partit pour la croisade qu'il entreprit en 1190, et à laquelle il resta à peine un an. A son retour, en 1191, il y vint se reposer de ses fatigues, et le 18 mars 1192, en partit précipitamment, à l'insu de ses courtisans, pour aller à Bray, faire bonne justice de quelques juifs qui avaient mis à mort un chrétien. En 1200, il y ratifia un traité de paix avec Regnault, comte de Boulogne. Un des articles de ce traité stipulait le mariage de la fille du comte avec l'héritier présomptif de la couronne. On retrouve ce prince à Saint-Germain en 1207 et en 1212. En novembre 1219, il y signa un traité avec le connétable Mathieu de Montmorenci. La même année, et peut-être à une date antérieure à celle de ce traité, il y accorda divers priviléges à l'Hôtel-Dieu de Gonesse. En mai 1220, il y était encore, ainsi qu'au mois de juillet 1222. L'abbé Lebeuf ajoute qu'il y fit son testament en 1224; mais cette date est une erreur, car il est certain que ce prince termina sa carrière à Mantes, le 14 juillet 1223.

Rien ne nous apprend si Louis VIII, fils et successeur de Philippe-Auguste, fit ou non de fréquens voyages à Saint-Germain. Ce prince ne régna que trois ans et quatre mois, et fut occupé, pendant ce court espace de temps, à soutenir la guerre contre

Henri III, roi d'Angleterre, qui, au lieu d'assister à son sacre comme vassal, lui avait fait donner sommation de lui rendre la Normandie. A la prière du pape, il tourna ses armes contre les Albigeois, s'empara des dépouilles du comte de Toulouse, sur lesquelles Amauri et Gui de Montfort, fils et frère de Simon, qui avaient fait la conquête du comté, lui avaient cédé leurs droits, et dont le légat du pape lui conféra l'investiture. Tant d'événemens dans un temps aussi court ne permirent guère à ce prince de jouir des délassemens qu'offrait la campagne. Mort à Montpellier, le 8 novembre 1226, il laissa la couronne à son fils, que nous retrouverons plusieurs fois à Saint-Germain.

Lous IX, né à Poissy le 25 avril 1215, parvenu au trône le jour de la mort de son père, sous la régence et tutelle de la reine Blanche, sa mère, eut une affection particulière pour les bois et le château de Saint-Germain, si nous pouvons en juger par les longs et fréquens séjours qu'il y fit avec sa cour.

Dès la première année de son règne, en novembre 1227, ce prince y donna une patente en faveur de l'abbaye de Saint-Antoine-des-Champs. En avril 1228, il marqua sa bienveillance pour les habitans de Saint-Germain, d'Aupec et de Fillancourt, par une charte sur laquelle nous allons nous arrêter.

Les habitations royales n'étaient pas meublées alors. Le concierge chargé de les garder n'avait d'autre surveillance à exercer que celle qu'exigeait la conservation des murs et des toits des bâtimens. Lorsque le roi voulait en occuper momentanément une, ses officiers prenaient l'avance, et enlevaient chez les paysans des environs les matelas, coussins, couvertures et meubles nécessaires au service du roi et des personnes de sa suite. Les habitans des villages voisins du château de Saint-Germain étaient assujétis à ces sortes d'emprunts forcés. Louis IX, par la charte d'Avril 1228, les en affranchit sans réserve; à la seule charge par eux d'adresser au ciel leurs vœux pour le repos des âmes du roi son père, de la reine Blanche et de la sienne.

Vers l'an 1225, un nommé Regnault, ou Renault Larcher (10), qui avait été attaché à la maison de Philippe-Auguste, fonda et dota de ses deniers, dans un terrain vague, situé au midi, et sur l'emplacement où furent plus tard l'église et le couvent des Récolets, un petit hôpital et une chapelle, sous l'invocation de saint Éloi, pour le repos des âmes de Philippe-Auguste, son maître, de Louis VIII, et de la sienne. Louis IX, touché de la piété de ce fidèle serviteur, confirma la fondation par un acte du mois d'octobre 1229, daté de Saint-Germain; et comme la rente avait été assignée par le donataire aux prieur et religieux de Saint-Germain, chargés de desservir la chapelle, le roi la réunit au domaine du prieuré, en se réservant, à lui et à ses successeurs, le droit de la transporter ailleurs, en cas que le prieur et ses religieux vinssent à négliger les obligations qui leur étaient imposées par Regnault.

En juillet 1231, Louis IX donna à Saint-Germain

une charte qui peut servir à faire connaître les mœurs de l'époque.

Dans les guerres que se livraient entre eux les grands et petits vassaux de la couronne, en vertu du droit public alors en usage, les domaines de l'Église étaient souvent ravagés, et plus d'un troupeau de pieux cénobites des deux sexes fut réduit à errer à l'aventure loin de son asile dévasté, et quelquefois réduit en cendres. Ces fiers sujets, dont quelques-uns étaient plus puissans que leur maître, bravaient sans crainte les foudres de l'excommunication, lorsqu'un riche moutier se trouvait sur leur chemin et offrait matière à un pillage abondant. Le seul parti que les moines eussent alors à prendre était de se mettre sous le patronage temporel du roi ou de quelque puissant baron qui faisait souvent payer chèrement sa protection, mais qui, par son pouvoir, les mettait à l'abri d'être pillés ou mis à contribution par d'autres. Pendant qu'il était à Saint-Germain, en juillet 1231, les chanoines réguliers de l'abbaye chef-d'ordre de Prémontré prièrent Louis IX de les prendre sous sa protection immédiate et spéciale. Ce prince voulut bien leur accorder cette grâce et leur expédier des lettres de sauvegarde. L'histoire ne dit pas si cette abbaye célèbre en fut plus respectée.

En 1232, ce prince était à Saint-Germain, mais il n'y fit rien de remarquable. Sept ans après, il s'y signala par une action dont sa piété eut à s'applaudir. Baudouin II, empereur de Constantinople, avait fait un emprunt aux Vénitiens, et pour garantie leur avait donné la sainte couronne d'épines. Le moment de rembourser était arrivé, l'empereur ne pouvait le faire; les Vénitiens se montraient pressans et menaçaient de livrer ce dépôt sacré à des Juifs qui leur offraient un bénéfice assez fort. Louis IX résolut d'arracher cette précieuse relique à la profanation et d'en enrichir son royaume. Il négocia avec Baudouin, obtint de se substituer à sa place, et satisfit, par des sommes très considérables pour le temps, les avides exigences des Vénitiens. Enfin, le 11 août 1239, le pieux monarque alla au-devant de la sainte couronne de Notre-Seigneur jusqu'auprès de Sens, et la porta lui-même, la tête et les pieds nus, depuis Vincennes jusqu'à Paris, où elle fut placée dans la Sainte-Chapelle du Palais.

Il reste dans une appellation encore en usage aujourd'hui, un témoignage vivant du séjour du roi Louis IX et de la reine Blanche, sa mère, au château de Saint-Germain. On sait que l'église, et plus tard le château, furent bâtis sur la crête d'un côteau assez escarpé, et sur lequel il était très difficile de se procurer de l'eau. Quand le roi Robert fonda le prieuré, il fit creuser, pour l'usage des religieux, un puits d'une grande profondeur, qui, fermé depuis, est sans doute le même que celui qui fut rouvert à diverses époques pour la construction de l'église neuve. Lorsque Louis VI fit élever le château, il fit creuser dans la cour un second puits également profond et qui subsiste encore. L'eau de ces puits étant alors, et même encore aujourd'hui, de mauvaise qualité, les habitans de Saint-Germain, les religieux et la cour elle-même se voyaient forcés de s'approvisionner à la Seine qui coule au pied du côteau, au rû de Buzot, à quelques sources dont plusieurs ont été détournées ou ont disparu, et surtout à une fontaine qui est l'objet de la digression que nous faisons ici.

Cette fontaine, située à mi-côte, et nommée encore aujourd'hui *de la Pissotte*, dut son nom et sa fortune à Guillaume de la Pissotte, un des officiers de la reine Blanche, qui mit son eau en faveur à la cour. La mère de Louis IX, qui la trouvait saine et légère, n'en voulait point d'autre pour sa table, et tous les jours, les gens de service allaient y puiser celle qui était nécessaire à la consommation de la reine et des personnes de sa suite.

La fontaine de la Pissotte a long-temps conservé sa réputation. Louis XIV lui-même en aimait beaucoup les eaux, et des hommes envoyés de Versailles venaient en remplir de grandes bouteilles de plomb pour la table du monarque.

Cette disette d'eau, et la difficulté de s'en procurer, sont une des causes les plus puissantes de l'état de faiblesse, où resta si long-temps la population du bourg formé autour du château et du prieuré de Saint-Germain; il ne faut donc pas s'étonner si, malgré la présence de la cour, elle n'a pas pris un accroissement plus rapide.

Le malheureux Baudouin qui venait offrir la pourpre romaine aux mépris des peuples d'Occident, et mendier des secours pour ne recevoir que des dédains, parut à la cour de France et fut logé, en 1247, au château de Saint-Germain. On en trouve une espèce de preuve dans l'inventaire des choses précieuses de la Sainte-Chapelle, où il est dit que cet empereur y souscrivit un acte par lequel il donnait à Louis IX plusieurs reliques. Ce présent, joint au vœu que ce saint monarque avait fait durant une maladie, paraît l'avoir décidé à porter la guerre en Palestine.

Le 28 septembre 1266, douze ans après être revenu de son expédition d'Orient, Louis IX accorda sa fille Blanche avec Ferdinand, infant de Castille, et la cérémonie eut lieu à Saint-Germain, où la cour se trouvait alors.

Aussitôt que son père, mort à Tunis le 25 août 1270, eut été inhumé à Saint-Denis, le 22 mai 1271, Philippe-le-Hardi se retira à Saint-Germain. On a des lettres de l'an 1272, par lesquelles la reine Marguerite, veuve de saint Louis, renonce à la jouissance de la terre et forêt de Saint-Germain; ce qui prouve qu'elle habitait alors le château.

Deux monumens, datés de Saint-Germain, nous apprennent que Philippe-le-Hardi y fit au moins plusieurs séjours. Le premier est un acte du mois d'octobre 1278, portant confirmation des lettres de Richard Ier, roi d'Angleterre, qui exemptent les religieux de l'abbaye de la Luzerne et leurs sujets de tout impôt pour les marchandises qui leur appartiendraient; le second, de 1284, est une pièce servant de lettres de sauvegarde, portant que l'abbaye de Moyssac est sous la protection royale, et que ce qui appartient au roi dans la ville de ce nom, sera inséparablement uni à la couronne.

Philippe-le-Bel, successeur de son père mort à Perpignan le 6 octobre 1285, se plût autant que ses ancêtres dans le gracieux séjour de Saint-Germain, et vint souvent s'y reposer au retour des fréquens voyages qu'il faisait dans son royaume. En septembre 1287, il y donna des lettres qui confirment celles qui avaient été accordées à l'abbaye de Saint-Germer-de-Flaix. Par ces lettres, cette abbaye est mise sous la sauvegarde royale, et les marchandises qui lui appartiennent sont déclarées exemptes d'impôts. Nous dirons, par forme de parenthèse, que les lettres confirmées par Philippe-le-Bel, ne portant point de date et n'indiquant point de quel roi elles sont émanées, paraissent, par leur style et leur forme, très-suspectes aux érudits.

En mars 1290, le même prince donna des lettres confirmatives de celles d'Alphonse, comte de Poitiers, qui portaient que les affaires de la communauté et des habitans de la ville d'Yssoire ne seront plus jugées par les *petits baillis* de la province d'Auvergne, mais par le connétable, le comte, ou des commissaires nommés par lui. Ces lettres sont datées de Saint-Germain.

En 1300, le prieur de Saint-Germain, qui se félicitait d'avoir recouru au parlement, trente-deux ans auparavant, s'y adressa derechef pour une nouvelle affaire. Dans sa requête il expose que les rois de France ont accordé au prieuré de Saint-Germain toute la dîme des vins et des grains qui doivent se verser aux celliers et greniers de Poissy,

Triel et Charlevanne ; mais que depuis la fondation de l'abbaye de Poissy, il éprouve dans ses revenus une diminution considérable. La cour accueille cette réclamation et fixe, en 1306, le revenu de ces dîmes à sept livres de rente.

On retrouve encore, en 1301, Philippe-le-Bel à Saint-Germain, où il passa la plus grande partie du mois de novembre. Il y était le 6 août 1302, et en 1304, pendant la semaine de la Pentecôte, au mois de juin. Quelques auteurs se sont trompés en avançant qu'il avait bâti le château.

Louis X, dit Hutin, qui monta sur le trône le 29 novembre 1314, pour en descendre après un règne d'un peu plus de dix-huit mois, a aussi habité le château de Saint-Germain. Ce qui est constaté par les procès-verbaux d'une assemblée générale qu'il y tint en 1315. Là, entouré du grand chancelier, des conseillers laïcs et ecclésiastiques, et assisté des évêques de Sens et de Noyon, des abbés de Saint-Denis et de Saint-Germain-des-Prés, il fit différens réglemens relatifs à la justice et à la police du royaume.

Ce prince étant mort le 8 juillet 1316, selon les savans auteurs de l'*Art de vérifier les Dates*, en laissant enceinte la reine Clémence, fille de Charles-Martel, roi de Hongrie, qu'il avait épousée en secondes noces le 15 août 1315, Philippe-le-Long, second fils de Philippe-le-Bel, venu de Lyon à Paris, tint dans son palais une assemblée des douze pairs de France et d'autres seigneurs, où il fut déclaré régent du royaume. « Quant à la France, dit Viguier,

» les barons ordonnèrent que, si la reine accou-
» chait d'un fils, elle serait gouvernée par Phi-
» lippe-le-Long, jusqu'à ce que le jeune prince
» eût atteint l'âge de vingt-quatre ans » (d'autres disent dix-huit ans, et une ancienne chronique, seulement quatorze); « mais que si la reine ac-
» couchait d'une fille, Pilippe-le-Long jouirait du
» trône sur-le-champ. »

Clémence ayant donné le jour, le 15 novembre 1316, à un fils qui mourut le 19 du même mois, Philippe fut proclamé roi. Deux princes du sang, Charles, comte de la Marche, et Eudes IV, duc de Bourgogne, avaient affecté de ne point se trouver au sacre, et prétendaient que l'avénement de Philippe au trône blessait les droits légitimes de Jeanne, fille de Louis Hutin, héritière, selon eux, de la couronne. Le roi assembla, le 2 janvier 1317, à son retour de Reims, les trois ordres de l'État, qui déclarèrent d'une voix unanime que *les lois et coutumes inviolablement observées parmi les Français excluaient les filles de la couronne*. Philippe rédigea cette déclaration en forme d'ordonnnance, la publia à Saint-Germain, en juin de la même année. Elle devint depuis loi de l'État, et le titre en vertu duquel, onze ans plus tard, la branche collatérale des Valois parvint au trône de France.

En juillet 1317, Philippe-le-Long était encore à Saint-Germain et réglait par des lettres-patentes le ressort de l'abbaye de Saint-Maixent.

Charles IV, dit Le-Bel, dont le règne commença le 3 janvier 1322, pour finir le 31 du même mois

1328, ne négligea pas le château de Saint-Germain, que la résidence de plusieurs rois avait consacré à la cour de France. On trouve la preuve du séjour qu'il y fit dans deux actes de juillet 1324. Par le premier, il confirme les lettres que Louis Hutin avait publiées à Saint-Germain en mars 1315, pour fixer les limites de la juridiction royale dans le duché de Bretagne. Par le second, il renouvelle les lettres de février 1296, par lesquelles le roi Philippe-le-Bel accorde au duc de Bretagne et à ses hoirs, de ne pouvoir être ajournés par simples ajournemens, tant par-devant lui que par-devant ses juges, qu'en cas d'appel pour défaut de droit, faux jugement et autres cas dépendant de la souveraineté. Le même acte confirme des lettres données en mars 1316, par Philippe-le-Long, portant à peu près comme les précédentes, que le duc de Bretagne ne pourra être ajourné par-devant le roi ou ses juges qu'en cas d'appel ou cas concernant la souveraineté.

On trouve des preuves de la présence de Philippe de Valois à Saint-Germain dès la première année de son règne. Par lettres-patentes de 1328, il déclare prendre sous sa sauvegarde et protection royale l'abbaye de Joyenval, ordre de Prémontré. Au mois de novembre de l'année suivante, il renouvelle, par une ordonnance datée de Saint-Germain, les dispositions de celle publiée par le roi Louis IX, en avril 1228, contre les hérétiques; et dans le même mois il approuve une espèce de réglement rédigé par un inquisiteur des huguenots, et dont voici les principales dispositions :

1° Les maisons qui auront servi de retraite à l'hérésie seront détruites et ne pourront plus être rebâties.

2° Les enfans et petits enfans des hérétiques, et ceux qui seront suspects d'hérésie, seront privés de tous offices publics.

3° La prison de Carcassonne, où les hérétiques sont détenus, sera réparée aux dépens du roi, et les sommes nécessaires aux travaux seront fournies par les receveurs des amendes.

4° Les ducs, les comtes, les barons, les sénéchaux, les baillis et les autres officiers obéiront aux inquisiteurs et à leurs commettans, et feront exécuter leurs sentences.

5° L'intention d'aucun de nos rois n'a été d'empêcher l'office de l'inquisition par aucune lettre.

Nous remarquerons, en passant, combien sont dans l'erreur ceux qui pensent que l'odieux tribunal de l'inquisition ne fut jamais établi en France d'une manière authentique et légale. Ces lettres, il est vrai, donneraient lieu de penser qu'il n'y était que toléré; mais pour une institution semblable la tolérance équivaut à un titre.

En avril 1331, Philippe de Valois, étant à Saint-Germain, ordonna l'exécution des lettres par lesquelles il avait exempté des droits d'aide, les marchandises et les vivres qui entreraient à Tournai et qui en sortiraient.

Le 15 du même mois, ce prince rétablit, par lettres datées de Saint-Germain, l'ancien usage de la Chambre des Comptes de Paris, touchant la taxation des mémoires des magistrats qui avaient été envoyés en commission pour le roi. Cette pièce curieuse, dont nous allons rapporter un fragment, prouve que c'est depuis long-temps qu'on a l'habitude, bien ou mal fondée, d'accuser les gens de robe d'un amour un peu désordonné pour l'argent.

L'ancien usage était que les commissaires royaux présentassent, à leur retour, leurs comptes de frais et dépens à la Cour des Comptes, qui les discutait et ne leur allouait que ce qui leur était dû. Mais il paraît que quelques-uns de ces comptables trouvant que cette cour les jugeait trop sévèrement, se dispensèrent, sous divers prétextes, de fournir leurs pièces, et se firent rembourser sur parole, ce qui, sous tous les rapports, tournait à leur avantage.

« Moult y a desdiz commissaires, » disent les lettres-patentes, « qui ont dit et affirmé qu'ils ne
» sçauroient ou pourroient monstrer les parties de
» leurs dépens, pour ce que aucuns dient que leurs
» clercs sont morts, et si aucun dient que il ont leur
» *escrips perduz*, ou que il ne sçauroient faire es-
» crire les parties de leurs dépens, ou que il n'en
» porroient la paine souffrir; et par ce, veulent
» conclure à avoir granz et grosses taxations, pour
» chascune journée, et cette taxation faite, laissoient
» aucune fois de leurs gens et de leurs chevaux, pour
» plus espargner. Parquoy nos besoingnes sont au-
» cunes fois faites moins souffisamment, pour espar-

» gner, et demeurent aucune fois plus de temps et de
» jours qu'ils ne deussent. Et pour obvier à toutes ces
» nouvelles choses et moult d'autres inconvéniens
» qui ensuir s'en pourroient à nostre domage, nous
» vous deffendons que, contre la teneur de ladite
» ancienne manière de compter avec lesdiz com-
» missaires, vous ne souffrez désormais être faites
» taxations pour journées et à yceux, ençois leurs
» comptez leurs dépens raisonnables selon la ma-
» nière dessus escripte. »

Par lettres du mois de mai 1332, datées de Saint-Germain, Philippe de Valois déclare prendre sous sa sauvegarde particulière l'abbesse et le couvent de Saint-Cyr, près Versailles; et, dans le mois de septembre suivant, il fit une déclaration portant que, lorsqu'il plaît au roi de remettre aux évêques le temporel de leurs bénéfices, avant qu'ils aient rendu hommage et fait serment de fidélité, s'il vaque quelque bénéfice en régale, la collation en appartiendra néanmoins au roi, qui en disposera tant que le prélat n'aura pas rendu son hommage ou fait le serment de fidélité.

Ce prince, étant à Saint-Germain, confirma, le 29 janvier 1340, les priviléges de Lille en Flandre; et, dans le mois de février suivant, ceux de la ville de Douai. S'il quitta le château durant cette année, il y passa les trois années suivantes.

En 1341, le 20 avril, il ordonna, par lettres-patentes, que les habitans des comtés d'Anjou et du Maine ne pourraient être contraints de plaider au Parlement, si ce n'est en cas de défaut de droit, d'appel et de mauvais jugement. Au mois de mai de la même année, il donna des lettres portant que l'abbaye de Saint-Gilles en Provence, et toutes ses dépendances, ressortiraient immédiatement du sénéchal de Beaucaire. Il accorda, le 6 avril 1342, divers priviléges à la ville de Puy-Mirol en Agénois; et, dans le même mois, il décida par ordonnance que tous les procès concernant l'abbaye de Saint-Denis et de ses membres, mus dans l'étendue de la prévoté et vicomté de Paris, et dans le bailliage de Senlis, seraient jugés en premier ressort au Parlement.

Des lettres de Philippe de Valois, datées de Saint-Germain, l'an 1343, règlent en quelle monnaie il entend que ses décimes et rentes lui soient payées, et comment les citoyens, débiteurs les uns envers les autres devront se libérer mutuellement. Nous donnons ici une partie de cette pièce, dont le singulier début nous prouve que les rois de France, au quatorzième siècle, n'étaient rien moins que les maîtres de la fortune et de la vie de leurs sujets, et que si l'un d'eux eût osé dire, comme le fit plus tard le plus orgueilleux de leurs successeurs, *l'État c'est moi*, il eût encouru l'animadversion publique.

Voici ce préambule : « Nous recordans en nostre
» cüer, la très grant obéissance que touz-jours a eu
» à Nous, nostre pueple qui tres gratieusement nous
» a aidié et secouru en toustes les requestes que
» Nous li avons fait faire pour la nécessité de nos
» guerres... »

Après ces expressions assez humbles, le roi ordonne d'acquitter ce qui lui sera dû à la Toussaint

« en *un bon groz tournois d'argent*, pour *trois sols* » *parisis*, en un *florin à l'escu*, pour *trante-six* » *sols parisis*, et en nostre menuë *monoie noire* que » Nous faisons faire à présent, *à la valüe et se-* » *lon le cours* que donné li avons, par nosdites » Ordenances. Et depuis ledit jour de la *Toussainz* » *et en avant*, en tele et si forte monoie et pour tel » prix comme il queurt à présent. » Suit la disposition, qui règle que le paiement des rentes et loyers sera effectué entre personnes nobles et non nobles sur la base établie ci-dessus. Ces dernières lettres pourront servir aux curieux à évaluer le cours des monnaies sous le règne de Philippe de Valois.

Nous retrouvons encore ce prince à Saint-Germain le 18 avril 1346 : par une lettre patente il y confirme des priviléges accordés antérieurement aux sergens des foires des provinces de Champagne et de Brie ; mais il est à présumer que ce fut le dernier acte de pouvoir souverain que ce monarque y exerça cette année, si fatale à la ville et au château.

L'année précédente la guerre s'était allumée entre la France et l'Angleterre. Édouard, descendu en Normandie, après avoir pris et brûlé Harfleur, Cherbourg, Montebourg, Valognes, Carentan, s'avança sur Caen, que défendaient le comte d'Eu, connétable de France, et le comte de Tancarville, *avec gendarmes à foison*, suivant l'expression de Froissard. Trop de confiance en la valeur des habitans, qui montrèrent d'abord beaucoup de résolution et s'effrayèrent ensuite, causa la perte de la ville, qui ne coûta guère aux Anglais que les frais d'une première attaque et la peine de s'en emparer.

Après avoir, pendant trois jours, livré Caen à la fureur du soldat, qui y fit un butin immense, Édouard prit la route d'Évreux; mais comme cette ville était en état de défense il ne l'attaqua point. Il se rabattit sur Louviers qu'il réduisit en cendres; de là il marcha vers Rouen, défendu par le comte d'Évreux et le comte de Harcourt, mais il n'osa l'assiéger. Remontant ensuite le long de la Seine, il brûla Pont-de-l'Arche, Vernon, Mantes, Meulan, et vint jusqu'à Poissy, laissant partout des traces sanglantes de son passage. Philippe, qui s'était avancé jusqu'aux portes de Rouen lorsque les Anglais partirent de Caen, suivit l'ennemi de l'autre côté de la Seine, et arriva à Paris en même temps que le roi d'Angleterre entrait à Poissy. Cependant, des détachemens de l'armée anglaise pénétrèrent dans le pays Chartrain, et revenant brusquement sur leurs pas, pillèrent et brûlèrent Saint-Germain-en-Laye, Nanterre, Ruel, Saint-Cloud, Neuilly et la tour de Montjoye, que le roi avait fait réparer depuis peu.

Séparé de son ennemi par la rivière, et réduit à voir, du haut des tours de Notre-Dame, l'incendie des environs de sa capitale, Philippe rassembla à Saint-Denis toutes les forces de son royaume, en prit le commandement, et, trompé par de faux avis qu'Édouard lui fit donner, vint placer son camp à Antony. Le roi d'Angleterre saisit cette occasion favorable pour réunir ses troupes, faire rétablir le pont de Poissy qui avait été détruit pour lui fermer le passage, et de là gagner la Picardie, où Philippe le retrouva dans les champs de Crécy.

Il parait que ce fut le prince de Galles, connu sous le nom de *Prince noir*, qui eut le commandement des corps détachés qui ravagèrent les environs de Paris; car on lit que ce jeune héros, rappelé par son père, après avoir occupé quelque temps le château de Saint-Germain, y fit mettre le feu en se retirant ainsi qu'au prieuré et à l'église, et qu'il n'épargna pas même les maisons de plaisance des environs.

De quelle importance était Saint-Germain lorsqu'il éprouva ces désastres? C'est ce qu'aucun monument ne peut bien clairement nous apprendre. Il est toutefois certain que le château existait, et que ceux qui en attribuent la fondation à Charles V sont dans l'erreur. Nous avons déjà vu un de ses concierges faire abattre, en 1268, les fourches patibulaires dressées par ordre du prieur du monastère, et fournir matière à un procès où le Parlement reconnut et maintint des droits acquis. Il existait, d'ailleurs, dans le prieuré de Hennemont, cette épitaphe gravée sur une tombe:

« Ici reposent les cendres de Robert de Meudon,
» concierge du château de Saint-Germain-en-Laye,
» décédé l'an 1320 de Notre-Seigneur. »

A ces preuves se joignent les chartes, les lettres-patentes, et les ordonnances que nous avons citées plus haut et qui démontrent jusqu'à l'évidence que nos rois possédaient, long-temps avant Charles V, une maison à Saint-Germain, et qu'ils y faisaient de longs et fréquens séjours. Il y a plus, cette maison était environné d'un parc où probablement le roi et sa cour se livraient au plaisir de la chasse et de la promenade. On lit dans un inventaire de l'an 1331, la quittance que donna un certain Jean Hazard, du prix qu'il reçut d'un héritage enfermé par ordre du roi dans le parc de Saint-Germain : « *Quittatio Johannis Hazard ratione sui hereditagii inclusi per Dominum Regem in clausurá Sancti Germani in Laya.* » Ceux qui pensent que le parc de Saint-Germain date du règne de François Ier se trompent donc.

Il est possible, il est même très probable que les rois successeurs de celui qui bâtit le château, y firent des augmentations et des embellissemens; mais l'histoire est muette sur leur importance ainsi que sur l'état de la population de Saint-Germain. Nous verrons que, même au seizième siècle, ce lieu n'était considéré que comme un village.

On pourrait penser que le voisinage d'une habitation royale aurait dû contribuer à son accroissement; mais il ne faut pas juger de la cour de ce temps par celle des rois d'une époque plus récente. Le monarque vivait en famille, au milieu de ses seuls officiers, qui tous logeaient au château, et dont le nombre était si petit que certains banquiers de nos jours rougiraient de ne pas avoir une suite plus nombreuse. Ainsi, le séjour de la cour à Saint-Germain n'a pas nécessité la construction de beaucoup de nouvelles habitations autour du château; le bourg, abandonné aux seuls moyens qu'il possédait par lui-même, ne s'accrut que lentement.

Il paraît que l'incendie qui consuma Saint-Germain, ne détruisit pas entièrement le château, ou que, du moins, il fut assez promptement mis en état de recevoir de nouveau le roi et la cour; car, Philippe de Valois étant mort le 22 août 1350, Jean II, son fils unique et son successeur, se trouvait, en mai 1351, à Saint-Germain, où, après avoir confirmé les priviléges de la ville de Montpellier, il donna des lettres de sauvegarde royale à la ville de Roye en Picardie. Ces deux actes sont les seules pièces qui constatent le séjour de ce prince à Saint-Germain.

DEUXIÈME PÉRIODE.

(De 1347 a 1589.)

Le château de Saint-Germain resta fort endommagé pendant dix-sept ans environ, et jusqu'à l'instant où Charles V, reconnaissant combien il était nécessaire à la défense de Paris, en entreprit la réédification. Christine de Pisan, dans la vie de ce prince, dit de lui : *Moult fit réédifier notablement le chastel Saint-Germain-en-Laye.*

Mais quelle est l'époque où Charles commença à reconstruire ce château ? Les uns la fixent au 25 mai 1363, d'autres la placent en 1367. Cette dernière opinion paraît la mieux fondée ; car, comment supposer que ce prince, qui en 1363 n'était que dauphin, et ne jouissait par conséquent que d'un pouvoir emprunté, se soit permis de faire élever une citadelle dans un royaume dont il n'était pas encore le maître ?

Charles V fit démolir la plus grande partie de ce qui pouvait subsister encore du château de Louis-le-Gros, et éleva le sien sur le même terrain et à la même place. Seulement il réserva deux grosses tours restées aux deux extrémités du bâtiment, et tant que durèrent les travaux, ce prince se confina dans l'une d'elles, que ses aïeux avaient coutume d'habiter. On éleva sur l'autre une guérite couverte de plomb, où fut placée une horloge avec une cloche dont le son pouvait retentir dans toute la forêt durant les chasses.

On ne peut faire une description exacte de ce château, ni indiquer l'état où il était quand il sortit des mains de Charles V : de nombreuses constructions y ont été ajoutées depuis, et comme le temps a donné la même teinte à tous ces bâtimens, on ne peut guère distinguer ce qui appartient aux différens règnes. Du reste, lorsque nous serons arrivés à celui de François Ier, qui y fit faire de grands travaux, nous entrerons dans de plus longs détails.

En faisant reconstruire le château, Charles V pourvut aussi à la réédification de sa chapelle. Dans le même temps, il fit abattre les restes du vieux château de Poissy, et la chapelle, qui était desservie par des religieux d'Hennemont, fut réunie à celle de Saint-Germain.

Nous avons dit que le château, le prieuré et le bourg n'étaient approvisionnés d'eau que par deux puits malsains, la rivière de Seine et le ru de Buzot qui coulent au loin, et quelques sources situées au pied de la côte. Pour obvier aux inconvéniens dont on avait à souffrir pendant les sécheresses, Charles V fit reconnaître des sources qui existaient dans la forêt de Marly, et établir une conduite qui en prenait les eaux par trois branches, dont la principale traversait le territoire de l'abbaye de Joyenval, et les amenait, ainsi que les deux autres, par un seul aquéduc, à un regard situé à Montaigu, d'où elles arrivaient à Saint-Germain par des tuyaux.

Il paraît que le roi passa une partie de l'année 1378 au château de Saint-Germain. Le 7 août, il accorda à des étrangers divers priviléges et permissions qui les autorisaient à demeurer six ans dans les villes d'Amiens, Abbeville et Meaux, pour y faire le commerce et la banque.

Le 9 du même mois, il donna des lettres portant que moyennant un prêt de vingt mille francs que lui feraient les juifs de la langue d'Oyl, et deux cents francs qu'ils s'engageraient à lui payer chaque semaine, ils seraient affranchis des redevances, censives et autres droits auxquels ils étaient tenus envers lui.

Le même jour, il déclare que les juifs convertis ne pourront intenter d'actions contre leurs anciens co-religionnaires, ni les dénoncer aux tribunaux, sans avoir produit caution et avant une information préalable. Par cette ordonnance pleine de sagesse, Charles V fait voir qu'il sait bien que les renégats sont les ennemis les plus acharnés du culte qu'ils ont trahi, et il veut mettre un frein aux accusations perpétuelles que sont toujours prêts à élever contre leurs anciens frères, des hommes empressés à donner des gages au parti qu'ils ont embrassé.

Le 26 novembre suivant, ce prince ordonne qu'il sera fait une nouvelle fabrication d'espèces, et payé cent cinq sols pour chaque marc d'argent livré aux hôtels des monnaies.

Toutes ces pièces, datées de Saint-Germain, prouvent le séjour qu'y fit Charles V.

Charles VI, monté sur le trône de son père le 16 septembre 1380, ne paraît à Saint-Germain que le 27 juin 1386, pour donner un mandement qui fixe le prix de l'argent, et porte qu'il sera fabriqué de petits deniers parisis. En 1390, ce prince passe une partie de la belle saison dans cette ville. Le 11 avril il y donne des lettres par lesquelles il institue des généraux des finances, règle leurs attributions, et fixe l'autorité dont il entend les revêtir. Le 3 août il y publie d'autres lettres portant défense d'exercer la médecine et la chirurgie à ceux qui n'en sont pas jugés capables, et le 18 du même mois, il donne de nouvelles lettres sur les finances qui dérogent à celles du 11 avril.

On apprend de quelques historiens contemporains, qu'il arriva cette même année à Saint-Germain un événement dont le récit aura du moins un mérite : celui d'interrompre l'ennuyeuse nomenclature des lettres et ordonnances que nous sommes forcé de citer ici pour prouver le séjour que nos rois ont fait au château, et de nous donner la mesure des progrès que l'esprit humain avait faits à cette époque. Voici cet événement tel qu'il est rapporté par l'abbé Lebeuf :

« Vers le milieu du mois de juillet de l'année » 1390, le roi et la reine Isabeau de Bavière étant » allés prendre l'air au château de Saint-Germain- » en-Laye, à l'heure que l'on chantait la messe » devant eux, et que le conseil était assemblé d'un » autre côté pour aviser à mettre de nouveaux im- » pôts et à établir une taille générale, le ciel, qui

» était serein, s'obscurcit en peu de temps l'espace
» d'une lieue seulement, qui faisait le tour du châ-
» teau; et il survint une infinité d'éclairs et de
» coups de tonnerre. Le vent brisa toutes les fe-
» nêtres et mit en morceaux tout le vitrage de la
» chapelle de la reine qu'il porta jusqu'aux pieds
» de l'autel. On fut obligé de cesser le chant pour
» finir plus tôt la messe, de crainte que le vent
» n'emportât la sainte hostie. Tout le monde se jeta
» par terre; le conseil même cessa. Les plus grands
» arbres de la forêt furent arrachés, et on rapporta
» à la cour que le tonnerre était tombé entre Saint-
» Germain et Poissy, sur quatre officiers du roi,
» dont il avait consumé les os et le dedans du corps,
» en sorte qu'il ne leur était resté que la peau, qui
» était noire comme du charbon. Ce mal inopiné,
» arrivé dans ce canton, fit un grand bien au peuple
» du royaume. La reine remontra que le ciel s'était
» opposé à l'établissement de l'impôt, et cette
» princesse, qui était près d'accoucher, obtint qu'il
» n'y en aurait point (*). »

Qu'un violent orage ait éclaté dans le mois de juillet à Saint-Germain, c'est ce qui ne peut étonner; mais que la foudre et la tempête se soient déchaînées sur un point du globe pour préserver toute la France d'un impôt onéreux, ainsi que le crut la superstitieuse Isabeau, c'est ce qu'on peut raisonnablement révoquer en doute.

Charles VI, par lettres-patentes datées de Saint-

(*) Lebeuf, *Histoire du Diocèse de Paris*, tome VII, page 219.

Germain, le 5 octobre 1391, prit sous sa sauvegarde royale l'évêque et le chapitre de Tréguier. L'année suivante, il arriva un événement qui donnera une idée de l'autorité dont jouissaient nos rois et de la confiance qu'elle inspirait. Le 13 juin 1392, jour de la fête du Saint-Sacrement, ce prince tenant cour ouverte à Paris à l'hôtel Saint-Paul, avait passé une partie de la journée à voir les joutes qui furent suivies d'un bal qui se prolongea fort avant dans la nuit. Le connétable de Clisson ayant pris congé du prince, se retirait accompagné de huit hommes. En traversant la rue Culture-Sainte-Catherine, des inconnus armés de toutes pièces se jetèrent à travers son escorte, éteignirent les flambeaux que portaient ses gens, et cherchèrent à le saisir lui-même. Clisson pensa d'abord que c'était le duc d'Orléans qui voulait, par une fausse attaque, s'amuser à ses dépens et préparer pour le lendemain un sujet de plaisanterie; mais les cris de mort, poussés par Pierre de Craon, chef des assassins et son ennemi mortel, ne le laissèrent pas longtemps dans l'erreur. Les hommes de sa suite furent dispersés; quant à lui, couvert de blessures, dont aucune heureusement n'était mortelle, par la précaution qu'il prenait de porter sous ses vêtemens une cotte de mailles, il tomba sans connaissance et baigné dans son sang. Pierre de Craon et ses complices le croyant mort, prirent la fuite. Le roi n'eut pas plus tôt appris cet attentat qu'il vola sur le lieu de la scène. Après s'être assuré que la vie du connétable n'était point en danger et avoir vu poser le premier appareil sur ses blessures, il le quitta au point du jour, en lui disant : *Pensés de vous, et ne vous souciez point de rien; car oncques délit ne fut si cher amendé sur les traîtres comme celui-ci sera, car la chose est mienne.* Quelques jours après, le roi convoqua un conseil à Saint-Germain, afin de lui demander son avis sur les moyens qu'il convenait d'employer pour faire justice de l'assassin, qui s'était réfugié à la cour du duc de Bretagne; mais les seigneurs de la Rivière et de Nogent, complices de Pierre de Craon, redoutant les suites de l'attentat auquel ils avaient participé, eurent l'audace d'environner le château de gardes pour en défendre l'entrée à ceux que le roi y avait convoqués. Les membres de ce conseil, craignant que l'autorité royale ne fût pas assez forte pour les soutenir, n'osèrent forcer le passage pour se rendre à leur poste; et Charles, prisonnier de ses sujets dans son propre palais, ne vit arriver aucun de ceux qu'il avait appelés autour de lui. Le conseil n'eut pas lieu, et Pierre de Craon finit par obtenir sa grâce pendant les troubles qui suivirent la démence du roi.

Voici encore une anecdote empruntée à l'abbé Lebeuf :

« La reine et le duc d'Orléans y étant (à Saint-
» Germain) le 12 juillet (1405), allèrent se prome-
» ner dans la forêt. Il survint alors un vent furieux
» avec une si grosse pluie, que ce duc fut contraint
» d'aller se mettre à couvert dans le carrosse de la
» reine. Les chevaux, épouvantés, prirent le mors
» aux dents et coururent vers la rivière où ils se

» fussent précipités, si l'adresse du cocher n'était » venue à bout de les arrêter (*). »

Cet événement, peu important d'ailleurs, prouve que la cour passait l'été à Saint-Germain, que les carrosses étaient en usage dès les premières années du quinzième siècle, et que le *coche* de Catherine de Médicis n'est pas, comme quelques-uns l'ont dit, le premier qu'on ait vu en France. Au surplus, si les carrosses étaient connus sous Charles VI, ils n'étaient pas nombreux, même à la cour, et l'on ne s'y servait point encore de voitures de voyage; car, lorsque ce prince éprouva sa première attaque de frénésie, les gens de sa suite ne trouvèrent pas de voiture plus commode, pour le ramener au Mans, qu'une *charrette à bœufs*.

Le 5 septembre 1408 fut fatal à Saint-Germain. Il y tomba, du côté du Vexin, une grêle presque toute de la grosseur d'un œuf d'autruche (**). Les contemporains ne disent pas quel en fut le résultat; mais, sans doute, elle causa de grands dégats.

Pendant les troubles qui affligèrent si cruellement la France, lors de la maladie de Charles VI, les ducs de Berry, de Bourbon et de Bourgogne, occupés à se disputer une autorité douteuse et précaire, dont leur titre de parens du roi les rendait dépositaires, ne pensèrent guère à habiter le château de Saint-Germain. La tradition rapporte que Henri V, roi d'Angleterre, ayant fait une descente en Normandie, et pris, en 1419, le fort de Meulan et celui

(*) Lebeuf, *Histoire du Diocèse de Paris*, tome VII, page 220.
(**) *Ibid.*

de Poissy, s'empara également de Saint-Germain où il fit un *copieux butin*.

L'épée de Charles VII ayant déchiré l'infâme traité dicté à Troyes par une reine impudique et haineuse à un roi atteint de frénésie, qui plaçait la couronne de saint Louis sur le front d'un étranger, les Anglais, poussés de poste en poste, furent chassés, en 1435, des environs de Paris. Le château de Saint-Germain, ainsi que les places environnantes, rentrèrent sous la puissance de leur souverain légitime.

Trois ans après il retomba entre les mains des Anglais par la trahison d'un religieux. Voici comment l'auteur du *Journal de Paris sous Charles VI et Charles VII*, rapporte cet événement :

« Un religieux de Sainte-Geneviève, prieur de » Nanterre, nommé *Carbonnet*, parvint à se con- » cilier l'amitié du capitaine du château de Saint- » Germain. Il entrait privément dans l'intérieur de » cette forteresse, sans inspirer la moindre méfiance; » il savait où les clés des principales portes étaient » déposées. Un jour il les prit furtivement (sans » doute pour en faire fabriquer de semblables), » et, sans être aperçu, les remit à leur place. Muni » de ses fausses clés, le prieur Carbonnet se rendit » promptement à Rouen, s'adressa au comte de » Varwick, qui commandait dans cette ville, et lui » promit de le rendre maître du château de Saint- » Germain, s'il consentait à lui donner trois cents » saluts d'or. Le comte de Varwick accepta la pro- » position; le moine partit avec une troupe anglaise » et l'introduisit dans le château. La trahison fut

» connue : environ quinze jours après, le religieux » fut arrêté et condamné à être détenu perpétuelle- » ment dans une prison, chargé de fers, et réduit » au pain et à l'eau. »

La même année, Charles VII, soit qu'il voulût épargner le sang qu'il aurait fallu verser pour reprendre le château de Saint-Germain de vive force, soit qu'il le considérât comme une propriété particulière entre les mains du capitaine anglais qui y commandait, et à qui il avait été donné, le racheta de lui à prix d'argent, et y mit garnison française.

Depuis cette époque jusqu'au règne de François Ier, l'histoire est muette sur la ville et le château de Saint-Germain; on sait seulement qu'en 1448, Charles VII, après avoir levé de nombreuses troupes, attaqua la Normandie et s'en rendit maître. Richard de Marbury, qui commandait pour les Anglais à Gisors, livra cette place au roi, et le monarque, pour le récompenser de ce service, lui donna la capitainerie du château.

« Au milieu du siècle suivant, il y eut à Saint- » Germain un prieur qui mérita d'être mentionné » par nos historiens. Les chroniques de Saint-Denis, » Monstrelet et Gaguin, racontent que ce prieur, » nommé Guillaume Edeline ou Hedelin, lequel, » auparavant, avait été augustin et était docteur en » théologie, fut arrêté à Évreux, en 1453, pour » crime de magie. On l'accusait de quelques pactes » faits pour avoir la faveur d'une dame. Il reconnut » qu'il s'était donné au diable, qu'il avait assisté au » sabbat, au consistoire des malins esprits, et qu'il

» s'y était transporté à l'aide d'un balai sur lequel » il montait. Il revint de son erreur, et fut condamné » à une prison perpétuelle, au pain et à l'eau.

» Je n'aurais point fait mention de ce prieur, si » ces trois historiens, dont deux étaient religieux, » n'en avaient parlé avant moi (*). »

Jamais la démence des sortiléges ne fut plus en crédit que dans les temps d'ignorance : c'est pourquoi elle régna si fort parmi nous dans les treizième et quatorzième siècles. Elle y fit des progrès sous Catherine de Médicis; c'était un des fruits de sa patrie transplanté en France. Grâces soient rendues à Louis XIV, qui, par une déclaration de 1672, défendit à tous les tribunaux d'admettre les simples accusations de *sorcellerie*. Cette mesure la discrédita absolument. « Car les peuples voyant que la ma» gistrature croyait au sortilége, n'en était que plus » invinciblement persuadés de son existence : par » conséquent, plus on poursuivait les sorciers, plus » il s'en formait (**). » Dans un siècle aussi éclairé que le nôtre on ne croit plus aux sorciers; il n'y a guère maintenant que les simples et quelques courtisanes de bas étage, qui aillent chez les devineresses se faire dire ce qu'on nomme *la bonne aventure*.

Louis XI et Charles VIII ne nous ont laissé aucun monument qui nous apprenne s'ils ont ou non habité Saint-Germain. On a une preuve certaine que le

(*) Lebeuf, *Histoire du Diocèse de Paris*, tome VII, pag. 215.

(**) Voltaire, *Essai sur l'esprit et les mœurs des nations*, t. I, pag. 155, édit. de Kehl.

premier, qui passa la plus grande partie de sa vie dans son château de Plessis-les-Tours, « fit don à » Jacques Coitier, président en la chambre des » comptes et son premier médecin, par lettres- » patentes expédiées au mois de septembre 1482, » des places, château, prévoté et seigneuries de » Saint-Germain-en-Laye et Triel, qu'on appelait » d'ancienneté la *chatellenie de Poissy*. Quelques- » uns ajoutent que ce médecin en fut dépouillé à la » mort de ce prince, par arrêt du parlement (*). »

En quelque année que Saint-Germain soit redevenu une habitation royale, il est constant qu'il était rentré au domaine de la couronne en 1514, car ce fut le 18 mai de cette année qu'y fut célébré le mariage de François d'Orléans, comte d'Angoulême, et depuis roi de France, avec Claude de France, fille de Louis XII et d'Anne de Bretagne. « La reine » Anne l'avait empêché tant qu'elle vécut, par haine » pour la mère du comte (**). » Étant morte à Blois le 9 janvier de cette année, les mariés parurent en habits de deuil aux cérémonies de leur mariage.

Parvenu au trône le 1er janvier 1515, François Ier fixa d'abord son habitation ordinaire au château de la Muette, qui était alors au moins aussi important que celui de Saint-Germain. Cependant il transportait de temps en temps sa cour à ce dernier, et son fils Henri II y naquit le 31 mars 1518.

On trouve depuis cette époque de nombreuses preuves du séjour de ce prince à Saint-Germain:

(*) Lebeuf, *Histoire du Diocèse de Paris*.

(**) *Art de vérifier les Dates*.

Madelaine de France, sa première fille, mariée à Jacques V, roi d'Écosse, le 1er janvier 1536, y naquit le 2 août 1520. Le 31 janvier de l'année 1521 il y créa, par une ordonnance, la chambre des enquêtes du parlement, régla le nombre d'officiers qui devaient la composer, fixa leurs appointemens et leurs attributions. Le 22 janvier 1522, Saint-Germain vit naître Charles, duc d'Orléans, de Bourbon, d'Angoulême et de Chatellerault, troisième fils de François Ier. Marguerite de France, fille du même roi, qui fut mariée, le 9 juillet 1559, à Emmanuel Philibert, duc de Savoie, était née au château le 5 juin 1523. Cette année-là, le roi confirma, par un acte authentique, les priviléges de l'abbaye de Saint-Denis.

Après la brillante et malheureuse affaire de Pavie, le 24 février 1525, François Ier, captif à Madrid, n'y fut point traité par Charles-Quint avec les égards dus à son rang : il se vit contraint à d'énormes sacrifices pour racheter sa liberté. Le 14 janvier 1526, il signa un traité de paix qu'heureusement il n'eut point le tort d'exécuter ; mais en rentrant en France, il avait donnné pour otages ses deux fils, le dauphin et le duc d'Orléans. Différens événemens ayant apporté des modifications aux stipulations de Madrid, les choses changèrent de face et se réduisirent à une simple affaire d'argent. L'empereur Charles-Quint ayant mis à prix la liberté des deux jeunes princes français, leur père, aidé par Henri VIII, roi d'Angleterre, put se procurer des sommes que son royaume épuisé était hors d'état de lui fournir ; il paya donc en 1530 la rançon fixée. Au mois de juin de la même année, ce prince part de Saint-Germain « et va au-devant de ses deux » fils, que les Espagnols ramenaient au même lieu » où ils leur avaient été remis le 21 mars 1526. » Éléonore, sœur de l'empereur et veuve d'Emma- » nuel, roi de Portugal, les accompagnait pour » consommer son mariage avec François Ier, à qui » elle avait été fiancée par le traité de Madrid. Le » roi les reçoit le 3 juillet, et le lendemain il épouse » Éléonore dans l'abbaye de Veyen, entre Capjoux » et Roquefort de Marsan (*). »

François Ier, la nouvelle reine et les deux enfans de France, vinrent directement à Saint-Germain ; ils y furent reçus avec des acclamations universelles. La joie publique alla croissant au mariage de Henri d'Albret, roi de Navarre, avec Marguerite de Valois, duchesse d'Alençon, sœur du monarque. Les deux époux reçurent la bénédiction nuptiale dans la chapelle du château.

En 1534, François Ier était au château de Saint-Germain, où il rendit beaucoup d'ordonnances concernant la police et le bien du royaume. Par l'une d'elles il enjoignit aux gouverneurs de provinces de faire une levée de quarante-deux mille hommes avec lesquels il entreprit sa troisième guerre, força le passage des Alpes que lui refusait le duc de Savoie, et entra en Italie pour venger la mort de Merveille, son ambassadeur secret auprès du duc de Milan,

(*) *Art de vérifier les Dates.*

Laroque Del.

CHATEAU VIEUX DE SAINT GERMAIN SOUS FRANÇOIS Ier Côté de la Seine

Rousseau et Pardon Sculp.

François Sforce, qui lui avait fait trancher la tête.

Jusqu'au règne de François Ier, les seigneurs, fiers d'une sauvage et turbulente indépendance, exerçaient dans leurs terres tous les droits et toutes les prérogatives de la puissance souveraine, et sauf un hommage insignifiant, dont ils s'affranchissaient lorsqu'ils étaient assez forts pour le refuser, ils régnaient autant que le roi lui-même. Louis XI avec son bras de fer, et aidé de son compère Tristan, avait déjà bien assoupli ces farouches vassaux; mais ils avaient commencé à relever la tête sous Charles VIII et sous Louis XII; sans être menaçans ils pouvaient devenir redoutables. François Ier résolut de les civiliser afin de les soumettre. Il appela les femmes à la cour, et créa pour elles des charges et des priviléges. Elles accoururent à la voix d'un prince spirituel et galant; les hommes les suivirent; les châteaux forts furent abandonnés; les châtelains s'étonnèrent qu'on pût se procurer des plaisirs autres que ceux de défendre ses crénaux ou de renverser ceux de ses voisins : ils prirent goût aux amusemens qui leur étaient offerts, et bientôt commença cette ère de galanterie chevaleresque, qui, interrompue parfois pendant les guerres de religion, dégénéra en afféterie, en mauvais goût, sous le règne de Louis XIII et le commencement de celui de Louis XIV, et finit par de sales débauches sous la régence et les dernières années de Louis XV (11).

Le château de Saint-Germain, où le roi fixa sa résidence, se trouva bientôt trop petit pour loger toutes les personnes qui sollicitaient l'honneur de faire partie de la cour. François Ier se vit donc dans la nécessité d'y faire des agrandissemens. Villeroi reçut l'ordre de reprendre les travaux commencés et non achevés sous le règne de Charles V, d'en commander de nouveaux, et de mettre dans leur exécution la plus grande activité. En conséquence, Villeroi fit élever d'un étage les extrémités des façades, remplaça la galerie vis-à-vis de l'église, à l'occident, par une salle de spectacle très vaste et qui servait aux bals que donnait la cour. Tous les bâtimens furent voûtés très solidement et surmontés d'une plateforme environnée d'une magnifique balustrade en pierre, avec des pilastres placés à distances égales, portant, sculptées en relief, les armes de France et les lettres FF couronnées.

On établit trois escaliers en tour à trois des angles de la cour, les mêmes qui existent encore, et sur l'un desquels se trouve, dans l'intérieur du château, un cadran indiquant l'heure.

Les appartemens furent mieux distribués, et divisés de manière à pouvoir donner place à tous les officiers et dames de la cour qui avaient droit à un logement. Beaucoup de corridors et d'escaliers offrirent des dégagemens faciles et nombreux. Chaque appartement ne fut que de trois pièces, afin d'en pouvoir établir un plus grand nombre. Les ornemens intérieurs furent plutôt simples et de bon goût que riches et somptueux. Ils se composèrent, pour les chambres et les cabinets, de boiseries peintes et de quelques sculptures en pierre au-dessus des cheminées.

C'est particulièrement sur la façade intérieure qu'eurent lieu les plus grands changemens : presque tout fut reconstruit à neuf, pour remédier au mauvais effet que produisaient les murs, percés çà et là d'une multitude de petites fenêtres.

Les bâtimens du prieuré, dont il n'est plus guère parlé après le règne de Charles VII, furent en partie employés à faire des logemens pour les gens de service, des corps-de-garde, etc. Toutes ces constructions formaient, vis-à-vis la façade du château, du côté de l'occident, une cour que l'on nommait la cour des cuisines. Un abreuvoir fut construit au midi, en face la chapelle, vis-à-vis le bâtiment actuel du jeu de paume.

Nous avons dit que dans une pièce de 1331 il est déjà fait mention du parc de Saint-Germain. Comme la forêt s'étendait alors jusqu'au pied du château, il est à présumer qu'il se composait de la partie la plus voisine. François Ier, pour l'agrandir, fit enclore de murailles un terrain de quatre cent seize arpens, en longeant la partie où on a construit depuis la grande terrasse, et s'étendant jusqu'à la porte de la Muette. C'était une des plus belles futaies du royaume : le sol était couvert de chênes, d'érables, de charmes, qui, à la longue, périrent de vétusté, et à la place desquels on planta des ormes qui formaient de vastes allées où l'on était garanti de l'ardeur du soleil.

Ce bel enclos, qui portait le nom de Petit-Parc, était percé de plusieurs routes. La principale partait de la Muette et se terminait au petit pont couvert du château. Vers le milieu se trouvait une ancienne chapelle, en ruine depuis long-temps, et dédiée à saint Michel. Cette chapelle fut rebâtie sous Henri IV, et dans les beaux jours, les princes ses enfans y allaient à pied entendre la messe. Ils jouaient ensuite au mail pendant quelques heures, ou se promenaient dans les environs, après avoir déjeûné sur une table posée sur le tronc d'un gros chêne.

Chacun sait que Charles-Martel, pour récompenser les capitaines qui l'entouraient et qui aplanirent à son fils Pépin les degrés du trône de France, avait été obligé, à défaut du fisc, de leur donner, comme bénéfices militaires, des métairies appartenant aux églises, et même des abbayes où ils vivaient eux et leurs familles. Sur la représentation des évêques, ces sortes de concessions, appelées *précaires*, furent déclarées n'être faites que pour la vie du possesseur, et quelquefois pour celle de son fils aîné, à la charge de payer aux anciens propriétaires dépossédés, la dîme annuelle des fruits que produisait le bénéfice. La faiblesse des descendans de Charlemagne maintint dans les familles la possession des précaires, et bientôt ils devinrent des propriétés qu'il fut impossible de revendiquer et de rendre à leurs anciens maîtres. Le clergé, pour se dédommager, imagina d'assujétir à la dîme, non-seulement les terres formant les précaires et dont il avait été dépouillé, mais encore les domaines particuliers qui jamais ne lui avaient appartenu, et qui se trouvaient encore entre les mains des légitimes propriétaires.

On ne parla bientôt plus des précaires, qui seuls auraient dû être soumis à l'impôt; on les perdit entièrement de vue, et les évêques se prévalant d'un passage des saintes Écritures, prétendirent que la dîme de toutes les récoltes appartenait à l'Église.

Il survint alors un étrange bouleversement. Les seigneurs possesseurs des biens ecclésiastiques qui formaient autrefois les anciens précaires, trouvèrent moyen de se soustraire au paiement du dixième, et les héritages qui avaient toujours appartenu à des laïcs et sur lesquels l'Église n'avait aucun droit de propriété, y restèrent assujétis. Cette imposition ne se levait pas sans difficulté, et un grand nombre de personnes s'y refusait nettement. Les choses en vinrent au point qu'il y eut, dans le milieu du seizième siècle, une opposition pour ainsi dire générale à la levée de la dîme. Presque tous les curés adressèrent leurs plaintes à François Ier, et ce prince, par lettres-patentes données à Saint-Germain, le 1er mars 1545, ordonna qu'à l'avenir nul propriétaire ne pourrait enlever une gerbe de son champ sans payer la dîme, conformément à l'usage, et à ce qu'on prétendait avoir été décidé dans un concile de Carthage, dont les curés se firent sans doute une autorité, mais dont nous ne connaissons ni les décisions ni la date.

Un peu moins de deux ans après, le 31 mars 1547, François Ier mourut à Rambouillet, dans la cinquante-troisième année de sa vie et la trente-troisième de son règne, des suites fâcheuses des plaisirs auxquels il s'était livré. Son corps, déposé pendant quelque temps à l'abbaye de Hautes-Bruyères, fut apporté à Saint-Cloud dans la maison de l'évêque de Paris. Lorsque le convoi traversa la capitale pour aller à Saint-Denis, des officiers criaient à l'entrée de chaque rue : « Priez Dieu » pour l'âme de très haut, très puissant et très » magnanime François, par la grâce de Dieu roi » de France et très chrétien.... Prince clément, » père des lettres. » Il laissa le trône à son fils Henri II.

« Le règne de François Ier est l'époque de plu- » sieurs révolutions qui se firent dans l'esprit et les » mœurs des Français. La plus remarquable est le » rétablissement des lettres. Ce monarque se trouva » précisément dans le temps qu'échappées aux ra- » vages de la Grèce, elles étaient venues chercher » un asile en occident (*). »

La mort de ce prince donna lieu à une anecdote que nous empruntons à un écrivain moderne, qui la tient lui-même de l'historien de Thou.

Pierre Châtelain, évêque de Mâcon, prononça l'oraison de François Ier. « Il eut grand soin de dis- » simuler les désordres galans de ce prince, et il » alla jusqu'à dire qu'il était persuadé qu'*après une* » *si sainte vie, l'âme du roi, en sortant de son corps,* » *avait été transportée au ciel, sans passer par les* » *flammes du purgatoire.* Ces expressions firent

(*) *Art de vérifier les Dates.*

» conclure à des docteurs en Sorbonne que l'é-
» vêque de Mâcon, hérétique en secret, niait le
» purgatoire. Ils envoyèrent une députation à
» Saint-Germain, où résidait la cour, pour y
» porter leurs plaintes contre le panégyriste. Le
» roi était absent. Jean Mendose, premier maître-
» d'hôtel, dont François Ier aimait beaucoup l'es-
» prit enjoué, reçut fort poliment les députés, sut
» les égayer en dînant avec eux, et leur dit en les
» congédiant : Tranquillisez-vous, Messieurs, si
» vous aviez vu d'aussi près que moi le feu roi,
» mon bon maître, vous auriez mieux compris le
» sens des paroles de M. l'évêque de Mâcon. Fran-
» çois Ier ne pouvait s'arrêter nulle part, et s'il a
» fait un tour en purgatoire, on n'aura jamais pu
» lui persuader d'y rester long-temps. » Cette plaisanterie amusa la jeune cour, déconcerta les docteurs, et le roi ne put se résoudre à examiner sérieusement l'accusation portée par la Sorbonne (*).

L'année même de la mort de son père, Henri II donna à ses courtisans, en face du château, du côté de l'orient (12), le spectacle de l'avant-dernier combat judiciaire qui ait été autorisé en France (13). Nous allons encore emprunter à M. Lacretelle le récit de cet événement; nous aurons en même temps une suite de portraits aussi brillans que bien exécutés des courtisans qui environnaient alors le monarque.

« François Vivonne de la Châtaigneraie et Guy Chabot, sire de Montlieu, qui depuis porta le nom

(*) Lacretelle, *Histoire de France pendant les guerres de religion*, t. I, pag. 12 et 13.

de Jarnac, nés dans la même province, s'étaient rencontrés dès leur enfance à la cour de François Ier, dont ils avaient été pages. Tous deux se firent remarquer dans les combats; mais durant les loisirs de la paix, Vivonne ne s'exerçait qu'aux armes; il avait obtenu dans tous les genres d'escrime une telle renommée, que personne n'osait plus le mettre à l'épreuve. Il abusait de cette supériorité. Montlieu annonçait des penchans plus doux; il s'occupait de plaire aux femmes et y réussissait. Vivonne, plus riche que son ami, s'étonna de lui voir faire des dépenses supérieures aux siennes. Il lui demanda un jour en présence de Henri, qui était alors dauphin, comment il pouvait soutenir un si brillant équipage, vu la médiocre fortune de son père. Montlieu répondit qu'il avait soin de faire la cour à sa belle-mère, et qu'il obtenait par elle plus d'argent que son père n'eût voulu lui en fournir. Peut-être accompagna-t-il ces paroles d'un ton ou d'un sourire qui donnait à entendre davantage. Le dauphin et Vivonne crurent voir dans cette réponse la révélation d'un commerce incestueux. Vivonne au moins s'abstint de répéter cet entretien; le dauphin ne manqua pas d'en faire part à Diane de Poitiers. Celle-ci fut indiscrète à son tour; elle haïssait dans le sire de Montlieu le favori de la duchesse d'Étampes. Cette rumeur scandaleuse, après avoir occupé la cour, vint retentir jusque dans le château où vivait le baron de Jarnac. Rempli d'indignation, il mande son fils. Montlieu se jette à ses pieds et désavoue avec tant de force le crime et l'horrible jactance dont on l'accuse, qu'il a le bonheur de dissiper des soupçons si funestes à l'honneur de sa famille. Le baron de Jarnac et son fils brûlent de venger leur outrage, et partent pour la cour. François Ier était à Compiègne. L'offense faite à un de ses vieux compagnons lui paraît demander une réparation éclatante. Il permet à Montlieu de déclarer, en présence de toute la cour, que quiconque a dit qu'il entretenait un commerce criminel avec sa belle-mère *en a menti par la gorge*. Le roi ne pouvait croire qu'un tel cartel dût avoir des suites. Il y avait une gratuite et odieuse inhumanité à déchirer le cœur d'un vieillard, en le forçant de haïr ou sa femme ou son fils. Le dauphin gardait le silence; mais il lisait dans tous les regards que son indiscrétion était condamnée.

» Vivonne fut instruit de la scène de Compiègne et de l'espèce d'humiliation que subissait le prince auquel il était attaché; il prend tout sur lui. L'opinion qu'il a de sa force le rend aussi grossier que cruel; il affirme que Guy Chabot s'est vanté *d'avoir couché avec sa belle-mère*. Les cartels s'échangent; les deux champions demandent le combat en champ clos. Les ministres du roi pensent qu'il doit leur être accordé. Plus sage que ses conseillers, François Ier le refuse. La chevalerie qu'il voulait maintenir n'était point celle du douzième siècle: il aimait les tournois et défendait les combats judiciaires. Vivonne et Montlieu reçoivent la défense expresse de vider par les armes un différend que le roi attribuait à leur étourderie réciproque. Que ne peut la bonté d'un monarque magnanime! François Ier vit ses ordres respectés par deux ennemis furieux; mais sa mort laissa un champ libre à leur haine. Vivonne, pendant deux ans, avait enduré le supplice d'être regardé par les dames comme un chevalier déloyal; il lui tardait de se venger sur son adversaire d'un genre de disgrâce dont l'amitié de Henri II ne pouvait le dédommager. Le roi céda aux vœux de son favori, et permit le combat.

» Le jour est indiqué. On cherche tout ce qui peut donner un air de magnificence à cet acte de barbarie. Les deux champions s'épuisent en frais pour leur armure et pour leur suite. On prend parti: si plusieurs courtisans se décident pour le champion que favorise le roi, le plus grand nombre reste fidèle à celui dont la cause intéresse les dames. De l'une et l'autre part on invoque le secours de Dieu, on visite les églises, on fait dire des messes. L'arrogant Vivonne s'est montré bien moins fervent que Montlieu dans ses pratiques pieuses. C'est le seul présage favorable que l'on conçoive pour ce dernier.

» La lice est ouverte à Saint-Germain, le 10 juillet 1547. Les nobles des provinces les plus éloignées ont quitté leurs donjons pour assister à ce spectacle si chéri de leurs pères, et qui leur paraissait se renouveler trop rarement. Les balcons sont remplis par des femmes, qui toutes ressentent vivement l'outrage fait à la baronne de Jarnac, et qui accusent l'altière maîtresse du roi. Un magnifique échafaud est dressé pour Henri II et pour les princes. Il aime tant à se produire dans de telles occasions qu'il oublie entièrement sous quels fâcheux auspices il assiste à ce combat. Le connétable de Montmorenci est juge du camp. On croit que ses vœux sont pour Montlieu; mais il ne s'est point opposé à un combat que le roi a voulu, et qui d'ailleurs convient à la rudesse de ses mœurs. Le brillant duc d'Aumale remplit un poste que son ambition vigilante a recherché, c'est celui de parrain d'armes de la Châtaigneraie. Quelque intérêt que l'on mette au combat, le duc d'Aumale, qui n'y doit jouer qu'un rôle de représentation, appelle sur lui tous les regards. Il existe déjà dans toutes les âmes un pressentiment de ses grandes destinées. François Ier avait démêlé en lui une profonde ambition que ne cessaient d'enflammer son père Claude de Guise, le cardinal de Lorraine son oncle, et son frère l'archevêque de Reims. Ce monarque, en mourant, avait dit à son fils : « Craignez les Guises, contenez le duc d'Aumale. » Henri a dédaigné un conseil qui lui paraît tenir à une injuste défiance. Tout asservi qu'il est aux volontés du connétable, il ne peut échapper à l'ascendant du seigneur le plus distingué de sa cour. Le duc d'Aumale s'est fait un appui de Diane de Poitiers, sans oublier devant elle son rang, sa naissance et la gloire à laquelle il est appelé. Ses traits sont pleins de noblesse; la légère cicatrice d'une blessure qu'il a reçue au visage rappelle ses premiers exploits : toutes ses paroles annoncent une âme élevée ; il manifeste partout sa supériorité sans montrer des formes altières. Poli avec les courtisans, il n'est familier qu'avec les soldats.

» D'autres personnages occupent encore l'attention des spectateurs. Le maréchal de Saint-André est un des favoris du roi ; c'est un guerrier estimé, mais il est insatiable de présens, il prélève sa part dans des confiscations nombreuses. Scépeaux de Vieilleville ne demande rien et refuse quelquefois. Les vieux Français retrouvent dans Cossé de Brissac les traits et l'âme de Bayard. Henri le voit avec quelque inquiétude ; on dit que Brissac est aimé de Diane de Poitiers. Il tarde cependant à celui-ci de quitter la cour : vrai chevalier, il n'aime que les combats ; qu'on l'éloigne, pourvu qu'il commande. Montluc, capitaine avisé, soldat impétueux, parle toujours de ses prouesses : on lui pardonne son orgueil en faveur de sa franchise. Le bouillant Tavannes a souvent fait admirer sa bravoure ; mais il a fait craindre sa férocité. Quel homme dangereux, si la France a le malheur d'être en proie aux guerres civiles ! Un jeune homme s'attire le respect de toutes parts : c'est Chatillon, neveu du connétable de Montmorenci. Il est calme, intrépide, porté à la réflexion : on s'étonne de voir dans cette cour un homme qui médite. S'occupe-t-il des projets les plus sages, ou de pensées ambitieuses ? on l'ignore. Une parfaite amitié paraît l'unir au duc d'Aumale. Que deviendra-t-elle, lorsque l'un sera le grand duc de Guise et l'autre l'amiral de Coligni ?

» Le son des tambours et des trompettes, mêlé à celui des cloches, annonce le combat judiciaire. Vivonne s'avance dans la lice d'un air arrogant, Montlieu d'un air modeste. Tous deux affirment par serment *que leur cause est juste, qu'ils ne portent point d'armes défendues, et qu'ils n'ont point eu recours à des enchantemens.* Ils frappent ; toute la force de la Châtaigneraie ne peut triompher de l'adresse de Montlieu. Enfin, celui-ci paraît plier sous les coups de son adversaire ; il couvre sa tête de son bouclier, et décharge deux coups de son épée sur le jarret gauche de Vivonne. On voit tomber ce chevalier qui avait cru sa victoire infaillible. Sa vie est à la merci du vainqueur, qui peut traîner trois fois dans la lice ses membres mutilés. Montlieu rougirait d'user de ce droit barbare. « Rends-moi mon » honneur ! crie-t-il à son rival, et demande merci » à ton Dieu et à ton roi. » Vivonne garde un silence farouche. Montlieu vient se jeter aux pieds de Henri. « Sire, je vous donne mon adversaire, lui » dit-il, daignez m'estimer homme de bien ; par- » donnez aux fautes de notre jeunesse. Prenez-le, » sire, en considération de votre glorieux père, » qui nous a nourris tous deux. » Le roi se tait. Montlieu retourne vers Vivonne, mais sans le menacer de son épée. Il se prosterne, et répète trois fois en se frappant la poitrine avec son gantelet de fer : *Domine non sum dignus ;* mais pendant qu'il prie, Vivonne fait un effort pour ressaisir son épée, se lève sur le genou, et se traîne jusqu'à son adversaire. « Ne bouge, ou je te tuerai, lui dit Montlieu. — Tue-moi donc, reprend Vivonne. » Montlieu le regarde avec compassion, fait tomber sa daguette, et revenant au roi : « Prenez-le, sire, il est » vôtre, je vous donne sa vie, et je demande à Dieu

» que ce brave chevalier puisse vous servir dans un » jour de bataille, comme je voudrais vous y servir » moi-même. » Henri se tait encore. Ce second refus n'empêche point Montlieu d'user de générosité. « Vivonne, mon ancien camarade, dit-il à son » adversaire, Vivonne, implore ton créateur, et » soyons encore amis. » Il n'en obtient aucune réponse. Le roi cédera-t-il enfin à une nouvelle prière? Montlieu la fait avec toute l'éloquence du cœur. Le roi se rend, accepte Vivonne pour sien. Le connétable et les maréchaux réclament l'usage qui accorde le triomphe au vainqueur : Montlieu le refuse. Henri l'embrasse et lui dit : « Vous avez combattu en César, et parlé comme Aristote. » Le duc d'Aumale veut rendre des soins au vaincu et ne peut calmer sa rage. On se retire; la multitude se jette sur la tente où Vivonne avait fait préparer un festin magnifique pour ses amis, et pille la vaisselle. Vivonne, qui avait déchiré en furieux ses bandages, ne survécut que trois jours à ses blessures. Le duc d'Aumale lui fit ériger un tombeau (*). »

Henri II se plaisait beaucoup à Saint-Germain, sa ville natale; il y fut élevé et y passa la plus grande partie de sa vie. Charles-Maximilien de France, son fils puîné, nommé d'abord duc d'Alençon et d'Angoulême, et depuis roi de France, sous le nom de Charles IX, vint au monde dans cette ville, le 27 juin 1550.

En mémoire de la naissance de ce prince, dont

(*) Lacretelle, *Histoire de France pendant les guerres de religion*, t. I, pag. 13 à 23.

le règne fut si fatal à la France, et la fin prématurée si terrible et si méritée, il fut élevé sur la grande place, devant l'église de Saint-Germain, une pyramide en pierre aux armes et chiffres de France. On plaça au sommet un globe doré surmonté d'une couronne royale. Le pied de la colonne était environné d'un bassin de pierre auquel on parvenait par trois marches. Le baptême de Charles IX eut lieu à la chapelle du château, et fut l'occasion de réjouissances publiques. On dressa des tentes, on donna des festins, on établit des danses; la fontaine de la pyramide versa du vin. Que de sang elle eût versé plus tard, si on l'eût alimentée de celui des Français que fit lâchement assassiner l'enfant dont on saluait avec tant d'allégresse l'entrée dans la vie!

En 1557, Médéric de Donon, contrôleur du domaine de Paris, s'obligea à faire un parc depuis le carrefour de l'entrée de Saint-Germain jusqu'au port du Pecq, et les commissaires lui accordèrent douze deniers par livre de la recette. Il ne paraît pas que ce parc ait jamais été fait. Dans tous les cas, ce projet, exécuté ou non, prouve que la partie au sud de Saint-Germain était vague et sans culture.

A peine Henri II eut-il fermé les yeux dans son palais des Tournelles, à Paris, le 10 juillet 1559, que la cour se retira à Saint-Germain, abandonnant à des officiers subalternes les restes de celui devant qui on tremblait encore la veille. François II, son successeur, y convoqua les grands dignitaires de son royaume et les principaux officiers de sa couronne. Dominé par une faction plus puissante que son autorité même, il réforma entièrement l'administration de son prédécesseur, éloigna les princes du sang et les Montmorenci des affaires, pour en confier la direction suprême à ses oncles, le cardinal de Lorraine et le duc de Guise.

De tous ceux que la disgrâce frappait ainsi, personne n'avait de plus justes raisons de se plaindre qu'Antoine de Bourbon, roi de Navarre et premier prince du sang, qui ne s'était point trouvé à l'assemblée de Saint-Germain. Sous un roi enfant et malade, qui ne pouvait donner des soins aux affaires de son royaume, il devait prétendre à un rang honorable à la cour et à une part étendue dans l'administration publique; mais indolent, irrésolu, sans caractère et sans énergie, il se laissait dépouiller des prérogatives inhérentes à sa naissance, et se bornait à des plaintes insignifiantes et stériles.

Les princes et les grands supplantés par les Guises, sentirent plus vivement que le roi de Navarre l'outrage que leur faisaient ces orgueilleux étrangers ; mais ils pensaient que c'était à lui qu'il appartenait de réclamer, au nom de tous, les droits qu'on osait méconnaître. En conséquence, ils pressaient vivement Antoine de venir à la cour se mettre à la tête de leur cabale. De plus, selon l'esprit d'un siècle où les différends, de quelque espèce qu'ils fussent, se terminaient à coups d'épée, ils imaginèrent, pour faire sortir le roi de Navarre de sa léthargie, de susciter une affaire entre lui et le duc de Guise. Voici comment un historien rapporte cette anecdote.

« Lors du règne du roi François II, vinrent à la » cour, à Saint-Germain, la plus grand part de ses » grands Capitaines et Chevaliers de son Royaume, » par son mandement, pour adviser aux affaires de » son Royaume, qui commençoit à se troubler. » Parmy eux se trouva monsieur de Montluc, lequel » un jour entretenant à sa façon bravasche et libre » monsieur de Guyse, vint à tumber sur le Roy de » Navarre, et luy dire comment il l'avoit veu à Né- » rac, et l'ayant trouvé fort malcontent de luy, de » quoy il tenoit le rang près Sa Majesté qu'il devoit » tenir, il luy avoit dict qu'il luy devoit faire entendre » son mescontentement, et le faire plustôt appeler » sur ce différend et le vuyder de sa personne à la » sienne, et qu'il n'y avoit de meilleur expédient que » celuy-là, et qu'il s'asseuroit tant de la valleur de » Monsieur de Guyse qu'il ne reffuseroit ce parti. A » quoy Monsieur de Guyse tout froidement respon- » dit : Montluc, les parolles que vous me dictes, me » les dictes-vous de la part du roy de Navarre, qu'il » vous en ayt donné charge, ou de vous-mesme, » qu'ayez entrepris de les dire ? Monsieur de Montluc » luy respondit : Monsieur, je ne les dicts que de moi- » mesme, parce que je vois que le royaume s'en va » brouillé fort par vos particullières divisions, et que » je m'asseure tant de votre valleur, que le dict roy » vous offrant ce beau party, vous ne le refuserez » point, et par ainsy le royaume demeurera en paix, » par la mort de l'un ou de l'autre, ou de tous deux.

» Vrayement, Montluc, à ce que je voys (respondit » Monsieur de Guyse tout en collère froide), vous » estes devenu fort pollitique depuis que je ne vous » ay veu, je suis d'advis que le Roy vous fasse son » chancelier, et si vous estes un beau feiseur de » combats. Il vous semble que vous estes encore en » vostre Piedmont, parmy vos gens de pied, où vous » les faisiez battre comme il vous plaisoit et comme » la quinte vous en prenoit. Le roy de Navarre et » moy, nous ne sommes poinct de votre gybier, cher- » chez-en d'autre ailleurs. Le roy de Navarre et moy, » nous nous cognoissons il y a long-temps, je le tiens » pour un des braves et vaillans princes du monde, » il sçait bien aussi ce que je sçay faire; lorsqu'il » me fera entendre de ses nouvelles, je luy feray » aussitost sçavoir des miennes. Allez, souciez-vous » de vos affaires et non des nostres (*). »

Ces paroles firent croire à la cabale que si le roi de Navarre, qui, malgré son indolence était réellement fort brave, venait lui-même provoquer le duc de Guise, il s'en suivrait un combat où le favori pourrait succomber. Ils lui envoyèrent donc de nouveaux courriers, firent auprès de lui de nouvelles instances, et parvinrent à le décider à quitter sa petite cour de Nérac.

Il se mit en route, et pour que sa suite ne ressemblât pas à une armée, il fut obligé de remercier une partie des gentilshommes qui venaient se joindre à lui. Arrivé à Lyon il assista à une assem-

(*) Mémoires de Brantôme.

blée des églises réformées, et promit de soutenir à la cour le parti dont il était comme le chef, et qu'on menaçait sourdement encore. Après ces assurances, il continua son voyage. Il fit partir ses fourriers pour lui préparer un logement à Saint-Germain, et s'avança avec un cortége qui, à la vérité, était plus nombreux que sa maison ordinaire, mais qui n'avait rien de menaçant. Ses fourriers voulurent marquer pour lui le logement le plus apparent après celui du roi : il était occupé par le duc de Guise, et ils trouvèrent sur la porte des gens armés et préparés à le défendre contre tous ceux qui entreprendraient de le leur enlever. Ses équipages restèrent donc dans la cour ou au milieu de la rue : ce fut le premier spectacle qui frappa le roi de Navarre en entrant à Saint-Germain, et ce prince qui venait à la cour pour abattre un ministre puissant, n'y eut pas le crédit de s'y faire donner un logement.

Antoine alla saluer la reine mère qui le reçut très froidement, il se plaça sur le passage du roi qui affecta de ne le pas voir, et embrassa le duc de Guise qui reçut ses avances avec une hauteur méprisante. Pendant qu'il était ainsi abreuvé d'humiliations, ses bagages restaient dehors; il courait risque d'y rester lui-même si le maréchal de Saint-André ne lui eût offert un asile. Les gentilshommes de sa suite, et ceux qui s'étaient réunis à lui, se dispersèrent dans les villages environnans pour y trouver un gîte, ou revinrent à Paris en rougissant pour le prince qui pouvait supporter tant d'outrages.

Antoine sentit pourtant qu'il était à Saint-Germain dans une position humiliante et fausse : il prit prétexte qu'il n'avait point rendu les derniers devoirs aux restes du feu roi, pour quitter la cour et aller à Saint-Denis, d'où il vint à Paris. Peu après il retourna à Nérac.

« On ne croit pas devoir oublier que ce fut à Saint-
» Germain-en-Laye que l'on commença, en France,
» à faire des glaces à la manière de Venise. Thesco
» Mutio, gentilhomme italien, ayant apporté le
» secret de cette verrerie ou glace, le roi le natura-
» lisa et l'anoblit en 1561. La verrerie à la façon
» de Venise fut établie à Saint-Germain, et le roi
» lui donna pour cela, et à son frère Ludovico, la
» maison de la verrerie du même lieu (14), par
» lettres-patentes enregistrées au Parlement et à la
» Chambre des Comptes (*). »

Ce fait est trop bien appuyé pour être révoqué en doute. Il faut donc que le secret importé par Thesco Mutio se soit perdu pendant les guerres civiles, et que cette manufacture royale ait été abandonnée; car il est généralement reconnu aujourd'hui, que c'est à Colbert que la France est redevable de ce genre d'industrie; ce ministre ayant rappelé dans le royaume, en 1661, des Français que le hasard avait conduits à Venise, où ils avaient appris l'art de couler les glaces.

L'édit de juillet, rendu à Saint-Germain, qui défendait, sous peine de bannissement, de faire des prêches et des assemblées religieuses, et auquel les

(*) Lebeuf, *Hist. du Diocèse de Paris.* — *Registres du Parlement*, 1562.

réformés refusaient de se soumettre, était pour le royaume une source de divisions et de haines. Le roi désirant ramener la bonne intelligence, au moins entre les courtisans qui environnaient sa personne, ordonna des rapprochemens et des concessions. Par obéissance on parut se pardonner de part et d'autre; on se donna de perfides embrassemens; mais la plus difficile de toutes les réconciliations était celle du duc de Guise et du prince de Condé. Le roi voulait cependant qu'elle se fît. Pour le satisfaire on simula un raccommodement. Charles tenait à ce que les deux princes missent de côté toute inimitié, désirant qu'ils figurassent aux deux grandes et importantes assemblées qui devaient avoir lieu cette année-là même : celle des États et le colloque de Poissy.

Les députés aux États, convoqués à Pontoise dès le commencement de l'année, y travaillèrent long-temps par bureaux, pour rédiger les demandes de leurs commettans et dresser leurs conclusions. Ils se rendirent ensuite à Saint-Germain, où le roi fit l'ouverture solennelle des États, le 27 août 1561. On s'occupa beaucoup de rang et de preséance; on consuma le temps en harangues, et l'assemblée se sépara sans même avoir commencé une affaire.

Le colloque de Poissy jeta un plus grand éclat et mérite une attention particulière, parce que c'est la première réunion légalement convoquée, où il fut permis aux calvinistes de répondre à leurs adversaires et de professer ouvertement leur nouvelle doctrine.

Le roi, avant de faire l'ouverture du colloque,

réunit à Saint-Germain une assemblée générale du clergé de France, pour délibérer sur les questions qui devaient être agitées à Poissy (15), mais surtout pour obtenir pendant six ans une somme destinée au rachat d'une partie des domaines de la couronne, que la détresse des finances, suite des prodigalités de la coûr, avait forcé d'engager. Dans cette réunion préparatoire, on parut faire tout ce qu'il était possible pour amener une fusion entre les deux partis religieux qui allaient se trouver aux prises. « Le cardinal de Tournon eut la sagesse de s'opposer » à la convocation de ce colloque; mais la vanité » du cardinal de Lorraine, qui comptait y briller, » le fit accepter (*). »

Enfin, « le 9 septembre 1561, jour destiné pour » l'ouverture de ces conférences, étant arrivé, le » roi, la reine mère, le duc d'Orléans son frère, » Marguerite de France, sœur du roi, et tous les » princes du sang se rendirent dans le réfectoire » des religieuses dominicaines de Poissy, où leurs » majestés étaient attendues par les cardinaux de » Lorraine (16), de Tournon, de Bourbon, de » Châtillon, d'Armagnac et de Guise, et par trente-» six évêques, outre un grand nombre de docteurs » catholiques et de ministres protestans. Théodore » de Bèze porta la parole au nom de ces derniers. » On disputa beaucoup dans ce colloque, et on ne » convint de rien. Les actes de cette assemblée » furent recueillis jour par jour par un secrétaire-

(*) Henault, *Histoire de France.*

» d'état qui y fut toujours présent (17). Ils portent, » entre autres choses, que le roi, quoique jeune, » y avait déclaré brièvement les raisons qu'il avait » eues de permettre que l'on s'assemblât, et que le » chancelier de l'Hôpital y avait expliqué plus au » long l'intention pour laquelle le roi avait convo- » voqué l'assemblée. Le 25 de novembre de la même » année 1561, les séances furent levées après avoir » duré deux mois et demi (*). »

Ce colloque fut remplacé par des conférences qui eurent lieu à Saint-Germain entre les principaux docteurs des deux communions; mais elles ne servirent qu'à rendre chacun plus ferme dans ses sentimens; et l'édit de juillet étant devenu tout-à-fait illusoire à force de contraventions, le chancelier de l'Hôpital suggéra à Catherine de Médicis de demander à tous les parlemens des députés qui lui aidassent à en faire un autre. Ces députés s'assemblèrent à Saint-Germain en 1562. Le chancelier leur recommanda de ne point s'enfoncer dans des discussions théologiques, ni d'examiner laquelle des deux religions était la meilleure, et si on pouvait être bon sujet du roi sans professer le rite catholique et sans même être chrétien; de n'envisager la question que sous le point de vue politique, l'assemblée n'ayant point pour but d'établir la foi, mais de régler l'État (**).

Les bases ainsi posées et toute dispute religieuse

(*) Expilly, *Dict. géogr.*, art. Poissy.

(**) Voyez ce discours du chancelier dans l'*Histoire de France*, par Velly, tome XXX, pag. 408 à 418.

mise à l'écart, on obtint pour résultat l'édit du 17 janvier 1562, dont voici les dispositions principales.

« On y statua que les calvinistes rendraient les » églises usurpées, les croix, les images et les re- » liques enlevées, et qu'ils ne s'opposeraient point » à la levée des dîmes et autres revenus ecclésias- » tiques. Il leur fut enjoint de garder les jours de » fête, les degrés de parenté dans les mariages, et » la police extérieure de l'église catholique. On » leur permit néanmoins de s'assembler pour l'exer- » cice de leur religion, hors des villes, sans armes. » Il fut enjoint aux magistrats de veiller à ce qu'ils » ne fussent ni troublés ni injuriés. On leur défendit » aussi toutes levées d'hommes et de deniers; mais » on leur permit, en récompense, de recevoir l'ar- » gent qui serait donné volontairement en forme » d'aumône.

» Le reste de l'édit contient des réglemens pour » les ministres. Il leur est défendu de se laisser aller, » dans les sermons, dans les livres, dans les con- » versations, à des invectives contre la messe et » contre aucune des cérémonies de l'église catho- » lique; de tenir des synodes ou consistoires; » d'aller prêcher de lieu en lieu et de village en vil- » lage; mais ils doivent s'attacher à une église et » ne la point quitter : enfin, le roi leur enjoint de » recevoir avec respect les magistrats qui voudront » venir aux prêches voir si tout s'y passe dans l'ordre, » et de n'y point souffrir de personnes inconnues, » de peur qu'il ne s'y glisse des malfaiteurs. Tous

» ces articles sont accordés provisoirement jusqu'à
» la décision du concile général.

» Cet édit ne fut enregistré au parlement qu'après
» des remontrances et des lettres de jussion. Les
» calvinistes triomphèrent : les ministres en exaltè-
» rent en chaire l'équité, et les chefs écrivirent par-
» tout qu'on eût à s'y conformer. Les catholiques,
» au contraire, le reçurent avec un morne silence
» et un dépit sombre, pire que la menace (*). »

Il paraît que la présence des ministres réformés et leurs conférences à Saint-Germain, les mirent à même de faire goûter leurs maximes à la cour et d'enrôler quelques prosélytes; car, en 1562, le parlement ayant été averti qu'il se faisait des prêches dans le château même, manda le capitaine-concierge et lui enjoignit de les empêcher. Il est à présumer qu'il y réussit, au moins pour le moment.

Le cardinal de Tournon mourut à Saint-Germain le 22 avril 1563, âgé de soixante-treize ans. Il avait été fortement d'avis, comme on l'a vu, que l'on ne tint point le colloque de Poissy, mais il fut obligé d'y présider par ordre du roi. Cette même année, plusieurs personnes furent arrêtées et enfermées dans le château de Saint-Germain, sur la prétendue découverte d'une conspiration ourdie par le prince de Condé et Groslot, bailli d'Orléans, dont le but était d'enlever le roi et sa famille pour en faire un point d'appui au parti calviniste.

Cependant l'édit de janvier n'étant pas mieux

(*) Anquetil, *Esprit de la Ligue*, tome I, pag. 130; édition de 1771. Voyez aussi Velly, *Histoire de France*, tome XXX, pag. 420 à 422.

exécuté que ne l'avait été celui de juillet, la guerre civile s'était rallumée en France, et l'amiral de Coligni, chef des religionnaires, malgré de nombreuses défaites, parvenait toujours à réparer ses pertes. En 1570, après avoir désolé plusieurs provinces, il entre en Bourgogne, livre une bataille assez insignifiante, à la suite de laquelle cependant il s'empare de la petite ville d'Arnay-le-Duc. Le maréchal de Cossé vient pour la reprendre et ne peut y réussir.

La cour, craignant de nouveaux revers, résolut d'offrir la paix aux calvinistes. Peu de jours après le combat d'Arnay-le-Duc, Jacques de Mesme, seigneur de Roissi, muni de pleins pouvoirs du roi, se présenta devant Coligni. L'amiral ne voulut point abuser de quelques avantages qu'il venait d'obtenir et fut modéré dans ses demandes. On ne contesta avec lui que pour la forme, car on avait ordre de tout accorder. Enfin, un édit publié à Saint-Germain, sous la date du 8 ou du 15 août 1570, apprit à la France que le sang humain allait cesser de couler. Les principales conditions du traité et les concessions accordées par l'édit furent : le rétablissement de l'ancienne religion dans tout le royaume ; amnistie générale à tous les réformés ; liberté de conscience et permission d'avoir des cimetières dans chaque ville ; exercice public du calvinisme dans deux villes de chaque province, et dans toutes celles où il se trouverait établi à la cessation des hostilités ; ordre de recevoir dans les écoles publiques et dans les hôpitaux les enfans, les pauvres et les malades, sans distinction de religion ; révocation et annullation de toutes les sentences civiles et criminelles rendues pour cause des troubles. Le roi accorda en outre aux réformés quatre places pour sûreté : la Rochelle, Montauban, Cognac et la Charité; et reconnut que puisqu'ils contribuaient aux charges de l'État, ils devaient participer aux honneurs et aux dignités publiques.

Telles furent les bases du troisième traité fait avec les calvinistes. Cette paix fut appelée *boiteuse et mal assise*, « parce qu'elle avait été conclue au nom » du roi, par les sieurs de Biron et de Mesme, dont » le premier était boiteux, et l'autre portait le nom » de sa seigneurie de Malassise (*). »

L'an 1574, Charles IX était malade à Saint-Germain, et Henri, que sa naissance appelait à lui succéder, occupait le trône de Pologne : le duc d'Alençon, second frère du roi, homme faible, irrésolu et ambitieux, convoitait la couronne de France, et pensait qu'il ne lui serait pas difficile de l'enlever à son frère Henri, qu'il s'imaginait ne pas pouvoir sortir facilement de Pologne, dans le cas où par la mort de Charles, il serait appelé à recueillir son héritage. Il forma donc le projet de s'évader de la cour de France et de se retirer dans quelque place forte, jusqu'à ce que le roi eût fermé les yeux, afin qu'aussitôt que le moment opportun de convoquer une assemblée des États serait arrivé, ses partisans y fussent assez nombreux pour lui décerner la couronne.

(*) Daniel, *Histoire de France*.

Le roi de Navarre, qui fut depuis notre Henri IV, captif à la suite du roi de France, depuis le jour du massacre de ses amis, se joignit au duc d'Alençon, non pour seconder ses projets ambitieux, mais pour briser les fers dans lesquels il était retenu lui-même : le jour de la fuite des deux princes fut fixé au 10 mars.

Malgré la maladie de Charles, la cour ne paraissait occupée que des plaisirs du carnaval. Guitry, officier du roi de Navarre, et très attaché à ce prince, se posta avec cinquante cavaliers dans la forêt de Saint-Germain, pour favoriser son départ et celui du duc. Henri tressaillit de joie quand il apprit l'arrivée de cette troupe; mais le duc d'Alençon, qui s'imaginait qu'une armée tout entière devait venir l'enlever jusque dans le château, ne peut se décider à confier la sûreté de sa personne à une aussi faible escorte. Il se trouble, s'effraie, et accourt révéler à la reine-mère un complot tramé par lui-même. Pour se faire un mérite du repentir il exagère ses torts, grossit les périls imaginaires dont la cour est environnée. Selon lui, toute une armée de protestans marche sur Saint-Germain pour enlever le roi. A minuit, Médicis épouvantée, ou feignant de l'être, se lève et répand l'alarme dans le château, qui ne lui paraît point un asile assez sûr, quoique le roi y soit environné des gardes françaises et suisses, des gardes-du-corps et de gentilshommes nombreux. On se détermine à fuir et à venir porter la terreur dans Paris. Charles, éveillé en sursaut, n'a que le temps de se jeter dans une litière, en disant : « Les misé-

» rables! encore s'ils m'avaient laissé mourir en » paix. » La reine fait monter dans son coche le roi de Navarre et le prince qui vient d'être son délateur. Toute la cour fuit dans le plus grand désordre. Transportés d'abord à Vincennes et ramenés à Paris, le roi de Navarre et le duc d'Alençon eurent ordre de rendre leurs épées, et furent prisonniers au Louvre dans leurs appartemens, dont on grilla les fenêtres.

Après avoir fait le tableau le plus effrayant du danger que venait de courir la maison royale, Médicis emmena le roi au château de Vincennes, que sa construction rendait très-fort. Le parlement eut ordre d'informer sur la conspiration. La reine, qui voulait absolument qu'on trouvât des crimes au roi de Navarre, fut déconcertée de la fermeté qu'il déploya devant les commissaires du parlement et devant elle-même. Deux obscurs gentilshommes, favoris du duc d'Alençon, Lamotte et Coconas, payèrent de leur tête la participation qu'ils avaient prise au complot, quoique tous deux ils eussent conseillé à leur maître de le confesser à la reine.

Charles IX étant mort à Vincennes, le 30 mai 1574, Henri, troisième fils de Henri II et de Catherine de Médicis, quitta la Pologne comme un transfuge, abandonna la couronne qu'il était allé y chercher, et accourut en France pour recueillir la succession de son frère. Ce prince, dont la vie fut couverte d'opprobre et d'ignomie, employa presque tout le temps de son règne à combattre ses sujets et à se déshonorer à leurs yeux. Comme ses prédécesseurs, il habita Saint-Germain. A travers les infamies dont il se souillait publiquement tous les jours, il donna cependant quelquefois des soins aux affaires de son royaume. En 1583 il convoqua, au château de Saint-Germain, une assemblée des notables pour la réformation du clergé, de la magistrature et de la noblesse. Cette assemblée, composée de quatre conseillers de chacun des trois états, produisit ce qu'on appela dans le temps, le *Réglement des mœurs*.

Henri III avait cru s'attacher la ligue en s'en déclarant chef, en révoquant les édits rendus en faveur des protestans, et en donnant aux ligueurs des places de sûreté comme il en avait donné aux religionnaires. Le mépris qu'il inspirait était tel, que personne ne lui accordait ni obéissance ni respect. Tout ce qu'il gagna, en légitimant par son adhésion une faction dont le but était de le chasser du trône et d'y placer le duc de Guise, fut de voir faire en son nom tout ce qui se faisait contre lui.

Les ennemis les plus acharnés du monarque étaient les seize mutins qui avaient usurpé l'autorité municipale de Paris, et qui gouvernaient la ville sous le nom de Conseil des Seize. Impatiens d'avoir pour maître le chef brillant de la maison de Lorraine, ces révoltés, d'accord avec le roi d'Espagne, forment le projet de faire enlever le roi à Saint-Germain, de l'amener à Paris, de le déclarer déchu du trône, et de lui donner la tonsure avec les ciseaux d'or que la duchesse de Montpensier portait à son côté et qu'elle destinait à cet usage.

Tout était disposé, en mars 1587, pour cet enlèvement. Les postes étaient assignés aux divers détachemens, les relais placés sur la route, le jour fixé. Le roi est averti d'un complot qui menace sa couronne et sa liberté, et, chose étonnante! il ne prend nulle mesure pour le faire avorter. Heureusement que le duc d'Épernon, soit qu'il lui restât un sentiment d'amitié pour un prince dégradé, soit qu'il fût jaloux du duc de Guise, s'empara de la Bastille et de l'Arsenal qu'il remplit de troupes fidèles, déconcerta, par cet acte de vigueur, les plus hardis factieux, et força le duc de Mayenne de sortir de Paris où il ne se trouvait plus en sûreté.

Henri III, assassiné à Saint-Cloud par Jacques-Clément, et mort le 2 août 1589, laissa la couronne à Henri IV.

Ici nous finirons la seconde période de l'histoire que nous avons entrepris d'écrire, et pour compléter cette portion de notre travail, nous allons donner une idée de ce qu'était Saint-Germain à la fin du seizième siècle.

Lorsque Édouard III, ou plutôt le prince de Galles son fils, incendia le château de Saint-Germain et le prieuré, le village, qui fut aussi la proie des flammes, n'était composé que de quelques misérables cabanes. Il est à présumer que lors de la reconstruction du château par Charles V, il vint quelques cultivateurs dans les environs, et que de nouvelles chaumières s'élevèrent sur les ruines des anciennes; cependant nous ne voyons pas ce hameau s'agrandir rapidement dans le cours de la période que nous venons de traverser. On connaît déjà quelques-unes des causes qui nuisaient à sa prospérité, nous y ajouterons les suivantes. D'abord son territoire était très borné, et le droit de parcours, accordé gratuitement aux religieux du prieuré, n'était concédé aux habitans que moyennant une redevance; puis au défaut de priviléges assez importans pour engager une population nombreuse à se fixer sur un terrain neuf, se joignait encore la nécessité où étaient souvent les villageois de se réfugier dans les places closes pendant les guerres avec l'étranger et celles de religion.

Le désir d'être constamment sous l'œil du prince, à la source des honneurs et du pouvoir, était bien propre à décider quelques courtisans à élever des maisons à l'ombre du château royal; mais les gens de la classe inférieure, qui payaient quelquefois si cher le stérile avantage d'envisager leurs maîtres, devaient fuir les lieux qu'ils habitaient.

En vain on citera des chartes de Robert, de Louis VI, de Louis IX, qui font mention des habitans de Saint-Germain; elles ne prouvent point que ce bourg ait eu alors quelque importance. Ces mêmes chartes parlent également de ceux du Pecq, de Saint-Léger et de Fillancourt. Le Pecq méritait peut-être à cette époque l'honneur d'une distinction; mais les deux autres lieux que nous nommons ici n'étaient, dans le même temps, que deux pauvres hameaux formés par huit ou dix cabanes couvertes de chaume, élevées près d'une église délabrée, et de quelques tanières creusées dans la carrière; le tout occupé par un petit nombre de bucherons demi-nus, placés à une assez grande distance les uns des autres, sur les bords de l'ancienne route de Normandie, le long de la petite rivière de Buzot.

Si nous jetons les yeux sur des cartes du quinzième et même du seizième siècle, nous y trouvons Mareil, Fourqueux, et d'autres lieux encore aujourd'hui très faibles en population, désignés comme des villages plus considérables que Saint-Germain; car la position des premiers est marquée par une église entourée de quelques maisons, tandis que ce dernier, indiqué tantôt sous le nom de *Charlevanne*, tantôt sous celui de Saint-Germain, n'y figure que par un cercle, qui signifie un hameau ou un château.

Néanmoins il existait à Saint-Germain, dès le treizième siècle, un Hôtel-Dieu dont saint Louis était probablement le fondateur. Il était administré en 1267 par des dames qu'on qualifiait de *sœurs*. « On voit dans le grand pastoral de Paris un acte » du mois de novembre de cette année-là, par » lequel la sœur Basile, maîtresse de la Maison- » Dieu de Saint-Germain-en-Laye, reconnaît tenir » du chapitre de Paris une masure dans leur cen- » sive et seigneurie de Garennes, laquelle avait été » donnée à cette maison par Hugues, chanoine de » Poissy, et dont elle promit de lui payer deux sols » de cens capital à Andresy. Cent cinquante ans » après, l'hôpital de Saint-Germain était gouverné » par des administrateurs. Un compte de la pré-

» vôté de Paris de l'an 1423, fait mention de Henri
» Camus, qui en était administrateur (*). »

Quoiqu'un tel établissement semble supposer à Saint-Germain une population un peu nombreuse, il est certain que ce ne fut guère que sous François Ier que ce bourg s'accrut de quelques constructions nouvelles et plus régulières. Ce prince, afin d'y attirer des marchands, y établit, par lettres-patentes du 1er avril 1526, deux marchés par semaine et quatre foires par an. Nous n'avons pas de renseignemens sur les foires, nous ne savons pas si elles étaient bien suivies et si elles étaient l'occasion de beaucoup d'échanges. Quant aux marchés, ils sont encore fixés, comme à l'époque de leur fondation, au lundi et au jeudi de chaque semaine.

Le marché aux grains et farines se tenait, à la fin du seizième siècle, sur le carreau d'une petite place que le roi avait donnée, et qui formait carrefour à l'entrée des rues au Pain, de Mareil, et du chemin de Poissy. Des maisons ont été bâties depuis sur cet emplacement, et la rue qu'elles ont formée porte encore aujourd'hui un nom qui rappelle l'ancienne destination du terrain qu'elle occupe : on la connaît par la désignation de *rue à la Farine*. Vers le même temps, quelques étaux de bouchers furent établis dans la rue qui en a conservé le nom.

L'église, qui n'était autre que la chapelle

(*) Lebeuf, *Histoire du Diocèse de Paris*, tome VII, pag. 227.

du prieuré, ne fut, jusqu'à sa destruction par Édouard III, qu'un bâtiment en pans de bois, couvert peut-être de chaume, et plus semblable à une grange qu'à un édifice consacré au culte religieux. Après la retraite des Anglais, et lors de la réédification du château par Charles V, il en fut construit une autre à côté du prieuré et indépendante de la chapelle. Cette nouvelle église était petite, attenant aux restes du prieuré et environnée de quelques maisons dispersées à droite et à gauche. Le roi la regardant comme paroisse royale, voulut qu'elle fût entretenue aux dépens du domaine, et ses successeurs se conformèrent à sa volonté. Lorsque François Ier eut fait achever et meubler le château afin que sa cour fût plus convenablement logée, l'église paroissiale devint trop petite pour les fidèles qu'elle devait recevoir, tant du village que du château. Elle fut agrandie à plusieurs reprises, et un mémoire de Nicolas Gagnières, prieur et curé de Saint-Germain, nous apprend que lors de sa chute elle avait vingt-trois toises de long, et était surmontée de deux clochers appartenant au prieur, dont l'un était sur le chœur; que le roi Henri II avait donné à prendre sur la forêt pour en rebâtir un côté, et qu'en 1677, on l'avait augmenté de trois toises sur la longueur.

Le cimetière était situé presque vis-à-vis de l'église, dans un terrain compris aujourd'hui entre la rue Neuve-de-l'Église et celle des Bûcherons, derrière la salle de spectacle.

A cette époque, les seuls édifices remarquables étaient le château, l'église, le presbytère, la pyramide élevée en mémoire de la naissance de Charles IX, et quelques maisons d'une mince apparence, décorées du nom d'hôtels, et bâties par les seigneurs qui suivaient la cour. Ces maisons occupaient des terrains concédés par la générosité du roi.

Nous n'avons rien trouvé qui puisse nous donner une idée de la topographie de Saint-Germain sous François Ier; nous savons seulement qu'avant son règne, on entrait dans le bourg par la porte de Mareil, et que ce prince fit faire dans la rue dite depuis *rue de Versailles*, une autre entrée qui suivait la direction de cette rue, longeait les murs de clôture de l'hôtel d'Harcourt, quittait le chemin de Marly à l'ancienne voierie, conduisait ensuite à la maison Rouge, et descendait en serpentant jusqu'au moulin Gaillard, où elle joignait la route de Paris en Normandie. On nommait cette traversée *le tour à charrettes*, attendu qu'elle n'était pratiquée que par les voitures, les piétons gravissant la côte par un sentier plus rude qui leur abrégeait beaucoup le chemin. Les plus belles rues étaient celles *de Mareil*, *au Pain*, *Sansonnet*, *de l'Abreuvoir*, *des Vieilles-Boucheries*, *du Pont-aux-Pâtures*, aujourd'hui *Poteau juré*, et quelques autres que de nouvelles constructions ont fait disparaître. Toutes ces rues, tortueuses, étroites, non pavées et bordées de tristes chaumières, n'étaient jamais nettoyées; de sorte qu'à l'exception de quelques hôtels, le bourg présentait l'aspect d'un de nos plus misérables villages.

L'emplacement qu'occupent aujourd'hui les rues *de Paris*, *des Ursulines*, *de Versailles*, n'étaient que des terrains vagues, où les bestiaux allaient paître en passant sur un petit pont jeté sur un fossé creusé pour l'écoulement du trop-plein de l'abreuvoir, et sans doute placé à l'extrémité de la rue à laquelle il donnait son nom.

Les autres côtés, vers les rues *d'Angoulême*, *de Lorraine*, *de Pologne*, etc., étaient aussi des espaces vides, des champs cultivés, des enclos plantés de vignes, avec quelques hôtels isolés.

TROISIÈME PÉRIODE.

(De 1590 a 1643.)

Henri IV, parvenu au trône le 31 juillet 1589, entra à Paris le 22 mars 1594, au milieu d'un peuple enivré de joie, et comme il le dit lui-même, *affamé de voir un roi*. Ce prince vint souvent se délasser à Saint-Germain des fatigues du gouvernement, et y prendre quelques-unes de ces mesures fortes et prudentes qui devaient ramener le calme dans un royaume ébranlé par de longues et fortes secousses. Cette année 1594 fut remarquable dans la vie de ce monarque par le traité qu'il signa à Saint-Germain, le 16 novembre, avec Charles III, duc de Lorraine, et par lequel ce chef d'une maison long-temps son ennemie, fit sa soumission et promit de se conduire loyalement et fidèlement avec lui.

Deux événemens qui faillirent plonger la France dans le deuil font également de cette même année une des plus intéressantes.

Pour l'explication du premier, il faut savoir que quoique Henri fut maître de Paris et d'une grande partie de son royaume, il restait encore des provinces à soumettre et des ennemis à réduire. Les ducs de Mayenne et de Joyeuse n'avaient point fait leur soumission, le duc de Mercœur, cantonné dans la Bretagne, y résistait encore à l'autorité royale qu'il ne devait reconnaître que quatre ans plus tard, et ces différens chefs envoyaient quelquefois des partis battre la campagne jusqu'aux environs de Paris. Ces courses aventureuses et trop de hardiesse de la part de Henri, manquèrent être funestes à ce prince. Nous allons emprunter au *Journal de l'Étoile* le récit de cet événement qui, comme celui qui doit le suivre, se rattache, par le lieu où il est survenu, à l'histoire de Saint-Germain.

« En ce mois (octobre 1594), la trop grande » hardiesse du roy, qu'on appelleroit en un autre » témérité, cuida causer un étrange et prodigieux » accident, qui fait que le roy s'étant égaré dans » un bois à la chasse vers Saint-Germain-en-Laye, » ayant enfin trouvé moyen d'en sortir lui troi- » sième, M. de Sourdis l'ayant découvert avec » vingt-cinq chevaux, et cuidant que ce fût l'en- » nemi, commanda à ses gens de l'aller recon- » naître, et de donner dedans, ce qu'ils feignirent » (n'osèrent pas) du commencement, craignant » l'embuscade pour l'amour du bois; mais enfin, » commandez par Sourdis de donner et qu'il les » suivroit, vinrent à bride abattue avec les chiens » couchés sur leurs poitrinats et pistolets; et comme » ils étoient prêts à tirer, le roy s'étant retiré à » côté, un de la troupe l'ayant reconnu, com- » mença de crier : Que voulez-vous faire? c'est le » roy. Lors Sourdis accourut, et se jetant à ses » pieds, lui dit : Sire, qu'avez-vous pensé faire?

» sans cettui-là, qui vous a reconnu, vous étiez
» mort.

» Le lendemain, sa noblesse lui en ayant fait
» remontrance, et s'étant jetée à ses pieds pour cet
» effet, il leur promit de se mieux garder à l'avenir
» et n'y retourner plus, s'étant laissé comme tancer
» par Grillon (Crillon) et autres, qui zélez à sa con-
» servation et à son service lui avoient parlé fort
» librement. »

L'autre événement est une de ces tentatives d'assassinat auxquelles fut si fréquemment exposé le meilleur des princes, et dont la dernière finit par l'enlever à la France. Nous allons encore en prendre le récit dans le *Journal de l'Étoile*.

« Le mardi 22 (novembre 1594), comme le
» roy arrivoit à Saint-Germain-en-Laye, furent
» pris huit voleurs, qui, par leurs paroles et va-
» riations, se rendirent suspects d'être venus-là
» pour tuer le roi; car ils s'étoient enquis à quelle
» heure il passeroit, s'il étoit bien accompagné,
» quel habit il porteroit, et autres circonstances qui
» les envoyèrent tous bottez au gibet; car ils furent
» pendus aux torches.

» Un gentilhomme du roy nommé Darquion les
» découvrit le premier et s'en saisit, priant Sa Ma-
» jesté de lui en donner deux qui se disoient gentils-
» hommes, qui tenoient à Soissons deux orfévres
» prisonniers, qu'ils avoient mis à six cents écus de
» rançon : ce que le roy lui accorda; mais en
» derrière fit dire à Lugoli qu'on les dépêchât, ce
» qui fut exécuté tout aussitôt, et les pendirent les

» gens de Vitri (capitaine des gardes) à faute de
» bourreau.

» Un de ces galans étoit un apoticaire, qui de-
» manda de parler au roy, auquel Sa Majesté
» s'étant enquis de quel état il étoit, lui répondit
» qu'il était apoticaire. Comment, dit le roy, a-
» t-on accoutumé de faire ici un état d'apoticaire?
» Guettez-vous les passans pour leur donner des
» clistaires. »

Le roi soutenait une guerre contre l'Espagne; néanmoins la confiance et l'amour de l'ordre renaissaient sous le sceptre d'un prince qui, sans nuire à l'affection qu'on lui portait, sut se faire craindre et prouva plus tard qu'il savait punir. Les grands retrouvèrent cette habitude de l'obéissance que Louis XI avait fait prendre à leurs pères, et qui s'était relâchée sous plusieurs règnes. Les réformés, soumis comme les autres, concevaient cependant des inquiétudes secrètes et trouvaient que le roi, pour qui ils avaient tant fait, ne leur donnait pas autant de garanties qu'ils en auraient désiré, et les catholiques prétendaient qu'il accordait tout à ses vieux compagnons d'armes. Les premiers, qui voyaient que Henri avait abandonné leur communion pour celle de leurs éternels ennemis, craignant de se voir arracher un jour les concessions qu'ils avaient obtenues, retenaient entre leurs mains le jeune prince de Condé, alors âgé de sept ans, lui faisaient donner à Saint-Jean-d'Angely quelques connaissances de leur croyance, et l'élevaient pour être le chef de leur parti, dans le cas où ils seraient obligés de courir encore aux armes. Henri IV, ne voulant pas laisser un point de réunion à des séditions nouvelles, fit venir le jeune prince à Paris, avec sa mère; confia le soin de son éducation à Jean de Vivonne, marquis de Pisani, et quand il parut assez instruit dans la religion catholique, il lui fit faire abjuration, le 6 janvier 1596, dans la chapelle du château de Saint-Germain.

Le 8 mai 1597, arriva dans cette ville le duc de Bar, fils aîné du duc de Lorraine, pour présenter ses hommages au roi, et achever de traiter de son mariage avec Catherine de France, sœur de Henri IV. Le roi alla le recevoir jusqu'au milieu du parc et le conduisit par la main à la chambre des dames, où la princesse se trouvait alors. Le surlendemain, le roi, sa sœur et le duc de Bar se rendirent à Paris, et Catherine, le jour qui suivit son arrivée, fit prêcher publiquement dans le Louvre, pour détruire le bruit qui courait, qu'après son mariage elle changerait de religion.

En janvier 1599, le duc de Bar revint en France pour épouser Catherine. Le duc de Montpensier eut ordre d'aller au-devant de lui et de l'amener à Paris. Le monarque fut à sa rencontre entre Pantin et la Chapelle; quand il l'eut embrassé il le laissa entre les mains de M. de Montpensier et s'en alla passer le reste du jour à la chasse. Le 31 du même mois se fit la cérémonie des épousailles. Il survint alors une difficulté : les futurs étaient de religion différente. La princesse voulait être mariée dans un temple par un ministre protestant; le duc de Bar voulait l'être dans une église et par un archevêque. Henri applanit tout, en faisant célébrer le mariage dans son cabinet, à Saint-Germain, par l'archevêque de Rouen, son frère naturel.

La princesse Catherine était boîteuse et bossue, mais vive et pétillante d'esprit. Elle avait été promise au comte de Soissons qu'elle aimait, et quand on la complimentait sur son mariage avec le duc de Bar, elle répondait : « Peut-être y a-t-il de grands » avantages, mais je n'y trouve pas mon *compte.* » Constamment fidèle à la religion dans laquelle elle était née, elle ne voulut jamais l'abjurer; aussi Henri IV lui renvoya en plaisantant une demande des députés des églises réformées du Poitou, en leur disant : « Adressez-vous à ma sœur, votre reli» gion est tombée en quenouille. » On sait le bon mot qu'elle adressa à la Varenne, qui, de son cuisinier, était devenu le favori de Henri IV et un homme très opulent en servant les amours de ce prince. « La Varenne, lui dit-elle, tu as plus gagné » en portant les poulets de mon frère qu'en pi» quant les miens. » Elle mourut de chagrin, sans postérité, à Nancy, le 13 février 1604.

Vers 1596 ou 1600, Henri IV ayant résolu de faire de Saint-Germain son domicile le plus habituel, projeta d'y faire construire une maison royale plus belle, plus moderne, et ayant moins l'air d'une forteresse que le château que ses prédécesseurs et lui-même avaient habité.

Selon une opinion assez répandue, ce fut François Ier qui conçut l'idée et jeta les premiers fondemens du château neuf; les troubles occasionés par les guerres de religion ayant forcé ses successeurs à abandonner les constructions commencées, Henri IV n'aurait fait que les reprendre et les conduire en grande partie à leur perfection.

Que cette circonstance, sur laquelle nous n'avons point de données positives, soit ou non véritable, nous savons avec plus de certitude, que Henri IV chargea son architecte Marchand de lui présenter des plans, et que celui-ci résolut de placer le château du côté de la rivière et sur le penchant de la colline, afin que la cour pût jouir des points de vue magnifiques qui s'offraient de toutes parts. Quant aux jardins, il se décida à les faire en terrasse, parce que la côte ne lui permit pas de leur donner un vaste développement horizontal (18).

L'antique chaussée Charlevanne, dans toute la partie qui s'étendait sur le territoire de Saint-Germain, dut disparaître entièrement, ainsi qu'un petit chemin peu remarquable qui a donné lieu à l'anecdote suivante, dont toutefois nous ne garantissons pas l'authenticité.

Ce petit chemin, qui partait de la chaussée Charlevanne, à peu près au point où se trouve aujourd'hui la Porte-Dauphine, se dirigeait à travers les vignes, jusqu'à l'église de Saint-Vandrille, située alors beaucoup plus bas qu'aujourd'hui, et faisait partie du terrain que Henri IV destinait à ses nouvelles constructions. Le roi avait acheté, le long de cette petite route, plusieurs bicoques qui appartenaient à des habitans du Pecq, mais trois notables de l'endroit, possesseurs de mauvaises barraques, et fiers de leur titre de propriétaires, refusèrent de vendre leurs habitations au prix qu'on leur en offrait, et résistèrent à toutes les instances que l'on fit auprès d'eux pour les décider à recevoir de leurs tristes masures, un prix bien supérieur à celui qu'elles valaient. On commença les constructions sans paraître s'en occuper davantage. Alors des habitans du lieu, en buvant avec les propriétaires récalcitrans, les sondèrent et parvinrent à les faire consentir à leur vendre les maisons auxquelles ils paraissaient tenir si fortement; ce qui fut d'autant plus facile, que, remarquant qu'on continuait les travaux sans s'embarrasser ni d'eux ni de leurs maisons, ces propriétaires commençaient à craindre qu'on ne s'en passât; ce qui les aurait exposés à perdre les avantages qu'ils avaient refusés d'abord.

Cette affaire ainsi arrangée, deux notables du Pecq vinrent faire hommage au roi des maisons et dépendances qu'il avait tant désiré acquérir. Le roi fut si satisfait de ce procédé, qu'il accorda aux habitans de ce lieu une exemption des charges et impôts publics. Comme les lettres-patentes qui accordent cette faveur à ce village sont du mois de novembre 1596, on peut supposer que les travaux commencèrent très peu avant cette époque.

Selon une autre version, Henri IV aurait fait, avec les habitans du Pecq, un traité en vertu duquel ceux-ci lui auraient livré les terrains et bâtimens nécessaires aux constructions et jardins du château neuf, et ce prince, par reconnaissance, leur aurait accordé de ne payer à perpétuité que mille livres d'impôts. Ce qui donnerait à penser que le Pecq était alors plus important que les villages voisins, car la réduction de ses impositions à mille livres suppose qu'il en payait de plus fortes.

Les travaux étaient déjà assez avancés en 1601, car cette année-là Henri conduisit à Saint-Germain sa nouvelle épouse, Marie de Médicis, voir les constructions magnifiques qu'il y faisait élever. Les divertissemens et les distractions les plus ordinaires de ce prince étaient alors la chasse et les bâtimens. Il faisait travailler en même temps à Sainte-Croix d'Orléans, au Louvre, à la place Royale et à Saint-Germain. Il disait lui-même avec gaîté : « On me » reproche d'être chiche, j'exerce cependant trois » métiers assez coûteux : je fais la guerre, je fais » l'amour et je bâtis. »

On ne peut pas dire précisément à quelle époque le château neuf fut terminé ; à parler strictement, il ne le fut jamais : quelques constructions tombèrent en ruine avant d'être achevées ; mais on peut fixer vers 1603 l'époque où il fut habitable, et où la cour vint occuper cette maison royale pour laquelle Henri IV eut toujours une préférence marquée.

Le château neuf n'était séparé du vieux que par un espace d'environ deux cents toises, planté en gazon, coupé par une chaussée pavée que l'on croit avoir été commencée par François Ier, et être restée inachevée jusqu'au règne de Henri IV. La principale porte d'entrée, placée du côté du château vieux, était un portail composé de douze colonnes de pierres ciselées, sous lequel il y avait un vestibule surmonté d'une terrasse entourée d'une balustrade en pierre avec pilastres. La façade était ornée des armes de France surmontées d'une épée couronnée, avec cette inscription, qui faisait allusion aux royaumes de France et de Navarre : *Duo protegit unus*.

De là on arrivait dans la cour principale qui était en hexagone, et par deux beaux degrés en pierre de taille on entrait dans une vaste salle où se tenaient habituellement les gardes, et qui servait à la fois de passage pour aller aux terrasses extérieures et de séparation entre deux grands corps de bâtiment. De cette salle on communiquait à droite avec l'appartement de la reine Marie de Médicis (19). Il se composait de plusieurs pièces de plain-pied, richement ornées de peintures et de sculptures, avec des plafonds de la plus grande beauté, qui représentaient des paysages. A la suite s'étendait une galerie de la même longueur et largeur que les bâtimens, et également riche en peintures et en ornemens. C'est là que naquit Louis XIV et qu'Anne d'Autriche fit son dernier testament. L'appartement à gauche était occupé par le roi. On y comptait autant de pièces que dans celui de la reine, et il était suivi de même d'une galerie. Les tableaux qui l'ornaient représentaient des sujets de chasse. Louis XIII l'occupait à ses derniers momens. Partout on admirait les statues, les candelabres et le luxe des étoffes qui contrastaient agréablement avec les masses de verdure des bosquets, des allées et des jardins qui s'abaissaient de terrasse en terrasse jusqu'à la Seine.

Les pièces situées au-dessus du rez-de-chaussée étaient vastes, commodes, et pour la plupart garnies de lambris. Les logemens qui se trouvaient dans les basses-cours contenaient les offices, les cuisines et les dépendances du commun. On y voyait deux grandes volières remplies d'oiseaux rares, et une ménagerie peuplée d'animaux étrangers et curieux.

Au-devant de la grande salle était une magnifique terrasse régnant sur toute la façade du bâtiment. Aux deux bouts de cette terrasse, deux galeries voûtées et ceintrées en portique avec des piliers à jour, soutenaient des plateformes garnies de balustres en pierre séparés par des pilastres ornés de sculptures. Ces galeries procuraient une promenade couverte, et conduisaient à deux grands pavillons carrés détachés du château et bâtis en pierre et en briques. Leur dôme, couvert en ardoise, était environné de balustres et pilastres, portant, comme ceux des terrasses, les chiffres et devises du roi et de la reine. L'un de ces pavillons, celui de droite, qui n'a jamais été achevé au-dedans, servait de logement pour des officiers de la cour; dans l'autre, situé à gauche, était la chapelle.

Ce petit temple était décoré à l'intérieur avec infiniment de goût; des peintures à fresque, des arabesques en ornaient la voûte, et une main habile en avait sculpté la corniche. Un autel très simple s'élevait à l'une des extrémités, et derrière était placé un tableau représentant la résurrection de Jésus-Christ. Le pavé était en carreaux de marbre blanc et noir. On ne célébrait l'office divin dans cette chapelle que lorsque la cour était à Saint-Germain, tout le reste du temps elle était fermée. Au-dessous il y avait un salon garni de rocailles, meublé de tables de marbre, de lustres de cristal, et autres objets.

En descendant de cette première terrasse par deux rampes en fer à cheval, on parvenait à deux petits jardins de même grandeur, placés à égale distance et enfermés par une bordure de buis. Au milieu de chacun on voyait deux bassins en pierre, au centre desquels un piédestal soutenait un grand vase en coquille, d'où s'élevait un groupe en bronze formé par un ange de grandeur humaine, tenant une couronne royale, et semblant dominer sur quatre satyres qui laissaient échapper de leur bouche l'eau qui se répandait dans la coquille.

Au milieu de cette seconde terrasse, et devant la double rampe par laquelle on y arrivait, était un large et beau bassin, où se faisait remarquer la statue en bronze vert d'un Mercure de grandeur héroïque. D'un rocher factice qui lui servait de piédestal, sortaient de forts jets d'eau tombant dans une grande cuvette de marbre jaspé, soutenue par quatre dauphins, également en bronze vert, et lançant aussi de l'eau.

Ce dernier groupe avait été apporté de Florence et donné à la reine Marie de Médicis; mais, lorsque la grande terrasse s'écroula, en 1660, et qu'on la rebâtit sur un nouveau plan, il fut transporté à Versailles avec plusieurs autres figures.

Les grottes que l'on avait ménagées au-dessous des terrasses que nous venons de décrire, étaient sans contredit ce qu'il y avait de plus remarquable dans le château neuf. Tout ce qui pouvait exciter l'admiration y était réuni, et les écrivains contemporains en ont parlé comme d'une merveille. L'imagination humaine ne pouvait point, selon eux, aller au-delà; et si nous voulons les croire, les jardins enchantés d'Armide n'étaient rien auprès (*).

Ces grottes étaient de deux espèces : les unes sèches, les autres humides. Les premières offraient des salons ornés de rocailles et de coquillages, meublés avec goût et somptuosité. C'était là que le roi se retirait avec la reine et les courtisans, pour chercher l'ombre et la fraîcheur pendant les fortes chaleurs de l'été. Là, Henri se livrait avec Sully aux épanchemens de cette confiante amitié, aussi honorable pour le roi que pour le sujet. Plus d'une fois, sous ces rocs élevés et creusés par la main des hommes, furent agitées des questions qui devaient changer la face de l'Europe; plus d'une fois y furent prises ces décisions qui portèrent l'abondance et la joie jusque dans les provinces les plus reculées du royaume; plus d'une fois aussi, peut-être, y furent payés de secrets tributs à une tendre faiblesse.

Les grottes humides étaient celles où on avait

(*) Voyez la description des grottes et jardins du château neuf, dans André Duchesne, *Antiquités des villes*.

réuni toutes les merveilles de l'art. Au moyen du secret d'élever les eaux au-dessus de leur source, secret que venait de découvrir Maconnis, président à la généralité de Lyon, tous les ruisseaux environnans furent mis à contribution pour enchanter l'esprit et surprendre les yeux.

Les auteurs du temps ne sont pas parfaitement d'accord dans la description qu'ils font des grottes humides du château neuf de Saint-Germain. Il est à présumer qu'elles contenaient tant de choses, que chacun d'eux n'a parlé que de celles qui, selon lui, étaient les plus remarquables, soit pour éviter la diffusion, soit pour laisser quelque surprise à ceux qui les iraient visiter. De là il résulte qu'il est assez difficile de donner aujourd'hui une idée complète d'une multitude de pièces dont il n'existe plus rien. Néanmoins, aidés des matériaux que nous avons sous la main, nous allons essayer d'y parvenir.

Sous la première terrasse et au niveau de la seconde, étaient deux belles grottes garnies de coquillages incrustés dans le roc. Dans l'une, le dieu des mers monté sur un char, et armé du redoutable trident, pressait les flancs de ses coursiers qui paraissaient voler sur les ondes, en lançant des jets d'eau par les narines et par la bouche. Le front du dieu était couronné de roseaux; de sa barbe et de ses cheveux ruisselaient des flots qui se mêlaient aux eaux sur lesquelles il paraissait en triomphateur, tandis que des tritons et des néréïdes, nageant autour de lui, annonçaient à l'empire humide, au son de leurs conques, son dominateur et son maître.

La seconde grotte était habitée par une jeune et belle nymphe, dont les doigts, mis en mouvement par la force des eaux, faisaient sortir d'un orgue, tantôt des accords doux et mélancoliques, tantôt des airs de chasse et de guerre. Vis-à-vis d'elle, un serpent, que paraissait importuner la mélodie de son instrument, faisait d'impuissans efforts pour l'atteindre avec les flots que lançait sa gueule béante. Entre la nymphe et le serpent s'élevait une table de marbre noir, d'où partaient divers jets d'eau qui, en se réunissant, figuraient des coupes, des vases, des tableaux. Aux sons de l'orgue et au bruit des eaux se mêlaient les chants d'un grand nombre de rossignols, interrompus par le cri sinistre de cet oiseau de mauvais augure, que n'entend jamais sans frissonner un époux malheureux.

Sous une des fenêtres se remarquaient une table de marbre de diverses couleurs, des miroirs, des coquillages, et un dauphin dont l'imitation était parfaite. Sous une autre, un Mercure, armé de son caducée, coiffé du pétase, et ne touchant à la terre que par l'extrémité d'un de ses pieds, s'élançait vers les cieux en sonnant de la trompette.

Au-dessous de la seconde terrasse étaient trois grottes séparées par une galerie voûtée et ornée de tables, de bassins, de figures de marbre et de jaspe de toutes les couleurs. A droite se rencontrait un salon garni de rocailles et de coquilles, que l'on traversait pour entrer dans la grotte de Persée. Le héros, porté par la Chimère et armé d'une épée, paraissait fondre sur un dragon qui s'élançait d'un vaste bassin contre Andromède. Chaque fois que Persée frappait le monstre, celui-ci plongeait dans les ondes, puis en sortait sa tête hideuse, et faisait de nouveaux efforts pour déchirer la jeune beauté qu'il ne pouvait jamais atteindre.

A l'opposite, et sous la même voûte, se voyait le dieu des vendanges, joyeusement assis sur une tonne, et tenant en main une coupe de laquelle partait un jet d'eau qui, en retombant dans un bassin, et se divisant dans plusieurs tuyaux, donnait le mouvement et semblait communiquer la vie à une multitude de figures placées en plusieurs endroits du rocher. Des forgerons, soufflant et paraissant épuisés de fatigue, abaissaient en cadence de lourds marteaux. Des menuisiers, des émouleurs, se livraient aux travaux de leurs professions. Plus loin tournaient, avec un bruit régulier et monotone, des moulins à vent et des moulins à eau; on voyait ensuite des satyres, des poissons et des oiseaux qui s'agitaient; des plantes et des fleurs sortaient du sol, et des jets d'eau inaperçus et ingénieusement placés, mouillaient imperceptiblement le curieux dont l'attention était captivée par toutes les merveilles étalées à ses yeux.

Dans l'autre aile du bâtiment dont nous avons parlé, se trouvait un salon semblable à celui de droite, et dans lequel, par ce mélange du sacré et du profane qui tenait au goût d'alors, on voyait les quatre vertus cardinales, reconnaissables à leurs attributs.

De ce salon on entrait dans la grotte dite *d'Orphée*. Assis sur un rocher, le fils du dieu de l'harmonie faisait résonner les cordes de sa lyre, en se livrant à divers mouvemens du corps et des yeux : aux sons qu'il tirait venaient des lions, des tigres, des léopards, des ours, des serpens, des crocodiles, charmés et apprivoisés par les accords mélodieux qu'ils entendaient. Des arbres penchaient leur tête chenue et semblaient regretter d'être fixés à la terre par leurs racines; des oiseaux, cachés dans le feuillage, accompagnaient de leurs chants ceux du fils d'Apollon; tandis que les douze signes du zodiaque parcouraient le cercle divin on entendait une céleste harmonie.

Au bout de cette grotte était celle des *flambeaux*, ainsi nommée parce qu'elle n'était point éclairée par la lumière du jour. A la lueur d'un grand nombre de torches enflammées se découvrait un vaste théâtre, dont la décoration changeait à chaque instant. D'abord on apercevait, au lever d'un soleil pur et resplendissant, la mer calme, unie comme une glace, parsemée d'îles verdoyantes et fleuries, et peuplée de monstres marins qui se poursuivaient et jouaient sur leurs bords. Mais l'horizon se chargeait de nuages sombres et menaçans; la mer devenait houleuse, et les vents faisaient entendre des sifflemens précurseurs de la tempête ; bientôt l'orage était dans toute sa force. Les flots en fureur battaient les rivages; les éclairs

CHÂTEAU NEUF DE S.T GERMAIN EN 1660.

Boisseau et Dureau Sculp.t

embrasaient l'horison d'un pôle à l'autre, la foudre faisait entendre ses longs mugissemens, pendant que des vaisseaux se brisaient sur les rochers, échouaient sur la plage, et que les matelots éperdus cherchaient à gagner à la nage la rive la plus prochaine. Cependant le ciel s'appaisait, la terre apparaissait comme auparavant, riante et couverte de fleurs et de fruits. A côté de la maison seigneuriale et de son parc étendu, se découvraient l'humble chaumière et le jardinet du berger. Dans le lointain s'élevaient le château de Saint-Germain et ses magnifiques terrasses. On voyait le roi se promener au milieu de la foule empressée de ses courtisans, et le dauphin, qui fut depuis Louis XIII, descendant du ciel sur un char lumineux supporté par deux anges qui tenaient une couronne royale.

Ce dernier tableau se développait sous les yeux du spectateur aux sons d'une musique mélodieuse et suave; mais bientôt tout s'évanouissait. Cette campagne féconde et fleurie se changeait en un désert affreux, couvert d'animaux farouches et de reptiles monstrueux, qui disparaissaient devant une fée dont les accens rendaient à la terre sa beauté première. De-là, le spectateur était plongé dans les enfers, assistait au jugement des damnés, voyait leurs supplices et entendait leurs rugissemens; transporté dans les cieux, il contemplait les joies du paradis, écoutait les chants harmonieux des chérubins et partageait le bonheur des anges. Enfin, ramené sur la terre, il cueillait les fleurs du printemps, se livrait aux travaux de l'été, récoltait les fruits de l'automne, et frissonnait courbé sous la neige et les frimats de l'hiver.

Toutes ces grottes étaient garnies de coquillages étrangers de la plus grande beauté et du plus haut prix. Partout les statues, les tables, les vases de marbre et porphyre étaient prodigués avec une somptuosité et une magnificence vraiment royales.

En descendant de la dernière grotte on arrivait sur d'autres terrasses qui se succédaient les unes aux autres; elles étaient voûtées en-dessous, et formaient de vastes galeries, qu'on eut le dessein de diviser en grottes semblables à celles des étages supérieurs. Aux deux bouts d'une de ces terrasses étaient deux pavillons couverts d'ardoise et de plomb, servant de logement aux jardiniers et peintres du château. Enfin on était conduit à deux vastes jardins qui s'étendaient jusqu'à la rivière.

Du château neuf on communiquait de plain-pied à deux parterres, dont l'un était la promenade favorite de la reine Marie-Thérèse, femme de Louis XIV, quand elle venait à Saint-Germain. Des auteurs ont écrit que ce jardin fut refait et nommé *Boulingrin*, à l'instar de ceux d'Angleterre, sur les dessins que proposa Henriette Anne, fille de Charles Ier. Mais on sait que cette jeune princesse fut élevée à la cour de France pendant les persécutions qu'éprouva sa famille, qu'elle épousa le duc d'Orléans, frère unique du roi, le 31 mars 1661, et mourut en 1670. Or, ayant passé presque toute sa vie en France, comment aurait-elle conservé le goût des jardins de son pays qu'elle avait quitté de si bonne heure? Il semble plus naturel de croire qu'elle ne contribua en rien aux changemens apportés dans ce lieu; mais que le goût des allées symétriques commençant à se passer un peu, on voulu faire l'essai d'une distribution étrangère et d'un plan nouveau; ou bien que le roi, par une de ces attentions pleines de délicatesse dont il était si prodigue, surtout envers les femmes, s'est plu à offrir à la fille du roi d'Angleterre une représentation des promenades dans lesquelles elle avait essayé ses premiers pas, et par le nom étranger qu'il donna au jardin, lui rappeler la première langue qu'elle avait parlée.

Le boulingrin s'étendait le long du chemin royal, dit aujourd'hui *les Deux-Grilles*, et faisait pendant au jardin de la dauphine. Cette propriété, aliénée lors de la révolution, est aujourd'hui close de murs et appartient à un particulier qui loue au gouverneur du château une maison qui se trouve dessus, et est probablement une portion du château neuf; c'est pourquoi elle porte le nom d'*Hôtel du Gouvernement*.

C'est dans cette maison que fut établie la première manufacture d'étoffes de crin. Nous parlerons de cette industrie nouvelle dans la seconde partie de cet ouvrage.

L'autre jardin, situé du côté opposé, était séparé du château neuf par une très belle grille. Il communiquait avec l'appartement du roi par la galerie. Henri IV s'y promenait souvent; il y avait fait planter une allée de mûriers blancs, pour nourrir des vers à soie qu'il se plaisait à cultiver lui-même. En 1676, lorsque Le Nôtre construisit la grande terrasse, ce jardin fut détruit et refait sur de nouveaux dessins, suivant le goût du temps. Il fut divisé par compartimens de gazon, garnis d'ifs taillés de diverses manières et auxquels on avait donné différentes figures. De belles allées de tilleuls, et des contre-allées soutenues sur le devant par des dalles en pierre, correspondaient symétriquement au boulingrin. Il fut étendu à droite du parterre jusqu'à la grande allée qui conduit à la terrasse. Cette plantation, terminée en 1680, fut appelée *Jardin de la Dauphine*, parce que cette princesse, belle-fille de Louis XIV, aimait beaucoup à s'y promener lorsque la cour de France était à Saint-Germain.

Les ifs, les allées de tilleuls, les parterres de gazon, les bassins placés au centre, et dont nous avons oublié de parler, tout a disparu. L'emplacement forme aujourd'hui un grand quinconce planté en tilleuls et marronniers. Cette promenade sera belle un jour, mais en ce moment les arbres qui la forment sont encore jeunes et donnent à peine de l'ombrage.

Tels étaient ces jardins, les plus beaux du monde, que les étrangers venaient admirer, qu'ils enviaient à la France et qui furent pour Henri l'objet d'une prédilection particulière.

S'il nous était permis d'avoir un avis sur un sujet semblable, nous dirions qu'il est fort douteux que ces merveilles, si elles subsistaient encore, provoquent la même admiration qu'elles excitaient autrefois. Aujourd'hui que nous cherchons le beau dans la simplicité, ces allées qui se correspondaient si régulièrement seraient pour nous une promenade fort ennuyeuse; cette nature partout torturée, ces arbres gênés dans leur développement, et forcés par la taille de prendre des formes bizarres et fantasques, de figurer des vases, des coupes, des animaux; cette verdure sombre et attristante de l'if et du buis, nous sembleraient d'un assez mauvais goût. Quand aux grottes, cet olympe ancien et ce paradis moderne réunis sous les mêmes voûtes ne feraient pas fortune en ce siècle; toutes ces pièces mises en mouvement par l'eau, ces figures s'agitant, marchant, travaillant, donnant du cor et de la trompette, ne produiraient guère sur le spectateur d'autre impression que celle qu'on éprouve à l'aspect d'un jeu de marionnettes. Quoi qu'il en soit, toutes ces choses étaient alors autant de découvertes, et nous ne devons pas nous étonner qu'elles aient été admirées, dans un siècle où les sciences industrielles et mécaniques étaient encore pour ainsi dire à naître.

Le vieux château de Saint-Germain servit plusieurs fois de prison d'état, et on y enfermait ceux qui n'étaient point assez coupables, ou d'assez haute qualité pour mériter les honneurs de la Bastille. Nous en trouvons la preuve dans un passage de l'*Étoile* que nous allons citer; mais auparavant il convient de dire que l'état de détresse où Henri IV trouva les finances de son royaume quand il eut pris possession de Paris, le contraignit plusieurs fois à recourir à un moyen désespéré, qui dut singulièrement répugner à son cœur : c'était d'appliquer les fonds destinés au paiement des rentes de l'Hôtel-de-Ville aux besoins du service, ou à satisfaire les avides exigences de ceux de ses courtisans qu'il nommait *ses vendeurs*, parce qu'ils lui avaient vendu l'une après l'autre les places qu'ils défendaient contre lui. Ces mesures, qui blessaient les intérêts de la classe la moins aisée, excitèrent des murmures et presque des séditions, qu'il fut obligé d'appaiser par des coups violens tout à fait en désaccord avec les sentimens paternels dont il était pénétré pour son peuple.

« Le lundi, 22 décembre (1596), dit l'*Étoile*, » le roi arriva à Paris et le lendemain alla à l'Hôtel- » de-Ville, où il parla en roi. Il envoya prisonnier » à Saint-Germain-en-Laye un bourgeois nommé » Carel, qui s'était mêlé de dresser quelques re- » quêtes pour les rentes de la ville, des deniers » desquelles il prit huit mille écus, menaçant de » la Bastille le premier qui parlerait de sédition » pour lesdites rentes; car il avait été bien averti » qu'on en avait parlé et que le peuple murmurait » fort: ce qui ne se pouvait pas autrement, vu que » la nécessité apprend à crier. »

Le château neuf n'offrit point de ces souterrains destinés à engloutir les victimes de la raison d'état et quelquefois d'une injuste prévention. Henri n'aurait pu se livrer aux plaisirs qu'il venait chercher dans cette habitation royale, s'il eût pensé qu'au-dessous du sol qu'il foulait, gémissaient, entre quatre murailles humides et glacées, des malheureux qui souvent n'avaient commis d'autre crime que celui de déplaire à un ministre ou de blesser l'orgueil d'une favorite.

Devenu père enfin d'un fils légitime qui devait lui succéder, Henri IV voulut que ce premier espoir de sa maison fut nourri à Saint-Germain. Le 27 octobre 1601, trente jours après sa naissance, le jeune dauphin traversa Paris, où il reçut les hommages du prévôt des marchands et des échevins, et après avoir passé deux jours dans la maison de Zamet, il partit pour sa destination, porté par sa nourrice, et à visage découvert, afin que tout le peuple pût le voir et saluer en lui le roi que la providence lui avait accordé, pour un temps qui n'était malheureusement pas éloigné.

La présence du dauphin à Saint-Germain rendit le séjour de cette ville plus cher à son père. L'habitude que Henri IV avait prise pendant ses guerres d'être toujours à cheval et de battre la campagne, avait fait naître en lui un besoin d'agitation et de mouvement tel, qu'il pouvait difficilement rester en place. Il passait donc de l'un de ses châteaux à l'autre, du Louvre à Monceaux, de Fontainebleau à Compiègne, souvent dans la même saison; mais il revoyait toujours avec un nouveau plaisir les lieux où s'élevait son fils : il se plaisait à venir, presque sans suite, les visiter à l'improviste, et quelquefois la reine l'accompagnait.

Henri IV passa presque toute l'année 1603 à

Saint-Germain, où sa sœur, la duchesse de Bar, qui s'échappait le plus souvent qu'elle le pouvait de sa petite cour de Nanci, pour venir jouir des plaisirs que procurait celle de France, vint le retrouver le 5 août. A son arrivée à Paris, elle avait fait faire le prêche ouvertement et publiquement en son hôtel, situé près des Filles-Repenties; et le dimanche suivant, à la prière du roi son frère, elle consentit à assister à un sermon que devait prêcher dans la chapelle du château neuf le jésuite Cotton, confesseur de Henri IV. Ce prédicateur prit pour texte de son discours la parabole du Samaritain, et vanta, en sujet dévoué à la cour de Rome, la charité inépuisable du pape, les trésors d'indulgences qu'il répandait sur toute la chrétienté, et les bienfaits inappréciables qu'en retiraient les fidèles. La princesse parut écouter avec recueillement et piété : on l'aurait crue ébranlée. Déjà on se flattait de la faire entrer dans le giron de l'église romaine; mais l'après-dînée de ce jour-là même, il fallut renoncer à cette espérance. Elle fit appeler son ministre du Moulin et lui donna ordre de réfuter publiquement le discours que le père Cotton avait débité le matin. Le ministre obéit, au grand scandale des âmes pieuses. Nous ne savons pas s'il appuya sa glose d'argumens bien concluans, et si effectivement il réfuta le jésuite; mais, ce qui est sûr, c'est que de ce moment on désespéra de la conversion de la sœur du roi, qui se maintint et mourut dans les principes de la réformation.

Un buste de pierre, placé dans une des grottes du château neuf, donna lieu à l'anecdote suivante : le président Fauchet, auteur des *Antiquités françaises et gauloises*, sollicitait un jour la protection de Henri, le monarque lui dit : « Monsieur le président, je vous estime autant pour les ouvrages » dont vous avez enrichi la littérature, que pour » les services que vous m'avez rendus dans le poste » où vos talens vous ont fait appeler. Afin d'en perpétuer la mémoire, j'ai fait placer ici votre effigie. » Peu satisfait du résultat de ses démarches, Fauchet composa les vers suivans:

J'ai trouvé dedans Saint-Germain
De mes longs travaux le salaire :
Le roi, de pierre m'a fait faire,
Tant il est courtois et humain.
S'il pouvait aussi bien de faim
Me garantir que mon image,
Ah! que j'aurais fait bon voyage!
J'y retournerais dès demain.
Viens, Tacite, Salluste, et toi
Qui as tant honoré Padoue;
Venez ici faire la moue
En quelque coin ainsi que moi.

Le roi lut cette pièce, et comme il ne trouvait pas mauvais qu'on lui fît la leçon, quand elle arrivait à propos, il donna à Fauchet le titre d'historiographe de France avec une pension de six cents écus.

Les travaux que Charles V avait fait faire pour alimenter d'eau Saint-Germain, ne furent plus suffisans pour le château neuf et les bassins où elle était prodiguée : il fallut aviser au moyen d'en augmenter le volume. Des recherches furent faites sur le territoire de l'abbaye de Joyenval, du domaine de Retz, et dans la forêt de Marly. Elles eurent pour résultat d'amener dans l'aquéduc les sources qui fournissaient à la petite rivière de Buzot, mise ainsi à sec dans une partie de son cours.

Le 9 juin 1606, la France pensa perdre son roi par un accident qu'il n'était guère possible de prévoir, et auquel il fut heureusement apporté remède. A cette époque, Henri IV, la reine, la princesse de Conti, M. de Montpensier et le duc de Vendôme, revenaient de Saint-Germain à Paris dans le même carrosse. Arrivés au bac de Neuilly, ils ne voulurent point descendre de voiture à cause de la pluie; mais en y entrant, les deux derniers chevaux, tirant trop de côté, tombèrent dans l'eau et entraînèrent le carrosse qui fut dans l'instant rempli. Les gens de cheval qui venaient après, voyant ce funeste accident, se jetèrent à la nage pour secourir leurs majestés et ceux qui les accompagnaient. Le roi, qui était excellent nageur, fut promptement hors d'affaire ; mais à peine sorti, il se remit à l'eau pour aider à sauver la reine et le duc de Vendôme. La Châtaigneraie, qui avait déjà rencontré la première, la tira du péril en la saisissant par les cheveux, et ensuite sauva le duc de Vendôme qui se trouva auprès d'elle. Le duc de Montpensier et la princesse de Conti, tombés dans un endroit où la rivière était moins profonde, coururent peu de dangers et furent retirés avec facilité. En sorte que cet événement, qui jeta la cour dans de mortelles alarmes, se réduisit à des habits mouillés, et donna lieu à quelques bons mots pour divertir la reine. « Cet accident, dit le » *Journal de l'Étoile*, guérit le roy d'un grand mal » de dents qu'il avoit, dont le danger étant passé, » il s'en gaussa, disant que jamais il n'y avoit » trouvé meilleure recette. Au reste, qu'ils avoient » mangé trop salé à dîner, et qu'on avoit voulu » les faire boire après. » La reine, en récompense du bon service qu'elle avait reçu de la Châtaigneraie, lui donna une enseigne de pierreries de quatre mille écus, une pension annuelle, et ensuite le fit capitaine de ses gardes.

La marquise de Verneuil, comme à son ordinaire, exerça son esprit satyrique et railleur sur cette aventure, et dit au roi, la première fois qu'elle le vit, que si elle avait été de la partie, lorsqu'elle aurait vu hors de danger la personne de sa majesté, elle aurait crié : *la reine boit*. Cette plaisanterie, qui fut répétée à la cour, ralluma le ressentiment de la reine, et occasiona de nouvelles picoteries, dont le roi, comme de coutume, fut la victime.

Le 14 mai 1610, le couteau de l'infâme Ravaillac ayant enlevé à la France un roi chéri (20), son fils Louis XIII, né à Fontainebleau le 27 septembre 1601, monta sur le trône.

Ce prince, sans caractère et sans volonté, méprisé de ses favoris, subjugué par son ministre, passa la première partie de sa vie à faire la guerre à ses sujets, à négocier avec eux, à récompenser leur rébellion par de l'argent et des places, et l'autre moitié de son existence nous montre un monarque déconsidéré, sans pouvoir, traînant du Louvre à Fontainebleau et de Versailles à Saint-Germain la mélancolie qui l'accompagnait partout. Il s'apercevait qu'il était sous le joug, et montrait quelquefois le désir de s'en affranchir; mais trop faible pour le faire avec éclat, il conspirait timidement contre un homme qu'il n'aimait point, qui lui inspirait de la jalousie, et dont il ne pouvait se passer; puis au moment de l'exécution lui livrait ses complices, qu'il voyait froidement traîner à l'échafaud, et que cependant il avait promis d'appuyer de son pouvoir suprême. A la guerre, il se montra souvent à ses troupes, et leur donna des preuves d'un véritable courage; mais incapable de soutenir long-temps le commandement, il revenait bientôt dans ses châteaux, ramenant à sa suite l'ennui qui l'accompagnait partout; et tandis que ses armées forçaient des villes et gagnaient des batailles, il s'amusait dans le parc de Saint-Germain à prendre des oiseaux.

L'âme de ce malheureux prince était si complètement dépourvue de tout ressort et de toute énergie, que les plus doux sentimens de la nature y trouvaient à peine accès. Quand, après vingt-deux ans d'une union stérile, il lui naquit un fils, il reçut ce présent du ciel sans émotion et sans plaisir.

Louis XIII conserva toujours un sentiment de prédilection pour Saint-Germain : c'est en cette ville que peu après sa naissance, les députés du

Dauphiné lui vinrent apporter les hommages de leur province, et lui faire l'offrande d'un service d'argenterie décoré des emblêmes du titre qu'il devait porter, comme premier-né de Henri IV. Il ne faut pas savoir combien sont durables les impressions qui datent de l'enfance, pour s'étonner de la préférence que ce prince accorda toujours aux lieux où il reçut sa première éducation et se livra à ses premiers jeux.

Malgré cela, pendant toute sa minorité et les premières années qui la suivirent, Louis XIII habita plus fréquemment le Louvre, Compiègne et Fontainebleau que le château de Saint-Germain. Il résidait à Paris lorsqu'il remercia Vitry et ses compagnons d'avoir assassiné le maréchal d'Ancre, et qu'il s'écria qu'à cette heure il était véritablement roi. Depuis cet événement, il fit à Saint-Germain des séjours plus prolongés, et cette ville devint le théâtre de plusieurs événemens politiques plus ou moins importans.

Par lettres-patentes du mois d'avril 1620, Louis XIII confirma l'établissement des récollets à Saint-Germain. Ces religieux avaient été appelés en cette ville par le vœu même des habitans. La première pierre de leur église fut posée par le roi et bénie par l'archevêque de Rouen.

Par d'autres lettres-patentes du 26 février 1621, le roi permit aux habitans de Saint-Germain de faire clore une place publique où étaient établies les boucheries, au coin de la rue au Pain. La pièce accordant cette permission s'exprime ainsi :

« Le roi permet de clore la place publique où » sont les étaux, où se retirent les garniemens et » mauvais sujets, où ils commettent jour et nuit » infinis outrages, brigandages et insolences. » Par un acte de juin 1623, le même roi fit don de cette place à la ville.

C'est à Saint-Germain qu'en 1624 fut disgracié le surintendant des finances de la Vieuville, victime des intrigues de Bassompierre et de la jalousie de Richelieu, qui venait d'entrer au conseil. Cet événement appartient plus à l'histoire de France qu'à celle de Saint-Germain, néanmoins nous en donnerons une idée succincte, parce qu'il est propre à nous faire connaître le caractère timide et irrésolu de Louis XIII.

Bassompierre, maréchal de France, avait, comme il le dit lui-même, vingt-quatre mille livres *d'entretenement par an*, pour la charge de colonel-général des Suisses dont il était revêtu. La Vieuville prétendait que cette somme ne devait point lui être allouée, et qu'il ne l'avait obtenue que par une connivence avec le secrétaire de la guerre. Le refus qu'il faisait de la payer avait amené entre lui et Bassompierre des explications fort vives en plein conseil, et en présence du roi lui-même. Le colonel général avait bien *lavé la tête* du ministre, et ses affaires n'en étaient pas plus avancées.

Il porta au roi des plaintes plus directes et plus vives. Louis lui promit la disgrâce de la Vieuville, qui, dans le moment même, accusait son ennemi d'être aux gages de l'Espagne et proposait de l'arrêter. Le ministre vit bien qu'il succomberait, et fit faire à Bassompierre, par le maréchal de Vitry son beau-frère, des propositions d'accommodement que le favori refusa avec hauteur, en prédisant la ruine prochaine et infaillible de son accusateur.

Le roi, à qui la Vieuville se plaignit à son tour, se fâcha de ce que Bassompierre avait trahi le secret d'une résolution qu'il lui avait dit de garder jusqu'au moment de l'éclat; il rassura son ministre et lui dit qu'il était aussi content de lui que jamais, et que, si l'un des deux rivaux devait quitter la cour, il sacrifierait plutôt mille fois le maréchal qu'un homme dont les services lui étaient si utiles. Après ce beau trait de franchise, Louis fit venir Bassompierre et le gronda de son indiscrétion. Celui-ci répondit que ce serait trop peu pour un homme qui depuis une année, lui avait fait tant de mal, de ne sentir le sien « qu'à l'heure même qu'il » lui arriverait » et qu'il voulait le lui « faire pres- » sentir même et goûter auparavant qu'il ar- » rivât. »

Deux jours après, la Vieuville reçut ordre de payer à Bassompierre les sommes qu'il réclamait. Enlevé ensuite dans un carrosse entouré de mousquetaires, il fut conduit au château d'Amboise, d'où il se sauva un an après.

C'est dans les mémoires de Bassompierre qu'il faut lire tous les détails de cette intrigue indigne de la majesté royale. On y verra un monarque complotant avec son favori la perte de son ministre, craignant que ses projets ne fûssent découverts, les désavouant quand une vaniteuse indiscrétion les révèle trop tôt, refusant deux fois la démission d'un dépositaire de son autorité, et lui donnant des témoignages de bienveillance pour le chasser avec éclat en présence de toute sa cour. Quelle indignation on éprouvera à la lecture du passage où le courtisan raconte la crainte qu'il avait que son ennemi ne sentît pas assez tôt l'humiliation d'une disgrâce, comment il lui en fit savourer l'avant-goût, et attendit qu'il fût tombé du pouvoir pour lui intenter un procès criminel. Que de faiblesse et de fausseté d'une part, quel rafinement, quelle cruauté froide et réfléchie de l'autre! Est-ce donc là la cour?

Bassompierre, qui jouissait de la chute de son ennemi, éprouva à son tour qu'il n'est point de faveur durable auprès d'un maître ombrageux et fantasque. Suspect au cardinal de Richelieu, il tomba dans la disgrâce. Le roi, arrivé à Saint-Germain le 18 novembre 1630, lui fit très mauvais accueil, et pendant trois semaines que dura son service ne lui parla que pour lui donner l'ordre. Enfin, le 25 février suivant, il fut conduit à la Bastille. Il avait brûlé la veille, par précaution, plus de six mille lettres d'amour, preuves des tendres faiblesses de plusieurs femmes. Il resta douze ans prisonnier.

Le 20 décembre 1635, Louis XIII vint tenir à Paris un lit de justice pour faire enrègistrer seize édits bursaux, la plupart fort onéreux. Incapable de dire en public deux phrases de suite, il employа sa formule ordinaire : « Je suis venu en ce » lieu sur les occasions qui se présentent, et ai » chargé M. le chancelier de vous dire ce qui est » de mon intention. » Le chancelier Pierre Séguier, serviteur dévoué du cardinal de Richelieu, exposa le motif et l'objet de ces édits, et en requit l'enregistrement sans en donner lecture. La cour ne pouvant, suivant ses règles, enregistrer sans connaître, se disposa à faire des remontrances. Le cardinal en fut instruit, et fit écrire par le roi une lettre très menaçante au parlement, qui persista. Le 4 janvier 1636, cette cour reçut l'ordre de se transporter le lendemain à Saint-Germain. Là le roi dit : « J'ai grand mécontentement de ce qui » s'est passé en mon parlement depuis que j'ai été » en icelui tenir mon lit de justice. Je suis outré de » colère ; mon chancelier vous fera entendre ma » volonté. »

Le chancelier fit un discours tendant à prouver que l'autorité du roi n'a pas de bornes, et que le parlement lui devait une obéissance passive. Le premier président demanda au roi la permission de parler et de justifier la cour. « Non, je ne le veux point, » dit le roi. Ce président renouvela ses humbles instances pour lui exposer que les torts du parlement n'étaient pas réels. « Non, reprit le » roi, je ne veux rien entendre, et veux être obéi. » La cour se retira en silence.

Louis XIII s'était transporté en Picardie pour remédier aux désordres qu'avait apportés dans les affaires la défaite du maréchal de la Force par le prince Thomas, survenue le 8 juillet 1638, et la levée du siége de Saint-Omer, que dirigeait le maréchal de Châtillon, arrivée le 15 du même mois. En août, après avoir fait prendre et donné l'ordre de démolir le château de Renti, voyant approcher le moment des couches de la reine, il s'en revint à Saint-Germain, en laissant sur la frontière le cardinal de Richelieu, qui fit assiéger le Catelet. Dans les derniers jours de ce mois, il fut attaqué d'une fièvre qui le fatigua beaucoup, et ne le quitta qu'après le neuvième accès.

Le 5 septembre 1638, naquit au château neuf de Saint-Germain le dauphin, qui fut plus tard Louis XIV (21). Cette naissance miraculeuse remplit la cour et le royaume d'espérance et de bonheur: d'une extrémité de la France à l'autre, le jeune prince fut salué du nom de Dieudonné. Le roi seul ne parut pas prendre part à la satisfaction générale, il demeura insensible, et il fallut le pousser, pour ainsi dire, sur le lit de la reine pour qu'il se décidât à embrasser le dauphin.

Voici comment l'auteur d'une *Histoire de Louis XIII*, raconte la naissance de son fils aîné. Son récit n'est pas d'accord en tout point avec celui des écrivains contemporains, au moins en ce qui concerne la froideur dont ils accusent le roi.

« *Le cinquième septembre, jour de dimanche, à*
» *onze heures du matin, dit le même maréchal* (de
» Bassompierre), *naquit M. le dauphin, après avoir*
» *tenu la reine en travail près de cinq heures. La*

» *réjouissance fut si grande dans toute la France,*
» *qu'il ne s'en était point encore vu de pareille.*
» *Les feux de joie durèrent plus de huit jours.* Ils
» ne prévoyaient pas, ces pauvres gens, que sous
» le long et dur règne de celui pour la naissance
» duquel on les allumait, leurs enfans seraient les
» plus malheureux peuples de l'Europe. Louis
» était alors attaqué d'une fièvre intermittente;
» mais il fut si content d'avoir enfin un fils, que sa
» maladie, causée par le mauvais succès de ses
» armes, se dissipa bientôt. Tout ce qui a précédé
» l'accouchement de la reine notre épouse, dit-il
» dans le transport de sa joie, en écrivant aux
» ambassadeurs, le peu de temps qu'a duré son
» travail, et les autres circonstances que chacun
» peut remarquer dans cette naissance, font voir
» que ce fils nous est donné de Dieu. Et de quel
» autre pouvait-il le tenir? Mais Dieu donne des
» rois aux peuples ou dans sa miséricorde ou dans
» sa colère.....

» Richelieu qui se trouvait pour lors à Saint-
» Quentin en Picardie, ne manqua pas de con-
» firmer Louis dans son préjugé, que le fils qui lui
» était né devait être regardé comme un don pré-
» cieux du ciel. La naissance de M. le dauphin me
» ravit, dit le cardinal dans une lettre de compli-
» ment au roi son maître, j'espère que comme il
» est Théodose par le don que Dieu vous en a fait,
» il le sera encore par les grandes qualités des em-
» pereurs qui ont porté ce nom. Le premier mi-
» nistre n'en dit pas davantage, et finit par pro-

» tester qu'il sera toujours également dévoué au
» père et au fils. Ce style laconique me surprend.
» Richelieu en donne la raison dans sa lettre de
» compliment à la reine. Les grandes joies, dit-il,
» ne parlent point. Le surnom de *Dieudonné* n'a
» pas été du goût de Louis XIV, celui de *Grand* a
» plus flatté son orgueil; aurait-il su ce que beau-
» coup de gens ont dit, que si Dieu l'a donné à la
» France, ç'a été dans sa colère? La lettre du car-
» dinal à la reine, fut, comme je l'ai remarqué,
» aussi succincte. Je ne puis exprimer à Votre Ma-
» jesté la joie que me causent son heureux accou-
» chement et la naissance de M. le dauphin. Je
» souhaite et veux croire que Dieu l'a donné à la
» chrétienté pour en appaiser les troubles et y ap-
» porter la bénédiction de la paix.

» Sans consulter les astres, l'ambassadeur de
» Suède rencontra mieux que Richelieu, que Cam-
» panella, que tous les fameux astrologues qui se
» mêlèrent de tirer l'horoscope du nouveau prince.
» Le dauphin, écrit Grotius à Oxenstiern et à un
» savant homme du temps, ne tarit pas seulement
» le sein de ses nourrices, mais il le déchire en-
» core par ses morsures. C'est aux voisins de la
» France de se précautionner contre une si prompte
» voracité.... On dit qu'en quatre mois il eut trois
» et même neuf nourrices (*). (22)

En 1639, la ville de Saint-Germain fut témoin d'une cause célèbre, qui montre ce que doivent at-

(*) *Histoire de Louis XIII*, par Michel Levassor. Amsterdam, 1757, tom. V, pag. 552 et 553.

tendre les accusés, lorsque leur sort est mis dans les mains d'une commission.

Le duc de la Valette, colonel-général de l'infanterie française, mari d'une sœur naturelle du roi, s'égayait volontiers sur le compte du cardinal de Richelieu, le raillait, et critiquait sans ménagement ses actions tant civiles que militaires. Ce ministre avait assez pour coutume, après les revers, d'en rendre victime quelque personnage de distinction, soit pour satisfaire sa vengeance, soit pour exciter au devoir par la terreur. Ce fut sur le duc de la Valette, qu'il n'aimait point, qu'il fit peser la responsabilité de la levée du siége de Fontarabie, le 7 septembre 1638. Il convoqua sur-le-champ, à Saint-Germain, une commission dont il pouvait régler les démarches : le roi présida lui-même au jugement.

Forcé de s'exiler, le duc de la Valette se réfugia en Angleterre dans le courant du mois de novembre suivant. Le 4 février 1639, la commission nommée par le roi s'assembla. Les membres du parlement qui en faisaient partie, se signalèrent par une honorable fermeté. Le président de Bellièvre eut le courage de dire à Louis XIII : « Votre Majesté pour-
» rait-elle soutenir la vue d'un gentilhomme sur la
» sellette, qui ne sortirait de votre présence que
» pour aller mourir sur un échafaud. Cela est in-
» compatible avec la majesté royale. Le prince
» porte partout les grâces avec soi : tous ceux qui
» paraissent devant lui doivent se retirer contens et
» joyeux. » Mais le roi n'avait pas moins de pen-

chant que son ministre à une extrême sévérité. Il reprocha aux membres du parlement de manquer d'égards à ses ordres absolus. « Ceux qui disent, » ajouta-t-il, que je ne puis pas donner les juges » qu'il me plaît à mes sujets quand ils m'ont offensé, sont des ignorans, indignes de posséder » leurs charges. » Le duc de la Valette fut condamné à mort, et exécuté en effigie sur la place de Grève, le 8 juin 1639. Cette sentence, regardée comme un renversement des lois, fut cassée le 16 juillet 1643, après la mort de Louis XIII. La Valette, revenu en France sous le nom de duc d'Épernon, qu'il avait pris à la mort de son père, arrivée en 1642, lui succéda dans le gouvernement de Guyenne, obtint aussi celui de Bourgogne, et mourut à Dijon le 25 juillet 1661. Anquetil a fait une relation assez détaillée de ce fameux procès, dans le tome III, pag. 45 à 54 de l'*Intrigue du cabinet*.

Le 21 septembre 1640, Louis XIII eut un second fils qui fut nommé Philippe, et qualifié duc d'Anjou. Ce prince naquit au vieux château de Saint-Germain.

Les années 1641 et 1642 offrent deux faits dont Saint-Germain fut témoin. Louis XIII y fit un traité avec Charles IV, duc de Lorraine et de Bar, par suite duquel ce duc lui fit hommage, le 10 avril 1641, pour le duché de Bar, arrière-fief de la France, et fut rétabli dans ses états.

Louis XIII se promenant, le 12 septembre 1642, dans les jardins de Saint-Germain, tira froidement sa montre, et dit en la regardant : « Dans tant de » minutes, monsieur le Grand passera mal son » temps (*). » C'était l'heure où l'on tranchait la tête au grand écuyer Cinq-Mars, et au conseiller d'état François-Auguste de Thou. Le jour même de l'exécution, le cardinal de Richelieu, cause de ce supplice, « partit de Lyon; se rendit, étant malade, » à Paris, comme un triomphateur, porté par ses » gardes dans une chambre où était son lit, une » table et une chaise pour une personne qui l'entre- » tenait pendant la route. Les porteurs ne mar- » chaient que nu-tête, à la pluie comme au soleil. » Lorsque les portes des villes et des maisons se » trouvaient trop étroites, on les abattait avec des » pans entiers de murailles, afin que Son Éminence » n'éprouvât ni secousse ni dérangement (**). »

Ce fut à Saint-Germain que Louis XIII ressentit les premières atteintes de la maladie dont il mourut. Mais avant que le mal l'eût privé de l'usage de ses facultés, il voulut régler les affaires du royaume, et fixer l'ordre à suivre après sa mort. Il nomma régente la reine Anne d'Autriche sa femme, établit lieutenant-général du royaume son frère Gaston, institua un conseil de régence, sous la présidence du prince de Condé, et défendit à la reine et à Gaston de le changer; il signa sa déclaration, et mit au bas, de sa main : *Ce que dessus est ma très expresse et dernière volonté, que je veux être exécutée.*

Le 19 avril 1643, le chancelier, par son ordre,

(*) *Mémoires de Monglat*, tome II, pag. 56.

(**) Anquetil, *Intrigue du cabinet*, tome III, pag. 130.

lut, en présence du parlement et d'un conseil composé de tous les grands du royaume, les actes de sa dernière volonté, et le roi exigea qu'Anne d'Autriche et son frère jurassent solennellement de s'y conformer. La reine prêta serment de mauvaise grâce, parce que le testament contenait plusieurs articles qui mettaient à son autorité des limites qui la choquaient. Plus tard, elle parvint à s'affranchir de toutes ces entraves. Dans le lit de justice que le jeune Louis XIV tint le 18 mai 1643, elle fut déclarée régente, tutrice sans restriction, et maîtresse de former son conseil à sa volonté. Ainsi fut respectée la *très expresse et dernière volonté* de Louis XIII.

Tant que dura la maladie de ce monarque, il manifesta cette humeur sombre et jalouse qui faisait le fond de son caractère. En voyant auprès de lui le duc de Beaufort et les autres courtisans, il disait à ses confidens : « Ces gens-ci viennent voir si je mourrai bientôt. » Et quand il était seul, il s'écriait avec emportement : « Ah ! si j'en puis » revenir, je leur vendrai bien cher le désir qu'ils » ont que je meure. »

Dans un des intervalles assez rares que lui laissait la maladie, il se fit porter près des fenêtres du château, pour voir encore une fois le magnifique paysage qui se développait aux regards. Ses yeux affaiblis rencontrèrent les lieux où reposaient ses ancêtres. A cette vue, il se retourna du côté des personnes qui l'entouraient, et leur dit d'une voix ferme : « Voilà où je resterai long-temps. » Puis il laissa silencieusement tomber sa tête.

Le dauphin, son fils, n'avait point encore reçu le baptême; il voulut le lui faire administrer. La cérémonie eut lieu dans la chapelle du vieux château. Quand elle fut terminée, on amena le jeune prince à son père, qui lui demanda quel nom on venait de lui donner. L'enfant lui répondit d'une voix assurée : « Je m'appelle Louis XIV. » Le roi, qui vit dans ces paroles le pronostic de sa fin prochaine, les accueillit avec humeur, et répliqua : « Pas encore, mon fils. » Ensuite il ajouta avec résignation : « Mais ce sera peut-être bientôt, si telle est la volonté de Dieu. »

Louis XIII recommanda ses enfans à la reine, et demeura six semaines agonisant. Des courtisans qu'un prochain avenir remplissait d'ambitieuses espérances, voyaient avec une sorte d'impatience que ce prince moribond n'atteignait pas plus vite au terme de sa carrière, et disaient froidement *que cette lenteur causait de l'ennui.*

Voici comment les derniers instans de ce monarque sont racontés par madame de Motteville.

« Séguin, premier médecin de la reine, m'a dit » que deux heures avant sa mort, comme il passait » devant son lit, il lui fit signe de la tête et des » yeux de s'approcher de lui, et lui tendant la » main, il lui dit d'une voix ferme : *Séguin, tâtez » mon pouls, et dites-moi, je vous prie, combien » j'ai encore d'heures à vivre; mais tâtez bien, car » je serais bien aise de le savoir au vrai.* Le mé- » decin voyant sa fermeté, et ne voulant pas lui » déguiser une vérité qu'il voyait ne lui point faire

» peur, lui dit tout froidement : *Sire, Votre Ma-*
» *jesté peut encore avoir deux ou trois heures tout*
» *au plus.* Alors ce prince joignit les mains, et
» tenant les yeux tournés vers le ciel, répondit dou-
» cement et sans montrer nulle altération : *Hé*
» *bien! mon Dieu, j'y consens, et de bon cœur;*
» et peu après il les ferma pour jamais, le 14 mai
» 1643, à l'âge de quarante-deux ans (*). » (23)

Un sieur Antoine, garçon de la chambre du roi, ne quitta pas Louis XIII jusqu'à son décès; il rapporte jour par jour les progrès de sa maladie. D'après ce témoin oculaire, il paraît que Louis reprocha durement à Bouvard, son premier médecin, l'impuissance de son art, et regrettait d'avoir confié sa vie à l'*ignorance* de la Faculté. Il raconte aussi que le 13 mai, veille de sa mort, le roi fit paraître devant lui toute sa maison, remercia ses officiers et domestiques, leur témoigna le regret qu'il éprouvait de ne leur pas avoir « fait tant de bien qu'ils » le méritaient pour les bons services qu'ils lui » avaient rendus, dont il était très content. » Sur quoi le narrateur fait une remarque bien digne du caractère d'un valet. « L'on peut faire ici une ré- » flexion pour les grands seigneurs, de ne pas » attendre à la mort à récompenser leurs domes- » tiques, ou laisser à d'autres cette commission. »

Peu aimé de son vivant, Louis XIII fut peu regretté après sa mort. Richelieu l'avait précédé de quelques mois au tombeau, et quand on lui avait

(*) Mémoires pour servir à l'*Histoire d'Anne d'Autriche.*

annoncé que son ministre venait d'expirer, il s'était borné à dire simplement : « Voilà un grand politique mort. » Cette courte oraison funèbre renferme tout ce qu'on peut dire du célèbre cardinal (24).

Sous Louis XIII, et même sous Henri IV, Saint-Germain acquit de l'importance, se peupla et devint une ville. Comme la cour y faisait de fréquens et longs séjours, et que le nombre des seigneurs qui la composaient augmentait sans cesse, des hôtels furent bâtis de toute part pour les loger avec leur suite. Du reste, Louis XIII n'ajouta rien aux bâtimens des deux châteaux, il ne toucha pas même aux constructions commencées par son père; mais comme son esprit mélancolique était naturellement porté à la dévotion, il donna particulièrement des soins à la chapelle du vieux château.

Cette chapelle, dédiée à saint Jean-Baptiste, et située dans la partie qui regarde le sud, a douze toises de long sur cinq de large; elle est aussi ancienne que le monument même, et d'une structure délicate. Nous ignorons s'il y en avait une dans le château que les Anglais brûlèrent en 1346; nous savons seulement que Charles V, en le rebâtissant, y fit construire une chapelle, puisqu'il en a été fait mention à l'occasion d'un orage qui éclata en 1390; nous avons vu que la desserte de l'autel fut donnée aux religieux d'Hennemont, en compensation de celle de Poissy, et qu'en 1384, Charles VI confirma ce qu'avait fait son prédécesseur. Louis XII, en

1514, renouvela le transport. A l'occasion de la naissance du dauphin, en 1638, et aussi parce que la maison d'Hennemont ne contenait plus un nombre de religieux suffisant pour faire le service divin dans l'église du prieuré et dans la chapelle du château, Louis XIII, par lettres-patentes de juin 1639, établit des clercs pour la desservir. Par d'autres lettres du 22 mai 1640, il ordonna d'ériger un tabernacle sur le maître-autel, et de suspendre devant une lampe de vermeil de la valeur de trois mille livres. Par les mêmes lettres, un chapelain fut chargé de l'obligation d'y dire chaque jour une messe basse.

Cette chapelle, voûtée à quarante pieds de hauteur, telle qu'elle est aujourd'hui, ne fut guère remarquable, jusqu'au temps de Henri IV, que par la hardiesse et la légèreté de sa construction; mais Louis XIII y fit des réparations importantes et de grands embellissemens. Il appela autour de lui les plus habiles artistes, employa leurs pinceaux à la décorer, et dès 1625 elle commença à être digne d'attention.

La voûte fut ornée de peintures à fresque, exécutées par Vouet et ses élèves Lesueur et Lebrun. Les sujets furent tirés de l'ancien Testament. Ceux de la coupole étaient : un Père éternel, la Création de l'homme et de la femme, la Désobéissance d'Adam et d'Ève et leur renvoi du paradis. Les sept de la nef représentaient : les Sacrifices de Caïn et d'Abel, la Construction de l'Arche sainte, Moïse recevant de Dieu les Tables de la loi, le Pontife Jonathas présageant les destinées de Moïse, l'Explication des Tables de la loi, le Sacrifice d'Abraham, et Jonas sortant du ventre de la baleine. Le côté de la voûte sur la rue était décoré des quatre suivans : la Mort d'Abel, la Manne, le Veau d'or, Dalila coupant les cheveux à Samson. De l'autre côté et sur la cour, quatre tableaux représentaient : Moïse invoquant le Seigneur, l'Eau sortie du rocher, l'Arrivée du peuple juif dans la terre promise, David revenant vainqueur du géant Goliath.

Dans la nef on voyait deux grands tableaux de Roselli. Celui qui était placé sous l'orgue, représentait Judith rentrant à Béthulie après avoir décapité Holopherne ; l'autre, en face la porte d'entrée, offrait le roi David qui vient de trancher la tête à Goliath.

Dans la chapelle, à gauche en entrant dans le chœur, était un tableau de Stella, l'Éducation de la Vierge ; dans la chapelle en face, un Saint-Louis faisant l'aumône, peint par Vouet. Une balustrade dorée, de très bon goût, séparait la nef du chœur.

Le maître-autel, formé de colonnes composites, d'un très beau marbre noir avec des bases et des chapiteaux de marbre blanc, avait pour principale décoration le magnifique tableau de la Cène, par N. Poussin, qu'on admire aujourd'hui au Musée royal. La beauté de l'ordonnance, et particulièrement l'entente des lumières, placent ce bel ouvrage au rang de tout ce que le génie de l'homme a produit de plus achevé. Des artistes blâment cependant l'auteur d'avoir donné à la tête du Christ quelque chose qui tient plutôt du Jupiter tonnant que du Sauveur du monde.

Au-dessus de la Cène il y avait une Trinité par Vouet; deux anges en stuc, de grandeur naturelle, regardés comme un des plus beaux ouvrages de Sarrasin, servaient de support aux armes de France.

La chaire était simple, mais sculptée habilement, comme toutes les boiseries qui garnissaient la chapelle.

Dans la sacristie on remarquait deux tableaux de moyenne grandeur, au milieu desquels était placé un crucifix d'ivoire. Celui de gauche représentait une Vierge allaitant son enfant; un autre enfant soufflant le feu d'un réchaud sur lequel est placé un vase de lait. Les figures de la Vierge et de l'enfant Jésus, pleines de noblesse et de grâce, étaient peintes avec une grande vérité par le Corrège.

Une Mère de pitié, sortie du pinceau d'Annibal Carrache, faisait pendant au précédent tableau.

Le Christ d'ivoire passait pour être de Michel-Ange. Quoique très beau, on pouvait douter qu'il fût de ce grand maître.

Ces trois morceaux précieux avaient été donnés par le cardinal Mazarin.

Les ornemens sacerdotaux et les autres objets nécessaires pour célébrer les saints mystères étaient tous d'une grande richesse et d'un travail fini.

Le buffet d'orgues, commencé sous Henri II et fini sous Charles IX, était décoré de colonnes cannelées, d'ordre composite, d'un ensemble plein d'harmonie et d'un dessin pur et agréable. On communiquait, et on communique encore, de cette chapelle à tous les appartemens du château, par une tribune qui est à la hauteur des galeries.

La chapelle de Saint-Germain, par la richesse des objets dont nos rois la décorèrent successivement, excita plus d'une fois la criminelle audace de voleurs sacriléges. « Sous le règne de François Ier,
» et pendant que le roi séjournait à Saint-Germain,
» un voleur déroba dans la chapelle du château le
» saint ciboire, et l'emporta à une lieue de là. Le
» roi fit assembler tous les prélats de sa cour, qui,
» en chappes, allèrent avec lui, à pied, et tête nue,
» jusqu'au lieu où le voleur avait été arrêté, pour
» rapporter le saint ciboire (*). »

Le 6 janvier 1648, des voleurs s'introduisirent dans cette chapelle et dérobèrent les vases sacrés; mais ils furent retrouvés chez l'un d'eux qui était du village de Neuilly. On les rapporta avec respect, et le voleur fut pendu en face de la porte du château.

En 1674, un nommé Courcelles emporta la grande croix et les chandeliers, et s'enfuit en tâchant de gagner Cambray, qui n'appartenait point alors à la France. Mais on fut promptement sur ses traces; arrêté à Liancourt, il fut ramené à Paris, où il eut la tête tranchée.

La lampe d'argent que Louis XIII avait fait suspendre en face l'autel fut dérobée en 1680. Louis XIV, instruit de ce crime, promit une récompense à celui

(*) Lebeuf, tome VII, pag. 226.

qui lui découvrirait l'auteur du vol. Un des seigneurs de sa cour demanda à lui parler en secret, et lui avoua que c'était son père qui, pressé par un grand besoin d'argent, s'était oublié jusqu'au point de se souiller par une telle action. « Je vous entends, » lui dit le roi ; allez, je punirai le coupable de telle » manière qu'il ne volera plus. » Et sur-le-champ il assigna une pension considérable à celui pour qui un fils tremblant demandait grâce.

Parmi le petit nombre de changemens notables survenus à Saint-Germain depuis la mort de Henri IV jusqu'à celle de Louis XIII, on remarque : 1° l'admission et l'installation des récollets ; 2° l'établissement des boucheries sur une place dont le roi fit don ; 3° la décoration de la chapelle du château et l'institution d'un chapelain. Quant aux événemens historiques arrivés alors à Saint-Germain, ceux qui intéressent le plus sont : 1° la confirmation et le maintien à perpétuité des priviléges de la ville par lettres-patentes d'octobre 1610 ; 2° la naissance des deux fils de Louis XIII, les 5 et 21 septembre 1638 et 1640 ; 3° la mort de Nicolas, duc d'Orléans, second fils de Henri IV, le 17 novembre 1611, et quelques transactions diplomatiques.

QUATRIÈME PÉRIODE.

(De 1644 a 1715.)

Après la mort de Louis XIII, la reine régente et le jeune roi quittèrent Saint-Germain, fixèrent leur cour tantôt à Paris, tantôt à Fontainebleau, et une nouvelle tête couronnée vint les remplacer dans la royale habitation qu'ils avaient délaissée.

Henriette-Marie de France, fille de Henri IV et femme de l'infortuné Charles Ier, roi d'Angleterre, après s'être sauvée d'Oxford et être accouchée à Exeter, d'où il lui fallut s'enfuir précipitamment, parce que le comte d'Essex se disposait à assiéger cette ville, vint chercher un refuge en France. Cette princesse aborda à Brest le 25 juillet 1644, malgré le vice-amiral Batti qui la poursuivit long-temps, et fit tirer plusieurs volées de canon sur le vaisseau qui la portait.

Henriette-Marie, accueillie avec empressement par les Français charmés de retrouver en elle la fille du roi qui les avait tant aimés, et dont la perte leur avait été si douloureuse, alla d'abord passer trois ou quatre mois à Bourbonne-les-Bains où elle prit les eaux, puis s'approcha de la cour. La reine l'alla recevoir avec le roi et le duc d'Anjou, jusque hors des murs de Paris. On lui assigna le Louvre pour habitation, et Saint-Germain pour maison de campagne, avec une pension de dix à douze mille écus par mois.

La reine d'Angleterre ne fit pas de fréquens séjours à Saint-Germain, et pendant ses résidences il ne se passa aucune chose remarquable ni dans la ville ni dans le château, car nos annales ne contiennent rien à ce sujet qui soit digne d'être cité. Il est présumable que cette reine détrônée et privée si cruellement de son mari, menait une vie triste et languissante. Cependant la reine de France, Anne d'Autriche, alla, en 1648, visiter cette infortunée souveraine, qui de Saint-Germain était venue à Paris pour gagner le jubilé. Madame de Motteville nous apprend que la régente, à l'occasion de cette solennité, se rendit dans trente-sept églises, et invita les dames de sa cour à suivre son exemple.

L'enlèvement du président Potier de Blanc-Mesnil et du conseiller de grand'chambre Broussel, le 26 août 1648, l'emprisonnement de ce dernier au château de Madrid et ensuite à celui de Saint-Germain, avaient occasioné la journée tumultueuse dite *des Barricades*. Anne d'Autriche et Mazarin son ministre crurent appaiser les troubles naissans, en rendant les deux prisonniers au peuple qui les demandait à grands cris, et en faisant quelques concessions à l'opposition qui s'était prononcée dans le parlement; mais la condescendance du pouvoir, après un acte qu'il fallait ou ne pas commettre ou soutenir avec vigueur lorsqu'il fut commis, gâta complètement les affaires et inspira une nouvelle audace aux factieux de tous les rangs.

La reine se vit bientôt chansonnée, outragée, attaquée par les huées de la populace, et forcée de quitter Paris, le 13 septembre. Elle se retira à Ruel avec le roi et Mazarin, et fut suivie par une partie de sa cour. Après avoir reçu fort sèchement une députation du parlement qui se présenta devant elle avec une fierté qui tenait un peu de la bravade, elle fit enlever de Paris le duc d'Anjou son second fils, et le 24 du même mois elle se réfugia au château de Saint-Germain, pour se rapprocher des négociations qui devaient s'ouvrir le lendemain 25, entre les seigneurs attachés à sa personne et les députés du parlement.

Des conférences furent continuées jusqu'au 22 octobre, et le cardinal Mazarin eut la mortification de n'y point être admis. Après des discussions plus ou moins vives, et quelques restrictions apportées à l'exercice du pouvoir absolu sur la liberté des citoyens, la paix fut signée, et la cour revint à Paris le 31 octobre.

La reine, dans le traité qu'on venait de conclure, avait trop fait de concessions pour qu'on ne fût pas tenté de lui en demander de nouvelles, et la paix froissait tant d'intérêts qu'elle ne pouvait être durable. Parmi les artisans les plus actifs des discordes civiles, se distinguait un homme chargé plus que tout autre, par sa profession, du maintien de la tranquillité publique. Paul de Gondi, coadjuteur de Paris, aussi beau génie qu'esprit turbulent, inépuisable dans ses ressources et infatigable dans ses poursuites, avait pris parti parmi les mécontens, pour se venger du refus que la reine lui avait fait du gouvernement de Paris. La tranquillité commençait donc à peine à renaître que ce prélat dangereux se mit à souffler sur des cendres mal éteintes, et à chercher un point d'appui sur lequel il pût placer le levier qui devait ébranler encore la monarchie. Il parvint, par ses intrigues, à disposer le parlement à entraver les projets de finance que proposait la régente; des assemblées eurent lieu, de nouvelles questions furent agitées; enfin les choses en vinrent au point que le 6 janvier 1649, à trois heures du matin, la reine enleva le roi et son frère et s'enfuit de Paris pour chercher encore une fois une retraite à Saint-Germain : une partie de sa cour l'accompagna.

Le coadjuteur triomphant n'eut pas plus tôt appris le départ de la cour qu'il convoqua les bourgeois, leur distribua des armes, s'empara des portes, y fit placer des corps-de-garde et des sentinelles; de sorte qu'à la pointe du jour il ne fut plus permis de sortir sans passe-port.

La famille royale n'habitant plus Saint-Germain depuis six ans, la reine Henriette n'y ayant qu'un pied-à-terre, les appartemens du château étaient entièrement dégarnis de meubles. A peine pût-on y trouver des lits pour le roi et la reine. Les courtisans se placèrent pêle-mêle dans de vastes pièces, et madame de Motteville dit que la brusque arrivée de la cour à Saint-Germain y fit renchérir la paille.

On fut obligé de renvoyer les pages de la chambre, faute d'avoir de quoi les nourrir.

Le parlement qui ne voulait pas paraître accepter sur-le-champ le défi que la reine lui portait, et qui refusait d'ailleurs de se rendre à Montargis où le roi l'avait transféré, envoya à Saint-Germain une députation chargée de protester de son dévoûment et de sa fidélité, et demander le retour du jeune monarque. Sanguin, maître-d'hôtel du roi, la reçut au Pecq, et dit aux députés de la part de la régente : « Si vous êtes envoyés à Saint-Germain pour an- » noncer que vous avez obéi à l'ordre du roi qui » transfère le parlement à Montargis, vous serez » bien venus; mais si vous êtes les députés du par- » lement séant à Paris, la reine ne veut ni vous » recevoir ni vous entendre, et vous ordonne de » vous retirer. » Les députés eurent beau assurer qu'ils n'avaient que des paroles de soumission et d'obéissance à porter à la reine, on leur défendit l'entrée de Saint-Germain. Ils firent valoir leur âge avancé, la saison rigoureuse, l'obscurité de la nuit, le danger des chemins : on leur permit enfin, après plusieurs refus, de passer la nuit dans les bâtimens de la capitainerie. Paris les revit le lendemain.

Tandis que la reine prenait une attitude aussi fière, les privations de toute espèce que la cour éprouvait dans des appartemens délabrés, ouverts à tous les vents durant l'hiver, indisposaient ceux qui n'étaient pas comme elle soutenus par le dépit et la vengeance. Elle éprouva des défections : des seigneurs qui l'avaient suivie, l'abandonnèrent pour aller prendre le commandement de l'armée parlementaire, et la guerre civile fut allumée.

Il n'entre pas dans notre plan de suivre les deux armées rivales dans les marches et contre-marches qu'elles firent pendant deux mois que dura la guerre; il nous suffit de dire que la régente, ayant appris que les Parisiens fatigués étaient disposés à la paix, consentit à ouvrir à Ruel, le 2 mars, avec le parlement, des conférences qui furent terminées par un arrangement satisfaisant pour tous les partis.

Cependant les généraux, de qui il n'avait point été fait mention dans le traité, prétendirent avoir droit à des récompenses, et crurent que leur soumission à l'autorité légitime devait leur mériter de l'argent, des titres et des dignités. Ils se rendirent à Saint-Germain le 16 mars pour faire valoir leurs prétentions. On trouva leurs demandes exhorbitantes et exprimées avec hauteur. Néanmoins, le ministre, dans une déclaration pleine d'incertitude et d'équivoque, promit qu'on les satisferait quand l'état des affaires le permettrait, et que tous recevraient des récompenses proportionnées à leurs services et à leur mérite: les généraux se contentèrent de ces promesses. La cour revint à Paris le 18 août 1649, accompagnée du cardinal Mazarin, et quoique ce ministre eût été la cause ou le prétexte de toutes les séditions passées, les Parisiens le revirent sans aigreur.

La reine d'Angleterre Henriette-Marie était tellement abandonnée au Louvre, où elle résidait pendant la guerre de la Fronde, qu'elle était obligée de garder le lit, faute de bois; elle vint passer quelque temps à Saint-Germain, quand les troubles furent terminés. Pendant son séjour, elle y reçut son fils, qui avait été reconnu roi par la Hollande et la France. Ce jeune prince tint dans le château une espèce de cour composée de seigneurs anglais, exilés comme lui, et liés à sa fortune; mais comme elle n'était point visitée par les seigneurs français, elle inspirait la tristesse et l'ennui.

Le 6 février 1651, Mazarin, chassé de Paris par les clameurs du parlement, fut amené par la reine à Saint-Germain. Il en partit pour aller au Hâvre mettre en liberté le prince de Condé, le prince de Conti, et le duc de Longueville, qui y avaient été transférés, puis il se retira dans les terres de l'électeur de Cologne.

Jusqu'à son mariage avec l'infante Marie-Thérèse, Louis XIV ne fit que des séjours rares et courts à Saint-Germain, et dans l'intervalle de 1652 à 1661, la vie privée de ce prince est presque étrangère à cette ville. Depuis cette époque, on le voit souvent habiter le château et le rendre dépositaire du secret de plus d'une aventure.

Louis XIV manifesta de bonne heure cet esprit qu'on qualifie de galanterie dans un souverain et de libertinage dans un sujet. Après avoir offert ses vœux inconstans à quelques-unes des jeunes femmes de sa cour, il paraissait se fixer à mademoiselle de Pons, lorsqu'un babillage de jeunes personnes lui fit connaître, dans les bosquets de Fontainebleau, la tendre inclination de mademoiselle de La Vallière, fille d'honneur de Madame. Flatté d'être l'objet de soupirs secrets, il abandonna ses dernières amours, et courut mettre ses hommages aux pieds d'une beauté qui paraissait d'avance favorablement prévenue.

Quoique Voltaire ait dit:

> Princes et rois vont très vite en amour,

et que ce soit assez généralement vrai, Louis éprouva d'abord une résistance à laquelle il ne s'attendait point. La Vallière, entraînée par son cœur et retenue par la vertu, ne pouvait se résoudre à une faiblesse dont le rang de son amant ne rachetait point, selon elle, la honte et l'ignominie. Le roi, en attendant qu'elle se décidât, jeta les yeux sur mademoiselle de la Mothe Houdancourt, qu'il voyait chez la comtesse de Soissons, et qu'à Saint-Germain il entretenait quelquefois à travers l'ouverture d'une cloison formant séparation entre deux appartemens du château. Quoique dans le commencement de cette liaison il eût approuvé la sévérité de la duchesse de Navailles, qui, chargée de la surveillance des filles d'honneur, lui défendait l'entrée de leurs chambres, il se lassa bientôt de cette consigne, et montra plus d'une fois de l'humeur.

La duchesse voyant bien que tôt ou tard le roi lui parlerait en maître, et qu'elle serait forcée de fermer les yeux sur ses entreprises amoureuses et peut-être même de les servir, se trouva dans une étrange perplexité. Partagée entre le respect qu'elle portait à ses devoirs et la crainte qu'elle avait de perdre son emploi et de tomber avec son mari dans la défaveur, elle se rendit au Val-de-Grâce pour y consulter un homme pieux et savant, qui lui dit nettement que son hésitation était déjà un crime, et qu'il fallait sacrifier sans retard ses dignités, plutôt que de servir par une complaisance criminelle les amours adultères de Louis. Elle prit la route de Saint-Germain en pleurant amèrement, et rentra désolée. Si elle se fût adressée à un des élèves du père Bauny (25), sans doute il l'aurait mise à même de favoriser les inclinations du roi sans s'écarter un instant des voies du salut.

Dans la nuit même de l'absence de la duchesse de Navailles, Louis, après avoir escaladé les gouttières et gagné la terrasse supérieure du château, était parvenu au logement des filles d'honneur, placé dans les combles, et avait pénétré par la fenêtre dans la chambre de mademoiselle de la Mothe Houdancourt (26). Instruite de cette échappée nocturne dès son retour à Saint-Germain, la duchesse ne balança point à faire griller la fenêtre de mademoiselle de La Vallière, qui devint ainsi l'héroïne de cette aventure; ce qui convenait fort à la comtesse de Soissons, son ennemie, à l'instigation de laquelle les grilles avaient été placées.

Le roi dissimula son mécontentement, et sembla même approuver les précautions qu'avait prises la duchesse de Navailles; mais, sans perdre un instant, il lui ordonna de faire griller toutes les fenêtres des filles d'honneur de la reine et de Madame, et lui défendit de dire qu'il lui en avait donné l'ordre. Cette mesure générale ne sauva pas l'honneur de celle que l'on accusait, mais elle lui évita du moins la mortification d'être seule l'objet d'une injurieuse précaution.

La Vallière, à qui le roi était revenu plus tendrement attaché, avait cédé une victoire long-temps disputée et qui devait lui coûter bien des larmes. La comtesse de Soissons crut qu'elle la ferait chasser ignominieusement de la cour, si elle pouvait instruire la reine de la liaison coupable qu'elle entretenait avec le roi; mais comment atteindre ce but d'une manière sûre et sans se compromettre? Aidée des conseils de Madame, de ceux du comte de Guiche et du marquis de Vardes, elle résolut de supposer une lettre du roi d'Espagne, qui instruirait la reine sa fille de cette intrigue amoureuse. Ce complot ne tarda pas à recevoir son exécution : la comtesse de Soissons s'introduisit dans la chambre de la reine et glissa elle-même la lettre dans son lit, afin que cette princesse la trouvât le soir en se couchant. Par un hasard assez heureux, la Molina, femme espagnole attachée à Marie-Thérèse, la surprit, et, après l'avoir lue, la porta au roi qui était alors à Saint-Germain, où il ne devait point passer la nuit. Louis, indigné, exila d'abord le duc et la duchesse de Navailles, qu'il crut auteurs de cette trahison; puis, mieux instruit par les aveux de la comtesse de Soissons, il les rappela, punit Madame en refusant d'aller chez elle, et la comtesse de Soissons en l'éloignant de la cour; quant au comte de Guiche et au marquis de Vardes, il les exila.

En 1665, trois ans après ces tracasseries intérieures, la reine-mère, Anne d'Autriche, atteinte depuis long-temps d'un cancer, fit son testament à Saint-Germain, où la cour était depuis le 20 avril, et après avoir langui plusieurs mois, mourut à Paris, le 20 janvier 1666.

Louis XIV excellait dans la danse grave. « Il » dansa dans les ballets jusqu'en 1670 : il avait » alors trente-six ans. On joua devant lui, à Saint- » Germain, la tragédie de *Britannicus* (de Racine); » il fut frappé de ces vers :

> Pour toute ambition, pour vertu singulière,
> Il excelle à conduire un char dans la carrière,
> A disputer des prix indignes de ses mains,
> A se donner lui-même en spectacle aux Romains.

» Dès lors, il ne dansa plus en public, et le poète » réforma le monarque (*). »

Le nombre des officiers qui composaient la maison royale, augmentant tous les jours par la création d'une multitude de charges inconnues jusqu'alors, le château de Saint-Germain se trouva bientôt trop petit pour contenir tous ceux qui accompagnaient le roi et la reine et avaient droit au logement. Louis XIV en fut averti d'une manière qui mérite d'être rapportée.

Ce prince voulant aller passer quelques jours au vieux château de Saint-Germain, donna à son

(*) Voltaire, *Siècle de Louis XIV*.

maréchal-des-logis de service la liste des personnes qui devaient l'accompagner. « Je ne crois » pas, lui dit l'officier, que ce nombreux cortége » puisse loger au château. — Comment! répondit » le monarque, il faut bien que nous y logions tous; » mon aïeul et mon père y ont bien logé. — Voilà » de plaisans rois dont vous me parlez, répliqua » le courtisan. » Cette réponse, où la flatterie prenait le ton de la brusquerie, réussit, et l'ordre fut changé. Il est à remarquer que parmi ces rois traités si cavalièrement, figurait Henri IV.

Cette saillie, jointe à des projets antérieurement formés, décida Louis XIV à faire bâtir un palais digne d'un monarque qui n'était pas un *plaisant roi*. On prétend qu'on proposa à Louis de profiter de la magnifique position de Saint-Germain, pour y construire une maison royale qu'aucune autre ne pourrait égaler pour le point de vue, et qui, sans grands frais, serait abondamment pourvue d'eau; mais on ajoute, « que le clocher de Saint-Denis épou» vantait l'âme de ce grand roi. Saint-Germain, » en présentant sans cesse à sa vue le terme de sa » gloire et le lieu de son tombeau, l'aurait maintenu » dans des idées lugubres et affligeantes. C'est » pourquoi Saint-Germain ne fut point préféré (*). »

« Saint-Germain, lieu unique pour rassembler » les merveilles de la vue, l'immense plain-pied » d'une forêt toute joignante, unique encore pour » la beauté de ses arbres, l'avantage et la facilité

(*) Dulaure, *Description des environs de Paris*, 1re partie, pag. 233, édit. de 1788.

» des eaux de source sur cette élévation, les agré-
» mens admirables des jardins, les hauteurs des
» terrasses qui, les unes sur les autres, pouvaient
» aisément se conduire dans toute l'étendue qu'on
» aurait voulu, les charmes et les commodités de
» la Seine, enfin une ville toute faite, et que sa
» position entretenait par elle-même; il l'aban-
» donna pour Versailles, le plus triste et le plus
» ingrat de tous les lieux (*). »

Outre les avantages que présentait cette position, les environs de Saint-Germain n'offraient pas moins de moyens de faire des créations magnifiques et nouvelles. Les plaines d'Argenteuil à Maison, toute l'anse de la Seine jusqu'à la machine de Marly, dont le roi possédait la plus grande partie, donnaient le moyen de construire une petite Venise au milieu des eaux, en coupant la Seine par des canaux et transformant ces belles plaines en un lac. Le côté de la forêt aurait offert de magnifiques chasses pour l'été; au bas de la côte, des chasses d'hiver auraient eu lieu sur un bassin majestueux couvert de barques, de chaloupes à voiles, dont le mouvement et la marche auraient donné la vie à un paysage déjà si riche et si varié.

Tous ces avantages furent sacrifiés. Louis XIV préféra dépenser, dans la position malsaine de Versailles, un milliard trois cent millions, qui représenteraient aujourd'hui trois milliards.

Le 2 octobre 1667, naquit au vieux château de

(*) *Mémoires de Saint-Simon*, tome I, pag. 128.

Saint-Germain, Louis de Bourbon, fils naturel de Louis XIV et de Louise Françoise La Baume-Le-Blanc-de-La-Vallière. Il mourut à Courtrai le 18 novembre 1683.

On varie sur l'époque où Louis XIV quitta définitivement Saint-Germain pour habiter Versailles. L'abbé Lebeuf, Dulaure, et d'autres écrivains qui les ont copiés, la placent au mois de février 1672, et s'appuient sur différentes déclarations datées de Versailles. De semblables pièces ne prouvent autre chose que le séjour momentané du roi dans cette ville pour inspecter les travaux qu'il y avait ordonnés; car si l'on voulait en conclure qu'il y faisait sa résidence habituelle, nous pourrions fournir de pareilles preuves en faveur de Saint-Germain. Les extraits de lettres et d'actes qui suivent, démontrent jusqu'à l'évidence que Louis XIV n'abandonna tout-à-fait Saint-Germain qu'en 1680.

Une lettre de madame de Montmorenci, du 25 février 1671, à Bussy Rabutin, porte : « Le roi va » aujourd'hui à Saint-Germain, et le jeudi de la » mi-carême, il revient à Versailles..... etc. » On voit qu'avant l'époque fixée par l'abbé Lebeuf, Louis visitait déjà Versailles; mais loin d'y transporter sa cour en février 1672, il n'eût pu s'y établir cinq ans et demi après. Voici ce que madame de Sévigné écrivait au même Bussy Rabutin, le 11 octobre 1678 : « La cour est à Saint-Cloud. Le roi veut » aller samedi à Versailles, mais il me semble que » Dieu ne le veuille pas, par l'impossibilité de faire » que les bâtimens soient en état de le recevoir, et

» par la mortalité prodigieuse des ouvriers dont on » emporte toutes les nuits, comme de l'Hôtel-Dieu, » des charriots pleins de morts : on cache cette » triste marche pour ne pas effrayer les ateliers et » pour ne pas décrier l'air de ce *favori sans mérite*. » Vous savez ce bon mot de Versailles. »

Le 8 février 1673, madame de la Roche écrivait de Paris à Bussy Rabutin : « Tout est froid à Paris, » Monsieur : le temps l'est fort et les divertissemens » le sont encore plus. Point de jeux, point de fes- » tins, point de bals; il s'en fit un lundi à Saint- » Germain assez beau, mais c'est le seul qu'il y a » eu, et il n'y en aura pas davantage, à moins que » les bruits de guerre ne changent; le roi ayant dé- » claré aux dames qu'il emploierait tout son ar- » gent à ses troupes. »

Bussy Rabutin, dans une lettre au sieur de la Rivière, du 27 janvier 1680, écrit : « Grandes » nouvelles, Monsieur, la chambre des poisons » a donné décret de prise de corps contre M. de » Luxembourg, contre la comtesse de Soissons, » contre le marquis d'Alluye et contre madame » de Polignac. Aussitôt que M. de Luxembourg » l'eut appris, il partit de Paris et s'en alla à » Saint-Germain où il ne vit pas le roi; mais il lui » fit demander une lettre de cachet pour entrer à » la Bastille, laquelle Sa Majesté lui accorda... etc. »

A ces lettres on peut joindre un édit du 10 février 1673 pour étendre la régale à tous les évêchés du royaume, un autre édit du mois de mars de la même année servant de réglement aux marchands, tant en gros qu'en détail, et d'où est tiré en grande partie le Code de commerce qui nous régit aujourd'hui. Ces deux actes sont datés de Saint-Germain.

Ce fut dans cette ville que Bossuet, précepteur du dauphin depuis 1670, ouvrit, en 1673, ces promenades religieuses et philosophiques, auxquelles assistaient Fénelon, l'abbé Fleury, Pélisson, l'abbé Renaudot, l'abbé de la Brosse, l'abbé de Langeron, l'abbé de Saint-Luc, la Bruyère, l'abbé de Longuerue, Cordemoi et quelques autres, et qui se continuaient à Versailles et à Fontainebleau, où Bossuet était obligé de suivre la cour. Voici comment M. de Bausset, ancien évêque d'Alais, nous parle de cette circonstance de la vie du célèbre prélat dont il a écrit l'histoire.

« Ces promenades philosophiques qui rappellent » en quelque sorte celles de Platon et des premiers » fondateurs des écoles de la Grèce, avaient com- » mencé dès 1673, à Saint-Germain, où la cour » était encore fixée pendant les hivers; il n'y avait » point alors, les après-midi, d'office divin les di- » manches ni les fêtes à la chapelle du château. Ce » fut pour en tenir lieu que Bossuet proposa à ses » disciples de consacrer leur promenade accou- » tumée à l'étude de l'Écriture-Sainte; et comme on » était alors dans l'*Avent*, ce fut par la lecture des » prophéties d'*Isaïe* que l'on commença ce grand » travail.

» On se servit d'un exemplaire de la grande Bible » de Vitré qui appartenait à Bossuet, et dont les » marges offraient tout l'espace nécessaire pour

» recevoir les notes qui devaient être le résultat de » ces utiles discussions, et transcrire, au retour de » chaque promenade, les notes à la marge, à me- » sure qu'elles étaient convenues et arrêtées. Ces » promenades et ces lectures, continuées pendant » une longue suite d'années, produisirent les notes » et les commentaires de Bossuet sur les différentes » parties de la Bible.

» La cour ne tarda pas à être instruite de l'objet » de ces savantes réunions. Elle était alors dans » tout son éclat (depuis 1672 jusqu'à 1679) et toute » sa splendeur, et c'était sans doute un spectacle » extraordinaire que de voir au milieu des fêtes et » des plaisirs qui se succédaient dans ces lieux en- » chantés, Bossuet, la Bible à la main, méditant » sur des vérités qui ne passent point, à l'ombre de » ces belles forêts qui avaient vu tant d'âges et de » choses, et qui devaient voir encore tant de vicis- » situdes et de catastrophes.

» Mais tel était l'esprit du siècle où Bossuet vivait, » qu'un contraste qui n'aurait paru que singulier » et bizarre un siècle plus tard, offrit à la cour de » Louis XIV un spectacle auguste et imposant. » Comme le cortége qui accompagnait Bossuet dans » ses promenades était en grande partie composé » d'ecclésiastiques, une voix s'éleva pour donner » le nom de concile à cette respectable société, et » cette dénomination lui resta pendant toute la vie » de Bossuet (*). »

(*) *Histoire de Bossuet*, par M. L. Fr. de Bausset, ancien évêque d'Alais, tome II, pag. 5 et suiv.

En février 1678, le roi partit de Saint-Germain pour se rendre à Metz, d'où il donna l'ordre d'investir en même temps Mons, Namur, Charlemont, Luxembourg et Ypres, et il vint ouvrir en personne, le 4 mars suivant, le siége de Gand. Au retour de cette campagne il revint à Saint-Germain, et c'est en cette ville qu'il ratifia, le 29 juin 1679, le traité de Nimègue, et qu'en août il confirma les ordonnances de ses prédécesseurs sur le duel.

Le 15 mars de la même année, la marquise de Montespan, qui avait supplanté dans le cœur du roi la douce et tendre La Vallière, souffrant à son tour les tourmens de la jalousie et l'humiliation d'un abandon, voulut éprouver si par une fuite inattendue elle ne réveillerait pas des feux qui semblaient assoupis et bien près de s'éteindre. Voici comment le marquis de Trichateau raconte ce *grand événement*, le 22 mars 1679, à Bussy Rabutin : « Madame de Montespan partit mercredi, 15 de ce » mois, brusquement de Saint-Germain pour Paris. » On dit qu'il y a quelque brouillerie dans le mé» nage, et que cela vient de la jalousie qu'elle a » d'une jeune fille de Madame, appelée Fontanges, » dont le roi, dit-on, a déjà eu contentement. »

Il ne paraît pas que Louis se montra très empressé de revoir la marquise. Il laissa bouder son orgueilleuse maîtresse, qui, finissant par s'ennuyer, revint à la cour. Comme ces sortes d'intrigues sont pour les courtisans des affaires d'état, le marquis de Trichateau s'empressa de tenir son ami Bussy au courant, en lui écrivant le 14 avril de la même année :

« Le roi a jeûné trois jours, a fait ses dévotions et » touché les malades. Madame de Montespan a eu » beaucoup de conférences avec le P. César.... Il y » avait déjà quelques jours qu'elle venait à Paris » souvent, depuis les bruits que le roi était amou- » reux d'une fille de Madame appelée Fontanges. » Le mercredi elle retourna à Saint-Germain où » elle fut à Ténèbres. La reine l'envoya quérir pour » la servir à la Cène. Le vendredi elle revint à » Paris; le samedi elle alla à Maintenon, et le mardi » elle retourna à Saint-Germain dans son appar- » tement et à l'ordinaire, sinon que le roi ne la vit » qu'en présence de Monsieur. »

Malgré les rivalités et les tracasseries amoureuses, il paraît que cette année on mena vie joyeuse à Saint-Germain. Bussy écrivait à madame de Sévigné le 28 août : « On me mande qu'on se réjouit fort à » Saint-Germain et qu'on y a grande peur de » Pâques. Celá peut aussi bien regarder les an- » ciennes que les nouvelles amours. »

En février 1680, le roi, la reine et monseigneur partirent de Saint-Germain pour aller au-devant de la princesse de Bavière, qui venait en France pour épouser le dauphin. Le roi et monseigneur allèrent jusqu'à Vitry-le-Français, et la reine attendit à Châlons où le cardinal de Bouillon fit le mariage.

Cette même année le roi mit en construction les cinq gros pavillons qui flanquent le vieux château de Saint-Germain, et ces travaux le forcèrent de se transporter à Versailles dont les bâtimens étaient en état de le recevoir. Ce départ, qui eut lieu dans le mois de mai, fut pour madame de Montespan l'occasion d'une mortification. Comme le roi montait en carrosse avec la reine, il fit à la marquise quelques observations sur les odeurs dont elle était surchargée et qui l'incommodaient, la maîtresse répondit en femme piquée; Louis, lassé de parler avec politesse, s'échauffa, et force fut à la belle délaissée de garder le silence.

Désirant réparer le scandale qu'elle avait causé, madame de Montespan se signala par de grandes aumônes. Elle établit à Saint-Germain, en 1680, un hôpital pour recevoir les pauvres vieillards des deux sexes; et voulant procurer une éducation chrétienne à des jeunes personnes, en 1681, elle appela de Saint-Denis une colonie d'ursulines à Saint-Germain. Nous aurons occasion de parler de ces deux établissemens dans la seconde partie de cet ouvrage.

En 1815, dans un premier essai sur l'histoire de Saint-Germain, fait à la hâte pour satisfaire la curiosité des nombreux étrangers qui visitaient cette ville et ses environs, nous avons, sur la foi de madame de Genlis, qui la note pour vraie dans son roman de *Madame de La Vallière*, rapporté une anecdote touchant cette intéressante maîtresse de Louis XIV. Des auteurs qui ont souvent mis à contribution notre petit ouvrage, ont cité d'après nous cette anecdote, et, à force d'être répétée, elle est presque devenue une vérité historique. Mieux éclairé aujourd'hui, nous avons de bonnes raisons pour

Lacogne Del

Boisseau et Pareau Sc

CHÂTEAU DE ST GERMAIN.

douter de la vérité de cette historiette. Nous allons la reproduire, et dire ce qui nous la rend suspecte.

Quand la cour eut abandonné le séjour de Saint-Germain, la douce et intéressante La Vallière vint y chercher la paix dont avait besoin son cœur si cruellement agité. Elle cherchait à racheter ses fautes à force de bienfaisance, et tâchait d'oublier ses malheurs en soulageant ceux des autres. Elle apprend un jour qu'un village près de Saint-Germain venait d'être en partie consumé par les flammes; elle fait prier le pasteur de ce lieu de se rendre auprès d'elle, pour lui remettre les secours qu'elle destine à ses malheureux paroissiens. Il se présente. Que devient-elle, en reconnaissant en lui l'ecclésiastique qui lui a donné les premiers principes religieux, et lui a tracé une route qu'elle a si mal suivie? Ce qu'elle était alors, ce qu'elle fut depuis, ce qu'elle est en ce moment, son innocence, ses erreurs, son repentir, tout frappe à la fois son esprit. Elle tombe aux pieds du curé, les arrose de ses larmes, lui peint ses remords, ses tourmens, et lui demande des conseils et des prières. Le pasteur ne voit d'asile pour elle que le sein d'un Dieu qui pardonne. La Vallière l'entend; sa résolution est prise: c'est au couvent des Carmélites, à Paris, que s'écouleront, dans la pénitence et les larmes, les jours qui lui sont encore réservés.

Nous ne pensons point que madame de Genlis ait imaginé cette anecdote; un ouvrage du temps la lui aura fournie, et comme elle a quelque chose de dramatique et de vraiment touchant, elle s'en sera emparée sans en discuter l'authenticité. Cependant elle ne pourrait être vraie qu'autant que la cour aurait abandonné tout-à-fait Saint-Germain en 1672, comme on le croit communément; mais nous avons prouvé que Louis XIV ne s'est définitivement fixé à Versailles que vers 1680. D'après cette dernière date, il faudrait donc supposer que la duchesse serait venue se consoler des infidélités du roi et l'oublier dans les lieux mêmes qu'il habitait, et chercher au milieu de la cour l'isolement et le silence si chers aux cœurs affligés. Comme La Vallière s'est retirée aux Carmélites sur la fin de 1673 ou au commencement de 1674, qu'elle y a commencé son noviciat le 2 juin de cette dernière année, et prononcé ses vœux le 4 juin 1675, il n'est guère possible qu'elle ait passé les deux années qui précédèrent celles-ci dans la solitude, à Saint-Germain, où la cour faisait sa résidence habituelle, et dont le monarque ne s'éloignait que de temps à autre, pour des momens assez courts.

Le 1er janvier 1682, le roi vint à Saint-Germain, pour recevoir le dauphin chevalier de l'ordre du Saint-Esprit. La cérémonie fut faite dans la chapelle du vieux château, parce qu'on reconstruisait celle de Versailles.

Le 2 janvier 1686, il y eut, selon Dangeau, « une » manière de sédition à Saint-Germain, sur ce que » les habitans se soulevèrent pour demander que le » curé ne quittât point. Les habitans tinrent des » discours séditieux. Le roi en fit mettre plusieurs » en prison; il a interdi beaucoup de prêtres et on

» a exilé le curé à Rouen. » En racontant cela, il eût été bien de nous faire connaître le motif du départ du curé qui fut cause de cette émeute, et de nous apprendre en vertu de quel pouvoir le roi *interdit* beaucoup de prêtres.

Malgré l'abandon de la cour de France, Saint-Germain ne fut point absolument délaissé par les rois : un souverain, conduit par l'infortune sur un sol étranger, vint habiter le château vieux et y tenir sa cour.

Détrônés en novembre 1688, par leur gendre Guillaume de Nassau, stathouder de Hollande, Jacques II et la reine Marie d'Est, son épouse, vinrent chercher un asile que Louis XIV s'empressa de leur offrir avec l'expression des plus nobles sentimens de générosité, de délicatesse et d'amitié.

La reine d'Angleterre, arrivée la première en France, était à Beaumont lorsque la cour eut avis que le roi son époux avait heureusement abordé dans le petit port d'Ambleteuse, le 4 janvier 1689. Louis XIV envoya un de ses écuyers annoncer cette bonne nouvelle à la princesse fugitive. Elle priait quand l'écuyer entra. Oubliant aussitôt qu'elle perdait trois couronnes, elle s'écria pleine de joie, en levant les mains et les yeux au ciel : « Que je suis heureuse! » Des gentilshommes lui vinrent apporter les complimens du roi, de la dauphine, de monsieur et de madame, et eurent soin qu'il lui fût fait tout le long de sa route une réception telle que doit l'attendre une reine dans ses propres états.

Le 6 janvier, l'après-midi, Louis XIV partit de

Marly avec monseigneur et monsieur, et alla sur le chemin de Chatou, où il attendit la reine d'Angleterre qui arriva un quart d'heure après. Dès qu'on vit approcher les carrosses qui l'amenaient, le roi et sa suite mirent pied à terre. Louis fit arrêter la première voiture, dans laquelle était le prince de Galles qu'il embrassa tendrement. Alors la reine descendit et vint faire au monarque un compliment plein de reconnaissance, pour les bontés qu'il lui prodiguait ainsi qu'à son époux. Louis XIV lui répondit : « Je vous rends aujourd'hui, madame, un » triste service; mais j'espère vous en rendre bientôt » de plus grands et de plus heureux. » Escorté des gardes, des chevau-légers, des mousquetaires et d'une foule de courtisans qui avaient accompagné le monarque, le cortége se mit ensuite en route pour Saint-Germain.

Le roi de France avait fait meubler ce palais depuis peu de temps avec magnificence; il y installa l'épouse de Jacques II, en mettant une grâce toute particulière dans ses paroles et dans ses actions, et retourna à Marly avec sa suite. La reine d'Angleterre y trouva toutes les commodités qu'elle pouvait désirer, tant pour elle que pour le prince de Galles. Tourolle, tapissier du roi, lui remit la clef d'un petit coffre qui contenait six mille pistoles. Monsieur et madame de Montchevreuil vinrent lui faire les honneurs de leur gouvernement, et pour combler sa satisfaction, le duc de Barwick lui annonça que le roi son époux s'approchait d'elle et couchait le soir à Breteuil.

Le lendemain, Louis XIV, accompagné de monseigneur et du duc de Chartres, vint faire une visite à la reine qu'il trouva au lit, et avec laquelle il conversa une demi-heure. Lorsqu'on vint annoncer que le roi d'Angleterre était entré dans la cour du château, Louis alla à sa rencontre jusqu'à la porte de la salle des gardes. Le roi Jacques se baissa jusqu'à ses genoux ; Louis se hâta de le relever, l'embrassa, et lui donnant la droite, le mena dans la chambre de la reine sa femme, à qui il le présenta en disant : « Je vous amène un homme que vous » serez bien aise de voir. » Le roi d'Angleterre resta quelques instans dans les bras de la reine. Louis XIV lui présenta monseigneur, le duc de Chartres, les princes du sang, le cardinal de Gondy et quelques-uns des courtisans que Jacques connaissait déjà. Après l'avoir conduit chez le prince de Galles, il le ramena chez la reine et lui dit en le quittant : « Je ne veux point que vous me conduisiez ; vous êtes encore aujourd'hui chez moi ; » demain vous viendrez me voir à Versailles, comme » nous en sommes convenus ; je vous en ferai les » honneurs, et vous me les ferez de Saint-Germain » la première fois que j'y viendrai, et ensuite nous » vivrons sans façon. »

Le 8 janvier, le roi d'Angleterre se rendit à Marly, Louis XIV alla au-devant de lui, et lui donnant toujours la droite, le mena dans son cabinet où il s'entretint long-temps avec lui. Après que Jacques eut rendu sa visite à la dauphine, au dauphin, à monsieur qui était malade, et enfin à madame, il retourna à Saint-Germain.

Le samedi suivant, 15 janvier, Louis XIV, accompagné de monseigneur, alla rendre au roi d'Angleterre la visite qu'il en avait reçue. Jacques l'attendait à l'entrée de la salle des gardes, et les deux rois, après être restés quelque temps enfermés ensemble, se rendirent chez la reine. Le roi d'Angleterre ne voulut point s'asseoir; il alla causer auprès de la cheminée avec monseigneur qui était debout, et dit à Louis : « Nous sommes convenus que nous ne ferions plus de façons après cette visite-ci; je veux » commencer dès ce soir. » Ainsi se fit l'installation du roi d'Angleterre et de sa famille au château de Saint-Germain.

La reine d'Angleterre fut environnée du même service que l'eût été la reine de France. Jacques reçut d'abord cinquante mille écus pour remonter ses équipages; on lui assigna ensuite une pension de six cent mille livres pour les dépenses de sa maison. Il y avait eu quelques difficultés à régler pour le cérémonial avec lequel les princes du sang devaient être reçus à la cour de Saint-Germain; mais Louis les avait levées en signifiant qu'il voulait que le roi d'Angleterre dans le malheur, reçut encore plus d'honneurs que s'il était dans la prospérité.

En attendant les secours que Louis XIV devait inutilement lui fournir pour remonter sur le trône, Jacques s'amusait à faire Lauzun chevalier de la Jarretière, en place du duc d'Albermale mort depuis peu. Enfin, au mois de mars 1689, il s'embarqua à

Brest avec le comte de Lauzun et cinq mille hommes, et fit voile pour l'Irlande, que le comte de Tirconel conservait dans l'obéissance. Il donna, le 11 juillet 1690, la bataille de la Boyne, la perdit et fut forcé de revenir en France.

Rentré dans le château de Saint-Germain, Jacques II tomba dans le mépris des courtisans qui entouraient le roi son protecteur. L'archevêque de Rheims, frère de Louvois, disait en le montrant: « Voilà un bon homme qui a quitté trois royaumes » pour une messe. » Il passait son temps à toucher des écrouelles, à disputer avec des moines, et à visiter les jésuites de la rue Saint-Antoine, à la société desquels il avait été affilié.

Louis XIV sacrifia en vain sa marine, ses trésors et le sang de ses sujets pour un prince plus propre à porter le froc que le diadême, et qui mourut obscurément à Saint-Germain, âgé de soixante-huit ans, le 16 septembre 1701, un vendredi, comme il l'avait toujours pieusement souhaité. On a dit en parlant du château qui lui servit treize ans et demi de retraite :

C'est ici que Jacques second,
Sans Ministres et sans Maîtresse,
Le matin allait à la Messe,
Et le soir allait au Sermon.

Trois jours avant la mort de Jacques, Louis XIV s'était transporté à Saint-Germain, et avait assuré le monarque anglais que si Dieu l'appelait à lui, il reconnaîtrait le prince de Galles pour roi légitime de la Grande-Bretagne. Cette promesse, qui ne

devait pas conduire le fils au trône de son père, avait été accueillie par le prince mourant avec la plus grande satisfaction, et par les anglais présens aux cris de *vive le roi!* Le lendemain de cette reconnaissance, Jacques avait fait appeler le prince de Galles dès le matin et lui avait dit : « Approchez-
» vous, mon fils, je ne vous ai pas vu depuis que
» le roi de France vous a fait roi; n'oubliez jamais
» toutes les obligations que vous et nous, lui avons,
» et souvenez-vous qu'on doit toujours préférer
» Dieu et la religion à tous les avantages temporels. »

Le 20 septembre, Louis XIV alla à Saint-Germain saluer le nouveau souverain Jacques III, et resta peu de temps avec lui. Le lendemain, celui-ci fut à Versailles rendre la visite qu'il avait reçue. Le roi de France donna à ce roi sans états la place d'honneur, comme il l'avait donnée à son père, et le reconduisit jusqu'au haut du degré, où il l'avait reçu à son arrivée.

On connaît l'impuissance des nouveaux efforts que la France fit pour rétablir sur le trône le roi d'Angleterre qu'avait créé Louis XIV, et comment après des succès qui présageaient une heureuse issue, le jeune prince, vaincu le 27 avril 1746 à Culloden par le duc de Cumberland, fut contraint de rentrer en France après cent soixante-sept jours de dangers. Ce prince, digne d'un meilleur sort, abandonné de son protecteur qui ne pouvait plus protéger personne, mourut à Rome aussi obscurément que son père, sous le nom du chevalier de Saint-Georges, le 1er janvier 1766.

Le 7 avril 1712, la princesse Louise-Marie d'Angleterre, fille de Jacques II, finit ses jours à Saint-Germain, où elle était née le 28 juillet 1692, et avait été baptisée le 23 août suivant. Enfin Marie d'Est, fille d'Alphonse IV, duc de Modène, seconde femme de Jacques II, et reine détrônée d'Angleterre, y termina sa carrière, le 7 mai 1718.

Charles Édouard, fils du prince de Galles, se montra sur la scène politique pour y déployer vainement une valeur admirée par ses ennemis mêmes, et une constance héroïque dans le malheur qui ne se démentit pas un instant. Il mourut à Florence, le 31 janvier 1788 (27). Son frère, Henri Benoît, fait cardinal en 1747, et mort à Rome en 1807, ne prit aucune part aux événemens qui agitèrent sa famille. Ainsi s'éteignit, à charge à une puissance étrangère et souvent rivale, la descendance royale de Marie-Stuart, reine d'Écosse.

En faisant les fouilles pour jeter les fondations du clocher de la nouvelle église, on découvrit, le 12 juillet 1824, dans l'emplacement d'une vieille chapelle, trois boîtes en plomb, sur l'une desquelles se trouva l'inscription suivante : « Ici est une portion de la chair et des parties nobles du corps de » très haut, très puissant et très excellent prince » Jacques Stuart, roi de la Grande-Bretagne, né le » XXIII octobre MDCXXXIII, décédé en France, » à Saint-Germain-en-Laye, le XVI septembre » MDCCI. » Au bas de l'inscription étaient empreintes les armes de ce prince. La boîte était en partie mutilée, et contenait plusieurs parties de chair et d'ossemens qui n'étaient pas encore consumés.

Le maire de Saint-Germain, prévenu de cette découverte par les architectes de l'église, s'empressa d'assembler le conseil municipal, et en présence du gouverneur du château et du curé de la paroisse, fit procéder à la translation de ces restes qui ont été déposés sous le maître autel de l'église provisoire. On a aussitôt consulté les registres des archives de la mairie, et on y a trouvé, à la date du 16 septembre 1701, les actes (28) qui constatent le décès du prince, et qui indiquent « que son corps » fut transporté aux Bénédictins anglais, à Paris, son » cœur aux Ursulines de Chaillot, et une partie de » ses entrailles, de son cerveau et de ses poumons » dans l'église de Saint-Germain-en-Laye, pour » conserver en ce lieu la mémoire d'un si grand et » si religieux prince (29). »

Il y a tout lieu de croire que l'une des deux autres boîtes renferme les restes de la princesse Louise-Marie d'Angleterre.

Par les ordres du ministre de l'intérieur, on va faire élever sur les lieux un monument où seront déposées les dépouilles mortelles de ce prince. Il sera placé dans la première chapelle du bas côté de l'église, à droite en entrant.

Dangeau raconte que, pendant le séjour du roi Jacques à Saint-Germain, il y arriva un triste événement. Voici comment ce courtisan en fait le récit, sous la date du 28 février 1691 :

« Il y eut ces jours passés à Saint-Germain un

» duel affreux. Deux anglais, frères du comte de
» Salisbury, se querellèrent, se battirent et se bles-
» sèrent très dangereusement; après leur combat
» ils se raccommodèrent, se demandèrent pardon
» l'un à l'autre, firent venir un prêtre, abjurèrent
» la religion protestante dont ils étaient; et depuis
» ce temps-là, l'aîné, qui avait dix-neuf ans, est
» mort de sa blessure; le cadet est encore fort ma-
» lade : il n'attend que sa guérison pour se mettre
» à la Trappe (*). »

On apprend des mêmes mémoires, sous la date du 2 avril 1700 : « Que la duchesse de Bourgogne
» ayant fait une loterie de quarante-six mille pis-
» toles à Marly, on en prit quarante-six mille livres
» pour les pauvres de Versailles, six mille pour les
» pauvres de Saint-Germain, et vingt mille pour
» être remis à la reine d'Angleterre et distribués
» par elle, comme elle le jugerait convenable, aux
» Irlandais qui avaient été réformés. » Et sous la date du 2 novembre 1714 : « Que le maréchal de
» Berwick, revenu en France après la paix d'Utrecht,
» alla par ordre du roi se reposer à Saint-Germain
» pendant quelques jours, avant de paraître à la
» cour. »

En 1702 il se forma à Saint-Germain une compagnie de chevaliers du *noble jeu de l'arc*. En considération de son heureuse naissance à Saint-Germain, le roi en approuva et confirma les statuts, par lettres-patentes du mois d'août 1703. Le gou-

(*) Dangeau, *Mémoires manuscrits*.

verneur de Paris qui avait contribué à l'établissement de cette compagnie, lui fit don de douze petits canons en fonte, d'un drapeau et de deux tambours. D'après leurs statuts ces chevaliers devaient se réunir deux fois par an, à la saint Jacques et saint Philippe, et à la saint Louis, pour disputer le prix de l'oiseau. A ces époques, ils se rendaient en corps à l'église pour entendre deux messes; ensuite, les différends qui s'étaient élevés entre les chevaliers concernant la compagnie, étaient soumis au commandant et au capitaine, qui les terminaient sans désemparer. Après l'office de l'après-midi, la compagnie se transportait à l'entrée de la forêt, pour joûter à qui abattrait l'oiseau; on jouait dix sous par coup. Le prix destiné au vainqueur était une pièce d'argenterie, payée avec le produit des mises, et la jouissance du titre de capitaine durant l'intervalle d'une fête à l'autre. Les chevaliers se devaient réciproquement assistance dans le besoin : malgré cette obligation, bien propre à donner de la consistance à leur association, la division se glissa parmi eux en 1728, et la compagnie fut dissoute.

Louis XIV mourut le 1er septembre 1715, âgé de soixante-dix-sept ans, après en avoir régné soixante-douze. Ce prince fit travailler à Saint-Germain, mais comme la piété de son père n'avait rien laissé à faire à la chapelle royale, il n'eut qu'à s'occuper du château. Nous signalerons plus tard les embellissemens et les augmentations qu'il y fit, et nous décrirons en même temps la magnifique terrasse dont on lui doit la construction.

Nous avons parlé d'une chapelle située au milieu du parc de Saint-Germain et dédiée à saint Michel, que Henri IV fit reconstruire. Cette chapelle fut probablement abandonnée par Louis XIII. Louis XIV, le 3 février 1653, en ordonna le rétablissement par lettres expresses. Il donna ordre qu'on mît sur l'autel un tableau représentant Jésus-Christ dans toute sa gloire, plus bas saint Michel, et au-dessous, de l'autre côté, l'ange gardien du roi lui présentant sa personne et ses actions de grâces. Les lettres portaient de plus l'institution d'un chapelain, avec quatre cents livres de rente sur la recette des bois de la généralité de Paris; et ce prêtre, dont le roi se réservait la nomination, n'avait point le droit de résigner. Le titre de cette chapelle fut uni plus tard à l'hôpital de la Charité de Saint-Germain, et comme à cette dernière époque, les bâtimens dont l'architecture attestait l'antiquité tombaient en ruine, on en fit disparaître les restes.

Nous avons vu Saint-Germain sortir peu à peu de l'obscurité, devenir un bourg dans l'intervalle du règne de François Ier à celui de Henri IV, mais ce ne fut qu'à partir de l'avènement de Louis XIV au trône qu'il parvint au rang de ville. Depuis cette époque, les masures qui le composaient disparurent pour faire place à des constructions plus élégantes. Des seigneurs se bâtirent des hôtels, des terres labourées et plantées de vignes se couvrirent de maisons et se transformèrent en jardins de plaisance. Aux priviléges dont la générosité des rois avait déjà doté la ville s'en joignirent de nouveaux; les étrangers accoururent et finirent par se fixer dans cette cité, afin de participer à ses franchises. La population augmenta d'une manière très sensible. Des hôpitaux furent construits pour les pauvres et les malades; des halles et des marchés furent établis; quelques rues furent pavées; et enfin Saint-Germain offrit un tout sans lacune, tel qu'il est aujourd'hui.

Le départ de la cour pour Versailles eût porté un coup funeste à cette ville, si Jacques II ne fût venu presque aussitôt y succéder à Louis XIV. La population se grossit encore de tous les seigneurs qui avaient suivi la fortune de ce monarque.

CINQUIÈME PÉRIODE.

(De 1716 a 1829.)

Sous les règnes de Louis XV et de Louis XVI, les choses suivirent le mouvement que leur avait imprimé Louis XIV, et le séjour de Saint-Germain continua d'être abandonné par la cour, fixée irrévocablement à Versailles. Ces deux monarques firent cependant quelques apparitions dans l'antique résidence de leurs prédécesseurs, pour se livrer au plaisir de la chasse dans la forêt qui l'avoisine; mais ces apparitions même ne servirent qu'à rendre plus pénible la défaveur dont la ville était frappée. Il lui restait sa magnifique position, son air salubre, son château et sa forêt; mais qu'étaient ces avantages, offerts par la nature et l'art réunis, en comparaison de ceux que produisait la présence de la cour? Versailles l'emporta, et Saint-Germain, déserté par l'opulence et la grandeur, devint la retraite du sage, l'asile des vieux serviteurs du roi et de beaucoup de petites fortunes.

Depuis 1716 jusqu'en 1789, son histoire ne se compose que de faits étrangers à la politique, à l'histoire générale, et qui offrent à peine un intérêt local. Nous en rapporterons quelques-uns, moins pour fixer l'attention du lecteur, que pour ne pas franchir brusquement tout l'espace qui sépare le départ de Louis XIV pour Versailles des premières années de notre révolution.

En 1736 les jésuites firent une mission à Saint-Germain; ils prêchèrent, confessèrent, vendirent des chapelets, des scapulaires, des livres de cantiques; ils firent des processions et plantèrent une croix au haut de la rue de la Grande-Fontaine.

Il paraît que la piété était singulièrement refroidie lors d'une nouvelle mission que ces pères firent en juillet 1744, et que le commerce des pieuses béatilles fut loin d'être fructueux, car on fit une quête générale pour les indemniser de leur déplacement. Ces zélés missionnaires plantèrent cette année une croix sur la place de l'église.

A la suite d'une querelle de préséance survenue en 1744 entre le curé de l'église paroissiale et le prieur des Loges, difficulté dont nous parlerons ailleurs, on supprima la procession que la paroisse faisait annuellement aux Loges le jour de la saint Fiacre.

Des contestations s'étaient élevées en 1758 entre les habitans de Saint-Germain, à l'occasion des affaires de la communauté. Un arrêt du conseil d'état, en date du 13 ou du 23 avril de la même année, y établit un conseil municipal qui subsista jusqu'à la révolution, et fut remplacé à cette époque.

En vertu d'une déclaration du roi du 28 août 1770, il fut formé à Saint-Germain un bureau de recommanderesses pour les nourrices, à l'instar de celui de Versailles. Cette institution ne se maintint que durant quelques années.

Le 1er mai 1775, la ville de Saint-Germain fut le théâtre d'une émeute effrayante, causée par le prix des farines. Il n'y avait cependant ni disette ni enchérissement extraordinaire. Un grand nombre de paysans des villages voisins accoururent à la halle et taxèrent le blé au-dessous du prix auquel il était proposé. Sur le refus des marchands de livrer leurs denrées, les mutins se portèrent aux plus graves excès. Excités par un nommé *Sonète*, débardeur de bois, le plus ardent et le plus éhonté de tous, ils enfoncèrent à coups de pavé les portes des boutiques et des magasins, jetèrent par les fenêtres les blés, seigles, orges, avoines; quand tout fut dans la rue ils se battirent pour le partage du butin, et finirent par emporter, à l'aide de voitures, tout ce qu'ils purent enlever. La ville, dépourvue de garnison, resta spectatrice de ce pillage, et les habitans intéressés à maintenir l'ordre, faute de s'entendre et de se réunir, comme il arrive souvent en pareille occurrence, ne purent ni le prévenir ni le réprimer. Le maréchal de Noailles, gouverneur de Saint-Germain, fit entourer la halle par les gardes-chasse de la forêt, qui étant en trop petit nombre, furent promptement forcés. On fit un appel à tous les anciens militaires qui se trouvaient alors dans la ville; quelques-uns se réunirent sur la place du château; mais comme personne ne se mit à leur tête, ils se dispersèrent, et leur bonne volonté se trouva paralysée.

Le 9 du même mois, le calme étant rétabli, le gouvernement envoya cinquante sous-officiers invalides pour servir de garde et maintenir la police dans la ville. Ils furent logés rue de Lorraine, dans un grand bâtiment construit exprès, par un particulier auquel le terrain fut concédé par arrêt du conseil; cette caserne forme aujourd'hui une maison bourgeoise. Une somme annuelle de six mille neuf cent cinquante livres fut imposée sur les habitans pour le supplément de solde de cette compagnie et pour le loyer de leur quartier. Ces invalides restèrent à Saint-Germain jusqu'en 1789, époque où ils furent désarmés par la populace.

En 1782, la généralité de Paris ayant offert un vaisseau au roi, pendant la guerre qu'il soutenait contre l'Angleterre, pour protéger la liberté naissante des Américains, la ville de Saint-Germain s'empressa de concourir à ce don patriotique en fournissant une somme de quarante mille francs, qui fut levée au moyen d'une imposition extraordinaire.

Selon plusieurs auteurs, la révolution, à son origine, fut loin d'être accueillie par les habitans de Saint-Germain. Ils avancent que, soit par intérêt particulier, soit par un attachement sincère à la famille des Bourbons, ils se conduisirent dans tous les temps de manière à mériter le surnom d'*aristocrates*, de *royalistes*, de *contre-révolutionnaires*, et même que leur ville fut plusieurs fois déclarée en état d'insurrection. « Bien différente en cela de » la ville de Versailles, qui honorée du séjour royal

» des Bourbons, et plus à même de connaître de » près leur vie privée, fut la première à se déclarer » contre eux, et à embrasser tous les principes qui » devaient renverser leur trône, la ville de Saint-» Germain est restée constamment fidèle, et s'est » attiré par cette constance la haine de tous les » partis qui se sont succédés depuis 1789 (*). »

Si Napoléon, comme on le prétend, a toujours eu de l'éloignement pour Saint-Germain, s'il est vrai qu'il ait dit qu'il n'a de bon que *son air* et *sa forêt*, cela prouverait, tout au plus, qu'il avait conservé le souvenir de la part que les habitans de cette ville ont voulu prendre à la journée du 13 vendémiaire an IV (5 septembre 1795), et qu'il leur en gardait rancune.

Les citoyens de Saint-Germain n'ont été ni *aristocrates*, ni *royalistes*, ni *contre-révolutionnaires;* ils ont été ce qu'ils devaient être, *Français*. Ils n'ont point à rougir aujourd'hui de la conduite qu'ils ont tenue autrefois : ils ont vu avec joie l'aurore de la liberté; ils ont accueilli, comme toute la France, les espérances que faisait naître une régénération politique, unique dans les fastes du monde, à la tête de laquelle le monarque s'était placé lui-même. Lorsque, par suite des obstacles qu'elle a rencontrés, cette révolution, devenue féroce, a versé le sang par torrens, ils se sont renfermés chez eux, s'abstenant très sagement de toute espèce d'excès. Dans les momens les plus difficiles, leurs magis-

(*) Dulaure, *Histoire des environs de Paris*. — *Dictionnaire historique des environs de Paris*.

trats ont maintenu, au milieu d'une populace toujours en fermentation et plus d'une fois insurgée, une sorte d'ordre qui a préservé la ville de malheurs plus grands que ceux qui y sont arrivés. Certes, il fallait être armé d'un courage à toute épreuve pour parvenir à calmer une population de plus de douze mille âmes en proie à tous les besoins. Si deux crimes ont été commis dans l'enceinte de cette ville, ils ont eu pour cause bien moins l'esprit révolutionnaire qui dominait alors, que des circonstances nées d'une irritation particulière, ou des difficultés qui entravaient la marche et l'arrivée des subsistances.

On sait qu'en 1789 la disette se fit sentir dans presque toute la France, surtout à Paris et dans les environs. Comme les autres villes, Saint-Germain eut à souffrir de cette pénurie, et néanmoins la tranquillité n'y fut point troublée durant les premiers mois : le zèle des administrateurs adoucit les horreurs de la famine. Bientôt des spéculations criminelles la rendirent intolérable; l'inquiétude s'empara de tous les esprits, les têtes s'échauffèrent, des soulèvemens se manifestèrent sur divers points du royaume, la voix des magistrats fut méconnue, le peuple affamé brisa le frein des lois; et les 15, 16, 17, 18 et 19 juillet furent signalés à Saint-Germain par une émeute et un attentat qui plongèrent tous les citoyens dans la consternation et la douleur.

Le 15, un convoi de farine, venant de Poissy et se dirigeant vers Paris, sous l'escorte d'un détachement de hussards, de dragons et de Suisses, traversait la ville vers les onze heures du matin. Des femmes s'emparèrent de deux voitures qui faisaient partie de ce convoi, et la populace, excitée par les provocations de ces héroïnes de grand chemin, poursuivit les autres voitures et parvint à en amener encore deux.

Les autorités, craignant le pillage des farines dont on venait de faire la conquête d'une manière si violente, donnèrent l'ordre de conduire les quatre voitures à la halle, et, au son du tambour, invitèrent tous les gens intéressés au maintien de la tranquillité à se réunir à l'Hôtel-de-Ville, pour prévenir les malheurs qu'elles prévoyaient. Le convoi ayant été enlevé sans que l'escorte fît résistance, la populace enhardie avait désarmé et dispersé les invalides chargés de la police, trop faibles pour lutter contre le nombre.

A six heures du soir, les bourgeois les plus dévoués arrivèrent. Le sieur M., officier de la garde de Paris, vêtu du petit uniforme de son corps, pénétra à travers la foule, et, à force de douceur et de fermeté, parvint à calmer un peu les têtes. Il fit sortir de la halle les femmes et les enfans, débarrassa les avenues, fit décharger les voitures et donner aux conducteurs et aux hommes de l'escorte, pour leur responsabilité, des certificats constatant la nécessité où ils avaient été de céder à la force. Enfin, vers les huit heures, il put établir une garde dans la halle, et placer quelques sentinelles pour empêcher le pillage.

Tout-à-coup le peuple, frappé d'une idée subite, se dissipa comme s'il eût obéi à un ordre. Une partie se porta chez le prévôt et le commissaire, pour engager ces deux magistrats à visiter le couvent des Récollets, où elle supposait des subsistances cachées; d'autres coururent à Poissy, à Hennemont, aux Loges et lieux environnans pour y faire des recherches. Le reste, composé de tout ce que la population avait de plus abject, parcourait la ville armé de bâtons, d'épées et de sabres, menant en triomphe les femmes qui avaient arrêté les premières voitures du convoi. Cette colonne se porta au quartier des Suisses en station à Saint-Germain depuis peu, croyant en avoir aussi bon marché que des invalides; mais vingt-cinq hommes, commandés par un sergent, se présentèrent en bataille, les armes chargées, la baïonnette au bout du fusil, et la populace, qui ne pensait pas qu'on oserait lui résister, se dissipa.

A onze heures du soir, des révoltés de bas étage firent sonner le tocsin, battre la générale, et crièrent aux armes, en disant qu'il y avait des hussards aux Loges et à Hennemont, et qu'on y assassinait ceux qui allaient à la recherche des grains. Une partie de la bourgeoisie armée resta sous les ordres du chevalier Escoffier, pour garder la halle; l'autre, sous la conduite du sieur M., parcourut la campagne et s'assura que tout était calme à Hennemont et aux Loges. Revenu en ville le chef de cette expédition rendit compte de sa tournée, et après avoir fait battre un appel, ordonna à chacun de rentrer dans ses foyers. Des patrouilles nombreuses firent exécuter cet ordre, et la nuit fut assez tranquille.

Le lendemain jeudi, la populace amena de Poissy quantité de blé et de farine, et fit prendre des cocardes bleues et rouges aux Suisses qui faisaient le service de la halle avec les citoyens armés. Les autorités civiles et militaires taxèrent la farine à soixante livres le sac, le blé à vingt-deux livres le setier, et le pain de huit livres à vingt-neuf sols.

A huit heures du soir arriva un convoi considérable de grains. Les voitures qui le composaient étaient chargées d'enfans tenant des branches d'arbre, et criant : « Nous le tenons, nous le pendrons! » Entre deux voitures était un ramas de deux ou trois cents hommes et enfans armés de fusils et de bâtons, au milieu desquels se trouvait le sieur Sauvage, meunier à Poissy. Le sieur M. eut beaucoup de peine à le faire entrer à la halle, et lorsqu'il le vit à peu près en sûreté pour quelques momens, il courut chercher le commandant de la maréchaussée, et fut joint ensuite par plusieurs chevaliers de Saint-Louis. Cette force armée revint vers le peuple demander le prisonnier pour le conduire à la geôle, où l'on pourrait au moins le défendre au besoin.

Mais tandis qu'on cherchait à ramener l'ordre et à épargner un crime, on enleva le sieur M., et on le transporta pour ainsi dire chez James, marchand de grains, que l'on accusait d'accaparement. Le chevalier Escoffier et le sieur M., après avoir fait tous leurs efforts pour contenir une multitude effrénée, furent contraints de se retirer. James, saisi et maltraité, parvint à échapper et à se sauver à Paris.

Au milieu de ce tumulte, des hussards venus de Marly pénétrèrent jusque dans la halle; mais on leur jeta des pierres, et ils furent obligés de s'en retourner au galop. Toute la nuit on fut sur pied; on barricada plusieurs rues avec des charrettes, le tocsin sonna, un désordre effroyable régna dans la ville jusqu'au matin. Sauvage fut placé dans une chambre, sous la garde de quinze ou seize hommes que le sieur M. avait composée.

Le vendredi 17, à huit heures du matin, on convoqua une assemblée des citoyens aux Récollets. Le sieur M. déposa entre les mains du chevalier Gabiac l'inventaire des grains et farines trouvés chez Sauvage; il demanda qu'on employât tous les moyens possibles pour soustraire ce meunier à la fureur du peuple, que l'on nommât très promptement six commissaires pour le conduire à l'Hôtel-de-Ville de Paris, et fit remarquer à l'assemblée que les circonstances étaient impérieuses. Ces propositions furent appuyées, et on forma une commission pour interroger Sauvage. Le sieur M. retourna à son poste à la halle; entendant battre la caisse, il demanda le motif de cet appel : le nommé D.... courut à lui l'épée à la main, en jurant que l'on n'emmènerait pas Sauvage à Paris, qu'il fallait qu'il fût pendu à Saint-Germain, et que lui M. en répondrait sur sa tête. Les révoltés voulurent à plusieurs reprises se jeter sur cet estimable citoyen; quelques femmes l'aidèrent à sortir de la foule, et l'engagèrent à se retirer. On l'entraîna malgré lui jusqu'à son domicile, où on le força de rentrer pour prendre un repos dont il devait avoir besoin, après avoir lutté plus de quarante-huit heures contre la populace. D...., maître du terrain, fit annoncer au bruit du tambour, au nom du roi et du tiers-état, que l'on pendrait Sauvage à trois heures.

Pendant cette effroyable proclamation, les commissaires interrogent le malheureux meunier. L'un d'eux, en sortant, dit qu'il est innocent : cette parole porte l'irritation à son comble; on s'écrie que les membres de la commission sont gagnés, et qu'ils méritent le sort réservé à Sauvage. En ce moment arrive D.... avec son escorte infernale : la halle est forcée; on prend d'assaut la chambre du prisonnier Sauvage; il est entre les mains de ses bourreaux. Un nommé F.... le lie au carcan, L... grimpe au haut du poteau, suspend le malheureux avec une corde qui casse. On y en substitue une autre, que quelques scélérats tirent en arrière du poteau, tandis que d'autres percent le patient à coups d'épée et de baïonnette. Le croyant étranglé, ces furieux le jettent à terre, et le voyant se débattre encore, ils l'achèvent à coups de fusil. Un garçon boucher lui tranche la tête. Cet effroyable trophée, placé au bout d'une pique, est promené dans les places et les rues de la ville, aux cris d'une multitude avide de sang. Les bons citoyens se cachent, les boutiques sont fermées, et pendant quelques heures la consternation et l'effroi règnent partout.

Vers les sept heures du soir, deux hommes armés contraignent le sieur M. à les suivre à la halle. Il s'y rend sans uniforme, accompagné de quatre fusiliers bourgeois que lui donne le sieur Flichy, commandant du poste du district. Là il peut, avec plus de calme qu'il n'osait l'espérer, procéder à la régularisation des opérations tumultueuses que l'on avait faites la veille. Il reconnaît les blés arrivés en son absence, donne des décharges aux voituriers, distribue de la farine en petite quantité à chaque boulanger, et fait tout ce qui est nécessaire pour ramener le calme.

Les 18 et 19, on se réunit pour donner une organisation à la milice bourgeoise qu'on avait été forcé d'improviser. Les mutins consentirent l'un après l'autre à livrer leurs armes pour quelque argent que M. leur distribua, et après cinq jours de désordre et d'anarchie, la partie saine de la population put enfin respirer.

Ce funeste événement, où le sieur M. déploya une grande activité, beaucoup d'énergie et un beau dévouement, fut consigné avec tous ses détails, dans un rapport adressé au ministère, qui le renvoya quatre jours après, imprimé au nombre de deux cents exemplaires. Les ministres Necker, Saint-Priest et d'autres fonctionnaires de l'État adressèrent au sieur M. les lettres les plus honorables. Le général Lafayette, à qui il fut présenté par M. Hay, officier de la garde de la ville de Paris, donna à sa conduite courageuse tous les éloges qu'elle méritait.

Le conseil municipal fut organisé le 23 juillet, conformément aux lois nouvellement promulgées. Il s'occupa aussitôt des moyens de prévenir les désordres que pouvait encore faire naître la disette : il prit des mesures pour faire arriver des subsistances, et pour organiser et armer la garde nationale. On se fit un appui sûr du détachement de Suisses resté dans la ville pour le maintien de l'ordre, en accordant un supplément de solde aux sous-officiers et soldats.

Malgré ces précautions, la ville de Saint-Germain devint encore, le 2 novembre, le théâtre d'un meurtre qu'il fut impossible aux autorités d'empêcher. Jacques Dutertre, cocher du maréchal de Noailles, se prit de dispute dans un cabaret avec quelques soldats de la garde bourgeoise de Paris, qui se trouvaient alors dans la ville. Emporté par la colère et gorgé de vin, il s'empare du sabre de l'un d'eux, qu'il atteint à la main, tombe sur les autres et en blesse grièvement deux, qu'on conduit à l'hôpital de la Charité. Un portefaix et un boulanger désarment et arrêtent ce furieux qu'ils mènent à l'Hôtel-de-Ville. Le peuple s'amasse ; le bruit court que les hommes que Dutertre a frappés sont morts de leurs blessures. Les têtes s'exaltent, des voix s'élèvent et demandent à grands cris le prisonnier pour le mettre à mort. On va voir les blessés, on vient dire qu'ils ne courent aucun danger; le peuple répond qu'on le trompe et sa fureur redouble. La garde bourgeoise, quoique non armée, se range en bataille entre la multitude et l'Hôtel-de-Ville; elle est assaillie, dispersée, les portes de la mairie sont forcées, Dutertre est arraché de son asile, traîné dans la rue, mis à mort et accroché à un réverbère vis-à-vis de la rue des Louviers, près du couvent des religieuses de Saint-Thomas. Cette affaire malheureuse fit sentir de quelle importance il était d'obtenir promptement des armes pour la garde bourgeoise, et le comité chargé de son organisation demanda de nouveau les fusils qu'il sollicitait depuis longtemps. De son côté, le gouvernement envoya à Saint-Germain cent hommes du régiment de chasseurs des Trois-Évêchés, pour prêter main-forte à l'autorité, et veiller à la conservation des propriétés royales.

Le 23 janvier 1790, on s'occupa des mesures préparatoires pour la formation de la nouvelle municipalité et la nomination des notables qui, suivant les nouveaux décrets, devaient composer le conseil général de la commune. La ville fut divisée en quatre quartiers électoraux. La loi exigeant qu'on payât, pour être électeur, une contribution de la valeur de trois journées de travail, on ne fixa la journée qu'à douze sous, afin d'accroître le nombre des votans. On en obtint par ce moyen huit cent quatre-vingt-onze.

Un recensement général, auquel les opérations

électorales donnèrent lieu, apprit que la population de la ville s'élevait alors à douze mille trois cent cinquante et un habitans.

Dans le mois suivant (février) la proclamation des nouveaux principes et leur application à Saint-Germain, priva l'hospice de la Charité d'une partie de ses revenus. Dans beaucoup de villes le droit de vendre de la viande en carême était exclusivement réservé aux hospices, hôtels-dieu ou maisons de charité. D'ordinaire, les établissemens auxquels ce droit était concédé n'en faisaient point usage, mais le transportaient à d'autres, moyennant une rétribution convenue. A Saint-Germain, la vente de la viande pendant les temps d'abstinence avait été attribuée à la Charité, et cette maison avait cédé son privilége aux bouchers, pâtissiers et charcutiers de la ville, moyennant une redevance annuelle, fixée, par arrêt du conseil, en date du 26 janvier 1788, à quatre mille deux cents francs. Cette redevance avait encore été payée sans difficulté en 1789. Cette année les cessionnaires se refusèrent au paiement de la somme fixée, alléguant que l'assemblée nationale avait prononcé l'abolition des priviléges et déclaré que le commerce était libre. La municipalité en référa à l'assemblée constituante, qui accueillit les prétentions des réclamans.

La garde nationale de Saint-Germain avait reçu dans le courant de janvier des drapeaux qui furent été bénis en présence du duc d'Ayen. Elle s'était armée de fusils obtenus au dépôt de Saint-Denis ou achetés par la municipalité à Charleville; elle avait été augmentée de deux compagnies de grenadiers, de deux de chasseurs, et d'une d'artillerie pour faire le service de deux petites pièces de campagne, dont le marquis d'Ecquevilly avait fait présent à la ville; et ainsi organisés, les deux bataillons qui la composaient purent figurer à la fédération du 14 juillet.

Cette fête mémorable fut célébrée à Saint-Germain avec autant d'enthousiasme que partout ailleurs. Dès le matin la garde nationale se rassembla, les troupes stationnées dans la ville prirent les armes, les autorités civiles et religieuses se réunirent à l'Hôtel-de-Ville, et au bruit des cloches, du tambour et de la musique, elles se rendirent au parterre, où une messe solennelle fut dite sur un autel élevé à cet effet. On prêta serment de fidélité à la nation, à la loi et au roi, dans l'ordre suivant : le maire, le corps municipal, les notables, le clergé séculier, les récollets, le maréchal de Noailles, l'état-major et les vingt-huit compagnies de la garde nationale, la brigade de gendarmerie, les chasseurs des Trois-Évêchés suivis de tous les citoyens. Après le *Te Deum*, le cortége rentra au bruit des cloches et du canon, et le soir il y eut une illumination générale.

Un épisode imprévu avait jeté sur la cérémonie un nouvel intérêt. Il était né, à un ouvrier bonnetier nommé Alexis Allain, un fils qui sortait d'être baptisé à l'église. Le père vint le déposer sur l'autel, immédiatement après la messe, et l'offrir à la nation. Des applaudissemens répétés accueillirent cette action : le nouveau-né fut proclamé *l'enfant de la patrie*, puis remis et recommandé vivement à ses parens par le maire et par tous ceux qui l'environnaient. Combien il faut peu de chose dans ces momens d'enthousiasme pour porter au comble l'exaltation publique !

Le 28 du même mois il s'éleva à Saint-Germain une espèce d'émeute dont le sujet et les détails appartiennent moins à l'histoire qu'à la comédie bouffonne, et qui pourrait servir de fable à une épopée burlesque du genre de la *Secchia rapita*. La municipalité avait permis au directeur d'une troupe de *fantoccini* d'ouvrir son petit théâtre et de jouer des pièces de son répertoire. Malgré la défense qui lui avait été faite de sortir de son genre, le directeur, qui trouvait probablement son génie trop à l'étroit, se permit d'annoncer des pièces qui se jouaient sur d'autres théâtres. Les autorités voulurent réprimer cet envahissement sur des droits étrangers ; le chef des *fantoccini* harangua la multitude, cria à l'oppression ; le peuple prit feu, se porta à l'Hôtel-de-Ville et réclama pour le saltimbanque la liberté d'industrie accordée à tous les citoyens. Des habitans se réunirent à la troupe des sauteurs pour faire sentinelle, et garder la salle foraine construite pour le spectacle, dans la crainte qu'on leur enlevât l'objet de leur amusement. La municipalité embarrassée, dans une *circonstance aussi grave*, s'abstint de prononcer, et renvoya l'affaire à l'assemblée du district pour avoir son avis. Nous ignorons ce qu'elle décida et comment se terminèrent ces *grands débats*.

La vente des porcs était soumise à une rétribution au profit de la ville. A l'exemple des bouchers, qui avaient eu gain de cause sur un sujet presque semblable, les marchands réclamèrent contre cet impôt; il paraît même qu'ils en obtinrent au moins tacitement la remise, en 1789; mais à la fin de 1790 la ville, mieux instruite de la justice de ses prétentions, et voyant diminuer d'autant ses revenus, entendit rétablir la perception du droit ancien. Les marchands résistèrent : on leur fit comprendre que ce qu'on exigeait d'eux n'était point un privilége que la ville s'attribuait, mais un impôt qu'elle levait pour l'entretien du marché où ils amenaient leurs animaux, et une indemnité pour l'embarras que leur commerce causait aux habitans. Ces raisonnemens, appuyés par un piquet de la garde nationale et un détachement des chasseurs des Trois-Évêchés, aplanirent les difficultés qui se rencontraient dans la perception du droit. Les marchands se soumirent.

Le 16 décembre, on procéda à la formation du bureau de paix et de conciliation; et le 9 février de l'année suivante, à celle de la justice de paix, composée d'un juge et de six assesseurs.

Lors du départ du roi et de son arrestation à Varennes, en juin 1791, la municipalité fit apposer les scellés sur toutes les maisons royales de son ressort; et, le 14 juillet, on célébra à Saint-Germain, avec des cérémonies à peu près semblables à celles observées l'année précédente, l'anniversaire de la fédération de 1790. On y mit la même pompe; mais on remarqua dans la décoration du parterre et dans la formule du serment deux différences notables qu'il importe de faire connaître pour donner une idée de l'esprit qui commençait à prévaloir à cette époque.

L'autel érigé sur le parterre était accompagné de deux pyramides. Celle de droite portait cette inscription, tracée en lettres de couleur : *Liberté, Constitution ;* on lisait sur celle de gauche : *Vivre libre ou mourir*. Aucun emblême, aucune autre inscription ne rappelait à la population qu'elle vivait encore sous la monarchie.

La formule du serment était ainsi conçue :

« Je jure d'être fidèle à la nation et à la loi, » d'employer les armes remises en mes mains à la » défense de la patrie, et à maintenir, contre tous les » ennemis du dedans et du dehors, la constitution » décrétée par l'assemblée nationale, de mourir » plutôt que de souffrir l'invasion du territoire » français par des troupes étrangères, et de n'o- » béir qu'aux ordres qui me seront donnés en con- » séquence des décrets de l'assemblée nationale. »

Cette formule, où le nom du roi n'est point inscrit, donne à penser que déjà des enthousiastes de liberté projetaient de renverser la monarchie française, et d'établir la république sur ses débris. On reprocha dans la suite à l'assemblée constituante de n'avoir que trop préparé celle-ci, en bâtissant les fondemens de l'autre sur un sable mobile.

Le 2 octobre, on publia à Saint-Germain la constitution sanctionnée par le roi. A dix heures du matin, le maire et les autorités municipales sortirent de l'Hôtel-de-Ville, escortés par la garde bourgeoise et les troupes en station. Le maire fit la proclamation suivante dans toutes les places publiques :

« Citoyens! l'assemblée nationale constituante
» aux années 1789, 1790 et 1791, ayant commencé
» le 17 juin 1789 l'ouvrage de la constitution, l'a
» heureusement terminé le 3 septembre 1791.

» L'acte constitutionnel a été solennellement
» accepté et signé par le roi, le 14 du même mois.

» L'assemblée nationale constituante en remet le
» dépôt à la fidélité du corps-législatif, du roi et
» des juges, à la vigilance des pères de famille,
» aux épouses et aux mères, à l'affection des jeunes
» citoyens, et au courage de tous les Français. »

Dès le mois de janvier de cette année, il se forma à Saint-Germain, dans la bibliothèque des récollets, une réunion sous le titre de *Société des amis de la Constitution*. Affiliée dès son origine à une semblable société établie à Versailles, elle demanda et obtint plus tard son affiliation aux deux trop fameux clubs des Jacobins et des Cordeliers de Paris. Le but de son institution était de veiller au maintien de l'ordre nouveau, de provoquer la vigilance des magistrats, et d'appeler leur attention sur les infractions qui pourraient se commettre. Avant la fin de l'année elle comptait dans son sein trois cent quatre-vingt-huit membres, parmi lesquels figuraient des personnes qui, par le caractère dont elles étaient revêtues, n'auraient pas dû s'y trouver. Elle débuta par quelques dénonciations obscures, parce qu'il était de l'essence de ces sortes de réunions de dénoncer et d'accueillir les dénonciations.

Transportée dans la chapelle d'une association religieuse nommée *Congrégation des hommes*, elle proposa, le 10 mars, de substituer à la formule de prière *Domine salvum fac regem*, la formule *Domine salvam fac gentem*, *salvam fac legem*, *salvum fac regem;* elle ouvrit des conférences sur les droits de l'homme et du citoyen, députa six de ses membres aux obsèques de Mirabeau, applaudit à son éloge prononcé par le curé de Triel, fit un service funèbre en son honneur et inaugura son buste dans le lieu de ses séances. Plus tard elle provoqua l'établissement d'une caisse patriotique de confiance, dont le capital fut fourni par des souscriptions particulières, pour l'échange des assignats en coupons moindres de cinq francs, qui furent contrefaits. Au temps de la ferveur démocratique, elle crut se donner une sorte de relief en prenant le nom de *société populaire*, de *société révolutionnaire*. Elle se montra partout sous ces nouvelles couleurs; mais jamais elle ne put se saisir des rênes du pouvoir : ses tentatives et ses efforts furent sans cesse neutralisés, ce qui l'empêcha de devenir influente dans le temps où l'anarchie cherchait partout des auxiliaires pour répandre ses poisons. Dissoute après le 9 thermidor (27 juillet 1794), cette société se sépara sans avoir d'autre reproche à se faire que celui d'avoir de temps en temps outragé le bon sens et la raison : c'est ce qui lui fit trouver grâce aux yeux du public éclairé et indulgent; car on n'avait pas à lui reprocher comme à d'autres sociétés populaires d'avoir augmenté, par ses dénonciations, le nombre des victimes, en désignant les meilleurs citoyens aux bourreaux qui gouvernaient dans ces temps affreux où l'assassinat prenait le nom de justice?

En 1792, la présence des récollets, dont la conduite et les discours n'étaient pas en harmonie avec le nouvel ordre de choses, fut jugée dangereuse pour la ville. Ces pères furent transférés le 27 avril dans la maison des Loges, et l'on mit des prêtres séculiers en possession de leur église. Au mois de mai de cette année, la garde nationale fut de nouveau organisée, conformément à la loi du 29 septembre 1791, et divisée en deux bataillons. On fit une quête pour se procurer des canons, et le 2 juin on suspendit l'oriflamme des fédérés de 1790 à la voûte de l'église paroissiale.

Ce fut le 26 juillet 1792 qu'on promulgua à Saint-Germain le décret qui déclarait la patrie en danger. Deux drapeaux tricolors portant ces mots: *Citoyens, la patrie est en danger*, sont arborés, l'un sur la porte de la maison commune, l'autre à la halle. On fait un appel au courage des citoyens; des registres d'inscription sont ouverts, cinquante volontaires s'y font inscrire sur-le-champ. Les jours suivans le nombre va croissant, et ces diptiques finissent par être couvertes d'un grand nombre de signatures.

Le 10 août, tandis que la populace armée assiégeait le palais de nos rois, ou plutôt lorsque le crime était consommé, il arriva à Saint-Germain deux gendarmes d'ordonnance qui appelèrent les habitans aux armes, en disant que le Carrousel était inondé du sang des patriotes. L'administration ordonna aussitôt des patrouilles, fit éclairer la ville durant la nuit; deux commissaires furent envoyés à Paris pour connaître le véritable état des choses, et on fit partir deux cents hommes armés, qui revinrent le lendemain sans avoir pris part aux événemens de la veille.

Pendant que Paris était dans le désordre et qu'on y préparait des voies à cet affreux régime de terreur qui pesa sur la France en 1793, on pressait à Saint-Germain le départ des volontaires pour les armées, on complétait l'armement de la garde nationale; une seconde pièce de canon fut achetée, et le nombre des fusils n'étant pas suffisant, on fabriqua des piques avec la grille et la rampe du parterre. Néanmoins, l'esprit de vertige qui bouleversait alors toutes les têtes françaises fermentait aussi dans la ville. Le sarcophage sous lequel reposaient Dubreuil et Pechméjà, modèles d'amitié, parut un outrage à l'égalité : il fut démoli et les marbres qui le composaient vendus (30). La pompe des funérailles fut défendue; les prêtres et les religieux, troublés dans l'exercice de leurs fonctions, furent contraints d'abandonner les autels renversés. Partout gisaient sur le sol les symboles de la religion et les emblêmes du gouvernement monarchique.

C'est au milieu de ces apprêts militaires et de ces germes de malheurs et de crimes, que parvint à Saint-Germain la nouvelle du déplorable événement du 21 janvier 1793. Elle y fut reçue avec un sentiment universel et concentré de douleur et d'effroi. Les vieillards qui avaient entendu parler leurs pères de la grandeur et de la puissance de Louis XIV, et qui transmettaient à leurs fils une vénération héréditaire pour sa noble descendance, furent frappés de stupeur par le meurtre de son petit-fils. Les autorités restèrent muettes : aucun signe, aucune lettre d'adhésion ne les rendit complices d'un attentat jusqu'alors inconnu dans notre histoire. Elles se bornèrent à faire exécuter les lois, à maintenir autant qu'elles le purent le calme dans la ville, laissant au temps le soin de mûrir et d'amener les événemens qui devaient suivre.

Les derniers jours de mai et les premiers de juin 1793, furent signalés à Saint-Germain par des scènes occasionées par la rareté et la cherté des subsistances. Maîtrisé par une hausse subite survenue dans le prix des farines, le conseil de la commune crut devoir fixer le pain de huit livres à vingt-huit sous, au lieu de vingt-six qu'on le payait la veille. Lorsqu'on publia la taxe, l'officier municipal fut insulté et contraint de rentrer à l'Hôtel-de-Ville; huit à neuf cents femmes, accompagnées de quelques hommes mêlés dans les groupes pour les exciter, se portèrent au lieu de réunion du conseil, demandant que le pain restât à vingt-six sous. En vain on fit des efforts pour calmer une si grande effervescence, les vociférations redoublèrent, et force fut au conseil de céder.

Le lendemain, le maire, averti que des femmes de la ville venaient d'arrêter cinq ou six voitures de farine destinées pour l'approvisionnement de l'armée, et se dirigeant sur Cherboug, envoya à la halle des commissaires, qui, aidés de quelques braves citoyens, parvinrent à dégager ces voitures, qui continuèrent leur route sous la protection d'une escorte. Quelques heures après d'autres voitures, faisant partie du même convoi, furent encore arrêtées et amenées pareillement à la halle pour y être déchargées. Les commissaires accoururent, mais cette fois leur voix fut méconnue. Les femmes, furieuses, conduites par des hommes qui leur promettaient de les soutenir, se rendirent à la maison commune. Cette nuée de mégères, qui donnèrent à notre langue une infernale énergie, enfoncèrent les portes en menaçant de tout égorger, et demandèrent avec des cris féroces la tête d'un citoyen qui avait repoussé l'une d'elles. On les contint cependant; l'escorte qui avait accompagné les premières voitures revint, dégagea la municipalité, et se rangea en bataille devant l'Hôtel-de-Ville : la foule se retira en jetant des pierres. Le 3, le conseil, appuyé d'une délibération du département et d'une force suffisante, fit replacer sur les voitures les farines déchargées à la halle, et les dirigea vers leur destination.

Les jours suivans, on s'occupa de procurer à la ville les approvisionnemens qui lui manquaient; on demanda un emprunt d'argent au ministre de l'intérieur pour indemniser les boulangers qui auraient fait des achats hors du département. Un corps de troupes, nommé la *légion batave*, vint prendre station à Saint-Germain, afin de forcer au bon ordre. On fit ensuite des recherches pour découvrir les auteurs et instigateurs de la sédition. Un homme fut arrêté, interrogé et renvoyé par-devant l'administration du département; et dès avant le 5 juin, malgré la disette et la difficulté de la faire cesser, tout était tranquille dans la ville.

Les conventionnels Charles Delacroix, Musset et Crassous, envoyés dans le département de Seine-et-Oise pour donner une impulsion plus rapide à l'esprit révolutionnaire, ne trouvèrent point que celui de la municipalité de Saint-Germain fût à la hauteur des circonstances. Ils la destituèrent en totalité et la recomposèrent d'hommes qui, selon le langage d'alors, savaient travailler en révolution.

Cinq jours avant sa destitution, l'ancienne municipalité avait demandé à la garde bourgeoise le peu de fusils de munition dont elle était pourvue, pour les envoyer aux armées; la nouvelle consomma le désarmement des citoyens, et, voulant répondre à la confiance dont les proconsuls l'avaient honorée, elle s'affubla du bonnet rouge, et substitua aux anciens noms des rues de la ville, des noms nouveaux empruntés de la révolution. Celui de Saint-Germain lui ayant déplu, la convention nationale « sur la demande de la commune de » Saint-Germain-en-Laye, département de Seine- » et-Oise, tendant à obtenir que le nom de cette » commune, jadis le séjour des tyrans et des valets » de cour, soit changé en celui de *Montagne du* » *bon air*, » décréta que ce changement aurait lieu, et que Saint-Germain porterait le nom qu'on sollicitait pour lui. Les quatre sections de la ville se piquèrent d'honneur et se donnèrent aussi des noms analogues à la circonstance : la première s'appela *section de l'unité ;* la seconde, *section de la fraternité ;* la troisième, *section de l'égalité*, et la quatrième, *section de la liberté.*

Le mal et le ridicule que l'administration précédente avait tolérés ou n'avait pu empêcher s'accrurent encore sous les nouveaux magistrats. Des classes qui auraient dû se garantir de l'influence du temps, craignant les ombrages de la dictature révolutionnaire, se méconnurent. Quelques nobles vinrent remettre leurs titres et leurs décorations à la municipalité de Saint-Germain, et jurer qu'ils voulaient vivre et mourir en républicains. Des ecclésiastiques de la ville et des environs marchèrent sur leurs traces. On ajoutera cependant que presque tous ceux qui s'étaient égarés s'empressèrent de rentrer dans la bonne voie sitôt qu'ils le purent, et que plusieurs d'entre eux méritèrent, par une conduite édifiante, qu'on leur appliquât cette belle pensée de Bossuet : *qu'il est un repentir qui vaut mieux que l'innocence.*

L'église paroissiale, par suite de l'esprit irréligieux qui prévalait alors, avait été fermée au culte catholique, et rouverte à celui d'une divinité (la Raison) que la France outrageait journellement. Le jour de l'inauguration de ce temple fut aussi celui où l'on plaça à l'Hôtel-de-Ville le buste du cannibale Marat et celui de Brutus; on planta un arbre de la liberté en face du cimetière. Le proconsul Musset assista à cette fête civique, qui, selon l'usage, fut mêlée de quelques scènes ridicules. Nous mettons sous les yeux du lecteur un extrait du procès-verbal qui en fut dressé; il mérite d'être conservé dans nos annales.

« La Nature, riche et féconde, la Liberté et » l'Égalité, idoles chéries des Français, étaient » représentées par trois citoyennes. Le cortége » arrivé ainsi au milieu d'une musique qui faisait » retentir des chants patriotiques, sur la place de » la Loi, l'arbre de la liberté y fut planté. Les » citoyens forts de la halle, qui avaient provoqué » la plantation de cet arbre, ont invité le citoyen » Musset et tous les corps constitués à boire à la » gamelle; tous y ont réellement bu, se sont em- » brassés au milieu des plus vives acclamations. » Le cortége est arrivé au temple de la Raison; le » citoyen Musset y a prononcé un discours qui » respirait le plus vif patriotisme et les plus sin- » cères regrets sur la perte de Marat, son ami. » L'apothéose de tous les martyrs de la liberté y » a été célébré, etc. »

Les hommes choisis par Charles Delacroix et Musset ne trompaient pas, comme on le voit, l'espérance de leurs patrons, et donnaient à l'opinion publique une impulsion assez rapide; cependant Crassous prétendit qu'il y avait encore parmi eux des modérés : il les destitua, et les remplaça par des hommes plus énergiques. Ces nouveaux venus, voulant donner les gages que l'on attendait d'eux, se hâtèrent de détruire quelques emblêmes de royauté et de religion échappés à leurs collègues; ils plantèrent des arbres de la liberté sur toutes les places et carrefours de la ville, firent célébrer cette profanation dérisoire appelée *fête de l'Être suprême*, et enfin prouvèrent leur patriotisme par assez d'actes extérieurs pour que le démagogue Crassous pût s'applaudir de son choix (31). La plupart de ces hommes étaient des prolétaires appartenant aux classes les plus obscures de la société, n'ayant jamais donné aucune preuve de leur capacité; mais ils faisaient les populaires et se montraient ennemis du clergé et de la noblesse, ce qui suppléait alors au savoir et à l'expérience (32).

Enfin arriva le 9 thermidor. Cet événement fut accueilli à Saint-Germain, comme dans toute la France, avec une satisfaction inexprimable. Le 7 ventôse an III (5 mars 1795), la municipalité et le conseil-général de la commune furent renouvelés et remplacés par des hommes qui firent tous leurs efforts pour effacer les fautes de leurs prédécesseurs. Les églises furent rendues à leur sainte destination; les prêtres dispersés se réunirent et relevèrent les autels abattus; le peuple, long-temps privé de la parole divine, accourut pour l'entendre, sans s'enquérir si les temples où on l'appelait portaient les traces d'une dévastation récente. Le bon sens reprit ses droits, l'amour de l'ordre rentra dans les cœurs, la ville et les rues reprirent leurs anciens noms, et chacun retrouva sa religion, son pays et ses foyers.

Il faut remarquer que pendant les temps malheureux que nous venons d'explorer, l'esprit révolutionnaire se manifesta à Saint-Germain plutôt par des démonstrations que par des actes. On cria beaucoup *à bas les tyrans*, on arbora des drapeaux tricolors, on planta des arbres de la liberté, on célébra des fêtes extravagantes, on donna des représentations ridicules; mais on ne fit arrêter que très peu de personnes, on ne livra aucune victime au tribunal de sang, et si l'on excepte le meunier *Sauvage*, dont l'assassinat est de beaucoup antérieur à l'époque où le terrorisme n'eut plus de frein, la révolution ne coûta la vie à aucun citoyen de Saint-Germain. Les devoirs sociaux y furent plus respectés qu'on ne pouvait l'espérer. On vit pourtant quelques époux profiter de la loi du divorce pour rompre des chaînes qui les fatiguaient; mais le plus grand nombre resta fidèle à ses sermens, et l'on remarqua comme une singularité, que les femmes se montrèrent plus empressées que les hommes à profiter du bénéfice de la loi, et que, sur quinze divorces prononcés à Saint-Germain depuis le 5 messidor an II, jusqu'au 28 nivôse an III (23 juillet 1794 au 17 janvier 1795), onze de ces ruptures furent provoquées par elles, et quatre seulement par des maris.

On sera disposé à excuser la municipalité révolutionnaire pour les concessions qu'elle fit à l'esprit et aux idées d'alors, en pensant aux difficultés qu'éprouvèrent les différentes autorités qui se succédèrent pour pourvoir à la subsistance d'une population affamée, dont les vivres étaient souvent à peine assurés pour quarante-huit heures. Tout ce que la ville pouvait attendre d'hommes dévoués, elle l'obtint de ses magistrats. Ils sollicitaient des réquisitions de grains, empruntaient des assignats au gouvernement pour acheter des subsistances qu'on revendait aux habitans à une perte de trois quarts.

Le gouvernement n'abandonna pas entièrement Saint-Germain. Le comité de salut, comme nous l'avons dit, frappa en sa faveur des réquisitions sur les districts de Pontoise et de Breteuil; il fit l'avance de quelques quintaux de blé et de quelques milliers de riz, à prendre dans les magasins nationaux; le trésor public prêta jusqu'à deux cent quarante mille francs. Malgré ces secours et le zèle des magistrats, on ne sut jamais la veille à Saint-Germain si les approvisionnemens du lendemain étaient assurés. On fit un jour le recensement, et on découvrit qu'une population de douze mille cinq cents habitans avait à sa disposition dix-neuf mille sept cent trente-six livres de farine de toute espèce de graines, ce qui ne suffisait pas à la consommation de deux jours.

On apprend une fois qu'il existe dans la maison d'un émigré de Croissy deux cents setiers de pommes de terre; cette découverte est regardée comme un présent du ciel; malheureusement il faut partager ce secours inattendu avec les communes environnantes, et quarante setiers seulement sont accordés à Saint-Germain. Ils furent aussitôt répartis à raison d'un quart de boisseau pour quatre bouches. Dans une autre circonstance, on se crut heureux de pouvoir distribuer une livre de farine par décade à deux cent cinquante *mères nourrices*. Différens envois de riz faits par le gouvernement furent partagés dans la proportion d'un quarteron par tête; mais il fallut bientôt réduire la livre à onze onces, pour prolonger cette distribution. Enfin vingt-trois quintaux d'une farine d'avoine échauffée, remplie de terre, de paille et d'ordures, fut distribuée aux indigens, à vingt sous la livre : elle en coûtait à la ville cinquante à cinquante-cinq. Des malheureux furent vus dans la forêt, à la butte du Houx, se nourrissant de la chair de chevaux de réforme qu'on y avait abattus pour cause de maladie.

Cet état de détresse finit pourtant lorsque les assignats furent totalement discrédités, et que la confiance commençant à renaître, l'argent reparut. À la vue de ce signe représentatif de toutes choses, les greniers et les magasins s'ouvrirent, et les marchands, qui auparavant se cachaient pour ne point être forcés à des ventes ruineuses, rentrèrent dans leurs comptoirs et accueillirent les acheteurs.

Au milieu des momens de crise dont nous venons de parler, les habitans ne cessèrent jamais de donner des preuves de dévouement à la chose publique, et les magistrats des soins aux intérêts des citoyens; la famine ne refroidissait le zèle ni des uns ni des autres. Le département de Seine-et-Oise avait décidé qu'il offrirait au gouvernement un navire portant son nom. Saint-Germain fut invité à souscrire pour une partie de la dépense, et beaucoup d'habitans répondirent à cet appel. On parlait souvent de mettre en vente les bâtimens et l'église des Récollets; les autorités s'élevèrent contre cette aliénation et disputèrent le terrain pied à pied; mais elles ne purent, malgré leurs efforts, les sauver de la démolition qu'ils ont subie quand ils furent passés en des mains particulières.

Après le 9 thermidor an II (27 juillet 1794), il se fit des épurations et des réformes dans les tribunaux de district et de paix, et dans la garde nationale. La compagnie de canonniers, composée des hommes les plus exaltés, fut licenciée et recomposée de gens plus tranquilles. On institua un comité militaire, et la garde civique, tant de fois réorganisée, reçut encore une organisation nouvelle. Un arrêté du conventionnel André Dumont, ordonna le désarmement de tous ceux qui avaient pris part au régime de terreur qu'on venait d'abattre. La municipalité, plus prudente que le représentant, et qui sentait bien qu'une pareille opération était dangereuse dans un moment où tant de haines fermentaient encore, la suspendit prudemment; et quand enfin il fallut obéir à de nouvelles injonctions, les autorités, solidement assises, purent le faire alors sans danger.

Lorsque les sections insurgées de Paris marchèrent, le 13 vendemiaire an 4 (5 octobre 1795), sur la convention nationale pour la dissoudre, et livrèrent ce combat, dont l'issue leur fut si funeste, cette tentative fut bientôt connue à Saint-Germain. Vers les dix heures du matin, le jour même de l'affaire, le conseil municipal, instruit que la capitale était agitée par un soulèvement populaire, s'était subitement rassemblé. Un citoyen, arrivé de Paris, déposa sur le bureau du conseil une lettre sous cachet volant, paraissant avoir été écrite par la section du Théâtre-Français et appelant à l'insurrection la population de Saint-Germain. Les autorités ne voyant dans cet écrit aucune authenticité, et craignant que le porteur ne fût un séditieux venu pour troubler la tranquillité de la ville, le mirent provisoirement en état d'arrestation, afin de l'empêcher de communiquer avec les habitans.

Vers les quatre heures, plusieurs autres émissaires, se disant envoyés par la section Lepelletier, vinrent inviter la population de Saint-Germain à marcher en armes au secours de celle de Paris. Le conseil aurait bien voulu faire également arrêter ces nouveau-venus qui lui paraissaient aussi suspects que le premier; mais la multitude qu'ils avaient séduite était si animée, que le conseil craignit de se compromettre en usant de son autorité. Il se déclara en permanence, pour être à même de veiller constamment à tout. Quand aux députés de la section Lepelletier, ils se transportèrent aux lieux de réunion des quatre sections de la ville, en emmenant avec eux le premier envoyé.

Sur les dix heures du soir une foule considérable, ayant à sa tête le commandant de la garde nationale, qui paraissait dans un état complet d'ivresse, se

Laroque Del — Boisseau et Dureau Sc

ÉGLISE DE St GERMAIN EN LAYE.

présenta au conseil. Cet officier mit sous les yeux des municipaux et notables de prétendus pouvoirs de marcher sur Paris, et leur demanda de joindre leur signature à celles que quelques citoyens y avaient apposées. Le conseil de la commune lui fit remarquer que ses pouvoirs étant émanés d'hommes sans caractère et sans autorité, il les déclarait illégitimes et s'opposait de tout son pouvoir à la démarche proposée. La voix des magistrats étant méconnue, on fait battre le rappel, puis la générale; les plus exaltés parcourent la ville en invitant ceux qui voudraient se réunir à eux pour marcher sur la convention, de se présenter à l'Hôtel-de-Ville. Comme les armes étaient insuffisantes et qu'on manquait de munitions, on en demanda; sur le refus positif du maire d'en faire délivrer, la porte du magasin fut forcée et tout ce qui s'y trouvait enlevé. Quatre à cinq cents hommes armés et paraissant dans les dispositions les plus belliqueuses, se rassemblèrent; mais comme ils étaient pour la plupart des pères de famille, leurs femmes accoururent, et à force d'instances en ramenèrent une grande partie.

Deux cents à peu près descendirent le Pecq; mais la prudence mit encore de la défection parmi eux et les réduisit de moitié avant qu'ils eussent gagné la montagne de Chant-de-Coq, où ils firent une halte. La route de Saint-Germain avait été interceptée la veille, pour empêcher qu'on amenât des canons aux révoltés de Paris; les troupes placées en surveillance au camp des Sablons, envoyèrent des éclaireurs pour reconnaître le détachement. Bientôt, informés des intentions de ces alliés des sectionnaires, ils retournèrent au camp, d'où on expédia des hussards et des dragons. Les premiers prirent par les vignes pour couper la retraite à cette troupe, et les autres, commandés par un officier, ne furent aperçus que lorsqu'ils n'étaient plus qu'à la portée du fusil. On bat la caisse, on se rassemble à la hâte; les dragons se disposent à charger sur le bataillon qui les couche en joue et les force à se disperser. L'officier, resté seul, met le sabre dans le fourreau et demande à parler au commandant du détachement, qui s'avance vers lui après avoir fait porter arme à sa troupe : bientôt les cavaliers suivant l'exemple de leur chef, mettent le sabre dans le fourreau et se rapprochent. Les hussards arrivent pendant ces pourparlers et font comme les dragons; alors l'officier du bataillon de Saint-Germain, sans défiance, donne l'ordre de mettre les armes en faisceaux; mais à peine cet ordre est-il exécuté et commence-t-on à fraterniser, que les cavaliers, par un mouvement rapide, enveloppent presque tout le détachement. Quelques hommes seulement purent gagner les vignes et se sauver.

Conduits à Paris, au nombre de soixante-sept, les révoltés de Saint-Germain, après quelques jours de transes, profitèrent de l'espèce de clémence dont la convention avait usé envers les sections et furent relâchés les uns après les autres.

La défaite de Chant-de-Coq fut sue de bonne heure à Saint-Germain. Vers les onze heures du matin, un homme, que personne ne connaissait, vint proposer au conseil de s'emparer de la poudrière des Loges et d'y tenir garnison, jusqu'à ce que ceux qui avaient été faits prisonniers fussent rentrés chez eux. L'idée d'introduire dans un pareil établissement des gens turbulens et dont la moindre imprudence pouvait avoir des suites funestes, la crainte que la multitude ne voulût à l'instant même mettre à exécution ce projet, s'il lui était communiqué, vinrent à la fois frapper l'esprit du conseil. Le maire réprimanda vivement celui qui avait osé faire une proposition aussi dangereuse et voulut le faire arrêter; mais cet homme se perdit dans la foule et on ne put le retrouver. Le conseil avertit sur-le-champ l'administration du district, en l'invitant à prendre les mesures nécessaires dans cette circonstance.

Le 15 vendemiaire, le maire Nervo fut destitué par un arrêté du représentant Ch. Lacroix, et mandé par un décret, avec le procureur de la commune, à la barre de la convention, pour rendre compte de leur conduite dans l'affaire du 13. Ces deux fonctionnaires ayant prouvé qu'ils avaient inutilement fait tous leurs efforts pour s'opposer au départ du détachement, furent renvoyés, et l'arrêté qui destituait le maire fut révoqué par Ch. Lacroix lui-même.

Les suites de cette affaire furent pour la ville la perte des fusils dont étaient armés les cent hommes, et celle des deux pièces de quatre qu'elle avait achetées. Deux petites pièces d'une livre de balles, quelques gargousses chargées, cinq barils de poudre et d'autres munitions qui étaient restées à Saint-Germain furent enlevées le 20 par un capitaine d'artillerie, en vertu d'un arrêté des comités de salut public et de surveillance générale.

Sous le régime de la terreur le château vieux servait de prison, et les détenus n'avaient qu'à se louer des personnes chargées de leur surveillance; aussi se félicitaient-ils quelquefois d'être réunis dans cet antique palais, où ils se montraient affables les uns envers les autres. Le soir chacun apportait dans un salon commun les ressources de son esprit, de ses talens, et faisait oublier ainsi les alarmes mortelles dont les âmes étaient affectées. Le comité de salut public de Paris envoya un jour une députation qui jeta la stupeur et l'effroi à Saint-Germain : elle devait visiter le château et examiner si la cour était convenable pour y placer une guillotine, afin de réunir dans cette prison tous les suspects des environs, et d'éviter au tribunal de sang ce qui pourrait retarder l'exécution de ses infâmes jugemens. Soit que ces commissaires n'aient pas trouvé le lieu convenable, ou que quelqu'autre considération ait arrêté ce funeste projet, il n'eut pas de suite.

Plus tard, en mars 1794, on voulut établir au château un hospice destiné aux maladies contagieuses : les autorités de la ville réclamèrent vivement contre un tel établissement et obtinrent qu'il ne serait pas formé.

Quoique l'esprit français fût rentré dans de justes bornes, et que l'on ne parlât qu'avec horreur des jours de deuil et de carnage qu'on avait vu se terminer enfin, on conservait encore beaucoup d'institutions qui dataient de ces temps funestes. On célébrait la fête de la fondation de la république, celles de la jeunesse, des époux, des vieillards, de l'agriculture, et l'anniversaire des 9 et 10 thermidor; le 10 août on rendait *hommage aux braves qui renversèrent le trône;* le 21 janvier, on jurait haine à la royauté. Ces fêtes étaient tristes, ennuyeuses, et l'on voyait bien que les magistrats ne les commandaient et n'y présidaient que pour obéir à la loi. On était las de ces représentations théâtrales et des harangues qu'on y prononçait. Le 10 floréal an 4 (29 avril 1796), la fête des époux manqua complètement parce qu'aucun des jeunes couples pour qui elle était instituée et qui y avaient été invités, ne voulut y paraître. Les autorités, après s'être présentées à l'église, s'en revinrent avec leurs discours en poche. Le 10 fructidor de la même année (27 août 1796), la fête des vieillards fut presque aussi triste. Les héros du jour n'y parurent qu'en petit nombre, à cause, dit le procès-verbal, du froid qui régnait alors.

Si quelques-unes de ces fêtes furent brillantes, ce fut lorsqu'elles eurent pour but d'honorer la mémoire de héros chers à la patrie. Celles qui furent célébrées en l'honneur de Hoche et de Joubert eurent un caractère religieux, plein de noblesse et de grandeur. D'autres méritent d'être citées parce qu'elles se rattachent à l'enfance d'hommes devenus célèbres depuis. Le 1er vendémiaire an 5, le jeune Eugène Beauharnais, élève de la pension Mac Dhermott, gagna le second prix de la course à pied et fut reconduit avec son compétiteur Ch. Delacroix (probablement fils du représentant de ce nom) par un détachement de la garde nationale et de vétérans. A la fête de la jeunesse, Jérôme Bonaparte, âgé de quatorze ans, élève de l'institution Mestro, obtint un prix de géographie.

Tous les moyens de persécution contre le catholicisme ayant été épuisés sous le gouvernement directorial, on conçut le projet, pour lui nuire de nouveau, de donner au déisme des formes liturgiques. De-là naquit la société des théophilantropes, qui tint sa première séance à Paris le 16 décembre 1796. Cette secte vint s'installer à Saint-Germain dans la chapelle des religieuses de Saint-Thomas. Sept enthousiastes de cette ville s'en constituèrent les ministres, et se livrèrent à l'exercice d'un culte dont l'ensemble des cérémonies consistait surtout en discours, prières et cantiques. Pour composer ces derniers, Jean-Baptiste Rousseau et nos meilleurs poètes lyriques avaient été mis à contribution. On alla visiter cette réunion par curiosité; mais la curiosité est un sentiment passager, et cette secte dura si peu de temps à Saint-Germain que l'histoire, en lui assignant une mention légère, marque à peine le court intervalle qui sépare sa naissance de sa fin. Elle s'éteignit de même à Paris, le 4 octobre 1801, sans trouble et sans bruit, après cinq ans d'existence, tant on était convaincu qu'un peuple de philosophes est le plus absurde des romans, et que la simplicité de ce culte nouveau ne convenait point au commun des hommes, dont les sens et l'imagination ont besoin d'être frappés.

Le 18 fructidor an 4 (4 septembre 1797), vint faire tressaillir quelques vieux jacobins de Saint-Germain, qui regrettaient les jours de leur triomphe. On eut une fête de plus, car le directoire voulut qu'on célébrât les anniversaires de la victoire qu'il avait remportée sur lui-même et sur les deux chambres législatives. La révolution avait repris son cours : on chercha à rouvrir, sous le nom de *Cercle constitutionnel*, le club dans lequel il s'était dit tout autant de sottises que dans les autres; mais le 18 brumaire vint mettre fin aux tentatives d'un parti qui ne devait plus se relever.

La substitution d'un gouvernement ferme à une polygarchie incertaine eut sur Saint-Germain une influence aussi bienfaisante que sur les autres villes de France. L'ordre rentra dans toutes les branches d'administration. C'était le moment de régler les affaires de la cité; et on résolut de s'en occuper sans délai. Les hospices n'offraient à l'œil le moins attentif qu'un délâbrement pitoyable. Leurs revenus étaient loin de balancer leurs dépenses de première nécessité. Un appel avait été fait à la classe aisée; mais la charité n'avait pas été assez ardente pour que ses dons couvrissent le déficit : aucun moyen ne s'offrait à l'administration pour remédier au mal. Il fallait nécessairement en venir à l'établissement d'un octroi : il fut autorisé par une loi du 24 février

1800, et les hospices purent se libérer avec les ressources que procurèrent cet impôt.

La ville de Saint-Germain, à peu près étrangère aux grands événemens qui se passèrent autour d'elle, se montra, sous le gouvernement de Napoléon, toujours soumise aux lois. Lorsque les désastres de nos armées, en 1813 et 1814, eurent conduit les étrangers sur le sol français, et qu'on apprit qu'ils ramenaient les augustes descendans de Henri IV et de Louis XIV, les habitans de Saint-Germain sentirent se réveiller en eux tous les sentimens d'amour et de fidélité que nos rois s'étaient plû à reconnaître et à récompenser si souvent. Ils furent des premiers à se faire représenter auprès de Louis XVIII, qui apportait une charte aux pieds de laquelle expiraient les préjugés de l'ancien régime, les violences populaires de la république et le despotisme impérial.

Le séjour des alliés fut peu onéreux à la ville, une imposition de vingt mille francs, répartie dans une juste proportion, suffit pour en acquitter les frais.

Au retour inattendu de Bonaparte, en 1815, Saint-Germain donna de nouvelles preuves de sa fidélité à la famille royale, en offrant de se joindre aux défenseurs de la légitimité; mais la marche rapide des événemens ne permit pas d'utiliser sa bonne volonté.

Le 1er juillet 1815, une colonne prussienne déboucha par le bois du Vésinet, et se présenta à l'entrée du pont du Pecq. Un faible détachement, chargé de défendre le passage, fut promptement forcé, et Saint-Germain fut occupé par les bataillons ennemis

Le vieux général Blucher, furieux de l'échec que plusieurs de ses régimens venaient d'essuyer à Versailles, ordonna le désarmement des habitans. D'énormes réquisitions furent frappées, et pour y subvenir, il fallut recourir à un impôt extraordinaire. Les citoyens rivalisèrent de zèle avec les autorités pour satisfaire à toutes les exigences des étrangers.

Le 3 août, le roi de Prusse visita le château, et le maire crut devoir lui donner une fête. Elle fut triste et lugubre, comme sont les fêtes que donnent les vaincus à ceux que la fortune des armes a rendus leurs maîtres. Le peuple, d'ordinaire si prompt à saisir l'occasion qu'on lui offre de se livrer à quelque distraction, n'y prit point part, et pour en effacer, autant que cela était possible, jusqu'au souvenir, on ne conserva aucun des discours qui furent prononcés, l'on ne dressa point le procès-verbal du cérémonial observé dans cette circonstance. La crainte de voir briser les vitres par les soldats, fut cause que la ville ne fut jamais si complètement illuminée. Les officiers prussiens avaient d'ailleurs forcé les autorités d'ordonner ces illuminations.

La garnison prussienne, quoique composée de nouvelles levées, et faisant partie de ce qu'on appelle la *landwher*, observa dans la ville une discipline assez sévère, et, si ce n'est l'incommodité résultant des logemens militaires, les habitans eurent peu à se plaindre de cette troupe. Elle fut remplacée le 20 octobre par les Anglais. La présence de ces nouveaux hôtes ne donna lieu qu'à un petit nombre d'abus. On n'eut guère à réprimer en eux que leur penchant pour le vol, dont ils ne pouvaient se défendre, malgré la police et la vigilance de leurs officiers. Il est vrai qu'ils dévastèrent le château et l'hôtel de Noailles, qu'ils brûlèrent pour se chauffer les lambris et les parquets, qu'ils détruisirent le gibier des forêts royales; mais ces sortes de dégâts, que les vainqueurs se permettent assez ordinairement, sont de trop petite importance pour qu'on leur en fasse un crime. Ils sont moins excusables de ne point avoir respecté un château qui fut long-temps l'asile d'un de leurs rois. Ils partirent enfin, et Saint-Germain, rentré sous ses autorités naturelles, put connaître la totalité de ses sacrifices et de ses pertes : les uns et les autres étaient énormes; mais tout fut bientôt oublié et réparé; un seul sentiment régna dans les cœurs, la satisfaction que causait le retour des princes légitimes.

Depuis, on retrouve cette ville toujours une des premières à montrer son zèle et son dévoûment dans les occasions qni se présentent. L'assassinat du duc de Berry est à peine connu, qu'une humble adresse est déposée aux pieds du monarque pour lui exprimer la part que les habitans prennent à l'affliction de son âme. Ils votent une somme de dix mille francs, pour concourir aux dépenses du monument funèbre qu'on érige à l'auguste victime dans la cathédrale de Versailles. La naissance du duc de Bordeaux est célébrée par la population entière avec un enthousiasme particulier, et son baptême est le motif d'une fête aussi brillante que joyeuse.

Le 25 mai 1825, le maire et le conseil municipal de Saint-Germain présentèrent au roi une supplique, pour qu'un chef-lieu de sous-préfecture fut érigé dans leur ville, si long-temps honorée de la présence de son roi et de sa famille, et voisine d'ailleurs d'une forêt où les princes et le roi lui-même se livrent souvent à l'exercice de la chasse. Cette ville, qui compte près de douze mille habitans, exige une surveillance d'autant plus active qu'elle avoisine la capitale et que sa population est flottante; elle eût donc pu, sans inconvénient, devenir le centre d'un arrondissement formé de son propre canton et de ceux de Poissy, de Meulan et d'Argenteuil, réunissant ainsi soixante mille âmes.

Ces considérations, et d'autres encore, reposant sur des intérêts locaux, furent mises en avant et ne furent point accueillies, parce que cette demande froissait des intérêts privés assez puissans pour paralyser les démarches de l'administration. Saint-Germain est donc encore resté simple chef-lieu de canton; néanmoins, ses habitans conservent toujours l'espoir que tôt ou tard le gouvernement, mieux éclairé, se rendra à la justice de leur prétention.

Ici finit l'histoire proprement dite de Saint-Germain. Il ne nous reste plus qu'à publier sa statistique et celle de son canton ; science si cultivée aujourd'hui, et qui contribue singulièrement à hâter les progrès de la civilisation. Nous traiterons séparément et avec détail chacune de ses institutions, nous décrirons les monumens remarquables et les promenades de cette ville, nous y joindrons la biographie de ses hommes célèbres, afin d'exciter l'émulation en honorant le talent. C'est ainsi qu'en complétant cet ouvrage, nous fournirons des matériaux à l'histoire générale du royaume.

FIN DE LA PREMIÈRE PARTIE.

SECONDE PARTIE.

§ Ier. TOPOGRAPHIE. — STATISTIQUE.

Position géographique. — Le canton de Saint-Germain, dépendant de l'arrondissement de Versailles et du département de Seine-et-Oise, couvre toute la surface du quatrième cap que forme la Seine en sortant de Paris ; il est entouré par cette rivière à l'est, au nord et à l'ouest. Sa limite, au sud-ouest, s'éloigne un peu du rivage pour ne pas comprendre la ville de Poissy, et passe ensuite, au sud, sur le revers opposé de la vallée du ru de Buzot; au sud-est elle suit de nouveau le cours de la Seine, embrasse toute la partie méridionale du cap d'Argenteuil, sur laquelle s'étend le bois du Vésinet, et décrit enfin une ligne droite, partant d'un peu au-dessus de Chatou, pour rejoindre la rivière près de Carrières-sous-Bois.

Les communes qui forment ce canton, sont: Achères, Aigremont, Chambourcy, Chatou, Croissy, Fourqueux, Maisons-sur-Seine, Mareil, Ménil-le-Roy et le Pecq. Sa population est de seize mille huit cents âmes.

La ville de Saint-Germain-en-Laye est située sous les 19° 45′, 32″ de longitude est du méridien de l'Ile-de-Fer, ou 14′ 28″ de longitude ouest du méridien de Paris, et sous les 48° 53′, 52″ de latitude nord.

Elle est bâtie sur un plateau élevé près de la rive gauche de la Seine, à l'extrémité sud-est de la forêt, à deux lieues et demie de Versailles et à quatre lieues un tiers de Paris. Elle appartient au diocèse de Versailles, à la première division militaire, dont le quartier général est à Paris, et à la troisième conservation forestière, dont elle est le chef-lieu.

Le centre de la ville couronne une éminence élevée de soixante-trois mètres au-dessus du niveau de la Seine, ou de quatre-vingt-six mètres au-dessus du niveau de l'Océan; ses extrémités s'étendent dans diverses directions et se confondent avec les habitations des communes voisines.

Saint-Germain est borné au nord et au nord-ouest par la forêt qui porte son nom; à l'est par la grande terrasse, ouverte sur la campagne par un sentier qui conduit, à travers les vignes, aux prairies qui bordent la Seine et au village de Carrières-sous-Bois, et à l'autre extrémité par un chemin aboutissant au Pecq; au sud par une vallée assez profonde, des coteaux, des carrières et un grand nombre d'enclos. Au-delà de cette limite se trouve encore une portion de la ville nommée faubourg de Fillancourt. Au sud-ouest et à l'ouest sont des jardins, des vignes, la vieille route de Mantes et le faubourg Saint-Léger, qui s'étend jusqu'à Hennemont, et est séparé de la ville par des terres en culture.

Géognosie. — Le plateau qui porte la ville et la forêt de Saint-Germain et qui occupe presque toute l'étendue du cap, n'est séparé du fleuve que par une plaine basse et étroite. Sa pente au sud et à l'est est escarpée et souvent coupée à pic, tandis qu'au nord et à l'ouest elle descend insensiblement vers la Seine. L'uniformité de la surface de ce plateau n'est interrompue que par quelques mamelons peu élevés; les plus remarquables sont aux étoiles du Dos-d'Ane et du Grand-Veneur, à celle d'Actéon, aux Brulins, à l'étoile du Houx, et à gauche de la grande route en montant à la ville.

La longue colline de Louveciennes, plate à son sommet, qui s'étend de la Maudre à la vallée de Sèvres, et qui porte la forêt de Marly, présente la même composition géologique que le plateau de Saint-Germain, et se trouve compris dans le même canton aux communes de Mareil, Fourqueux, Aigremont.

Cette contrée offre deux formations principales de terrain : le *sol d'atterrissement*, qui couvre ses parties basses, et le *calcaire grossier marin*, qui constitue toutes les parties élevées.

Le sol d'atterrissement s'étend à l'ouest sur les plaines de la Grange-Saint-Louis et d'Achères; au nord, sur la plaine de Garenne et sur une partie de la forêt, depuis le bord de la Seine jusqu'aux environs de la route de Monclar; à l'est sur toute la plaine, entre la pente du plateau et la rivière; et au sud-est sur toute la partie du canton qui porte le bois du Vésinet et les communes de Chatou et de Croissy. Ce limon, d'épaisseur très variable, brunâtre près de la rivière, de sable fin dans son milieu, et de gros sable ou même de cailloux roulés vers le pied du coteau, renferme sur plusieurs points des blocs de grès et de meulière qui sont épars, ainsi que des morceaux roulés de granit et d'autres roches primitives. On trouve dans ce terrain de gros troncs d'arbres, des ossemens d'éléphans, de bœufs, d'élans, et d'autres débris organiques qui ont appartenu à des êtres dont on ne connaît pas les analogues dans ce pays, et qui diffèrent même souvent très essentiellement des animaux et des végétaux qui paraissent le plus leur ressembler dans les climats éloignés.

La composition du plateau de Saint-Germain offre la superposition des couches suivantes :

Formation de sable sans coquilles, qui recouvre tout le sommet de la colline, de Louveciennes au sud de Saint-Germain ; cette formation est sur plusieurs points surmontée par des bancs minces et interrompus de meulière, on y trouve :

1° Sable jaune argileux sans coquilles.

2° Sable plus argileux.

3° Sable noirâtre argileux, renfermant des silex roulés, altérés, devenus blancs et opaques.

Formation marine qui recouvre le gypse. 4° Marne noirâtre argileuse, sableuse et un peu calcaire, dans laquelle on rencontre quelquefois des ossemens de quadrupèdes.

5° Marne calcaire renfermant des huîtres fossiles.

6° Marne calcaire compacte.

7° Marne argileuse.

8° Marne argileuse verte, à peine effervescente.

9° Marne calcaire très compacte.

Le gypse, et par conséquent la formation d'eau douce qui se trouve au-dessous de ces marnes, dans l'ordre de superposition des terrains parisiens, manque dans le canton que nous décrivons; cependant on retrouve le gypse sur le penchant du plateau de Louveciennes, mais par couches si minces, que l'exploitation en a toujours été abandonnée après quelques tentatives.

Formation du calcaire marin. Presqu'à la surface du sol, sur toute la partie du plateau couverte par la forêt, depuis l'étoile du Roi au nord, jusqu'au ru de Buzot au sud, et depuis Carrières-sous-Bois, le Mesnil et Maisons à l'est, jusqu'à la limite de la forêt à l'ouest.

10° Silex pyromaque et rognons, enveloppé de calcaire blanc, crayeux, mêlé de silice.

11° Calcaire marin grenu, friable, sans coquilles apparentes.

12° Calcaire marin grossier, à coquilles blanches très variées, et à fer chloriteux granulaire.

Formation de sable et d'argile plastique qui précède la craie.

13° Argile noire, sableuse, renfermant des coquilles blanches friables, qui paraissent être des cyrènes, et des coquilles turbinées indéterminables. On y a trouvé du bois charbonné, des pyrites et du bitume asphalte. Elle est quelquefois précédée de silex roulés.

14° Argile plastique grise, marbrée de rouge sans coquilles. Ces sables et argiles sont exploités sur quelques points du canton, et particulièrement sur la pente nord du coteau derrière Fourqueux, à la Tuilerie et au-dessus de Montaigu.

La *craie* qui supporte les formations que nous venons de détailler, et qui se montre presque à nu à Meudon, Sèvres et Bougival, est à peine visible dans le canton de Saint-Germain, où elle paraît s'enfoncer plus profondément. Le dernier lieu où elle est exploitée est Port-Marly, vis-à-vis l'église; elle y est lavée et mise en pain pour la peinture, ou cuite pour faire de la chaux. En cet endroit elle a peu de pureté, et est analogue à la partie supérieure de la masse de Meudon, c'est-à-dire sableuse et moins blanche que dans les endroits plus profonds; aussi se trouve-t-elle à bien peu de distance de la surface du sol.

Les lieux où l'on peut observer avec le plus de fruit la géologie de cette partie des environs de Paris, sont, pour les couches supérieures, la pente derrière Mareil, Fourqueux, Chambourcy, Aigremont et la Tuilerie; pour le calcaire, les carrières à gauche de la route, en sortant de Port-Marly, dans la vallée du ruisseau de Toutevoies; celles de Carrières-sous-Bois, où il est facile de voir le calcaire tendre et granuleux surmonté d'un banc plus solide, servant de ciel, et portant, avant la terre végétale, des couches minces de marne dure, compacte et silicieuse. Le banc de calcaire paraît se relever beaucoup vers le sud du plateau, au sud-ouest de la ville, et à droite de la grande route en descendant la côte. Là, il est tout-à-fait friable et offre des coquilles fossiles de plus de six cents espèces; elles sont toutes marines, pêle-mêle, quelquefois par amas ou filons; elles sont bien conservées, faciles à détacher du calcaire qui les enveloppe; plusieurs ont encore les points ou lignes jaunes qu'elles avaient avant d'être fossiles. On trouve beaucoup de bivalves avec leurs deux valves réunies; ces coquilles, quoique parfaitement fermées, sont remplies du même sable calcaire qui les entoure; ce qui semble prouver qu'elles sont restées long-temps ouvertes au milieu de ce sable après leur mort.

Au-dessous de ce banc de coquilles on voit une couche d'argile noire très compacte, qui donne naissance à plusieurs sources, et que la couleur avait fait prendre par les habitans pour des indices de houille.

Enfin, pour les parties les plus inférieures, il faut aller dans les carrières de Port-Marly, où l'on trouve le calcaire et la craie.

Productions. — Le sol qui couvre le plateau est loin d'être d'une bonne qualité; néanmoins telle est l'industrie des cultivateurs, qu'ils tirent de ce terrain, couvert moitié de vignes, moitié de céréales, de légumes et de fruits, des récoltes plus abondantes que celles qu'on obtient dans quelques pays de terres plus fortes. Les arbres qu'on y cultive sont vigoureux, pleins de sève, et les fruits qui en naissent sont savoureux ; quant aux légumes on les trouve nourrissans ; la beauté des prairies est généralement reconnue ; les coteaux ne produisent pas un vin généreux, mais la forêt qui les couronne offre en compensation des plantes de toute espèce, que les botanistes viennent étudier et que l'on emploie dans les préparations pharmaceutiques.

TEMPÉRATURE. — La température moyenne de Saint-Germain est de 12° 5' au thermomètre centigrade. L'air y est pur, mais sur la Terrasse, où il se renouvelle rapidement à cause de l'élévation, il est trop vif pour les personnes qui ont la poitrine délicate ; il est balsamique et tempéré dans la forêt, et tout à fait bienfaisant dans les bas-fonds qui environnent le coteau.

Lorsque l'eau sera abondante en été, à l'aide de la pompe à feu qu'on doit construire sur le bord de la Seine, le cours des ruisseaux devenu rapide, entraînera les eaux stagnantes ; l'air de Saint-Germain, que les médecins conseillent aux malades, sera plus élastique et plus salubre encore, et y attirera un grand nombre d'étrangers. C'est alors qu'on pourra dire avec raison, que peu de villes du royaume offrent d'aussi précieux avantages, et nous verrons sa population prendre un accroissement notable.

APERÇU GÉNÉRAL DE SAINT-GERMAIN. — On entre

dans la ville par sept barrières principales, où sont placés autant de bureaux de l'octroi, et par quelques issues ou barrières moins apparentes. Une cité ouverte de tout côté, soit sur les champs, soit sur les faubourgs, très distans du plateau principal, présente par sa position de grandes difficultés à la surveillance que nécessite la perception des droits d'octroi; aussi ce n'est qu'en redoublant d'activité et en multipliant les commis ambulans que le fermier parvient, sinon à arrêter, du moins à diminuer la fraude.

Les rues de Saint-Germain sont en général assez larges et suffisamment aérées, mais elles sont percées très irrégulièrement. On a augmenté la somme annuelle accordée pour l'entretien du pavé : portée aujourd'hui à neuf mille francs, on a lieu d'espérer qu'à l'aide de ce moyen on cessera dans quelques années de se plaindre de son mauvais état. Quoique la police veille aujourd'hui à la propreté des rues avec plus d'attention qu'autrefois, il lui reste encore beaucoup à faire pour l'amener au point où elle devrait être. Tout ce qui regarde la petite voirie a besoin d'une surveillance plus active, et de plus de sévérité dans l'exécution des réglemens.

On compte trois places publiques : celle du *Château*, qui est assez vaste, la *Place-Royale*, et celle de *Pontoise*. Quelques autres qu'on pourrait y ajouter ne sont que des carrefours.

La ville ne possède ni antiquités ni débris qui prouvent la résidence ou seulement le passage d'une population anciennement civilisée; on ne trouve aucune médaille sur son territoire. Dans les environs, les ruines de quelques tours féodales, qui datent du moyen âge et même des premiers siècles de la monarchie, le nom de *Charlevanne*, qu'on donne encore quelquefois au village de la Chaussée, ainsi que les monumens écrits, forment tout ce qui peut servir à éclairer l'histoire des temps anciens de la ville de Saint-Germain. Sous la vieille geôle, il existait une cave de vingt-deux pieds de profondeur, très bien bâtie, et qui paraissait fort ancienne, du moins relativement aux constructions environnantes. Au-dessous, on trouva une autre cave très solide. Un examen de ces débris, qui portaient quelques caractères d'antiquité, aurait pu conduire peut-être à une découverte intéressante; mais les propriétaires des trois maisons qui composaient la geôle, peu curieux de connaître l'origine de ces caves, ne s'occupèrent qu'à les utiliser, et malgré l'intérêt qu'elles auraient pu inspirer, les transformèrent en fosses d'aisance.

Nous ne citerons pas les ruines du château neuf, dont nous donnerons ailleurs une description assez détaillée : on sait combien elles sont modernes. La chapelle de sainte Radégonde, qui est encore debout, et dont nous nous réservons de parler, remonte à une époque fort reculée; mais elle n'est pas assez ancienne pour offrir de l'intérêt aux archéologues.

A l'exception du château, Saint-Germain ne possède aucun monument public remarquable. Le seul auquel se rattachait un souvenir historique, la pyramide de Charles IX, ne subsiste plus; elle avait été restaurée sous Louis XIV, mais comme elle menaçait ruine en 1780, on fut contraint de l'abattre. L'église paroissiale, élevée à si grands frais, quoique assez bien à l'intérieur, a été justement critiquée dans un grand nombre de ses détails. La chapelle des dames de Saint-Thomas-de-Villeneuve n'est qu'une jolie bonbonnière qui ne peut figurer parmi les monumens. Les maisons de la ville sont en général bâties avec une très grande simplicité; aucun luxe d'architecture ne les caractérise au-dehors. Ses nombreux hôtels sont loin de rivaliser avec les somptueuses habitations de nos grandes cités.

Ce défaut de constructions remarquables ne peut être imputé aux habitans. La cour ayant quitté leur ville à l'époque où le goût de la belle architecture commençait à s'introduire en France, le génie est allé à Versailles enfanter ses merveilles.

Du reste, l'autorité locale fait des efforts pour obtenir plus de régularité dans les constructions. On a arrêté un plan d'alignement qu'on devrait suivre religieusement; mais l'adresse des propriétaires, leurs instances, plus puissantes et plus efficaces que la résistance qu'on leur oppose, trouvent de temps en temps le moyen de déchirer un article du réglement qui les gêne, et les embellissemens restent en projet.

La population de Saint-Germain, composée en partie d'hommes de tous les pays, qui, attirés par la beauté de sa situation et ses rapports faciles avec la capitale, viennent y chercher une retraite, n'a pas de caractère qui lui soit spécialement affecté. La physionomie générale est un composé de toute sorte de traits particuliers, dans lesquels il est difficile d'en trouver d'originaires. Cependant, cette population, quoique flottante, conserve encore quelque chose de cet aspect sévère et sérieux qu'on lui reprochait autrefois.

Une vie réglée, uniforme, et un exercice modéré, procurent aux habitans de cette ville une forte santé. Quelques-uns parviennent à une grande vieillesse. Ils ne connaissent point de maladies locales: la vivacité de l'air a promptement décidé du sort d'un sujet mal constitué, attaqué de quelque affection morbifique, ou disposé à la phthisie pulmonaire. L'inoculation, et plus tard la vaccine, ont prévenu l'invasion du virus variolique, plus meurtrier dans cette cité qu'ailleurs, à cause de la multitude d'enfans qui y prennent naissance ou qu'on y envoie en nourrice.

Le caustique Mercier, dans son *Tableau de Paris*, a fait un portrait peu avantageux des habitans de Saint-Germain; mais de quel poids peut être le jugement d'un homme qui prétendit assigner une nouvelle forme à la terre, et de nouvelles lois au mouvement; qui combattit les loteries, et y occupa la place de contrôleur-général; qui se déchaîna contre l'instruction, qu'il appelait la peste du genre humain; qui s'éleva ensuite contre les peintres, les graveurs, contre tous les arts enfin, et qui mérita le surnom de *singe de J.-J. Rousseau?*

On verra, par la biographie de Saint-Germain, que d'illustres personnages y sont nés, et que nombre d'étrangers célèbres ont fixé leur résidence et fini leurs jours dans ses murs.

Les promenades magnifiques de cette ville sont peu fréquentées dans la semaine, les habitans se livrant plus à leurs affaires qu'à leurs plaisirs. Les jours de fête, ces promenades s'animent et se peuplent, surtout par l'affluence des Parisiens qui viennent parcourir sa forêt et admirer les points de vue ravissans que couronne la plus belle capitale du monde. Cette cité est toujours assez vivante, et les rues voisines des halles et marchés sont encombrées, les jours de vente, des chevaux et des voitures des habitans de la campagne qui viennent s'y approvisionner : l'argent qu'ils y laissent fait la principale ressource du commerce, et particulièrement de celui d'épicerie.

La société de Saint-Germain ne jouit peut-être pas de cette union d'esprit et de volonté, de cette humeur aisée qui en ferait le charme ; cependant les réunions sont assez nombreuses. Les cafés sont peu fréquentés par les bourgeois, et le spectacle n'est pas assez suivi.

Rues et chemins. — D'après un état dressé en 1664, on comptait à Saint-Germain cinquante-six rues, cours, ruelles, passages, impasses et carrefours, dont plusieurs n'étaient que des sentiers bourbeux à peine bordés de maisons. Les rues des *Ursulines*, de *Pologne*, de *Lorraine*, d'*Angoulême*, une portion de la rue de *Poissy*, et toute la partie haute du Pecq, étaient des terrains en culture sur lesquels on a bâti depuis. Le nombre des maisons était de sept cent trente-neuf, non compris celles du Pecq, de Saint-Léger et de Fillancourt.

En 1780, la totalité des rues s'élevait à soixante-dix, en comprenant les huit formant le village du Pecq, ce qui réduisait celles de Saint-Germain proprement dit à soixante-deux. Cette ville se compose aujourd'hui, avec Saint-Léger et Fillancourt qui en sont devenus les faubourgs, et la partie haute du Pecq qui y a été réunie, de cinquante-six rues, cinq ruelles, quatre cours, deux passages, huit impasses, huit carrefours, trois places; le tout formé par treize cent un hôtels, maisons, ou constructions quelconques, donnant un revenu imposable de deux cent quatre-vingt-quatre mille deux cent soixante-neuf francs, et par les églises, châteaux et constructions non sujettes à l'impôt.

Plusieurs de ces rues doivent leur nom à des institutions qui s'y trouvaient, à des personnes qui y possédaient des hôtels, à d'autres qui y avaient formé des établissemens, etc. Vouloir donner ici l'étymologie de ces noms, serait fatiguer le lecteur de détails fastidieux; on a d'ailleurs eu l'explication de quelques-uns, dans la première partie de cet ouvrage, tels que ceux des rues de la *Verrerie*, à la *Farine*, du *Vieil-Abreuvoir*, des *Vieilles-Boucheries*, la cour *Larcher*, etc.; d'autres annoncent assez leur origine, comme ceux des *Ursulines*, du *Cours-des-Fontaines*, de l'*Église*, etc. Si nous

nous arrêtons aux dénominations suivantes, c'est qu'elles ont été plusieurs fois le sujet des recherches de quelques habitans, ou qu'ayant été changées, il paraît utile de rappeler les anciens noms.

De la place du jeu de paume, en passant devant l'entrée royale du vieux château, jusqu'à la chaussée entre les deux châteaux, on suivait une rue nommée *de la Conduite*, et la place où elle arrivait était appelée *des Deux-Châteaux;* aujourd'hui cette rue porte le nom de *Château-Neuf.*

La route de Normandie traverse la ville, et forme une rue qui changeait trois fois de dénomination; aujourd'hui elle en conserve encore deux. De la barrière de la forêt au marché vieux, on la nommait rue de *Poissy*, elle porte toujours ce nom; mais du marché vieux à la rue de *Versailles*, on l'appelait rue des *Récollets* (nom qu'elle devait au couvent sur l'emplacement duquel on a ouvert la rue *Saint-Louis*), de la rue de *Versailles* jusqu'à la *Place des Vents*, aujourd'hui *Place-Royale*, elle prenait la désignation de *rue de Paris*, nom qu'elle reçoit actuellement depuis le marché vieux jusqu'à la *Place-Royale.* La rue qui s'étend de la place du Château à la place de la Paroisse, se nommait *rue du Château;* on l'appelle aujourd'hui *rue de la Paroisse.*

L'hôtel de Duras, au coin de la rue d'*Angoulême* et de celle des *Écuyers*, possédait une partie des jardins qui est de l'autre côté de cette dernière. C'est en faisant abattre une portion de cet hôtel qu'on a construit la rue de *Duras*, qui, depuis, a été regardée comme la continuation de la rue des *Écuyers*, puisque toute cette rue porte actuellement ce nom.

C'est à tort que l'on prétend que la rue *au Pain*, qui doit son nom aux nombreux boulangers qui y étaient établis, devrait s'appeler rue *au Pin* ou rue *aux Pins*, à cause d'un pin planté à une de ses extrémités, ou d'une avenue de pins qui décorait l'emplacement qu'elle occupe aujourd'hui. Les plus anciens titres et les plus vieux plans la nomment *rue au Pain*. Elle est une des plus anciennes de Saint-Germain, et nulle part il n'est fait mention ni d'un pin ni d'une avenue de pins.

La rue du *Poteau-Juré* conservait encore en 1664 le nom de *Pont-aux-Pâtures*; nous avons fait connaître la cause de cette désignation; depuis elle s'est appelée rue du *Pont-aux-Jurés*. On prétend que c'était dans cette rue que les jurés tenaient leurs assises, et jugeaient les contestations qui étaient portées par-devant eux. Aujourd'hui elle se nomme par corruption *rue du Poteau-Juré*. Quelques-uns assurent qu'elle doit cette appellation à un poteau devant lequel on affirmait par serment, en présence d'un juré, la vérité de ce qu'on avait avancé ou de ce qu'on alléguait pour sa défense.

La rue d'*Angoulême*, à laquelle on n'a donné ce nom que depuis quelques années, est sur un terrain qui probablement était autrefois un pâturage, car elle était appelée *rue aux Vaches*.

La ruelle du moulin à vent qui conduit de la rue de *Pologne* à celle de la *Grande-Fontaine*, porte ce nom parce qu'il existait un moulin à vent construit dans un terrain derrière l'hôtel Stouppe, qui fait l'encoignure de la rue de *Pologne* et de cette ruelle.

D'après une carte de 1704, on voit qu'à divers carrefours et emplacemens étaient élevées des croix. Il y en avait une sur la place de la Paroisse.

Une au marché vieux, dite *Croix du marché*.

Une autre sur l'emplacement où la halle a été construite. Sur la place Dauphine, une croix posée par ordre et aux frais de la dauphine, femme du dauphin, fils de Louis XIV, donna son nom à la place.

Sur la partie haute du Pecq était la croix Boissière : elle vient d'être rétablie. Elle a donné son nom à une rue qui a été coupée en deux par la grande route.

La croix de la mission était placée à l'extrémité des rues de *Mantes* et de la *Grande-Fontaine*.

Saint-Germain est divisé en quatre quartiers formés naturellement du nord-ouest au sud-est par les rues de *Paris* et de *Poissy*; du nord-nord-est au sud-ouest par celles de l'*Hôpital*, de *Mareil*, au *Pain* et de *Pontoise*, qui conduisent de la barrière de Fourqueux à celle de Pontoise. Le tableau suivant fera connaître la classification des rues, ruelles, places, etc.

PREMIER QUARTIER.

Rues
- Croix Boissière (de la).
- Fonds de l'Hôpital (des).
- Fonds de St.-Germain (des).
- Gast (du).
- Hermitage (de l').
- Mareil (de), *côté impair.*
- Paris (de), *côté pair.*
- Saint-Louis (de).
- Saint-Pierre (de).
- Versailles (de).
- Ursulines (des).

Grande ruelle du Prieuré.

Ruelles
- de l'Étang.
- Sainte Radégonde.

Cour Larcher.

Place Mareil.

DEUXIÈME QUARTIER.

Rues
- Aigle d'Or (de l').
- Bons-Enfans (des).
- Château-Neuf (du).
- Coches (des).
- Farine (à la).
- Miettes (aux).
- Pain (au), *côté pair.*
- Paris (de), *côté impair.*
- Paroisse (de la).
- Pontoise (de), *côté pair.*
- Poteau-Juré (du).
- Salle (de la).
- Surintendance (de la).
- Verrerie (de la).
- Vieil-Abreuvoir (du).

L'avenue du Boulingrin, la Place du Château, le Parterre, les Loges, le Val et les maisons des Gardes-Forestiers.

TROISIÈME QUARTIER.

Rues
- Angoulême (d').
- Balivet.
- Bûcherons (des).
- Ecuyers (des).
- Gaucher.
- Lorraine (de).
- Louviers (des).
- Neuve-de-l'Eglise.
- Noailles (de).
- Pain (au), *côté impair.*
- Poissy (de), *côté pair.*
- Pontoise (de), *côté impair.*
- Prêtres (aux).
- Procession (de la).
- Sansonnet (du).
- Vieux-Marché (du), *côté pair.*

Passage des Louviers.

Place de la Paroisse.

Cour Chef-de-Ville.

QUATRIÈME QUARTIER.

Rues
- Bergette (de).
- Cours-des-Fontaines (du).
- Danès.
- Fillancourt (de).
- Fonds-de-Fillancourt (des).
- Fonds-de-Saint-Léger (des).
- Grande-Fontaine (de la).
- Jadot.
- Mantes (de).
- Mareil (de), *côté pair.*
- Poissy (de), *côté impair.*
- Pologne (de).
- Saint-Christophe.
- Saint-Jacques.
- Trinité (de la).
- Trompette (de).
- Vieux-Marché (du), *côté imp.*

Cours
- des Trois Rois.
- des Sirènes.
- du Lion d'Argent.

Place du Marché-Neuf.

Passage des Joueries.

Ruelles
- du Moulin-à-Vent.
- du Prieuré.

Hennemont.

L'époque à laquelle on entreprit de paver Saint-Germain, date du règne de Henri IV. On commença par les rues les plus fréquentées, les avenues du château et les hôtels particuliers. On voit par les comptes du syndicat que de 1753 à 1765 il fut fait un pavage général ou une réparation totale du pavé de la ville, qui coûta quatre-vingt-onze mille quatre cent vingt francs. Cette dépense fut cause de grands débats entre les habitans et les syndics, et donna lieu à la publication d'une critique sur ces travaux, ayant pour titre l'*Ésope de Saint-Germain*.

On eut le projet, en 1788, d'éclairer Saint-Germain au moyen de réverbères. Il fut fait un plan l'année suivante, et les habitans de certains quartiers, et particulièrement ceux des rues des Récollets (aujourd'hui de Paris) et de Poissy, firent éclairer à leurs frais. Par une délibération du conseil, en date du 26 juillet 1790, un devis et un état de dépense annuelle furent établis : on commença à placer cent cinq réverbères; trente-six autres y furent ajoutés en 1791. Plus tard on en posa encore cinq; on augmenta le nombre de becs de quelques-uns, et on eut enfin les cent quarante-six réverbères, fournissant trois cent cinquante-neuf lumières, qui éclairent la ville aujourd'hui, et lui coutent annuellement huit mille francs pour entretien.

L'ancienne route de Paris en Normandie, une des quatre routes principales pratiquées en France sous Charlemagne, passait au pied de la montagne de Saint-Germain. Elle s'éloignait des bords de la Seine, à partir du Port-Marly; elle longeait une prairie, derrière le clos de la maison dite *la Folie-Gaury*, route de Paris, n° 10; elle coupait la route de Saint-Germain à Versailles, au Moulin-Gaillard, gagnait le pied de la côte où on a construit le chemin neuf, passait derrière l'Ermitage, et joignait l'angle de la maison rue de l'Ermitage, nos 2 et 4; continuant de-là par la rue des Fonds-de-l'Hôpital, telle qu'elle est encore tracée aujourd'hui, elle passait à travers le terrain où a été bâti l'hôpital. Lors de la construction de cet hospice, on avait ouvert une porte d'entrée et une de sortie pour cette route qui passait devant la chapelle. Elle suivait ensuite le long des murs du clos de Saint-Léger, derrière la propriété de M. de Boufflers, Fonds-de-Saint-Léger, n° 2, devant l'église, et de là joignait à la Croix-de-Fer, la route dite aujourd'hui la *Vieille route de Mantes*. Ce ne fut qu'en 1766 qu'on fit construire la Chaussée de Saint-Germain à Versailles, joignant celle de Paris au Port-Marly. La pente en fut prolongée et bien adoucie; on planta des ormes dans toute sa longueur, et on fit des trottoirs en pierre de chaque côté. On assure que cette route devait avoir sa direction par le Moulin-Gaillard, et que les ingénieurs gagnés par les propriétaires des tanneries, la firent dévier et tourner telle que nous la voyons; mais cette assertion grave doit être rejetée sur la malveillance.

Lorsqu'en 1771 on bâtit la Place-Royale, on ouvrit le chemin qui aboutit au Parterre et qu'on appelle *Avenue du Boulingrin* ou des *Deux-Grilles*. Il se nommait alors *Chemin-Royal*, et conduisait par une chaussée aux deux châteaux.

La route de Saint-Germain à Poissy n'était qu'un chemin impraticable, surtout en hiver; elle fut pavée en 1690 par les soins de M. de Montchevreuil, la rue de Poissy est encore le passage de la route de Normandie, depuis la construction de la grande côte, qui fit entièrement abandonner la vieille route.

Le chemin de Saint-Germain à Marly suivait la route déjà désignée, par la rue de Versailles, jusqu'à l'ancienne voirie, traversait la petite maison, Fonds-de-Saint-Germain, n° 101, gagnait l'encoignure de la maison rue de l'Ermitage, n°s 2 et 4, en traversant la route de Paris en Normandie; de-là elle passait à travers le clos dit *des Malades*, aujourd'hui enfermé dans Grandchamps.

La vieille route de Mantes ne venait que devant l'église de Saint-Léger, où elle joignait l'ancienne route de Paris; mais en 1780 on en ouvrit une sortant de Saint-Germain par la rue de Pologne, et se réunissant à celle de Mantes.

Hotels et batimens principaux. Saint-Germain renfermait, en 1704, cinquante-quatre hôtels, en comprenant les bâtimens dépendans du château, tels que la Surintendance, le Grand-Commun, la Chancellerie, etc. Plusieurs ont été abattus depuis pour faire place à d'autres, qui ne justifient pas plus que les premiers le nom pompeux que la vanité affectait de leur donner. Nous ne ferons mention que de l'*Hôtel de Noailles*, plutôt pour ce qu'il fut autrefois que pour ce qu'il est aujourd'hui.

Les bâtimens en ont été élevés sur les dessins de J. B. Mansard. La façade principale est d'une architecture simple, mais élégante; des colonnes doriques décorent le vestibule. On remarquait, dans les pièces au rez-de-chaussée, des peintures de Perrocel d'Avignon et d'Hubert Robert.

Les jardins, dessinés dans le genre anglais, avaient été exécutés avec infiniment de goût, sans que l'art s'y fît apercevoir; des masses d'arbres étrangers récréaient la vue; des collines, des grottes, des bosquets et des cascades, des ruisseaux limpides serpentant au milieu des prairies, avaient fait de ce domaine un séjour plein de délices. L'étendue du parc est de quatre-vingt-deux arpens.

Cet hôtel avait primitivement son entrée par la rue de Noailles; mais le maréchal ayant acheté, en 1753, l'hôtel d'Aumont, situé rue de Pontoise, et à peu près dans l'alignement actuel de cette rue, le fit démolir ainsi qu'une partie de celui de Vendôme, et ouvrit une belle entrée en face du parterre, en formant une place régulière.

Acquis par un particulier, comme bien national, cet hôtel est aujourd'hui dans un grand état de dégradation; ses jardins et son beau parc ont été totalement dévastés. Cette propriété est maintenant en vente, et s'il ne se présente point d'acquéreur pour la totalité, elle sera divisée et adjugée par lots. Dans ce dernier cas la ville perdrait un de ses ornemens; mais cette perte serait compensée par l'ouverture de nouvelles rues, qui accroîtraient sa population et la rendraient plus florissante.

Eaux et Fontaines. — Ce furent Charles V et

Henri IV qui, pour l'usage du château et de la ville, attirèrent l'eau à Saint-Germain de diverses sources, au moyen d'un aquéduc. Les frais d'entretien de ce canal et des prises d'eau furent d'abord payés par le roi. Par lettres-patentes du 9 mars 1591, il fut accordé aux habitans exemption et affranchissement de toutes *tailles*, *crues*, *subsides*, autres *impositions*, et levées de deniers faites et à faire, pour quelque cause que ce fût, ordinaire et extraordinaire, et ce pour le temps et terme de six années, à la charge que les habitans payeraient par an la somme de *deux cents écus*, pour l'entretien des fontaines de Saint-Germain. Ces lettres furent confirmées, avec les restrictions y portées, par arrêt de la Chambre des Comptes de Paris du 18 juin 1596.

Henri IV et ses successeurs renouvelèrent et confirmèrent les dispositions des lettres-patentes de 1591. Des abus s'étant glissés dans l'administration des eaux de la ville, les fonds nécessaires à l'entretien de l'aquéduc n'ayant pas été faits régulièrement, il fut négligé, le limon s'y amassa, le détruisit en partie, et en 1731 les habitans représentèrent au roi, dans une requête, la nécessité de faire des constructions importantes pour augmenter le volume des eaux et le porter à trente pouces. On fit une estimation qui s'éleva à quatre-vingt-onze mille huit cent soixante-quinze livres. Le roi, voulant se réserver le tiers des eaux, consentit à payer le tiers de ces dépenses, quoique par leurs abonnemens et les lettres de 1591, les habitans eussent dû supporter seuls tous ces frais. Sa Majesté abandonna en outre à la ville les anciens tuyaux de plomb qui produisirent une somme de neuf mille trois cent dix-neuf livres, et donna quarante toises de gros tuyaux de fonte qui furent pris à Marly et qu'on plaça dans l'étang de Retz, parce qu'il était impossible de construire un aquéduc en maçonnerie au milieu de ce marécage.

Des médailles d'argent et de cuivre, aux armes du roi, furent placées sous la première pierre du regard de Montaigu; on y joignit une plaque de cuivre aux armes du maréchal de Noailles, qui fit la cérémonie de la pose le 4 décembre 1732. La ville resta chargée, par arrêt du 26 mars de la même année, de l'entretien de toutes les conduites jusqu'au réservoir qui fut construit en face du cimetière; mais elle eut la jouissance des deux tiers des eaux, et la faculté d'en vendre aux propriétaires qui désiraient en acquérir un certain nombre de lignes : pour lui faciliter l'usage de ce droit, on révoqua toutes les concessions d'eau qui avaient été faites antérieurement.

Il paraît que ce fut à cette époque que le réservoir et la fontaine de la place du château furent bâtis. La fontaine qui était auparavant sous l'arcade de la capitainerie, en face l'hôtel de Conti, fut démolie et portée au Grand-Commun où elle est aujourd'hui. On y a établi un réservoir pour les bâtimens royaux, et ce n'est que le trop plein du réservoir particulier de distribution qui alimente le robinet pour le service public.

Malgré les grands travaux qui furent faits, on n'obtint que quatorze pouces d'eau au lieu de trente qu'on espérait : lorsqu'en 1761 on mit enfin à exécution l'article de l'arrêt de 1732, relatif aux concessionnaires, on parvint à en recueillir dix-huit pouces. Après de nouvelles constructions et réparations faites de 1783 à 1786, qui coûtèrent cent quarante mille huit cent soixante-dix livres, les conduites amenèrent au réservoir trente pouces d'eau durant les temps d'abondance, et seize à dix-sept dans les momens de sécheresse. Enfin, en 1798, un nouveau réservoir de la contenance de cent muids fut établi sur la place de l'ancien. Les travaux faits cette année et ceux exécutés jusqu'en 1813, se sont élevés à cent quatre-vingt-dix-neuf mille cent quatre-vingt-quatorze francs soixante-quinze centimes. On était parvenu à obtenir vingt pouces d'eau dans l'été, mais cet accroissement de richesse fut une source d'abus. Le nombre des concessionnaires augmenta, il leur fut vendu plus de lignes d'eau qu'il n'en arrivait, la conduite du roi ne fut pas réparée, et même elle fut surchargée de nouvelles prises. Bientôt des réclamations s'élevèrent de toutes parts; les autorités cherchèrent à remédier à la disette en faisant chaque année des réparations qui ne furent point suffisantes. L'administration demanda à n'être pas seule chargée de l'entretien des aquéducs; un rapport eut lieu, et en 1825 il fut fait une transaction entre la maison du roi et la ville de Saint-Germain. Par cet arrangement, la maison du roi se chargea du tiers des frais à faire pour l'entretien des conduites, et la ville des deux autres tiers, à la condition de jouir des eaux dans une proportion égale à la part qu'elles supportaient dans les dépenses.

Ainsi, il est bon de remarquer qu'avant 1790 Saint-Germain était exempt de tailles et impositions, sous la condition d'entretenir les aquéducs et fontaines; que le roi, sans y être obligé, voulut bien contribuer plusieurs fois aux dépenses, et que la ville, qui depuis cette époque ne jouit d'aucune exemption, a payé les réparations sans que l'état lui ait accordé la moindre indemnité.

Des travaux faits en 1826 depuis Hennemont jusqu'au réservoir ont coûté, par évaluation, trente-un mille neuf cent soixante-sept francs, déduction faite d'un tiers payé par le roi sur une portion de ces réparations.

Le réservoir ou château d'eau est un grand bâtiment carré, couvert d'un comble à quatre égoûts, et éclairé par des jours demi-circulaires. Cette construction, faite sans le moindre goût, est au-dessous même de la critique. Les autres fontaines publiques de la ville ne méritent point non plus l'attention, et malgré les sommes immenses qu'on a dépensées pour les alimenter, à peine si dans les chaleurs elles donnent de l'eau pendant quelques heures de la journée.

On vient de voir tout ce qu'a coûté l'entretien des conduites et quel profit on en a tiré. Si le système suivi jusqu'alors pouvait suffire autrefois, il est totalement vicieux aujourd'hui, il expose la ville à de fréquentes disettes qui font murmurer les habitans, éloignent les étrangers, et diminuent la valeur des propriétés; c'est donc avec raison qu'on a pris la résolution de chercher un moyen efficace pour faire cesser cet état de choses.

Il est certain que quelque dépense qu'on fasse aux aquéducs et conduites, on ne parviendra jamais à établir à Saint-Germain l'abondance d'eau nécessaire, parce que la pénurie tient à des causes auxquelles on ne remédie point avec de l'argent: ce sont les sources mêmes qui sont insuffisantes. Celles qu'on est allé chercher dans la forêt de Marly et à Retz, ne sortent point du sein de la terre comme celles qui sont naturelles et permanentes, mais elles se rencontrent à sa surface, et sont produites par l'humidité du sol. Au lieu d'être comme les premières, à peu près constantes dans leur cours, elles fournissent plus ou moins d'eau, suivant l'état sec ou pluvieux de l'atmosphère. D'ailleurs, plusieurs de ces ruisseaux coulent aujourd'hui sur un terrain plus bas que le niveau des aquéducs et ne leur fournissent plus rien; d'autres sont détournés ou taris. Il suffirait d'un grand défrichement sur les côtes voisines des lieux où ils se montrent, pour dessécher complètement ceux qui donnent encore quelque peu d'eau. Au surplus, ce dont est menacé la ville n'est point pour elle une chose sans exemple. De nos jours on retrouve sur son territoire d'anciens aquéducs abandonnés, et depuis long-temps en ruine, qui partaient du bois de Poncy, et s'alimentaient à des sources qui déjà étaient taries dès le temps de Henri IV. Ce qui est arrivé à ces sources arrivera tôt ou tard à celles qui fournissent encore au réservoir ; elles s'épuiseront ou changeront de cours, et Saint-Germain sera totalement privé d'eau.

Enfin, quel que soit le moyen qu'on adopte pour alimenter les fontaines, il est douteux qu'il coûte autant que les ruineuses conduites d'aujourd'hui. Qu'on parcoure les archives de la mairie, on verra les magistrats continuellement ordonner des visites et des réparations qui entraînent à des frais énormes sans qu'on obtienne l'approvisionnement utile. Il arrive d'ailleurs qu'outre les dégradations résultant de l'usage, les orages amènent des côtes qui avoisinent les aquéducs des masses d'eau, qui en passant labourent les terres, mettent les canaux à découvert et en entraînent de fortes parties. De-là naissent encore des dépenses impossibles à prévoir.

Espérons que la maison du roi joindra ses efforts à ceux de l'administration de Saint-Germain, et qu'elle consentira à abandonner définitivement, et d'après les mêmes considérations, un système très coûteux, insuffisant, et auquel il paraît difficile qu'elle trouve un remède. En s'associant au projet nouveau, elle débarrasserait la ville de l'entretien des aquéducs et supporterait sa part de frais annuels, bien connus et à peu près fixes.

Nous avons parlé dans la partie historique de la fontaine de la *Pissotte*, et nous avons dit quels sont les souvenirs qui s'y rattachent. Elle existe toujours, et sa source est renfermée dans une salle souterraine au milieu de laquelle est un bassin de sept pieds de largeur et onze pieds de longueur. Son eau est aussi pure et aussi bonne qu'autrefois.

La petite rivière de *Buzot* que nous avons dit arroser la partie basse de Saint-Germain, et dont le lit paraît n'avoir jamais eu plus de cinq pieds de large, était alimentée par les eaux de plusieurs sources amenées dans les aquéducs de Saint-Germain lors de leur construction, à deux époques différentes. Elle est restée à sec depuis sa naissance jusqu'au pied de Hennemont, et ne commence à prendre d'eau qu'à Saint-Léger, où des sources qui se trouvent au pied de cette petite côte et celles des buanderies lui en fournissent.

Le ru de Buzot, dont la largeur moyenne est de un mètre soixante centimètres, alimente des tanneries, des mégisseries, des buanderies, fait tourner des moulins, et pourrait encore offrir des ressources à un bien plus grand nombre d'établissemens, si on en faisait réparer les berges. Après avoir traversé les faubourgs Saint-Léger et Fillancourt, dans une direction de l'ouest à l'est, il quitte le territoire de Saint-Germain, passe sur celui du Pecq, et se jette dans la Seine. Ce n'est que depuis 1797 qu'il longe le chemin neuf du Pecq; avant, il traversait la prairie en ligne directe; mais un sieur Brénu, voulant établir le moulin qui porte encore son nom, obtint à cette époque, du conseil de la commune, la permission de creuser à ses frais un nouveau lit à cette petite rivière.

Il y a encore un autre ruisseau appelé *Ru de Toutevoies*, qui prend sa source à l'Étang, mais il parcourt si peu d'espace sur le territoire de Saint-Germain que nous croyons inutile d'en parler.

Prairie communale. — Lorsque Louis XIV enleva aux communes riveraines de la forêt de Saint-Germain le droit de pâturage qu'elles y possédaient, il acheta, pour les dédommager, pour cent dix mille livres de prairies qui leur furent partagées. Par arrêt du 14 octobre 1687, la ville de Saint-Germain obtint, pour sa part, une surface de quarante arpens. Elle en jouit en toute propriété jus qu'en 1813. A cette époque, un décret du 20 mars, qui ordonnait l'aliénation des biens communaux, força l'administration à la vendre; mais dans l'acte de vente elle réserva aux habitans le droit de pâturage et de parcours pour les bestiaux, dans cette prairie, quand la récolte serait levée, depuis le 15 septembre jusqu'au 1er mars de chaque année.

En 1820, le sieur Guettard, adjudicataire de ce domaine, s'avisa d'en défricher et d'en mettre en culture environ quinze arpens, pour le soustraire à la servitude à laquelle il était assujéti. La ville lui intenta un procès qu'elle gagna au tribunal de première instance de Versailles, le 31 mai 1821, mais qu'elle perdit à la cour royale de Paris, le 18 mars 1823.

Le sieur Guettard ouvrit une négociation, et demanda à racheter la servitude dont il n'avait pu affranchir entièrement sa propriété. Sur sa demande, faite en septembre 1823, le conseil fixa, par délibération du 10 mai 1824, à dix mille francs l'indemnité qu'il aurait à payer à la ville. Cette fixation, basée sur l'intérêt des habitans comme sur celui des propriétaires de bestiaux, ne fut point acceptée.

M. Ollivier ayant fait l'acquisition de cette prairie, offrit sept mille francs, en juillet 1824, pour la délivrer de toute servitude. La ville refusa cette offre, et depuis les habitans continuèrent de jouir de leurs droits.

Projets d'embellissement et d'utilité publique. — Le 24 janvier 1826, une commission nommée pour examiner quels seraient les travaux d'embellissement et d'utilité publique qui pourraient être exécutés à Saint-Germain, fit son rapport et proposa :

1° La construction d'une halle à la viande et au poisson dans l'enclos de la cour des Sirènes et autres emplacemens adjacens, ayant son entrée sur le vieux marché par deux arcades, dont l'une en face la rue des Louviers. Ce nouveau marché remplacerait l'ancien qui obstrue le passage sur deux routes.

2° D'un abreuvoir dans l'auberge du Soleil-d'Or.

3° Le passage des porcs étant pour les habitans de la rue des Ursulines une chose désagréable, la commission proposa d'ouvrir, à gauche, en face l'entrée de l'ancien hôpital, entre les maisons n° 57 et n° 59, une rue qui se prolongerait derrière les jardins de la rue des Ursulines, pour rejoindre le vieux chemin de Versailles et la grande route, ou la rue Longuet, que les conducteurs paraissent préférer.

Les bœufs qui viennent du marché de Poissy, au lieu de traverser Saint-Germain dans toute sa longueur, pourraient, selon une opinion particulière, venir par le vieux chemin de Mantes, suivre la rue du même nom, et de là passer par la rue projetée en face de l'ancien hôpital; ou, selon l'avis de la commission, suivre une autre rue projetée de la rue de Poissy à la rue de Pologne, et gagner ainsi la rue de Mantes par la ruelle du Moulin-à-Vent, et enfin la rue ci-dessus indiquée derrière celle des Ursulines. Ce changement de route éviterait des désagrémens et des inconvéniens tant à la ville qu'aux conducteurs de bestiaux.

4° La commission proposa l'établissement d'un abattoir, d'une fonderie de suif et d'une triperie, pour assainir la ville.

5° L'ouverture d'une rue, de celle de la Trinité ou du Cours-des-Fontaines à la rue de Poissy, en face la rue de Noailles, en traversant l'auberge du Soleil-d'Or.

6° L'ouverture d'une autre rue, de la place Dauphine, vis-à-vis la rue du Poteau-Juré, coupant celle de la Salle, et se dirigeant sur l'église, à l'angle de la maison rue de la Salle, n° 25.

7° La construction d'une salle de spectacle rue de Lorraine, dans le jardin du Vautrais.

8° Le prolongement de la rue de la Salle jusqu'à celle des Louviers, à travers le *cloaque* cour Chef-de-Ville.

9° Le prolongement de la rue à la Farine, en traversant celle de Paris, jusqu'à la rue Saint-Pierre, par l'impasse qui existe.

10° L'établissement d'une fontaine à l'angle de cette rue.

Un projet d'utilité publique du plus grand intérêt auquel on n'a pas pensé, et sur lequel nous appelons l'attention de l'administration locale, serait l'acquisition par la ville, du bâtiment de l'ancien hôpital aliéné en 1817, et la translation de l'hospice de Saint-Germain dans ce bâtiment actuellement en vente.

L'ancien hôpital, situé dans un vaste enclos, est abandonné depuis long-temps et par conséquent en délabrement. Néanmoins les murs, les planchers et la couverture, malgré le défaut d'entretien, sont encore en bon état. La menuiserie, même celle des fenêtres, paraît bonne. Deux vastes salles, une au rez-de-chaussée qui communique à la chapelle, l'autre au premier étage, et à laquelle on parvient par un escalier en pierre fort commode, peuvent recevoir les malades de l'un et l'autre sexe. Le reste du bâtiment serait occupé par l'administration, la salle de chirurgie, la pharmacie, la lingerie, etc.

Sans dépenses considérables, Saint-Germain pourrait ainsi se procurer pour son hospice un local sain, bien aéré et beaucoup mieux placé que dans l'intérieur de la ville.

On objectera peut-être que cet établissement, situé à mi-côte de Saint-Germain, offrirait quelques difficultés pour le service. Eh bien! qu'on le rende aux vieillards. Aujourd'hui que l'octroi fournit les ressources qui manquaient lorsqu'on a été forcé de réunir leur hôpital à celui de la Charité, on les ferait jouir là d'un air plus pur que celui qu'ils respirent dans le voisinage des malades, et ils retrouveraient ces vastes jardins qui leur procuraient de l'occupation et la santé.

MM. Richard et Saint-Hilaire, dans leur *Guide du Voyageur aux environs de Paris*, pag. 304, gratifient Saint-Germain d'une *belle Bibliothéque publique*. Il est certain que ce n'est pas à l'aide des livres qu'elle contient que ces messieurs ont composé le leur.

En 1793, on forma dans le couvent des récollets le dépôt des livres provenant des bibliothéques des émigrés. On y réunit près de cinquante mille volumes, dans lesquels par autorisation du ministre, on en choisit cinq mille, afin d'établir dans la ville une bibliothéque. Vingt armoires, construites avec soin, et destinées à contenir dix mille volumes, furent placées à l'hôtel de la Chancellerie, dans le local qu'occupaient les frères des écoles chrétiennes. Le maire, trop empressé d'accueillir la demande du préfet de Seine-et-Oise, livra en 1801, sans réclamation, le précieux choix que le ministre avait autorisé à faire; il fut réuni à la bibliothéque de Versailles. La ville en fut pour ses frais, et il fallut renoncer à un beau projet, dont l'exécution eût offert de grands avantages. On cessa depuis de s'en occuper. Les circonstances n'étaient pas, à la vérité, favorables, car les muses fuient le bruit des armes. Mais aujourd'hui que le calme est rétabli, pourquoi n'aviserait-on pas aux moyens de créer cette institution ?

L'emprunt contracté pour la construction d'une église et d'une pompe, y met, dit-on, un puissant obstacle. Cet obstacle est loin d'être insurmontable. Avec la somme annuelle de deux mille francs, ce qui n'excède pas assurément les facultés de la ville, on parviendrait à former, enrichir et consolider cet établissement. Il est même certain qu'on trouverait parmi les habitans des personnes qui s'empresseraient de concourir à son exécution en réunissant, au moyen d'arrangemens faciles, leurs bibliothéques à celle de la ville.

Soyons peu surpris de voir la ville populeuse de Saint-Germain fort en retard sous le rapport de la littérature. A l'aide d'une bibliothéque publique, de ce puissant moyen d'instruction, elle sortirait bientôt de cet état fâcheux d'engourdissement. Ce lycée une fois ouvert à tous les talens, les jeunes gens viendraient s'y former à l'école des grands maîtres; et les savans de la capitale, qui, dans les beaux jours d'été affluent dans cette ville pour se délasser de leurs travaux, y prolongeraient leur séjour, et le commerce en retirerait des avantages.

La fondation d'une bibliothéque dans cette cité serait sûrement le prélude de celui d'une société académique. Cette corporation embellirait notre horizon littéraire; elle ferait naître l'émulation; d'illustres étrangers se feraient agréger à cette société, et y apporteraient leurs tributs scientifiques.

Puisse ce projet fixer l'attention du conseil municipal, toujours disposé à signaler son patriotisme, quand il s'agit de conduire une entreprise utile à une heureuse issue!

COMMERCE ET INDUSTRIE. — La ville de Saint-Germain n'est pas essentiellement commerçante et industrielle, son genre de population s'oppose à ce que l'industrie y prenne un grand développement. Néanmoins il s'y fait un commerce assez important de grains, farines, fruits, vins, porcs, laines, bois et autres objets de consommation journalière. Pour l'épicerie, la rouennerie et les draps, la ville est le centre d'un bon nombre de communes qui viennent s'y approvisionner, ce qui procure des bénéfices aux marchands en demi-gros.

Avant la révolution, la cordonnerie, le fafiotage et surtout la bonneterie, florissaient à Saint-Germain. Quatre cents métiers employés par les bonnetiers avaient fait prospérer cette fabrication. Depuis 1796 elle alla décroissant, et un coup mortel lui fut porté par les fabriques de Troyes et de Picardie. Cependant elle paraît se relever depuis quelques années; déjà elle obtient des succès. Il serait à souhaiter que les ouvriers eussent plus d'ardeur et d'activité, cela dispenserait les fabricans de faire placer des métiers dans les maisons de détention de Poissy et de Vernon, ce qui tourne au détriment de la classe qui a le plus besoin de travail, et la prive d'une bonne partie du bénéfice que la main-d'œuvre lui procurait.

Les tanneries de la ville ont joui autrefois d'une grande réputation qu'elles devaient à la fabrication des cuirs de bœuf à la jusée, procédé qui fut long-temps un secret, mais qui fut enfin deviné par des hommes industrieux. Alors des fabriques s'élevèrent à Sens et à Villeneuve-le-Roi; il en sortit d'abord des cuirs qui valaient ceux de Saint-Germain, et qui bientôt furent préférés pour leur qualité.

Vaincus dans un art qu'une longue possession leur avait fait regarder comme une propriété, les tanneurs de cette ville tombèrent dans le découragement en se voyant surpassés par des rivaux. C'en était fait pour Saint-Germain de la branche la plus importante de son industrie, si la révolution, qui mit dans la nécessité de chausser, botter et équiper les nombreux volontaires qui couraient aux frontières, n'eût obligé le gouvernement à faire de fortes commandes à toutes nos fabriques.

Saint-Germain rouvrit donc ses tanneries, et ceux qui les exploitaient reprirent courage. La paix vint et diminua la consommation; mais l'impulsion était donnée et l'on suivit le mouvement imprimé. Les fabricans abandonnèrent la routine de leurs devanciers, profitèrent des découvertes de la chimie moderne, et reprirent bientôt leur rang. On compte sept tanneries qui occupent deux cent quatre-vingts fosses de sept à neuf pieds de profondeur, dans lesquelles treize mille cuirs sont préparés annuellement pour être portés sur les marchés de Paris, de Guibray et de Caen, où ils trouvent un prompt débit.

On doit regretter la fermeture de la *tannerie royale*, la première où on a commencé à préparer les cuirs à la jusée. Ce bel établissement, fondé à grands frais, et qui occupait cent quarante-cinq fosses, est depuis long-temps abandonné. Des tanneurs ont, à diverses époques, entrepris de le relever, mais aucun n'a pu y parvenir. Pour le rendre à sa destination, il faudrait y faire des réparations considérables. Le sol et les bâtimens sont maintenant en vente; il est à présumer que l'usine sera démolie, que le terrain sera vendu par lots, et qu'il ne restera que le souvenir d'une fabrique utile et fructueuse.

Il existe aussi une mégisserie, dont le propriétaire s'occupe en même temps du lavage des laines. Les toisons, plongées dans les eaux du Buzot, qui sont très convenables à cette sorte d'opération, obtiennent une faveur qui en rend la vente facile et courante.

Une fabrication dont la ville de Saint-Germain s'honore encore, est celle des étoffes de crin et toiles de tamis, façon de Venise, qui fut fondée par M. Bardel, et qui lui a valu la médaille de bronze aux expositions de 1802, 1806 et 1819. Cette industrie, pour laquelle la France ne craint aucune concurrence, surtout depuis qu'on y a introduit les dessins damassés à bouquets, occupe un assez grand nombre d'ouvriers.

Saint-Germain n'a point, à proprement parler, de foires; à moins qu'on ne veuille appeler de ce nom deux fêtes qui attirent beaucoup de marchands, et qui donnent lieu, pendant trois jours, à de nombreux divertissemens et à une grande consommation. La première commence le dimanche qui suit la Saint-Louis, et se tient à l'entrée de la forêt : elle est bien moins importante que celle qui a lieu aux Loges, le dimanche après le 31 août.

Le conseil municipal, en établissant le budget communal, porte à quinze cents francs le dixième auquel la ville a droit sur le montant de l'imposition des patentes. On pourrait en conclure que cette imposition s'élève à quinze mille francs; mais il est permis de la supposer un peu plus forte, parce qu'il est à présumer que le conseil municipal, en évaluant un produit éventuel, ne le porte pas à la somme juste qu'il peut rendre, et qu'il reste un peu au-dessous.

Halle et marchés. — Vers la fin du seizième siècle, la *Halle aux grains et farines* se tenait les lundi et jeudi de chaque semaine, au coin de la rue au Pain et de la route de Poissy.

Par lettres-patentes du 16 mai 1673, le roi fit don à Perette Dufour, sa nourrice, d'une place *remplie d'immondices*, entre le cimetière et le marché, pour y construire une halle, des boutiques, des échoppes, etc., pour les marchands ambulans. Mais les épiciers, les drapiers et les merciers ayant remontré qu'elle leur porterait un notable préjudice, en ce que les marchands forains ne payant qu'un léger droit de placement, sans être chargés du loyer d'une boutique, établiraient une concurrence ruineuse pour les commerçans de Saint-Germain, le roi, par arrêt du conseil du 5 janvier 1681, révoqua sa libéralité et fit don de la place à la ville, pour y construire une halle, à la condition que les habitans rembourseraient au sieur Basire, garçon de sa chambre, la somme de huit mille cinq cents livres, payée par lui à Perette Dufour, qui lui avait fait cession de ses droits. Le même arrêt ordonna qu'elle serait destinée à la vente des grains et farines, avec l'obligation d'en verser les produits dans la caisse de l'hôpital de Saint-Germain.

L'intérêt public exigeait que l'exécution de ce projet ne souffrît aucun délai. Cependant soixante-quatorze ans s'écoulèrent avant que la ville ne s'en occupât ; ce qui détermina le roi à publier, le 8 juin 1755, des lettres-patentes, enregistrées le 7 mai 1761, par lesquelles il permit à l'hospice de faire élever la halle à ses frais. Les ressources manquant pour arriver à ce but, les administrateurs furent autorisés, par lettres-patentes du 7 juillet 1763, enregistrées par arrêt du parlement du 10 mars 1770, à emprunter jusqu'à la concurrence de soixante-dix mille livres. Avec cette somme on la fit bâtir, et dès qu'elle fut achevée, on y transporta les grains et les farines qui se vendaient sous un auvent adossé aux bâtimens construits entre la rue de Pologne et celle de Poissy.

Elle est ouverte les lundi et les jeudi de chaque semaine. Il s'y vend annuellement

12 à 1300	sacs	de farine.
36,687	hectolitres	de froment.
4,155	»	de seigle.
2,574	»	d'orge.
26,292	»	d'avoine.
2,400	»	de légumes secs.

La ville perçoit des droits de place qui sont affermés sept mille cinquante francs par an.

La halle est placée entre la rue de Pologne, la rue de Poissy, le Vieux-Marché et le Marché-Neuf, sur lequel elle a son entrée principale. Elle forme un carré long un peu rétréci du côté de l'entrée. La façade est simple et décorée d'un petit avant-corps couronné d'un fronton. Le rez-de-chaussée est éclairé par de grandes arcades, et le premier étage par de petites croisées dites *metzalines*. Les deux portes latérales du rez-de-chaussée sont divisées par des poteaux qui supportent le premier étage, auquel on arrive par un escalier à double rampe. Ce bâtiment est construit sans prétention.

Le *Marché aux fruits, légumes et œufs*, créé en 1682, par avis seulement, et maintenu par lettres-patentes du 8 juin 1755, se tenait autrefois sur la place du Vieux-Marché et dans les rues adjacentes. En 1776, quand on eut transporté le cimetière, on renouvela, exhaussa et pava le sol qu'il occupait, et ce nouvel emplacement reçut le nom de *Marché-Neuf.*

Il est fermé du côté de la rue de Poissy par une

grille placée sur un mur de terrasse; le sol, plus élevé que celui de la rue, est terminé, sur la face parallèle à la halle au blé, par un vaste bâtiment, au bas duquel se trouve un portique beaucoup trop étroit. Au bout de ce portique, et sur la rue de Poissy, s'élève un arrangement prétentieux de colonnes hors de toute proportion. Pour la commodité des marchands on a construit des barraques de mauvais goût, qui disparaîtront sans doute quand l'administration aura le moyen de faire des constructions plus régulières, et plus en harmonie avec la beauté de la place et des bâtimens à arcades qui y font face, car il est à désirer qu'une ville comme Saint-Germain ait un marché où les acheteurs et les vendeurs trouvent un abri dans les mauvais temps. La dépense d'un tel établissement serait bientôt rentrée par le revenu qu'on tirerait des loyers des places, et cette opération, en embellissant la ville, assurerait pour l'avenir une ressource de plus.

Quoique par suite de la construction de ce marché les étalages des marchandes de poisson dussent disparaître de l'ancien, où ils gênent la circulation et obstruent la voie publique, ils n'y sont pas moins encore, malgré les réglemens qui ordonnent de les tenir ailleurs. Des considérations particulières, prises dans l'intérêt des marchands en boutique de ce quartier, ont toujours été la cause du maintien de cet ordre de choses. L'administration municipale se décidera sans doute un jour à les faire disparaître.

La vente des fruits, légumes, etc., est très considérable sur ce marché : toutes les campagnes des environs y envoient leurs récoltes. Les fruits rouges surtout y sont portés en abondance ; aussi, pour la facilité des cultivateurs, la vente a lieu le soir, tant que dure la saison de ces fruits. Il est ouvert les mardi et vendredi de chaque semaine.

Le droit à percevoir sur ce marché est affermé moyennant une somme annuelle de sept mille deux cents francs. Dans ce droit est compris celui qui se prélève sur les marchands à éventaires et sur ceux qui vendent dans les rues. La superficie de la place, y compris le passage public sous les arcades, est de deux mille vingt-huit mètres carrés.

Marché aux porcs. L'époque de son commencement est inconnue. Il semble avoir été établi sans autorisation par le maréchal de Noailles, gouverneur de la ville ; aujourd'hui la possession vaut titre.

Avant 1770, ce marché se tenait vis-à-vis de l'ancien cimetière, entre les rues de Pologne et de Poissy; mais lors de la construction de la Halle sur cet emplacement, on le transporta au bout de la rue d'Angoulême et de celle de Poissy, alors l'extrémité de la ville. Cette place étant trop petite, la grande route passant à travers, et la rue qui mène au cimetière étant tout près, il résultait de cette position de graves inconvéniens. L'administration locale, sur la proposition du propriétaire de la ferme de Noailles, se décida à transférer le marché dans la cour de cette ferme.

En 1815, on chercha à l'enlever à Saint-Germain, mais les réclamations des autorités, auxquelles vinrent se joindre celles des habitans de Nanterre, intéressés à ce qu'il y fût maintenu, prévalurent. Parmi les prétextes mis en avant pour en priver cette ville, on avait particulièrement insisté sur ce qu'elle ne possédait point un local convenable pour cette vente. Le conseil municipal y pourvut par une délibération du 16 avril 1819, portant, qu'il serait construit dans le quartier des Joueries un marché propre à consolider d'une manière durable cet établissement si avantageux.

La première pierre en fut posée le 12 août 1821. La dépense totale des constructions s'éleva à cent mille francs. Sa surface est de trois mille huit cent quarante-huit mètres carrés. Il se compose d'étables, d'une cour au milieu de laquelle est un abreuvoir, et d'une auberge qui est louée deux mille quinze francs. On y entre par une porte ouverte sur la rue Danès, et par deux autres sur la rue de Mantes.

Ce marché, sur lequel il se vend annuellement soixante-quinze à quatre-vingt mille porcs, se tient tous les lundis; il procure à la ville, en outre du fermage de l'auberge, un revenu de sept mille francs de droits d'entrée et de place. L'affluence des marchands qu'il attire fournit au commerce de Saint-Germain une recette d'au moins deux cent mille francs par année.

Ce fut à la fin du seizième siècle que les *étaux de bouchers* furent établis dans la rue qui a conservé le nom de *Vieilles-Boucheries*. Plus tard, on les transféra au coin de la rue au Pain. Louis XIII, par lettres-patentes du 26 février 1621, avait permis aux habitans de faire clore cette place, et par un acte de juin 1623, ce prince en fit don à la ville.

A mesure que Saint-Germain prit de l'accroissement, les bouchers eurent leurs étaux dans les divers quartiers, et ils laissèrent les boucheries presque désertes. En 1705, une ordonnance les contraignit de les occuper et leur défendit même de former des établissemens en ville.

En 1730, les boucheries tombant de vétusté, la ville en construisit d'autres à ses frais; mais il paraît que les bouchers n'aimaient pas mieux à les occuper que les anciennes, car il fallut plusieurs fois les y ramener. Enfin on ne tint plus aussi sévèrement la main à l'exécution des réglemens; les marchands s'établirent où il leur plut, et le bâtiment nouveau ne servit bientôt que pour le boucher qui, par une adjudication, avait obtenu le droit de vendre de la viande les jours prohibés par les lois de l'Église.

Un arrêt du conseil-d'état du 26 janvier 1788, rendu à la requête des administrateurs de l'hôpital de la Charité de Saint-Germain, déclara libre dans la ville le commerce de la viande de boucherie, du gibier et de la volaille, pendant le carême aussi bien que pendant tous les autres jours de l'année; mais par une disposition de l'arrêt, il fut ordonné qu'il serait payé à l'hôpital par les bouchers, pâtissiers, rotisseurs et charcutiers, une somme de quatre mille deux cents francs sur la vente qu'ils feraient pendant le carême. Cette réserve était fondée sur le privilége dont jouissait l'hospice de Saint-Germain, ainsi que presque tous les hôpitaux et maisons de charité.

Les décrets de l'Assemblée constituante ayant aboli tous les priviléges, les bouchers de Saint-Germain furent affranchis de cette redevance, et libres de faire leur commerce en tout temps et en tout lieu.

Depuis cette époque, les boucheries furent employées tantôt pour le service public et tantôt louées à des marchands. La loi du 20 mars 1813 ayant ordonné la vente des biens communaux, et les autorités de Saint-Germain ayant représenté que ce bâtiment avait été conservé pour y établir un château d'eau, et que ce n'était que faute de fonds qu'il n'avait pas encore été livré à cette destination, le préfet de Seine-et-Oise décida qu'il ne serait point aliéné, attendu l'utilité qu'il y aurait d'établir dans ce local, placé au centre de la ville, un vaste réservoir.

Population. — Il n'est pas douteux que le prieur de Saint-Germain, à qui le village appartenait, n'ait fait plusieurs fois le dénombrement de ses *hommes*, et qu'il n'ait été déposé dans les archives de l'abbaye de Colombs. Aujourd'hui nous ne pouvons puiser à cette source pour donner un état de population. Les registres de l'état civil ne remontent pas à une époque antérieure à 1550, ils ont été si mal tenus dans les premiers temps, et sont remplis de tant de lacunes, qu'ils ne fournissent que des renseignemens incomplets. Aussi n'est-ce qu'en prenant beaucoup de latitude que l'on peut hasarder des conjectures. Cependant, si nos calculs ne paraissent point devoir être d'une exactitude très sévère, encore pouvons-nous dire qu'ils approchent, autant que possible, de la vérité. Nous aurions pu faire connaître aux lecteurs les causes de la disproportion qu'on remarque, en parcourant les registres, entre les naissances et les décès de certaines périodes; mais nous aurions été entraîné à des détails historiques longs et fastidieux.

Ainsi, en supputant d'après les naissances, et suppléant aux lacunes par un calcul approximatif des naissances, mariages et décès, on obtient le résultat suivant: En 1560, deux mille cinq cent cinquante-trois habitans; en 1600, trois mille cinq cent quarante-sept. Pendant les quarante années suivantes, les naissances annoncent un grand accroissement, qui, d'après les données qui servent de base à nos calculs, nous fournissent la preuve qu'en 1640 Saint-Germain possédait six mille cent quatre habitans. Enfin, sous le règne de Louis XIV, la population augmenta si rapidement que nous la trouvons, en 1680, être de onze mille neuf cent vingt-sept âmes. Depuis cette époque jusqu'en 1689, les décès annuels sont plus nombreux que les naissances, sans que le nombre des domiciliés diminue, ce qui nous apprend que déjà cette ville était devenue un lieu de retraite. On voit les naissances s'élever à trois cent quatre-vingt-quinze vers 1695, et enfin à quatre cent quatre-vingt-six en 1704; d'où nous sommes conduits à fixer la population à dix-huit mille deux cent quarante-trois âmes; nombre exagéré, si on veut le regarder comme celui des habitans à domicile fixe, mais qui n'a rien de trop fort, si on compte les étrangers attirés par la présence du roi Jacques, et que nous portons dans la partie flottante de la population.

Après la mort de Jacques II et de la reine son épouse, les Anglais qui composaient leur cour se dispersèrent, et Saint-Germain vit sa population diminuer d'une manière sensible. D'après un état dressé au commencement de l'année 1789, elle était encore de treize à quatorze mille âmes; mais le recensement fait en janvier 1790, pour les opérations électorales, ne s'élève qu'à douze mille trois cent cinquante et un.

La révolution anéantit une partie des ressources qu'offrait Saint-Germain : plus de franchises, plus de priviléges; les riches en émigration, les rentiers ruinés par la banqueroute du gouvernement, et plus tard les tribunaux transportés ailleurs. Enfin, en 1802, on n'y comptait plus que neuf mille habitans, savoir :

Hommes et femmes	de 80 à 90 ans. . .	200.
Id.	de 70 à 80 ans. . .	600.
Id.	au-dessous de 70 ans.	3,500.
Garçons et filles nubiles.		1,500.
Enfans des deux sexes.		3,200.
	Nombre égal	9,000.

On voit par les nombres ronds que nous portons,

qu'il ne s'agit point d'un calcul mathématiquement juste, mais d'une évaluation approximative. Le chiffre positif et vrai ne pourrait être connu qu'au moyen d'un dénombrement.

Depuis 1816, les naissances se sont élevées de deux cent soixante à trois cent vingt, les mariages de quatre-vingt-cinq à quatre-vingt-quinze, les décès de trois cent vingt à trois cent quarante.

Les auteurs qui ont écrit sur Saint-Germain ont varié, suivant les temps et les circonstances, en parlant du nombre de ses habitans : les uns l'ont porté à treize mille, d'autres à vingt et même à trente, ce qui est visiblement exagéré.

Voici un état dressé en 1827, qui la fixe à onze mille six cent quatre-vingt-dix-sept, en y comprenant les faubourgs de Saint-Léger et de Feuillancourt, les établissemens publics et religieux, l'hospice des vieillards, la Charité, les couvens, les gardes de la forêt, les dames de chœur professes et les sœurs agrégées des Loges, en y joignant aussi les militaires sous les drapeaux et les habitans en pied à terre.

QUARTIERS.	HABITANS DOMICILIÉS.	MILITAIRES SOUS LES DRAPEAUX.	HABITANS en PIED A TERRE.	TOTAL.
Ier.	2136	7	46	2189
IIe.	3204	14	44	3262
IIIe.	2878	13	100	2991
IVe.	3117	17	121	3255
TOTAUX.	11335	51	311	11697

CONSOMMATION. — Le tableau suivant est extrait des registres de l'octroi :

DÉSIGNATION DES ARTICLES.	1825.	1826.	1827.	QUANTITÉS.
Boissons.				
Vin en cercle.........	18,825	18,972	23,222	hectolitres.
Vin en bouteilles et vin de liqueurs.........	143	132	137	*idem.*
Alcohol, esprit et eau-de-vie..............	638	534	558	*idem.*
Cidre, poiré, hydromel.	555	668	556	*idem.*
Vinaigre.............	416	422	628	*idem.*
Bière................	1,217	1,314	916	*idem.*
Viandes.				
Bœufs................	1,499	1,572	1,524	par tête.
Vaches...............	126	84	60	*idem.*
Veaux................	2,149	2,190	2,368	*idem.*
Moutons, agneaux et chèvres............	2,179	7,152	7,064	*idem.*
Viandes dépecées.....	2,704	7,798	13,912	kilogrammes.
Fourrages.				
Foin, luzerne, trèfle...	346,655	314,880	442,952	bottes de 5 kilogr.
Matériaux.				
Bois en grume........	88	441	289	stères.
Combustibles.				
Bois de 112 centimètres.	8,566	5,912	5,959	*idem.*
Bois de 80 centimètres.	1,676	2,536	1,472	*idem.*
Bois de 64 centimètres.	1,054	1,644	720	*idem.*
Pavillons de souches, brigots et copeaux...	2,639	3,209	1,004	*idem.*
Cotterets, fagots et marcottins............	283,120	281,930	317,740	cents.

Il est probable que ces quantités, quoique indicatives, n'atteignent pas cependant la réalité, parce que la fraude est facile.

La paille, l'avoine, le charbon de bois, le charbon de terre et les matériaux, étant tous articles qui ne payent pas de droit aux octrois, nous ne pouvons en faire connaître la consommation.

On prélève un droit sur tous les porcs qui entrent dans la ville pour y être exposés en vente, de sorte que ceux qui y sont consommés ne peuvent être calculés et portés sur ce tableau.

Superficie de la commune. — Les propriétés qui composent la commune se divisent en deux classes, l'une sujette à l'impôt et l'autre non imposable ; en voici l'état :

Propriétés non bâties imposables.	Hectares.	Ar.	Mètr.	
Terres labourables	156	8	11	Hect. Ar. Mètr. 483 96 29.
Vignes et terres à vignes	182	7	75	
Marais à légumes	30	93	20	
Abreuvoirs		2	25	
Jardins potagers	58	49	85	
Jardins d'agrément, terrasses, parterres	21	33	60	
Sol des propriétés bâties	35	1	53	

Donnant un revenu imposable de fr. 35,845 28.

Propriétés bâties imposables.

Maisons	1268
Salpêtreries	2
Brasseries	2
Bains publics	3
Moulins	3
Manufacture de cuirs	1
Tanneries	8
Mégisseries	2
Salle de spectacle	1
Fonderies de suif	3
Triperie	1
Buanderies	7
Constructions	1301

Donnant un revenu imposable de fr. 284,269 »

Total du revenu imposable. fr. 320,114 28.

	Hect.	Ares.	Mètr.
D'autre part..........................	485	96	29.

Objets non imposables.

	Hectares.	Ares.	Mètres.			
Domaine de la couronne.............	4,359	38	35			
— de l'Etat.................		9	50			
Églises et cimetière, à la commune, à la fabrique et aux religieuses de Saint-Thomas.........................		72	30	4,434	97	89.
La Commune......................		93	79			
Chemins et places publiques.........	72	67	62			
Hospice de Saint-Germain...........		64	27			
Rivière et ruisseaux................		34	15			
A la fabrique......................		18				
Superficie générale de la commune.				4,918	94	18.

Remarquons que cette somme de trois cent vingt mille cent quatorze francs vingt-huit centimes n'est que le revenu imposable qui sert de base à la répartition de la contribution foncière, ainsi, pour connaître le revenu réel, il faut la doubler, attendu que le premier n'est généralement fixé qu'à moitié de la valeur réelle des propriétés. La répartition n'est établie sur le revenu imposable, qu'après une déduction d'un quart pour réparations présumées.

§ II. INSTITUTIONS ADMINISTRATIVES, JUDICIAIRES, DE POLICE ET FINANCIÈRES.

CANTON DE SAINT-GERMAIN. — En juin 1790, Saint-Germain devint chef-lieu d'un district dont les bureaux furent d'abord établis rue de Poissy, dans la maison qui porte aujourd'hui le numéro 96, et transférés ensuite rue de Paris, hôtel de Créqui.

Lors du consulat et de la division des départemens en arrondissemens, cette ville, par son importance, avait quelque droit à l'espérance d'être érigée en sous-préfecture; néanmoins elle fut réduite à n'être qu'un chef-lieu de canton. Nous avons signalé les efforts que l'autorité locale a faits plus tard pour obtenir cette faveur.

La population du canton de Saint-Germain était, en 1820, de seize mille quatre-vingt-cinq habitans; elle s'élève actuellement à seize mille huit cents. Ses contributions directes montaient, pour 1827, à deux cent cinquante-quatre mille vingt-huit francs cinquante-cinq centimes. Il ne fournit aucun membre au conseil général du département.

Pour l'exercice du droit électoral, il fournit quatre-vingt-quatorze électeurs au collége du quatrième arrondissement, et il en envoie huit au collége départemental.

Administration municipale. — Nous avons dit qu'en 1758, il fut institué à Saint-Germain un conseil de ville composé d'un maire et de deux échevins, pour administrer les affaires communales. Il subsista jusqu'à la révolution, et fut alors remplacé par un conseil municipal nommé par les habitans. Les affaires de la commune sont administrées aujourd'hui par un maire, deux adjoints et un conseil de trente membres.

Nous ne savons où le conseil de ville tenait ses séances. Quant à l'administration municipale, elle se réunit dans l'hôtel de la Chancellerie, dont elle occupe une partie des bâtimens. Par brevet du 21 janvier 1749, cet hôtel avait été donné aux frères des écoles chrétiennes, qui y établirent leurs classes. Ces frères ayant quitté Saint-Germain au commencement de 1791, et laissé vacant le local qu'ils occupaient, l'administration municipale s'y fixa, le 25 février de la même année, et elle y est restée depuis ce temps.

L'hôtel-de-Ville n'a rien de remarquable que le mauvais état dans lequel il se trouve. Pierre Séguier, chancelier et garde-des-sceaux, y est mort en 1672.

JURIDICTION. — Le prieuré de Saint-Germain fut investi, dès son origine, du droit de haute, de moyenne et de basse justice sur le bourg qui lui appartenait; mais nos rois possédant un domaine dans ce lieu, il n'est pas douteux qu'il n'y fût attaché un nombre plus ou moins grand d'habitans séparés, distincts et placés immédiatement sous sa juridiction. Il semblerait même qu'il fut un temps où ils jouirent de l'affranchissement que Louis IX accorda aux serfs de son domaine, et qu'ils obtinrent plus tard, avec une commune, la faculté de porter leurs contestations devant un tribunal municipal de leur choix et composé de *jurés* (33). Le nom de la rue du *Poteau-Juré*, autrefois du *Pont-aux-Jurés*, paraîtrait autoriser cette idée, si la dénomination d'une rue suffisait pour établir une hypothèse que rien ne justifie, et que d'ailleurs un raisonnement combat. Nous savons qu'il n'y eut que les villes fermées, et assez peuplées pour se défendre elles-mêmes, qui purent s'administrer par des municipaux de leur choix, et faire garder leur enceinte par la bourgeoisie armée. Or, Saint-Germain, jusqu'au règne de Henri IV, de celui de Louis XIII, et même de celui de Louis XIV, ne fut qu'un bourg assez faible, et il n'est pas à présumer qu'il lui ait été accordé un privilége dont l'exercice aurait été presque impossible.

Au surplus, si ses habitans possédèrent jamais le droit de juger leurs différends, ils le laissèrent perdre ou il leur fut retiré; car en 1600 elle devint le siége d'une prévôté, pour décider sur les contestations qu'avaient entre eux les gens qui ressortissaient du domaine, et prononcer sur les cas dont le roi s'était attribué la connaissance et que ses officiers rendaient le plus nombreux qu'ils pouvaient, pour accroître d'autant leur juridiction aux dépens de celle des justices seigneuriales.

Six ans après l'établissement de la prévôté, Henri IV acquit par échange des sieurs de La Roche, une partie du Pecq, dont ils étaient propriétaires, et ordonna que la justice de ce nouveau domaine serait réunie à la juridiction royale.

Le droit de juger les habitans de Saint-Germain et des environs, celui d'en exiger des corvées, des redevances, celui enfin de les opprimer de toutes les manières, se trouvait alors partagé entre le roi, le prieur et les seigneurs justiciers. Cet arrangement donnait lieu à de fréquens conflits entre les officiers de la prévôté et ceux du prieuré pour les affaires judiciaires, et faisait naître des contestations entre les receveurs du domaine et les fermiers du prieuré pour l'exercice et la perception des droits. Pour y mettre fin, Louis XIV, en 1691, acheta du prieur-curé, moyennant une pension annuelle et perpétuelle de deux mille livres sur les fiefs et aumônes de la recette générale de Paris, la haute, la moyenne et la basse justice, la seigneurie directe, le droit de four à ban et tout autre dont il était investi, et les réunit à la prévôté, qui vit par là se grossir le nombre de ses justiciables.

La réunion de la partie du Pecq ne fut consommée que plusieurs années après la promulgation de l'acte qui l'ordonnait; elle devint une source de difficultés entre les officiers royaux, les fermiers des Bernardins, qui possédaient l'autre partie de la seigneurie du Pecq, et le bailli qui rendait la justice en leur nom. On essaya vainement de les prévenir, par des lettres-patentes de décembre 1690, qui fixaient les limites des deux juridictions. Par ambition ou par excès de zèle, on se permettait de chaque côté des empiétemens journaliers. Le mal subsistant toujours, par de nouvelles lettres, du 29 juin 1708, on réunit à la prévôté, moyennant une indemnité accordée aux Bernardins, la justice et les droits dont ils étaient possesseurs. Par ces acquisitions et réunions successives, la prévôté se trouva composée d'à peu près ce qui formait anciennement dans ces cantons le domaine royal.

Nous ignorons dans quel bâtiment la prévôté tenait autrefois ses séances, nous savons seulement que la maîtrise des eaux et fôrêts ainsi que la gruerie, obligées d'abandonner en 1660 le siége de leur juridiction situé aux Loges, vinrent partager le local qu'elle occupait.

En 1737, Louis XV ayant acquis par échange, du sieur Bataille, qui en était propriétaire, l'hôtel de la Vrillière, rue Neuve-de-l'Église, y transporta la prévôté ainsi que la prison, qui était située auparavant dans le marché. Les mots *juridiction royale* se voyent encore au-dessus de la porte de cet hôtel.

Le prévôt avait sous ses ordres trois officiers, qui, en vertu d'un arrêt du conseil, exerçaient les fonctions de notaires : deux résidaient à Saint-Germain et un au Pecq. Ils avaient la faculté de recevoir, dans l'étendue de leur circonscription, les actes et transactions volontaires de toutes personnes, de quelque lieu qu'elles fussent.

Pour l'exécution des jugemens de la prévôté, il y avait un commissaire aux saisies et trois huissiers audienciers; six procureurs se chargeaient de suivre les affaires des plaideurs. Tel fut l'état judiciaire de Saint-Germain jusqu'à la révolution.

En 1790, les prévôtés et les justices seigneuriales furent supprimées et les justices de paix établies. Depuis le 4 janvier 1791, Saint-Germain est le siége de l'une d'elles, qui se compose d'un juge, de deux suppléans, d'un greffier, de quatre huissiers dont deux audienciers. Le commissaire de police de la ville y remplit les fonctions du ministère public, lorsqu'il s'agit de contravention aux ordonnances de police.

Les affaires qui sortent de cette juridiction sont portées au tribunal de première instance de Versailles, lequel est dans la circonscription de la cour royale de Paris.

Saint-Germain a encore dans son enceinte trois notaires et un commissaire-priseur, et deux autres notaires dans le canton.

Police. — Des sentences des 15 avril 1775 et 8 juin 1777 réglèrent la police de cette cité et de ses faubourgs. Un lieutenant-général, un procureur du roi, un commissaire et un huissier en furent chargés jusqu'à la révolution. A cette époque, elle fut confiée à un comité pris dans le sein du conseil général de la commune. Le 25 brumaire an IV (16 novembre 1795), on installa, conformément à la loi, deux commissaires de police à la nomination de l'administration municipale. Leurs fonctions furent à peu près les mêmes que celles d'aujourd'hui : le maintien de la tranquillité publique, la propreté, l'éclairage des rues, l'exécution des lois relatives aux poids et mesures, aux convois et aux inhumations, etc., le tout sous la surveillance d'un membre de l'administration municipale, délégué à cet effet.

Maintenant la police de la ville est confiée à un seul commissaire.

Prison. — On vient de voir que la geôle, placée autrefois dans le marché, près la boucherie, avait été transférée avec la prévôté à l'hôtel de la Vrillière. Une partie du bâtiment sert de prison ou plutôt de maison de dépôt et de sûreté, où sont enfermés les prisonniers pour dettes des cantons de Saint-

Germain, Argenteuil et Meulan. Le local ne présente que les moyens nécessaires pour la sécurité du concierge; il n'a pas besoin d'offrir plus de garantie, attendu que les autres détenus n'y sont déposés qu'à leur passage et n'y séjournent jamais plus de vingt-quatre heures, à moins qu'ils n'y soient conduits par un jugement du tribunal de paix ou de police municipale; dans ce cas ils peuvent y être retenus trois jours.

Les chambres destinées aux prisonniers sont assez propres et assez bien tenues, mais on est effrayé à la vue de cinq cachots infects, d'une humidité pernicieuse et ne recevant d'air et de lumière que par une ouverture de six pouces carrés, ménagée dans la porte. Le geôlier entassa un jour, dans le plus obscur de ces repaires hideux, jusqu'à seize malheureux. A la vérité ils n'y restèrent que pendant quelques heures; mais, un lieu de sûreté doit-il jamais, sans injustice, devenir un séjour de désespoir, même pour les plus grands criminels? Puisse l'administration aviser aux moyens d'assainir ces cachots, et porter un œil de surveillance sur les personnes commises à leur garde.

Gouvernement du chateau. — Le gouvernement du château est composé d'un gouverneur, d'un adjudant et d'un gardien du parterre. Le château étant occupé par une compagnie de gardes-du-corps et le génie militaire étant chargé de l'entretien des bâtimens, il en résulte que le gouverneur et l'adjudant n'ont, à proprement parler, aucune attribution. Quant au gardien, il est de quelque utilité : il fait la police de la terrasse et du parterre.

EAUX ET FORÊTS.—Voyez l'article *Forêt de Saint-Germain-en-Laye.*

ADMINISTRATIONS FINANCIÈRES. — Saint-Germain possédait autrefois : un entrepôt de tabac ; le contrôle des actes ; les bureaux des aides, de la capitation, des vingtièmes, des salines et des cuirs.

Aujourd'hui les préposés du fisc sont :

Pour les *contributions directes*, un contrôleur pour les cantons de Saint-Germain, d'Argenteuil et de Poissy ; un percepteur chargé de la recette de Saint-Germain et du Pecq.

Pour les *contributions indirectes*, un contrôleur de ville, un receveur particulier et six commis aux exercices.

L'*octroi municipal* est administré par un fermier, un préposé en chef commissionné par le gouvernement, deux brigadiers d'ambulance, six receveurs et douze employés.

Les finances comptent encore un receveur de l'enregistrement et des domaines ; un directeur de la poste aux lettres, et deux receveurs de loterie

Nous avons fait connaître, dans la première partie de cet ouvrage, quelles furent les causes de l'établissement de l'*octroi municipal et de bienfaisance :* ce ne fut pas sans peine que les autorités de Saint-Germain se décidèrent à cet impôt. Elles s'étaient adressées plusieurs fois au préfet du département pour qu'il leur indiquât un moyen de venir au secours des hospices. Ce magistrat ne trouva rien de mieux que d'appliquer à la ville la loi du 5 ventôse an VIII (24 février 1800), qui ordonne d'établir un octroi de bienfaisance dans toutes les villes qui ne possèdent pas des revenus suffisans pour subvenir à leurs dépenses. Le remède parut à l'administration pire que le mal; elle représenta au préfet que cet impôt serait ruineux pour une cité dont la population diminuait tous les jours, et qui d'ailleurs était sans luxe, sans commerce et sans industrie; qu'il ne porterait que sur les objets de première nécessité et peserait principalement sur les familles nombreuses, presque toujours pauvres; qu'il serait d'un recouvrement impossible à cause des moyens multipliés que la fraude aurait de s'y soustraire, et des frais énormes qu'il faudrait faire pour fermer une ville éparse comme Saint-Germain. Elle proposa de remplacer le produit présumé de cet octroi par un impôt de bienfaisance de dix centimes par franc de toutes les valeurs locatives.

Le préfet refusa ce mode et insista pour avoir un projet d'octroi : on lui en présenta successivement trois accompagnés d'observations. On demanda entr'autres choses que le village du Pecq fût réuni à Saint-Germain et soumis au droit; le Pecq défendit son indépendance et la conserva en partie. Enfin, après avoir bataillé pendant quinze mois, l'administration municipale fut obligée de céder: on planta des poteaux sur les limites du territoire, et une administration composée d'un directeur, d'un inspecteur, de deux brigadiers, deux sous-brigadiers, huit employés et huit surnuméraires, coûtant quatorze mille francs à la ville, entra en fonctions le 2 nivôse an X (23 décembre 1801).

Cet octroi ne donna pas d'abord de grands résultats; mais quand les approvisionnemens qu'on avait faits à l'avance furent épuisés et qu'il fallut les renouveler, les entrées devinrent plus importantes, et le revenu qu'on avait évalué par approximation à cinquante-cinq mille trente francs, fut peu de temps après mis en régie intéressée pour la somme de soixante et onze mille cent francs par an.

Ces ressources, jointes aux revenus particuliers de la ville, lui fournirent les moyens de combler un déficit de trois mille cinq cents à quatre mille francs qu'elle avait annuellement pour son propre compte, de verser vingt-quatre mille francs par an dans la caisse des hospices pour élever les recettes au niveau des dépenses, et d'ajouter pareillement par an cinq à six mille francs pour acquitter leurs dettes. L'octroi mit même le conseil à portée de voter des allocations pour les frais du culte, l'entretien de l'église et la réparation du presbytère.

Lors de la mise en régie intéressée de l'octroi pour un second bail, le prix s'éleva à soixante-seize mille francs et avait été calculé si juste que les bénéfices de l'adjudicataire ne s'élevèrent qu'aux sommes suivantes : Pour 1809, trois mille cent quatre-vingt-sept francs; pour 1810, trois mille huit cent cinq francs vingt-un centimes ; pour 1811, sept cent vingt-sept francs quarante centimes. Ce qui n'était certainement point une indemnité exorbitante pour les risques, la responsabilité et les fatigues qu'entraîne après elle une pareille gestion.

A l'expiration du bail, la perception des droits d'octroi fut faite par la régie des droits réunis, conformément au décret du 8 février 1812, puis revint à la ville, le 1er janvier 1815, en exécution de l'article 121 de la loi du 8 décembre 1814, et resta en régie simple.

Le conseil municipal, par suite de délibérations des 30 novembre 1820, 31 mai et 16 novembre 1822, demanda à l'autorité supérieure la régularisation de l'octroi, et de plus, la permission d'ajouter au principal du tarif une taxe supplémentaire sur les boissons, laquelle taxe, exempte du prélèvement de dix pour cent que le trésor perçoit sur les droits d'octroi, serait appliquée au remboursement d'un emprunt consenti pour l'achèvement de l'église, et cesserait à l'époque où cet emprunt serait complètement remboursé.

Sa Majesté, par ordonnance du 31 mars 1825, accorda l'addition supplémentaire que demandait l'autorité municipale, et aux clauses et conditions de la supplique. En conséquence, il fut fait un nouveau réglement pour l'octroi, et son rayon fut définitivement fixé.

En 1826, la ville se décida à mettre son octroi en ferme. Un cahier des charges fut dressé le 17 juillet de la même année, et la perception des droits, aux risques et périls du fermier, fut adjugée le 13 novembre 1826, pour cinq années, moyennant la somme de cent huit mille cinq cents francs par an.

La facilité avec laquelle se perçoit cet impôt, quoique beaucoup augmenté depuis l'époque de sa création, prouve que l'autorité qui le repoussait dans l'origine ne connaissait pas bien les ressources de la ville et la fortune des habitans.

§ III. ÉTABLISSEMENS DE BIENFAISANCE.

Hôpital de la Charité. — Le lecteur se rappelle sans doute d'avoir lu à la fin de la deuxième période de la première partie de cet ouvrage, qu'un officier de la maison de Philippe-Auguste, nommé Regnauld Larcher, fonda à Saint-Germain, dans le commencement du treizième siècle, un petit hôpital, dont il fournit l'emplacement et qu'il dota de ses deniers; que cet établissement, dont l'abbé Lebeuf attribue mal à propos la fondation à saint Louis, portait, en 1267, le nom d'*Hôtel-Dieu*, et était administré par des dames que l'on qualifiait de *sœurs;* et qu'au commencement du quinzième siècle, il était gouverné par des administrateurs. En 1649, on l'agrandit et il fut appelé *Maison de Charité pour les malades*. Les années suivantes, de nombreux besoins nécessitèrent un nouvel accroissement : on fit acquisition de terrains et de bâtimens sur les rues de Poissy et aux Vaches, parmi lesquels était l'ancien *hôtel de Navarre*, et l'on parvint à y placer soixante-dix lits.

Par lettres-patentes de juillet 1696, enregistrées le 24 janvier 1697, Louis XIV confirma les changemens qu'elle avait subis. Il l'autorisa à accepter les legs et donations qui pourraient lui être faits. Dans le préambule de ces lettres, il est dit que n'étant soutenue que par les bienfaits du roi, Sa Majesté veut, à cause de son importante utilité, la favoriser de manière à ce qu'elle puisse se maintenir et prospérer pour le bien des pauvres malades.

La chapelle de la Charité fut bénite le 16 juin 1697, et la fondation de celle de Saint-Michel y fut réunie, afin que les deux manses pussent pourvoir à l'entretien d'un prêtre. Les lettres-patentes portant confirmation du décret d'union furent enregistrées le 16 juillet 1698.

Le service de santé était confié à un médecin, revêtu du titre de *médecin du roi* dans l'étendue de la ville et des faubourgs.

Pendant la révolution, la maison perdit une partie de ses revenus, fut privée des libéralités des personnes charitables, et tomba dans une grande gêne. En l'an II, on y réunit un autre établissement tout aussi maltraité par les événemens.

HÔPITAL DES VIEILLARDS. — En 1680, madame de Montespan jeta à Saint-Germain les fondations d'un hôpital pour les pauvres vieillards des deux sexes. Pour cet effet, elle acheta un bâtiment dit aujourd'hui le *Vieil Hôpital* et un enclos contenant en superficie six cent trente-deux toises. Plus tard, elle y joignit un terrain avoisinant dont elle avait fait l'acquisition.

Il paraît qu'il fut, pendant les premières années, administré au nom et peut-être aux frais de cette dame; car de 1680 à 1686, les reçus des fournisseurs, pour linge, bois, vivres, médicamens, etc., sont ainsi conçus : *Reçu de la sœur....., pour le compte de madame de Montespan*, etc.

Déjà par l'arrêt du conseil, du 5 janvier 1681, et par brevet du 10 décembre 1682, le roi avait fait don à la ville de la place dont nous avons parlé à l'article *Halle aux grains et farines*, aux clauses et conditions que nous avons rapportées. Par lettres-patentes du mois de juin 1681, il confirma la fondation de l'hôpital ou plutôt le fonda de nouveau, et il ordonna que tous les mendians seraient enfermés dans cette maison : les valides pour être employés à des travaux proportionnés à leur force et à leur intelligence, les malades et les vieillards pour y être soignés, les uns jusqu'à leur guérison, les autres jusqu'à leur mort. Le 9 septembre, il donna encore une place de quatorze toises et demie de face sur la rue et près de la porte de Mareil. En janvier 1683, confirmation des libéralités royales, avec déclaration que les bâtimens construits sur les deux places pour le service et le profit de l'hôpital seront affranchis des droits de lods et ventes et de tout autre, sans payer au roi finance et indemnités.

Le 29 février 1684, Louis XIV donna un réglement pour son administration : il fut placé sous la surveillance et la direction de l'archevêque de Paris, du curé de Saint-Germain et de leurs successeurs, de Pélisson Fontanier, conseiller-d'état, maître des requêtes, de Sainctot, maître des cérémonies, et de deux habitans de la ville; un ecclésiastique, sous le titre de recteur, fut chargé de l'instruction spirituelle des pauvres, sur lesquels les directeurs eurent un droit limité de châtiment. Il obtint la faculté de recevoir les aumônes et donations qui lui seraient faites. Lors de la concession des lettres de maîtrise, l'obligation de lui faire une aumône fut imposée aux métiers que le roi jugerait à propos d'ériger en corporation, comme aussi à tous les maîtres de ceux déjà établis en corps de jurande. Ainsi doté il reçut le nom d'*Hôpital général*, et les armes de France furent apposées au-dessus de la porte d'entrée.

Le vieil hôpital étant devenu inhabitable, on fit construire sur la partie la plus élevée du terrain, et sur le bord de l'ancienne grande route de Normandie, la chapelle et les bâtimens qui existent encore, et on y transporta l'hôpital général. Ce nouvel établissement contenait quatre arpens trente et une perches. Celui qu'on abandonnait fut loué avec ses dépendances.

Par lettres-patentes de 1716, Louis XV confirma les bienfaits que son prédécesseur avait accordés à l'hôpital général de Saint-Germain, et l'enrichit de nouveaux priviléges.

M. Conygham, prieur-curé de la ville, par acte passé par-devant Me Courant, notaire, le 29 novembre 1741, et par délibération du bureau d'administration de la maison, en date du 18 avril 1744, fit don à l'hospice d'un capital assez important pour que les revenus pussent suffire à loger, nourrir, entretenir, et occuper aux travaux de leur sexe onze orphelines, qui devaient y rester gratuitement depuis l'âge de cinq ans jusqu'à celui de vingt. M. Evrine, recteur, fit, par actes du 30 octobre 1778 et du 9 mars 1782, une fondation pareille pour deux orphelines.

Le réglement de 1684 était toujours en vigueur; mais le 15 septembre 1783, Louis XVI, par arrêt du conseil-d'état, en donna un nouveau, dont les principales dispositions furent puisées dans l'ancien. Une des clauses, concernant les vieillards, porte expressément que nul n'y sera admis sans être natif de Saint-Germain, à moins toutefois qu'il n'y ait acquis domicile depuis dix ans.

Les personnes qui composaient alors la maison étaient au nombre de quatre-vingt-neuf, savoir : un ecclésiastique recteur; sept sœurs de charité; soixante vieillards des deux sexes, valides et invalides; treize orphelines; quatre jardiniers; un charretier; un garçon d'écurie; deux filles de basse-cour.

Ses revenus directs n'auraient pas suffi pour couvrir ses frais, aussi était-elle secourue par la munificence et la charité de nos rois. Au nombre des bienfaits de fondation, on doit citer une quête que la reine faisait faire le jour de la Chandeleur, dans la chapelle de Versailles, et dont la moitié, qui lui était destinée, s'élevait, année commune, à douze cent cinquante livres; le roi accordait, en outre, à titre de secours, une somme annuelle de quatre mille francs. Ces libéralités, jointes aux revenus de l'établissement, formaient une somme de dix-neuf mille cinq cent trente-neuf livres, qui le mettait à même de payer ses dépenses et de faire encore quelques épargnes.

Les événemens de 1789 lui ayant enlevé les secours qu'il obtenait de la famille royale, les dépenses ne purent être balancées qu'en y appliquant les économies précédemment faites. On parvint, à l'aide de ce moyen, jusqu'en 1791; mais l'année suivante, le retard dans le paiement des rentes et la suppression des droits dont il avait été doté, ayant mis dans la nécessité d'absorber toutes les ressources, il se trouva, en février 1792, en face d'un déficit de douze mille francs. Par un rapport du mois d'avril 1793, l'administration constata ce désolant état de choses, et déclara qu'elle ne pouvait y apporter remède.

Pour alléger un peu l'hôpital, il fut déchargé, en 1801, des frais que lui coûtaient les treize orphelines. Ces jeunes filles furent confiées aux dames de Saint-Thomas-de-Villeneuve, qui durent en prendre soin, en indemnité des avances que la ville avait faites pour l'acquisition de la maison qui leur avait été rendue. Ce faible adoucissement ne produisit qu'un résultat insignifiant.

Malgré les réclamations continuelles des autorités administratives, l'hospice des Vieillards resta neuf ans dans une sorte de dénuement, et par arrêté du 13 vendémiaire an XI (4 mars 1802), le gouvernement le réunit à celui de la Charité. L'article suivant fera connaître ce que devinrent ces deux établissemens confondus en un seul.

Les bâtimens et le terrain où l'hôpital des Vieillards était établi, ne produisant d'autres revenus que ceux résultant de la location des jardins, cette propriété devint une charge dont on pensa à se débarrasser. La vente en fut autorisée, et elle eut lieu le 5 avril 1817, moyennant trente et un mille francs, qui furent employés en achat de rentes sur l'état.

Hospice royal. — La réunion de l'hôpital des Vieillards à celui de la Charité ne pouvait rendre la vie ni à l'un ni à l'autre, et quoique dans des vues d'économie on eût supprimé une des deux administrations, on était dans l'impossibilité de porter remède au mal sans un secours extraordinaire.

La création de l'octroi municipal vint mettre un terme à cette détresse, et arrêter l'accroissement d'un déficit qui s'élevait déjà à trente mille francs. Ce secours donna la possibilité de faire rétablir et même de renouveler en partie le linge et le mobilier; chaque année on fit aux bâtimens les réparations nécessaires, et les dettes furent acquittées; enfin, cet établissement intéressant se releva et retrouva son ancienne prospérité.

Les entrées n'offrent rien de remarquable. Celle sur la rue de Poissy donne sur une première cour fort petite et entourée de bâtimens. Vis-à-vis est un perron conduisant à un vestibule qui communique, à gauche, à la salle *Sainte-Thérèse*, spécialement destinée aux femmes. L'ancienne chapelle de la Charité occupait une partie de l'emplacement sur lequel est située cette salle. L'autel est encore placé au point où elle se retourne d'équerre, et où elle va aboutir par un perron dans le jardin vis-à-vis de la rue d'Angoulême.

A droite du vestibule est une pièce où sont reçus les hommes; elle a le nom de salle *Saint-Louis*. Au point où, comme la précédente, elle fait angle, se trouve la chapelle neuve dont nous parlerons, et dont elle n'est séparée que par une grille en fer. De la cour d'entrée, on arrive à la salle de chirurgie et à la buanderie, où est un réservoir contenant cinquante muids d'eau et auprès un bassin en pierre pour laver le linge.

Au-delà, et passant par un corridor souterrain, on est conduit à un bâtiment dont le rez-de-chaussée forme la salle *Saint-Vincent*, occupée par les vieillards. Le premier étage est pour les femmes (salle *Sainte-Marie*), et le second sert à l'école gratuite que tiennent, pour les filles indigentes, les religieuses de la maison. Ces salles sont trop basses, trop étroites, et l'air ne peut y être renouvelé que difficilement.

Les jardins et les cours sont beaucoup trop petits, et n'offrent aux vieillards et aux convalescens que des promenades trop circonscrites, pour contribuer à l'entretien de la santé des uns et au rétablissement de celle des autres. Les malades sont d'ailleurs parfaitement soignés et tenus avec la plus grande propreté.

Les vieillards valides sont employés à quelques ouvrages intérieurs, faciles et proportionnés à leur force et à leur âge ; ils assistent aux prières et aux instructions journalières. Ils ont deux sorties par semaine en été, et une en hiver.

Le nombre des hommes était, dans l'origine, de trente, et il se maintint long-temps ainsi. Il est maintenant de trente-un, depuis la fondation d'un nouveau lit, par madame Oger, née Lecomte, et veuve en premières noces de M. Antoine Marin Lemière, de l'Académie française.

Les revenus de la maison s'élèvent à quarante-trois mille francs par an, savoir : vingt-trois mille francs du fermage de la halle, du loyer de quelques propriétés qui lui appartiennent, et d'un secours annuel de vingt mille francs que lui accorde le conseil municipal.

Elle est sous la surveillance de six administrateurs, dont fait partie le maire de la ville, qui en est le président né. Elle est desservie par des sœurs de charité et offre soixante-dix-neuf lits aux malades de l'un et de l'autre sexe : on ne pourrait y en ajouter que cinq, tant on a bien tiré parti du local et utilisé sagement les revenus.

Les malades sont distribués dans diverses salles, suivant leur sexe et le genre de maladie dont ils sont atteints. Voici l'ordre de cette distribution :

Hommes.

Blessés.	22 lits.	Salle *Saint-Louis.*
Malades.	14	
Atteints de maladies contagieuses.	5	Salle *Saint-François.*

Femmes.

Blessées.	14 lits.	Salle *Sainte-Thérèse.*
Malades.	24	

On traite annuellement dans ces trois salles quatre cents à quatre cent cinquante malades : il en succombe, année commune, de cinquante à soixante.

Cet établissement est habité par un aumônier, dix-huit sœurs, trois employés, trente-un vieillards hommes, et trente vieillards femmes.

Il a un médecin, deux chirurgiens et un receveur particulier.

Voici le tableau de sa consommation annuelle :

Farine.	125 à 130 sacs de 159 kilogrammes.
Viande.	9 à 10,000 kilogrammes.
Vin.	30 à 35 muids de 286 litres.
Bois de chauffage.	36 à 40 demi-décastères.
Bois de four. . . .	80 stères.

Les sœurs de la charité furent instituées en 1634 et 1635 par saint Vincent de Paule, avec le secours de madame Le Gros. Prodiguer aux malades les soins les plus dégoûtans, les veiller tour à tour durant les nuits entières, ne compter pour rien ni l'air infect des hôpitaux, ni l'aspect des mourans et du trépas, telles sont les occupations journalières de ces filles respectables et vertueuses, qui les remplissent avec un zèle et une constance qui paraîtraient incroyables, si l'on ne savait jusqu'à quel point la faiblesse peut se changer en force, lorsqu'elle est soutenue par des motifs de religion.

Les sœurs de la charité de Saint-Germain ont été installées dans cet hospice en 1745, par saint Vincent de Paule lui-même, lorsqu'il vint dans cette ville donner à Louis XIII les derniers secours de la religion.

En 1784, le curé de la ville proposa à ses paroissiens de contribuer à la dépense de la construction d'une petite église pour l'hospice de la Charité, et qui servirait en même temps de succursale pour la paroisse. M. A. F. Peyre fut chargé de ce projet, qu'il exécuta en y apportant la plus grande économie. La dépense totale de cette chapelle, dont le portail est entièrement en pierre de taille, ne s'est élevée qu'à seize mille huit cents francs, prix pour lequel avaient été faites les soumissions. La belle disposition de son plan, en croix latine, est d'une grande simplicité; sa petite façade, appareillée en refends, est couronnée d'un bel entablement dorique et d'un fronton; elle est ouverte par une porte en arcade, donnant entrée à la nef destinée au public. On trouve dans cette simple, mais judicieuse décoration, le caractère propre à l'édifice: de beaux profils et de belles proportions, qualités qui distinguent les ouvrages de l'habile architecte qui a dirigé cette construction. L'intérieur offre un berceau de voûte en plein cintre, dont un entablement continu et d'un profil pur porte sur les retombées. Des joints d'appareil, tracés sur les murs et les voûtes, sont, avec les niches du rond point les seuls ornemens de cette église. Elle a été restaurée, il y a peu d'années, par M. Lemoine.

La nef est séparée du chœur par une petite grille en fer; dans le chœur s'élève un autel en marbre, derrière lequel sont, dans trois niches ménagées dans la partie circulaire, trois statues mal exécutées, représentant la sainte Vierge, saint Louis et saint Jean-de-Dieu.

A droite du chœur est une chapelle dédiée à saint Vincent de Paule : elle est destinée aux vieillards. On y voit exposés trois tableaux très faibles. La chapelle de gauche est réservée aux sœurs; une grille qui s'ouvre sur la salle Saint-Louis, la termine.

Il existe au pied de la montagne de Saint-Germain, à mi-côte de l'ancien chemin de Marly, un emplacement qui, par son nom (*clos des malades*), tient à l'histoire des établissemens de bienfaisance de la ville. Quelques recherches que nous ayons faites, nous n'avons pu découvrir son origine. Il est permis de conjecturer que c'était une dépendance de l'ancien Hôtel-Dieu, et qu'il était destiné à la promenade des malades.

Cette propriété, aliénée d'après un décret du 20 mars 1813 sur les biens communaux, est enfermée aujourd'hui dans le parc de Grandchamps.

Bureau de Bienfaisance.—Cette institution, établie en vertu de la loi du 7 frimaire an V (27 décembre 1796), est régie par cinq administrateurs.

Son revenu, qui s'élève annuellement de douze à treize mille francs, se compose du produit des quêtes et des collectes faites à domicile, des offrandes déposées dans les troncs, des droits établis sur les bals, les spectacles, les foires, etc.; d'une rétribution à laquelle est assujétie une maison de prêt sur nantissement, tolérée dans la ville, et de fonds alloués par le conseil municipal.

Ce bureau donne des secours à près de quatre cents familles indigentes; il distribue des habillemens, des alimens, du bois de chauffage, des médicamens et des sommes mensuelles; il acquitte les mois de nourrice, les frais d'apprentissage, donne des layettes, etc., etc.

Deux sœurs de la charité sont spécialement chargées de donner à domicile des soins aux malades.

§ IV. CORPS MILITAIRES.

Garde nationale. — Elle forme un bataillon de cinq cent trente-quatre hommes effectifs, divisé en quatre compagnies, deux de grenadiers et deux de chasseurs, sous les ordres de l'autorité municipale.

Gardes-du-corps du roi. — Deux compagnies, celle de *Luxembourg* et celle de *Gramont*, sont en station chacune dans leur hôtel respectif.

Gendarmes d'élite. — Un officier, un maréchal-des-logis, deux brigadiers et vingt gendarmes se tiennent à Saint-Germain pendant les quatre mois que durent les chasses royales; il n'y reste, dans le courant de l'année, qu'un maréchal-des-logis, un brigadier et dix hommes attachés à la conservation pour la surveillance nocturne de la forêt.

Gendarmerie. — Une brigade, composée d'un maréchal des logis et de cinq gendarmes, est à la disposition du commissaire de police.

Sapeurs-pompiers. — Le service des pompes à incendie est fait par dix-huit sapeurs-pompiers et six surnuméraires, commandés par un sergent.

§ V. INSTRUCTION PUBLIQUE.

Pensionnats de jeunes gens. — Saint-Germain offrait autrefois de plus grandes ressources à l'instruction publique qu'aujourd'hui. Une institution tenue par M. *Mestro*, successeur de M. *Mac Dhermott*, réunissait les professeurs les plus distingués dans tous les genres, et fournissait aux élèves les moyens de faire des études solides et brillantes. Il en est sorti plusieurs personnages historiques appartenant à l'ancienne et à la nouvelle noblesse, dont quelques-uns occupent encore des places éminentes dans les administrations civiles, la marine, l'artillerie et le génie militaire.

A la mort de M. Mestro, sa maison passa dans des mains incapables de gérer, et cependant le conseil municipal de la ville fit des démarches pour obtenir de la faire ériger en collége communal. Cette faveur fut accordée par un décret : ses classes s'ouvrirent le 1er octobre suivant, et un arrêté du grand-maître de l'université, en date du 17 septembre 1812, en régla l'organisation et le régime.

Les dépenses annuelles étaient fixées à six mille cent francs répartis ainsi :

Au principal.	1200 fr.
Au professeur d'humanités.	1100
A celui de grammaire.	1100
Au professeur de mathématiques.	1100
Au maître d'élémens de latinité.	850
Et à celui de principes élémentaires. . . .	750
	6,100

A cette somme, la ville joignit plus tard cent cinquante francs pour achat de livres destinés à être donnés en prix aux élèves. Des gratifications furent promises aux professeurs qui se distingueraient dans l'accomplissement de leurs devoirs par leur zèle et leur exactitude. Ils avaient d'ailleurs la permission de donner des leçons particulières dans leurs momens de loisir.

Pour indemniser la commune des frais qu'entraînait l'entretien du collége, chaque élève payait, outre la rétribution universitaire, quatre francs par mois. Six places gratuites furent créées pour autant de jeunes gens.

Celui qui n'a pas su conduire à bien ses propres affaires est d'ordinaire mauvais administrateur de celles d'autrui. Cette réflexion si facile et si naturelle ne fut pas faite. Le successeur de M. Mestro trompa tellement la confiance, que la maison tomba dans une défaveur complète. Après avoir cherché en vain à remédier au mal, on éconduisit le principal. Le zèle et la capacité de celui qui le remplaça ne purent relever une institution qu'avaient paralysée deux années de mauvaise gestion, et que la jalousie s'attachait d'ailleurs à miner.

Les autorités voyant que leurs vues n'étaient pas remplies, en demandèrent la suppression à l'université. M. Cuvier, inspecteur de l'académie de Paris, engagea le maire à faire tous ses efforts pour combattre vivement la malveillance qui s'attachait à ruiner un établissement d'une haute utilité pour la jeunesse du canton et celle de la ville. Néanmoins le conseil municipal insista, et il fut fermé en 1814, à la fin de l'année scholaire. Aujourd'hui on paie annuellement onze cent vingt-cinq francs, pour l'entretien de deux *trois quarts* de bourse au collége royal de Versailles.

Une maison d'éducation, qui, sous tous les rapports, mérite la confiance des parens, occupe encore le même local.

On compte dans Saint-Germain trois autres institutions particulières, habitées ordinairement par quarante-deux pensionnaires et fréquentées par cent quatre externes.

Institut des Frères de la Croix. — Il fut autorisé par une ordonnance du 15 juin 1825 : il n'a qu'un établissement, situé, depuis son origine, rue de Noailles. Le but de cet institut, dont le fondateur supérieur est un prêtre séculier, est de former des maîtres pour les écoles primaires des villes et surtout des campagnes. On y est admis à l'âge de dix-huit ans. Les élèves y sont préparés aux fonctions auxquelles on les destine; et après un noviciat d'un ou deux ans, ils sont envoyés dans les lieux où on les demande, pour instruire et catéchiser les enfans, chanter au lutrin, remplir les fonctions de sacristain, etc. Leur costume se rapproche de celui des prêtres séculiers. Les écoles de Poissy et celles de deux autres communes sont dirigées par eux.

Dans son état le plus prospère, cette maison n'a compté que douze à quinze élèves; elle est réduite à quatre, et l'on doute fort qu'elle puisse se maintenir.

Frères de la Doctrine chrétienne. — Pendant sa résidence à Saint-Germain, la reine d'Angleterre y fonda une école de charité, et constitua une rente de cent livres pour les appointemens du maître, qui jouissait en outre de différens casuels, tels qu'une quête de vin au pressoir, le port de l'eau bénite, etc. C'est à ce maître que les frères des écoles chrétiennes ont succédé.

M. Conygham, constitua, par acte du 7 novembre 1741, une rente de cinq cents livres, pour l'entretien de deux frères, chargés de tenir l'école dont l'archevêque permit l'ouverture le 8 avril 1745.

Par brevet du 21 janvier 1749, le roi accorda aux habitans l'hôtel de la chancellerie pour y établir les écoles gratuites. M. Legrand, prieur-curé, afin d'employer des fonds qui lui avaient été remis par différentes personnes pieuses pour des œuvres de charité, créa une rente de trois cents livres, par acte du 8 août 1783. Le 11 du même mois, le sieur Jacquelin en constitua une de trois cent soixante-deux livres dix sous. Ces rentes mirent la ville à même d'appeler deux autres frères. Enfin une rente de trois cent soixante livres, assignée le 27 janvier 1786, permit d'en entretenir un cinquième. Outre ces rentes, l'établissement en possédait encore une de six cent quatre-vingt-dix-sept livres dix sous, par édit de novembre 1767 et contrat du 18 janvier 1786, et une de cent livres, par contrat du 11 mars 1788.

En avril 1791, les frères ayant refusé de prêter le serment qu'on exigeait d'eux, manifestèrent l'intention de quitter la ville. Le corps municipal leur fit défense de disposer de leur mobilier et de penser à se retirer avant d'avoir prévenu six mois d'avance. Sans se laisser effrayer par cet ordre, ils partirent le 19 du même mois, emportant seulement leurs vêtemens, et laissant leur maison à la garde de leur supérieur.

On apposa les scellés sur leur mobilier, on s'empara des contrats de rente; et le 18 juin suivant, cinq instituteurs laïcs, aux appointemens de trois cents livres chacun, furent installés à leur place et payés par la ville.

Revenus en 1806, ils ont rouvert leur école dans leur ancien domicile. Ils instruisent habituellement trois cent trente à trois cent cinquante élèves, répartis en quatre classes, et ils coûtent annuellement à la ville une somme de quatre mille deux cents francs, ainsi divisée :

Traitement des cinq frères à 600 fr.	3000
— du chapelain.	400
Chauffage des élèves.	400
Entretien du mobilier (il a été fourni par la ville).	300
Prix d'encouragement aux élèves.	100
Somme égale. . .	4200

L'affluence des enfans qui fréquentent leur école les force assez souvent de s'adresser à leur général pour obtenir un sixième maître.

L'institut des frères de la doctrine chrétienne date de l'année 1679. La première maison fut établie à Reims, par Jean Baptiste de la Salle, chanoine de la cathédrale, aidé d'Adrien Niel de Laon.

La grande utilité de cette entreprise fut bientôt généralement reconnue, et un grand nombre de nos villes s'attachèrent ces nouveaux instituteurs. Ils ont maintenant en France deux cent trente-deux établissemens, trois à Rome, autant dans l'île de Bourbon, et deux à Cayenne. L'église a sanctionné leur règle, et Louis XV leur a donné une existence légale par des lettres-patentes de 1725.

On doit à cet institut d'avoir rendu l'instruction plus facile et plus populaire. Les frères jouissaient dans le silence de l'humilité religieuse, de l'estime due à l'utilité de leur association, et ils ne soupçonnaient guère que leur méthode serait un jour le sujet de graves discussions. De l'enseignement simultané à l'enseignement mutuel il n'y avait qu'un pas, les Anglais le firent, et nous les imitâmes; mais la mutualité rencontra des adversaires passionnés qui arrêtèrent ses progrès. Ainsi, par un de ces caprices de la fortune qui ne sont pas rares, nos bons frères, qu'on nommait jadis *ignorantins*, ont trouvé, dans l'invention qui devait décréditer leurs écoles, la cause inattendue d'un succès qui doit engager leur général à adopter un perfectionnement qui offre trois avantages notables : promptitude dans la démonstration, facilité dans l'étude, et plus grande émulation parmi les élèves.

Pensionnats de Demoiselles. — Parmi les institutions que Saint-Germain possédait autrefois pour l'instruction, nous devons rappeler celle que dirigeait madame Campan. Cette célèbre institutrice a laissé des souvenirs qui rendront toujours sa mémoire chère aux habitans et surtout aux jeunes personnes qui ont reçu d'elle et des professeurs recommandables qui la secondaient, ces connaissances utiles et ces talens qui prètent tant de charmes et de grâces aux femmes de la haute société.

Si la ville ne renferme plus un établissement aussi brillant, néanmoins on peut citer encore deux pensionnats de demoiselles du premier ordre, où on ne néglige rien pour répondre aux vues des mères de famille. Ils comptent quarante-huit pensionnaires et soixante-dix-huit externes.

Les institutions du second degré n'ont point de pensionnaires : elles sont au nombre de trois, qui réunissent environ cinquante externes.

Trois ou quatre autres petites écoles sont fréquentées par quarante externes.

MAISON ROYALE DES ORPHELINES DE LA LÉGION-D'HONNEUR, *aux Loges*. — En 1811, le gouvernement acheta les bâtimens et dépendances de l'ancien couvent des Loges, pour en faire un établissement dans lequel de jeunes orphelines, filles de légionnaires, seraient élevées gratuitement.

Il fut mis sous la surveillance de l'administration de la Légion-d'Honneur, et il fut desservi par une nouvelle congrégation de religieuses, connue sous le nom de *Congrégation de la Mère de Dieu*.

Le 19 juillet 1814, il fut supprimé; puis le 27 septembre de la même année, rétabli sur les mêmes bases, pour la même destination, et rendu aux dames qui en avaient eu jusque-là la direction. Il fut revêtu du titre de *Succursale de la maison de Saint-Denis*.

Le chancelier de la Légion-d'Honneur est à la tête de l'administration de la maison; le gouvernement intérieur en est confié aux religieuses, qui doivent lui rendre compte de l'état journalier des affaires. La première de ces dames a le titre de *générale;* la seconde, celui de *supérieure;* une *assistante* a pour fonction de les suppléer. Une *économe* est chargée des dépenses de la maison. Les autres dames, au nombre de cinquante, donnent, chacune dans ses attributions, leurs soins aux jeunes élèves : elles sont assistées par vingt sœurs converses, qui font le service.

Trois ecclésiastiques sont chargés du spirituel : ils sont nommés par le grand-aumônier, et ils reçoivent l'institution canonique de l'évêque diocésain.

Le nombre des élèves est fixé à deux cent vingt. On les reçoit depuis l'âge de sept ans jusqu'à celui de douze ; on les instruit sur la grammaire, l'écriture, l'arithmétique, la géographie, l'histoire sainte, l'histoire ancienne et la moderne : la musique, le dessin et les langues étrangères sont à la charge des familles ; le maître de danse est rétribué par la grande chancellerie. On leur enseigne en outre tous les ouvrages de broderie et d'aiguille qu'il convient à leur sexe de connaître. A dix-huit ans accomplis, elles sortent de la maison.

Cette institution est parfaitement tenue, et ne laisse rien à désirer sous le rapport de la religion, des mœurs, de l'instruction et des soins physiques.

La superficie du terrain qu'elle occupe est de vingt-deux arpens, dont seize en bois, quatre en jardins, et deux occupés par les bâtimens et les cours.

INSTITUTION DES DAMES HOSPITALIÈRES DE SAINT-THOMAS-DE-VILLENEUVE. — Instituées en Bretagne en 1660, par le Père Ange-le-Proust, augustin réformé, ces dames s'établirent à Paris au mois d'août 1700, et à Saint-Germain vers la même époque ; mais elles n'obtinrent qu'en 1726 les lettres-patentes qui autorisèrent leurs maisons.

Le but de leur introduction dans cette dernière

ville, fut de prendre soin de l'éducation des pauvres demoiselles anglaises, irlandaises et écossaises qui appartenaient aux familles émigrées à la suite de Jacques II, et qui étaient peu secourues depuis la mort de ce prince. Conformément à ce but, ces religieuses ouvrirent une école gratuite qu'elles tinrent jusqu'en 1790, époque à laquelle la révolution les força de se disperser.

Madame Tascher, tante de l'impératrice Joséphine, qui faisait partie de cette communauté, fut dénoncée, arrêtée et conduite devant le comité révolutionnaire de Saint-Germain, comme entachée d'aristocratie. Le président lui ayant demandé ce qu'elle avait à répondre à l'accusation qu'on élevait contre elle, cette dame dit qu'effectivement elle appartenait à la classe privilégiée, mais que depuis trente ans elle avait fait le sacrifice de sa noblesse, et déposé ses titres aux pieds des pauvres. Elle fut renvoyée absoute.

Par décret du 13 floréal an III (2 mai 1795), la maison de ces religieuses fut mise en vente, comme domaine national : l'administration du district et la municipalité de Saint-Germain en achetèrent une partie pour y établir leurs bureaux, et une portion du jardin fut vendue à un particulier. Quant à leur église, elle servit de temple aux théophilanthropes en l'an VI (1797).

Le 28 ventôse an IX (19 mars 1801), madame Walsh de Valois, qui avait été supérieure du couvent de Saint-Thomas, demanda que cette propriété fût rendue à sa première destination. Sa requête fut renvoyée au préfet de Seine-et-Oise, qui, par un arrêté du 9 floréal an XI (29 avril 1801), fondé sur ce que ces dames étaient vouées par leur institut au soulagement des malades et des indigens, décida qu'il y avait lieu à leur appliquer les lois des 2 brumaire an IV (24 octobre 1795) et 16 vendémiaire an V (7 octobre 1796), rendues en faveur des établissemens de bienfaisance; et qu'en conséquence la maison dont il s'agit étant rentrée dans le domaine national, faute par les acquéreurs d'en avoir payé le prix, elle serait mise, avec ses dépendances, à la disposition du bureau de bienfaisance de Saint-Germain, comme faisant partie du patrimoine des pauvres de la ville, et qu'elle serait administrée par ce bureau et desservie par les anciennes filles de charité, dites de *Saint-Thomas-de-Villeneuve*.

La commission administrative des hospices ayant reconnu les services rendus avant la révolution par ces religieuses, les invita, par délibération du 11 messidor an IX (30 juin 1801), à rentrer dans la maison qu'elles avaient occupée, à la condition de secourir les pauvres en leur qualité d'hospitalières, ou d'instruire les jeunes filles sous la surveillance de la mairie et du bureau de bienfaisance.

Pendant la détresse des hospices, on déchargea, ainsi que nous l'avons dit, celui des vieillards de l'obligation de nourrir, d'entretenir et d'élever à ses frais les treize orphelines que MM. Conygham et Évrine, fondateurs, y avaient introduits. Les dames de Saint-Thomas durent se charger de cette fondation à leurs frais, et rétablir en outre les écoles publiques et gratuites. Le reste de leur maison fut laissé à leur disposition pour y former un pensionnat de demoiselles, et louer à des dames les logemens dont elles n'auraient point l'emploi. Les charges dont nous parlons leur furent imposées, pour servir de dédommagement à la ville des avances qu'elle avait faites pour l'acquisition de la propriété qui leur était rendue.

Le 2 floréal an XI (22 avril 1803), la commission des hospices, prenant en considération l'augmentation du prix des vivres, et les dépenses inévitables que les dames de Saint-Thomas allaient être obligées de supporter pour réparer leurs bâtimens, leur accorda, jusqu'à révocation, un secours annuel de deux mille six cents francs, ou deux cents francs pour chacune des orphelines. Plus tard, leur établissement fut mis sous la protection de Madame, mère de l'empereur, qui l'honora d'une bienveillance particulière.

Un décret impérial du 3 février 1808 leur accorda la maison qu'elles occupent à Saint-Germain, un secours de dix mille francs pour les réparations, et une subvention annuelle de trois mille francs. Un second décret, du 1er avril de la même année, les confirma dans la jouissance qui leur avait été concédée, à la charge par elles de se soumettre aux clauses et conditions du traité qu'elles avaient souscrit avec l'administration des hospices le 11 messidor an IX.

Quoique ce traité eût été confirmé par le décret

du 1er avril, madame la supérieure se prévalant de celui du 3 février, quoiqu'antérieur, demanda à la ville une indemnité pour les orphelines. Le conseil s'en tenant à la lettre du décret du 1er avril et au traité du 11 messidor an IX, et jugeant que les besoins qui avaient nécessité le secours annuel ayant cessé par le don de dix mille francs qu'elles avaient reçu de Napoléon, et par la subvention de trois mille francs qu'il leur accordait, leur retira ce secours.

Madame la supérieure réclama contre cette décision, et, appuyée de Madame, mère de l'empereur, elle obtint du préfet de Seine-et-Oise un ordre qui enjoignit au maire de payer l'indemnité demandée. Enfin, après délibération du conseil municipal du 28 novembre 1812, cette indemnité fut maintenue par le préfet à deux cents francs, comme par le passé. En 1820, madame la supérieure fit valoir au conseil l'augmentation du prix des vivres et demanda un dédommagement de cent francs par enfant. Cette réclamation fut admise, et depuis cette époque, quoique les subsistances ne se soient pas toujours conservées au prix élevé où elles étaient alors, la ville a continué à payer trois cents francs par orpheline.

Le nombre des religieuses de chœur et des sœurs converses n'est pas fixé pour Saint-Germain; il varie suivant le nombre des élèves et selon les besoins. Le chef-lieu de la congrégation est dans la rue de Sèvres, à Paris, où habite la générale. C'est là que les postulantes sont admises et que les novices prononcent leurs vœux.

La communauté des dames de Saint-Thomas se compose d'une supérieure, de six religieuses, de quatre sœurs converses, de deux sous-maîtresses, et d'un aumônier qui n'y réside pas. Le service se fait par trois domestiques.

Cet établissement réunit trente-deux élèves pensionnaires, quatre-vingt-dix externes, et les treize orphelines. On y tient une classe gratuite où quarante-huit jeunes filles reçoivent l'instruction morale et religieuse. La ville paye par an quatre cent francs pour cette école.

Les orphelines appelées à jouir du bienfait de la fondation ne doivent pas avoir plus de douze ans; on exige qu'elles soient originaires de Saint-Germain, ou filles de personnes domiciliées dans la ville depuis dix ans au moins. On choisit de préférence celles qui sont orphelines de père et de mère; ensuite celles dont le père ou la mère existe, mais se trouve dans l'impossibilité de les nourrir et de les élever; enfin, à leur défaut, on admet celles dont les parens sont surchargés d'enfans.

Ces jeunes personnes restent dans la maison jusqu'à l'âge de vingt ans. On les met en état de fournir à leur subsistance par le travail, de sorte que lorsqu'elles rentrent dans le monde elles peuvent y exercer une profession, ou s'y placer convenablement.

Les principes qui dirigent les dames de Saint-Thomas dans l'éducation morale de la jeunesse confiée à leurs soins, sont basés sur une piété tendre et éclairée, dégagée des pratiques minutieuses. Les offices sont réglés de manière à ne pas fatiguer par leur longueur. On ne perd point de vue que la femme est destinée aux soins domestiques de la famille, et par conséquent on bannit de leur éducation, comme dangereux ou ridicule, tout ce qui peut en faire des beaux-esprits et des savantes.

Du reste, comme dans les autres pensionnats, on enseigne l'écriture, la grammaire, l'histoire, la géographie, l'arithmétique, les langues étrangères vivantes les plus utiles, les arts d'agrément, tels que le dessin, la musique et la danse. On y joint les ouvrages à l'aiguille et les travaux qui sont de nature à inspirer aux élèves l'amour de l'ordre et de l'économie.

Une chapelle était indispensable à un tel établissement : M. Peyre fut chargé de sa construction. L'entrée destinée au public est dans la rue d'Angoulême. Elle s'annonce par un pérystile de quatre colonnes d'ordre ionique surmontées d'un fronton. Ce portique ne se rattache en rien à la façade et n'est là qu'indicatif, et simplement pour couvrir la grande porte. L'intérieur est une coupole élégante dans le sommet de laquelle l'architecte ingénieux a ménagé une tribune circulaire. Cette coupole, aussi grande que la nef, repose sur une corniche architravée qui fait le tour de sa base et se rattache aux colonnes qui séparent de la nef les deux bas-côtés. Deux autels placés symétriquement sont consacrés, l'un à la Sainte-Vierge, l'autre au Sacré-Cœur; l'un des côtés est réservé aux pension naires et aux dames locataires de la maison. Pour celles-ci, il y a plusieurs petites cellules ménagées dans les reins de la coupole, et qu'éclaire un seul carreau inaperçu placé dans les plis des refends.

Religieuses de la Congrégation de la Nativité de Notre-Dame. —Cette association, autorisée par ordonnance royale du 7 juin 1826, a été établie en 1821. Elle occupe une partie du local où était l'institution de madame Campan. De grands changemens ont été faits aux bâtimens; on y a joint de nouvelles constructions et une chapelle. Tout est vaste et commode; rien n'y manque.

Ces religieuses tiennent un pensionnat réunissant une soixantaine d'élèves; une classe gratuite est ouverte à un certain nombre de jeunes filles indigentes. Toutes y sont élevées avec beaucup de soin. Outre l'éducation commune, les pensionnaires reçoivent des leçons de dessin, de musique et de danse.

La communauté se compose aujourd'hui d'une supérieure-générale, qui est éligible et quinquennale, d'une assistante (supérieure-locale), de quarante-huit religieuses de chœur et de douze converses. Le nombre de ces dames paraît d'abord considérable; mais il faut qu'on sache qu'elles seront réparties dans d'autres maisons que projette d'établir ailleurs le zélé et actif fondateur de cette association.

La chapelle de ce couvent est jolie et bien ornée. Il y a un jeu d'orgues. Les tableaux de saint Charles Borromée, de saint François-de-Sales et de sainte Chantal, qui la décorent, ont de l'effet. L'office divin s'y fait avec solennité, et il n'est pas rare de voir des prélats y pontifier.

ÉCOLE DES SOEURS DE CHARITÉ. — A leurs autres occupations ces bonnes religieuses joignent une école gratuite fréquentée par environ cent quatre-vingts jeunes filles.

§ VI. INSTITUTIONS DU CULTE.

ÉGLISE PAROISSIALE. — Nous savons déjà qu'après l'invasion des anglais en 1346, et la destruction du prieuré et du bourg de Saint-Germain, Charles V fit construire une église distincté de l'ancienne chapelle du monastère, et que la considérant comme paroisse royale, il voulut qu'elle fût entretenue et réparée à ses frais. Les successeurs de ce prince, s'imposant la même obligation, déléguèrent sur les coupes de la forêt les fonds nécessaires aux réparations annuelles de cet édifice, qui fut dédié à Saint-Germain, évêque de Paris, parce que c'était sous son invocation qu'avait été placé l'autel du prieuré bâti par le roi Robert. En 1660, on abattit les deux clochers et on les remplaça par une tour fort basse, mais très solide. On démolit également deux chapelles fondées par un ancien curé nommé Boulard, et en 1676, on construisit un portail. Il devint indispensable d'agrandir l'église peu de temps après. Louis XIV accorda à cet effet une somme de quarante-six mille neuf cent cinquante francs, et il fut décidé qu'on l'élargirait en prenant sur le terrain qui supportait autrefois une partie des bâtimens du prieuré. Le sieur Désoleux, alors prieur-curé, se trouva obligé d'en céder vingt-trois toises pour placer la sacristie et les salles pour les catéchismes; mais ne pouvant en aliéner le fonds, il fut passé, le 18 mars 1681, un acte entre lui et les marguilliers, par lequel la paroisse s'obligea à faire dire une grand'messe tous les ans le 1er de mai, à l'intention du curé Désoleux et de ses successeurs, et à payer une redevance annuelle de dix sols.

Au moyen de cet accord, on put faire travailler à la démolition d'un ancien bas-côté de l'église, dont les arcades et les piliers étaient minés par les eaux. Le 12 septembre 1681, une grande partie du chœur et de la nef s'écroula pendant l'office; mais il n'y eut heureusement personne de blessé. Le ministre Colbert reçut du roi l'ordre de se transporter sur les lieux et de reconnaître l'état du reste des bâtimens. Sur le compte qu'il rendit, S. M. ordonna la reconstruction générale, et la direction en fut confiée à Mansard son architecte.

La première pierre fut posée, au nom du roi, par le duc de Noailles, dans le courant de mars 1682. On plaça trois médailles, deux en argent aux effigies de Louis XIV et de la reine, et la troisième, en plomb, portant les noms et qualités du duc de Noailles; et sur leurs revers une inscription pareille à celle écrite sur la porte de l'édifice du côté du château, et conçue en ces termes : « Cette église a été » rebâtie du règne et des bienfaits du roi Louis XIV, » dit le Grand, en 1682. » Les travaux furent poussés avec une telle activité qu'ils furent achevés en un an. Le 10 avril 1683, veille du dimanche des Rameaux, l'archevêque de Paris vint faire la bénédiction solennelle en présence du duc de Noailles, chargé de représenter Sa Majesté à cette cérémonie. Les habitans, en reconnaissance des bontés du roi, arrêtèrent qu'ils célébreraient tous les ans l'anniversaire de sa naissance par une procession, suivie d'un *Te Deum* et d'un feu de joie qui serait allumé devant le portail de l'église; qu'après son décès, cette procession serait remplacée par un service des morts. On rendit notoire cette fondation par une inscription sur marbre blanc, placée dans le chœur. L'archevêque de Paris approuva ces dispositions par un mandement daté du 7 mai 1683. Ce prélat y officia pontificalement la première fois en présence du clergé et du marquis de Montchevreuil, gouverneur de la ville. Jacques II et la reine son épouse, tant qu'ils occupèrent l'asile qu'ils tenaient de la bonté du roi, assistèrent en personne à cette fête et mirent le feu aux combustibles préparés sur la place.

On conservait dans le chœur quelques reliques précieuses. Du temps de l'abbé Lebeuf, on n'y montrait plus celles de saint Germain, quoiqu'on célébrât la fête de sa translation, le dimanche après le 25 juillet; mais on y possédait, dans une châsse qui se voyait dans la nef, quelques restes de saint Charles Borromée, et d'autres reliques encore assez nombreuses, que par discrétion il ne nomme pas, dans la crainte, dit-il, « qu'on ne les confonde avec

» celles d'un grand pape dont on ne peut pas
» prouver qu'elles soient. »

L'église paroissiale devint encore une fois insuffisante pour le nombre des fidèles. Louis XV ordonna donc d'en rebâtir une sur un plan plus vaste ; et pour assurer l'exécution de ses ordres, il assigna, par arrêt de son conseil d'état en date du 20 juillet 1746, d'abord sur les économats, ensuite sur les loteries de Saint-Sulpice et de la Pitié, des sommes annuelles. Elle ne fut point commencée sur-le-champ, et les sommes assignées s'étant accumulées, finirent par former un capital qu'on décida d'appliquer à sa destination en 1764.

Par arrêt du 15 février 1765, on adopta, de préférence à tous ceux qui avaient été présentés, les plans de M. Potain, parce qu'ils offraient les moyens de bâtir sur le même emplacement sans interrompre le service divin, en réservant une partie de l'ancienne église pendant la construction de la nouvelle; que de plus ils la laissaient dans la même position, au centre de la ville et en face du château; ensuite que l'exécution de ces plans ne mettraient pas le roi dans l'obligation d'acheter autant de maisons et de terrains, puisque l'on s'étendrait en partie sur la place du château dont il accorderait la portion nécessaire, et sur les dépendances de l'ancien prieuré qui lui appartenaient déjà; enfin parce que l'économie bien entendue qu'ils présentaient, mettait Sa Majesté à même d'ajouter au don d'une église celui d'un presbytère, en remplacement de l'ancien, devenu inhabitable.

En conséquence, on délivra une première somme de deux cent deux mille deux cent dix-neuf livres pour achat des maisons qu'il fallait abattre, et on commença les travaux préparatoires. La première pierre fut posée le 20 novembre 1766, au nom du roi par le duc d'Ayen, fils du gouverneur de la ville et son représentant, avec les cérémonies accoutumées.

Une nouvelle somme de trois cent mille livres ayant été accordée aux entrepreneurs, cent vingt-cinq mille furent employées aux premières constructions et au paiement de ce qu'il restait de propriétés à acheter; mais la somme de cent soixante-quinze mille livres, demeurée disponible, fut reconnue insuffisante pour l'achèvement de l'édifice, en se conformant aux premiers plans; de sorte que les travaux furent suspendus pendant plusieurs années. M. Potain fut invité, en 1787, par l'intendant du roi, à en fournir d'autres capables de réduire les dépenses. Cet architecte les présenta. Louis XVI en ayant pris connaissance, et approuvant les modifications apportées dans les premiers, les adopta. L'entreprise fut adjugée le 25 avril 1787 aux frères Sandrier, moyennant la somme de trois cent cinquante-neuf mille quatre cent livres, qui devait leur être comptée au fur et à mesure de l'avancement des constructions, et à la charge par eux de les avoir terminées dans l'espace de trois ans.

Le 28 juillet de la même année, il fut rendu par le conseil un arrêt qui régularisa ce marché. Louis XVI compléta de nouveau les trois cent mille livres, sur lesquelles la ville n'en a reçu que cent cinquante mille; il fut dit que les fonds seraient employés, et que si le roi ne jugeait pas à propos de faire de nouveaux sacrifices, les habitans feraient terminer les constructions à leurs frais, dans le cas où elles se trouveraient imparfaites après l'épuisement des sommes promises.

Les versemens ne furent effectués qu'à de grandes distances, et par à-comptes insuffisans. Le sieur Sandrier, qui depuis la signature de son marché avait poussé vivement ses travaux, fut obligé de les ralentir. A peine était-on parvenu à la moitié de l'exécution du bâtiment à la fin de 1790. La valeur de la partie achevée pouvait monter, sauf réglement, à cent soixante-sept mille trois cent quarante-cinq livres, et l'entrepreneur n'en avait reçu que cent huit mille cinq cents; il fallait donc encore, pour terminer, cent quatre-vingt-douze mille cinq cents livres.

L'architecte Rousseau, gendre et successeur de M. Potain, demanda, le 15 mars 1791, qu'on avisât aux moyens d'achever l'édifice en deux ans, parce que les combles n'étant pas encore posés, il en résulterait des inconvéniens majeurs; et qu'au point où on en était, il devenait nécessaire de démolir ce qui restait de l'ancienne église, et que l'on pourrait célébrer provisoirement le service divin dans celle des Récollets. De son côté, l'entrepreneur demandait, pour terminer dans ce laps de temps, qu'on lui assurât une somme de deux cent mille livres, payable en plusieurs parties; laquelle somme, ajoutée à celle de cent huit mille cinq cents livres déjà reçue, serait imputée sur son marché de trois cent cinquante-neuf mille quatre cents livres.

La loi du 21 septembre 1790, qui avait décidé qu'il ne serait plus donné de fonds par le trésor pour la réparation des églises, presbytères, hôpitaux, etc., appartenant aux communes, semblait devoir contrarier les demandes de l'architecte et des entrepreneurs; mais comme l'assemblée nationale s'était réservé de statuer sur les églises et édifices commencés, ils se prévalurent de cette dernière partie de la loi pour présenter un mémoire au ministre, le 28 août 1791, et solliciter une avance jusqu'à la liquidation. Les événemens politiques qui survinrent alors ne permirent pas au gouvernement de s'en occuper; il arriva d'ailleurs un temps où une semblable demande aurait été fort mal accueillie. L'église resta donc où elle en était. Les sieurs Sandrier, chargés en même temps de deux autres entreprises semblables, éprouvant partout des retards dans leurs rentrées, et pressés par leurs créanciers, furent forcés de déposer leur bilan.

Jusqu'en 1816 l'office continua d'être célébré dans la portion de l'ancienne église restée debout; mais elle menaçait ruine, et le 21 août de cette année-là le conseil municipal, par délibération qui établit le budget de 1817, demanda l'allocation annuelle de la somme de quinze mille cent quarante-huit francs cinquante-un centimes pour être employée aux travaux abandonnés depuis vingt-six ans. M. Trou, architecte, fut chargé de faire un devis, en prenant pour base les plans modifiés de M. Potain. Il présenta un projet qui portait la dépense à quatre cent soixante-neuf mille quatre cent soixante-quinze francs quatre-vingt-onze centimes, défalcation faite d'une somme de vingt-cinq mille francs, valeur approximative des matériaux provenant des démolitions à faire; il fut discuté, et copie de la délibération qui eut lieu à ce sujet fut adressée au préfet, et resta trois ans enfouie dans les cartons. Cependant, comme on était exposé chaque jour à voir écrouler le lieu où l'on officiait, le conseil de la commune renouvela sa demande et obtint qu'on s'en occupât.

Divers projets furent présentés, et on s'arrêta à celui qui s'éloignait le plus du plan sur lequel on avait élevé les constructions déjà faites; ce qui était en contradiction avec le vœu émis précédemment par le conseil municipal. Sans doute qu'en s'écartant de ses premières intentions, et donnant la préférence au plan de M. Moutier, architecte, fait en commun avec M. Malpièce, vérificateur expert, le conseil fut séduit par l'espoir de faire une économie, parce que, d'après le devis, la dépense ne devait monter qu'à quatre cent quarante-un mille francs, somme moindre que celle exigée par ceux des autres architectes. Nous allons voir comment son attente fut trompée.

Une loi du 21 juillet 1824 autorisa la ville à faire un emprunt de quatre cent mille francs, et à s'imposer extraordinairement pendant douze ans, par addition à ses contributions foncière, personnelle et mobilière, jusqu'à la concurrence de douze mille francs par an. Une taxe additionnelle fut comprise au tarif de l'octroi pour être spécialement affectée à l'emprunt consenti par la commune, et cesser d'être perçue à l'époque où il serait complètement remboursé. Avec ces ressources, les travaux furent entrepris et conduits avec assez d'activité.

Cependant, les plans et devis de MM. Moutier et Malpièce, quoique revêtus de la sanction de toutes les autorités, furent critiqués avec raison par une partie du conseil municipal et par le clergé, comme ne présentant pas les convenances nécessaires. Deux membres du conseil des bâtimens civils se transportèrent à Saint-Germain, pour aviser au moyen de faire coordonner les constructions à faire avec celles déjà faites d'après le projet, et procurer au clergé des chapelles qu'il demandait et que ne lui offrait point le plan. On arrêta définitivement ces changemens, qui, joints à une erreur de calcul de la part des architectes, et à quelques améliorations adoptées le 3 mai 1825 par le conseil, donnèrent lieu à un surcroît de dépense fixé à cinquante mille huit cent trente-six francs quatre-vingt-dix centimes. On devait espérer, en accordant cette somme, qu'elle suffirait à l'achèvement total de l'église; cependant l'administration, en examinant l'état des travaux, au commencement de 1826, reconnut l'impossibilité que les fonds fussent suffisans. On exigea que les comptes de tous les entrepreneurs fussent arrêtés, autant qu'il serait possible, et qu'il fût présenté un aperçu des ouvrages qui demeuraient encore à exécuter. On sut alors que la dépense générale s'éleverait à six cent soixante-quatorze mille trois cent quarante-neuf francs soixante-trois centimes.

On se trouva rejeté prodigieusement loin des premiers calculs. Dans l'origine, le devis était de quatre cent quarante-un mille francs, y compris vingt-cinq mille francs pour travaux imprévus. L'adjudication donna un rabais de cinquante-deux mille neuf cent trois francs, et les matériaux de la vieille église, qui entraient aussi en déduction du devis, furent vendus trente mille deux cent soixante-dix francs. Ainsi, les architectes qui s'étaient engagés à construire l'église pour quatre cent huit mille six cent soixante-trois francs quatre-vingt-dix centimes, en comprenant le supplément accordé en 1825, présentaient un excédant de dépense de deux cent soixante-cinq mille six cent quatre-vingt-cinq francs soixante-treize centimes, et leur imprévoyance ne s'arrêta pas là.

Le conseil municipal sentant la nécessité d'achever l'édifice, malgré la charge énorme que sa construction devait imposer aux habitans, se décida à un nouvel emprunt de cent trente mille francs, qui fut autorisé par la chambre des Députés, le 3 avril 1827, et par celle des Pairs, le 29 mai suivant. Quoique dès lors on dût regarder ce sacrifice comme le dernier, et que les architectes eussent été censurés par le conseil des bâtimens civils, ainsi que par les rapports faits aux deux chambres sur la loi relative au second emprunt, ils présentèrent néanmoins à la fin des travaux des comptes réglés définitivement, montant à huit cent neuf mille quatre cent soixante-neuf francs quatre-vingt-deux centimes. Les intérêts des sommes empruntées s'élèvent à deux cent quatre-vingt-neuf mille trois cent cinquante francs.

L'église fut consacrée le 2 décembre 1827 par Monseigneur l'évêque de Versailles. Elle est bâtie sur un plan en forme de croix, et se compose d'une grande nef flanquée de deux bas-côtés latéraux où sont deux chapelles en saillie. Le fond est demi-circulaire, et derrière est le clocher.

La façade principale est précédée, dans toute son étendue, d'un vaste perron en pierre sur lequel s'élève, devant la largeur de la nef seulement, un beau portique d'ordre dorique, composé de sept entre-colonnes, dont deux sur chaque retour et trois sur le devant : il est lié au monument au moyen de pilastres du même ordre. Le plafond, qui est en plates-bandes, forme des caissons renfoncés ornés de moulures qui produisent un bel effet. L'entablement est couronné d'un fronton dans lequel est sculpté, avec autant de goût que de talent, un relief représentant la Religion protectrice.

La Religion, sous les traits d'une femme, est assise sur un trône ; à sa droite sont les quatre Évangélistes formant groupe avec les animaux que l'Apocalypse leur donne pour attributs ; de l'autre côté sont les trois Vertus théologales.

Cette composition, qui fait le plus grand honneur au talent de M. Ramey fils, présente beaucoup de dignité ; on croit cependant remarquer, dans l'attitude un peu forcée des divers personnages, que le cadre a gêné l'artiste dans l'exécution du grandiose de sa conception. Les dorures qui ornent la tête de la figure principale, nuisent à la majesté du sujet : il nous semble voir un de nos chefs-d'œuvre en marbre ayant des yeux d'émail.

Dans l'exécution de ce portique on a fait une faute grave en s'écartant des principes de nos grands maîtres : les triglyphes auraient dû tomber perpendiculairement sur les axes des colonnes.

Sous le milieu du péristyle se trouve la porte principale et deux autres sur les bas-côtés ; elles sont décorées de chambranles avec attiques au-dessus. Les dimensions sont belles et d'un goût très pur.

Cette façade, généralement d'un beau style, est entièrement déparée par les deux demi-frontons, qui, s'élevant au-dessus des entablemens des bas-côtés, viennent se perdre d'une manière ridicule dans les pilastres des portiques, dont ils altèrent plusieurs moulures des chapiteaux. Ne pouvait-on pas les remplacer avec avantage par un beau socle carré au-dessus de l'entablement? Les bas-côtés, couronnés ainsi d'une manière plus monumentale, auraient fait une partie essentielle de la façade.

Quant aux parties latérales, elles produisent un très mauvais effet. Le bas, qui n'est percé que de petites ouvertures en forme de barbacanes, présente un mur absolument nu ; le haut paraît s'élever à peine au-dessus des combles inférieurs que l'on a tronqués pour donner plus d'ouverture à trois petites croisées carrées, et à une autre demi-circulaire, qui éclairent la nef principale.

Le clocher est une tour carrée surmontée d'un campanille; il s'élève sur la place de la Paroisse, et est soutenu par quatre forts piliers couvrant, au moyen d'une voûte d'arête, un petit porche auquel on arrive par un perron d'une masse assez lourde, et conduisant à une entrée de l'église de ce côté. Le campanille est décoré de pilastres surmontés d'arcades à jour couronnées d'un entablement. Le comble, couvert en plomb, est tiré du genre italien; il a le défaut de jeter ses eaux sur le perron; il est décoré d'antéfices au pourtour, et surmonté d'une croix en fer doré d'une dimension mesquine; au-dessus est une girouette, idée qui n'est point heureuse. On tolère la position du paratonnerre à cause de l'utilité dont il peut être. Au-dessous du campanille on a placé un cadran, autour duquel sont les signes du zodiaque et quatre têtes de chérubin sculptés avec soin. Dans la frise se trouve cette légende :

Ædificavit civitas Sancti Germani, anno MDCCCXXVII.

Ce monument est presqu'entièrement couvert en ardoises, posées sur des combles en charpente qui ont très peu de pente, ce qui contribuera à un entretien très coûteux. On aurait dû prévoir aussi que les eaux du comble principal tombant sur la partie tronquée en terrasse des bas-côtés, y forment un jaillissement qui mine les murs construits en moellon tendre; c'est pourquoi on remarque à l'intérieur de l'édifice, au-dessus de l'entablement, un cordon d'humidité.

Entre les croisées qui éclairent la nef, sont placés de grands cadres destinés à recevoir des tableaux. Le plafond est décoré de caissons en bois et de rosaces en carton-pierre, qui produiraient un meilleur effet s'ils étaient plus éloignés de l'œil. Du reste, ce manque d'élévation se fait sentir partout dans l'église : les archivoltes des grands cintres et les chambranles des croisées ne se trouveraient pas écrasés sous le plafond si elle n'avait pas ce défaut.

Au-dessus de la porte d'entrée est le buffet d'orgues : il est placé d'une manière désagréable, et sa décoration, d'un autre siècle, n'est nullement en harmonie avec les ornemens modernes que présente l'édifice.

La nef et le chœur sont soutenus par vingt colonnes ioniques. On a encore, ici, sacrifié les règles et le bon goût en supprimant les socles des colonnes et ne laissant apercevoir que les tors. Si c'était pour gagner un peu de place pour les chaises, mieux aurait valu alors suivre l'exemple donné par l'architecte Peston et retrancher toute la base.

L'église est pavée de carreaux de terre cuite d'une très grande dimension, encadrés de plates-bandes en pierre.

Le chœur, auquel on arrive par trois marches, est fermé par une balustrade de pierre. Au pourtour sont adossés deux rangs de stalles en chêne, d'une belle exécution. La partie circulaire est fermée par une grille de fer surmontée de fleurs de lys dorées. Le sanctuaire, où l'on monte par deux degrés en marbre, est pavé en mosaïque. L'autel et le tabernacle sont aussi en marbre et assez remarquables. De chaque côté sont deux candélabres en bois. Le plafond du chœur est décoré de caissons au milieu desquels sont placées les armes de la ville; le cul-de-four au-dessus du sanctuaire est pareillement orné de caissons

La porte d'entrée placée derrière l'autel offre de graves inconvéniens qu'on aurait dû prévoir, et auxquels il sera difficile de remédier. Au-dessus est un Père éternel, tableau on ne peut plus mauvais : aperçu de l'entrée principale de l'église, il blesse l'œil le moins observateur.

A droite du chœur est la chapelle de la Vierge, dont l'autel est orné de deux colonnes corinthiennes, et d'une statue qui est d'un bien faible travail. On est étonné que deux colonnes qui se trouvent à l'entrée soient en plâtre, ce qui choque dans un monument aussi important que l'église. On a conservé, derrière cette chapelle, un bâtiment servant de salle de catéchisme; auprès est la sacristie.

A gauche du chœur est une autre chapelle en face de celle de la Vierge; les tableaux qu'on y a placés ne la décorent pas, mais la déparent.

Dans les bas-côtés de l'église ont été ménagées six grandes niches. La première, à droite en entrant, contient les restes du roi Jacques II; la seconde forme chapelle, et on y admire un tableau de M. Garnier, représentant saint Charles cherchant à désarmer la colère du ciel par des processions générales pendant la peste de Milan : c'est un don de madame Oger ; dans la troisième niche est un confessionnal. A gauche, la première contient les fonts baptismaux en pierre, de forme ovale, et décorés d'une guirlande ; derrière se trouve un petit ajustement supportant la statue de la Charité ; la seconde forme chapelle, comme celle qui lui fait face : le tableau au-dessus de l'autel, représentant saint Vincent de Paule exposant devant une assemblée de dames de la cour la situation malheureuse des enfans trouvés, est d'un pinceau novice ; dans la troisième est un confessionnal.

La chaire, supportée par un lion doré, est fort belle, et on la doit au maréchal Jules de Noailles, qui l'obtint de Louis XIV en 1681 ; elle provient de la chapelle de Versailles, où elle ne pouvait plus figurer d'après le genre de décoration qu'on avait adopté en la restaurant. Elle fut transportée à Saint-Germain par les soins de François Ferrand, seigneur de Fillancourt, et de Jean Antoine, marguilliers en charge à cette époque. L'inscription placée au-dessous de cette chaire contient donc une inexactitude.

Quoique la paroisse de Saint-Germain fût placée, par suite de transaction, sous la juridiction de l'évêque de Paris, l'abbé de Colombs n'en avait pas moins conservé le droit de nommer à la cure. L'évêque de Chartres prétendit à plusieurs reprises qu'elle faisait partie de son diocèse ; mais un arrêt du conseil du 15 septembre 1670 maintint l'archevêque de Paris, Hardouin du Péréfixe, dans ses droits diocésains. Il en prit possession le 1er novembre de la même année, par un service solennel et une procession où le Saint-Sacrement fut porté dans toutes les rues de la ville, qui étaient tapissées et ornées comme le jour de la Fête-Dieu. Louis XIV, la reine mère, Marie-Thérèse et toute la cour assistèrent à cette cérémonie.

Depuis long-temps le prieuré, les revenus et les priviléges, avaient été réunis à la cure par des actes confirmés le 9 janvier 1683, par arrêt du conseil et par lettres-patentes du 14 mai 1690. La justice et la seigneurie directe avaient été réunies à la prévôté par lettres-patentes de 1691, enregistrées le 14 mai 1693. Quant au droit de nommer à la cure et aux bénéfices qui en dépendaient, dans lequel les abbés de Colombs s'étaient maintenus jusque-là, le roi voulut l'obtenir pour lui et pour ses successeurs. Il fut fait un arrangement avec l'abbé de Colombs alors en charge. Louis XIV fit don à l'abbaye du prieuré d'Essonne près de Corbeil, et l'abbé transporta au roi ce droit sur Saint-Germain. Des lettres-patentes, enregistrées le 6 mai 1708, régularisèrent cette transaction, et donnèrent au roi le titre de collateur immuable et perpétuel de la cure et des bénéfices.

La cure est aujourd'hui à la nomination de l'évêque diocésain. La paroisse est confiée aux soins d'un curé et de quatre vicaires, et chaque succursale à ceux d'un curé desservant. Toutes les églises communales du canton ressortissent de celle de Saint-Germain.

Chapelles de l'Hospice royal, des Dames de Saint-Thomas-de-Villeneuve, et des Religieuses de la Nativité de Notre-Dame. *Voyez* chacune de ces institutions, pages 294, 311 et 312.

Chapelles, Couvens et Monastères supprimés. — L'église paroissiale étant devenue trop petite pour les fidèles qui s'y rassemblaient, le curé permit à des habitans, en 1731, de former une congrégation pour vaquer ensemble aux exercices et pratiques de la religion. Ils firent d'abord célébrer les offices dans une maison particulière; mais en 1755 ils demandèrent au gouverneur de la ville la permission d'élever à leurs frais une chapelle sur une portion de terrain de la geôle, en y pratiquant deux tribunes pour les prisonniers : cette permission leur fut accordée. La chapelle de la *Congrégation des hommes* fut construite de suite et consacrée en 1756. Elle fut dotée en partie et décorée par les bienfaits de la dauphine, mère de Louis XV, et par les tantes du monarque, mesdames Victoire, Sophie et Louise.

Le 23 mai 1769, le duc de Noailles accorda à la Congrégation une chambre prise sur la geôle pour servir de sacristie.

Lorsqu'en 1792 les habitans demandèrent que l'église des Récollets fut conservée pour servir de succursale à la paroisse, les congréganistes consentirent à ce que leurs revenus, meubles, vases, ornemens et tableaux y fussent transportés; mais les événemens de 1793 renversèrent tous les projets que l'on formait alors; la chapelle de la Congrégation, située rue Neuve-de-l'Église, servit à la société populaire pour y tenir ses séances, et plus tard ellé fut employée pour former le dépôt des farines, par suite de l'ordonnance royale du 30 septembre 1814. Comme ce bâtiment n'est plus utilisé, les protestans le demandent pour leur servir de temple.

La *Congrégation des Filles*, formée et autorisée en même temps que celle des hommes, célébrait provisoirement les offices dans une chapelle dite de *Monsieur le Prieur*, seul reste de l'ancien prieuré: elle avait son entrée par la rue de la Salle.

La *Chapelle de Sainte-Radégonde* fut bâtie dans la vallée de Fillancourt en 1180, dans le voisinage d'un vieux château nommé *Bouret*, qui fut habité par la reine Blanche et démoli en 1610. Un évêque de Paris fut le fondateur de cette chapelle et la dédia à sainte Radégonde, fille de Berthier, roi de Turinge, quatrième femme de Clotaire Ier. Elle fut ruinée par la suite des temps; le chef de l'abbaye d'Abbecourt, seigneur du Bouret et de Fillancourt, la fit rebâtir ainsi qu'un petit logement attenant, et le 31 mars 1715 il en fit la bénédiction. Les dépendances qui y étaient attachées se composaient d'un jardin et de quelques terres plantées en vignes, produisant alors un revenu d'environ deux cents livres, et en outre le casuel provenant des offrandes apportées par les fidèles qui s'y rendaient le 13 août, jour de la fête de la patronne. Elle fut donnée à un frère de l'abbé d'Abbecourt, à la condition qu'il y établirait un prêtre pour y célébrer tous les vendredis une messe basse à l'intention du fondateur, ce qui a été exécuté jusqu'à la révolution.

Cette chapelle est aujourd'hui enfermée dans une propriété charmante, Fonds-de-l'Hôpital, n° 6 : c'est le premier bâtiment assis sur le mur de clôture qui longe le chemin de Mareil. Elle est encore extérieurement à peu près telle qu'elle était. On voit sur le toit une espèce de pomme en pierre qui devait être la base de la croix.

Les *Ursulines*, appelées à Saint-Germain par madame de Montespan, s'établirent dans l'hôtel dit *des Fermes*, que Louis XIV leur donna par lettres-patentes enregistrées le 5 mai 1681. Il leur accorda trente mille livres pour leur installation. Ces religieuses se livraient à l'instruction des jeunes personnes. C'est cette maison qu'occupait l'institution *Mestro*, et où fut plus tard le collége.

Le 4 mai 1619, les autorités de Saint-Germain invitèrent les *Récollets* à former un établissement dans cette ville, et leur offrirent l'ancien hôpital, fondé par Regnauld-Larcher, et les terrains dépendans, où était la chapelle de Saint-Éloi, à la condition ou de la desservir ou de mettre sous l'invocation de ce saint la nouvelle église qu'ils bâtiraient. L'offre fut acceptée, et le don fait par les habitans fut confirmé par Louis XIII, qui de plus fit présent à ces religieux de quelques sommes pour les dépenses les plus urgentes.

François Florentin, qui avait été appelé par Marie de Médicis et Henri IV pour la construction des grottes du château neuf, donna une somme considérable aux Récollets pour l'édification de leur chapelle. En récompense, il y fut inhumé ainsi qu'une partie de sa famille.

L'église fut consacrée en présence du roi et de toute la cour, le 7 septembre 1625 ou 1626, par Jean François de Gondy, archevèque de Paris. Il paraît que les réserves faites en faveur de saint Éloi furent négligées, car l'autel fut mis sous l'invocation de saint Louis, roi de France, et de saint Louis, évêque de Toulouse.

Les Récollets prirent possession de leur nouvel établissement, sous la direction de Bazile Pichard. Ils célébraient les offices, annonçaient la parole de Dieu, et allaient mendier dans les villages voisins (la quête du vin leur en produisait quarante-deux muids). Ce ne fut qu'en 1641 qu'ils obtinrent la permission d'administrer le sacrement de pénitence.

Louis XIV voulant aider à leur subsistance, leur accorda, à différentes reprises, des lettres-patentes qui les autorisèrent à prélever sur les coupes de la forêt une certaine quantité de bois, ou la somme de cent soixante-sept livres dix sous.

Vers le milieu du treizième siècle, et probablement auparavant, il existait à un quart de lieue de Saint-Germain, sur la route de Mantes, un vieux château royal entièrement ruiné, dont il ne restait qu'une grosse tour environnée de décombres. Philippe-le-Bel voulant récompenser les services de Perrenelle de Géry, qui avait été attachée à Isabelle d'Arragon sa mère, et à Jeanne de Navarre sa femme, en qualité de gouvernante des enfans de ces deux reines, lui donna, par acte de mai 1289, les débris de cette maison dont l'origine était inconnue, et qui portait le nom de *Hannemont* et plus tard d'*Hennemont*.

En 1299, mademoiselle de Géry ayant formé le projet de faire une fondation religieuse et de transporter à l'église cette propriété, Philippe-le-Bel, par lettres-patentes de mai de la même année, approuva ces intentions. En conséquence, elle y fonda, en 1308, un prieuré de moines de l'ordre du Val-des-Écoliers; fit construire tous les bâtimens, et confirma, en 1324, par testament, ses donations précédentes et y en ajouta quelques nouvelles.

Hennemont ayant été détruit lors des différentes invasions que firent les Anglais en France, et pendant les guerres civiles du seizième siècle, il fut relevé vers 1662, par les soins de l'abbé de Conches Longueuil qui en était le supérieur, et qui le mit en état de recevoir cinq à six religieux et de loger le prieur séparément. On démolit et on transporta dans l'église une chapelle, fondée du temps de saint Louis par un nommé Buchard, écuyer et seigneur d'Hennemont, en l'honneur de saint Thibaut, et qui subsistait du temps de l'ancien château.

La chapelle était assez bien bâtie et d'une grandeur proportionnée à l'importance du monastère. Dans le sanctuaire, à côté du grand autel, se voyait un tombeau sur lequel était la statue en

marbre blanc de la demoiselle de Géry, avec l'inscription suivante : « Icy gist damoiselle Perre-
» nelle de Géry, fondatrice de cette église, qui tres-
» passa le samedy après la saint Marc, l'an 1324. »
A côté reposait Gui de Loudun, prieur d'Hennemont, aumônier de la reine Marie, femme de Charles IV, et Pierre Martin, aussi prieur, décédé en 1503, et qui avait fait diverses donations à la maison.

Dans le chœur était le tombeau de Robert de Meudon, concierge du château de Saint-Germain, décédé en 1320, dont nous avons déjà rapporté l'épitaphe; celui d'Ameline, sa femme, morte également en 1320, et ceux de quelques-uns de leurs parens.

Le prieuré d'Hennemont avait parmi ses priviléges celui de nommer à la cure de Saint-Limay, près de Mantes. A la sollicitation de mademoiselle de Géry, ce droit fut échangé en 1314 contre celui de nommer à celle de Saint-Léger-en-Laye, qui était plus voisine, et cet arrangement fut approuvé par le pape Honoré IV. En 1666, l'exercice de ce droit ayant donné lieu à quelques contestations, il fut confirmé et renouvelé au profit du prieuré, et Antoine Delamarre fut nommé curé de Saint-Léger, par Hugues Delacroix, prieur-commandataire d'Hennemont, avec pouvoir de desservir les chapelles de Poissy et de Saint-Germain-en-Laye, alors réunies.

Les rois de France accordèrent successivement plusieurs priviléges à ce prieuré; mais comme il a tombé en commande, la négligence des prieurs séculiers, plus avides des revenus du bénéfice qu'empressés d'y maintenir la discipline, produisit un relâchement tel que la maison se dépeupla, et qu'il n'y resta qu'un ou deux religieux qui ne suffisaient plus pour faire l'office. Le gouvernement de la chapelle royale fut donc retiré à la maison d'Hennemont, que ce coup n'aida pas à relever.

Ce monastère et ses dépendances, vendus à la révolution, forment une ferme et deux ou trois maisons de campagnes voisines qui font partie de la ville de Saint-Germain, et dépendent du quatrième quartier.

Le fameux dissipateur Brunoy, fils de Pâris de Montmartel, dont nous parlons ci-après, fut relégüé au prieuré d'Hennemont avant d'être transféré aux Loges.

Il est présumable que le canton de la forêt de Saint-Germain appelé *les Loges*, était pour les premiers rois de la troisième race un rendez-vous de chasse, et l'on peut supposer que son nom lui vient des loges établies là pour enfermer les chiens et les oiseaux. Quelques auteurs pensent qu'il vient plutôt de quelques cabanes, *logiæ*, où se retiraient ceux qui travaillaient dans la forêt, soit comme bûcherons, soit pour faire des routes. Quant au château que nos rois ont désigné dans plusieurs actes par ces mots : *Domus nostra de Logiis*, et dont on a trouvé dans le dix-septième siècle des débris assez considérables, on ignore par quel prince il fut bâti ; on sait seulement qu'il était un lieu de réunion pour

les équipages, quand il y avait chasse dans la forêt de Laye. On soupçonne que le roi Robert, naturellement porté par sa mélancolie dévote à chercher les endroits isolés et ténébreux, a pu en ordonner la construction, en 1021, pour la destination que nous venons d'indiquer, et encore plus peut-être, pour échapper aux tracasseries journalières que lui suscitait la reine Constance son épouse.

D'autres avancent que dans un temps plus reculé encore, et antérieurement au château dont nous parlons ici, il existait dans ce canton un vieil ermitage et une chapelle de Saint-Fiacre, que le pieux Robert visitait souvent, et que ce prince fit bâtir auprès une maison royale pour servir de rendez-vous de chasse. Du Breuil dit au contraire que la chapelle de Saint-Fiacre est postérieure à la construction du château, et qu'elle fut fondée en 1323 par Charles-le-Bel, pour que les personnes qui l'accompagnaient dans ses chasses ou habitaient le château, pussent assister aux offices religieux. Ceci paraît prouvé par un registre de la Chambre des Comptes, où on lit : *Capellania beati Fiacrii*, *in domo nostrâ de Logiis* (Chapellenie de Saint-Fiacre, dans notre hôtel des Loges).

D'autres écrivains prétendent, mais sans dire si c'est postérieurement ou antérieurement à l'érection de la chapelle de Saint-Fiacre, qu'il y avait aux Loges un bénéfice ou prieuré assez considérable. Mais en quel temps et par qui avait-il été fondé, quels en étaient les revenus, à quel ordre appartenaient les religieux qui l'habitaient, quel en était le nombre ? Voilà ce qu'on ne peut nous dire. Ainsi, cette assertion ne nous instruit de rien.

Ce que nous savons d'à peu près positif, c'est que le château des Loges ne fut pas épargné lorsque les Anglais incendièrent, en 1346, les environs de Paris. Il périt, et on ne trouva à sa place, quand Édouard III fit sa retraite, qu'un monceau de débris qui apprirent aux siècles suivans que cette maison royale était considérable. On découvrit plus tard de belles caves, bien voûtées, éloignées des constructions qui avaient été récemment faites.

Sur une partie de l'emplacement de l'ancienne maison, on en bâtit une plus modeste, qui fut réellement un simple rendez-vous de chasse. On la donna à la gruerie pour y tenir ses audiences; avec le temps elle finit par tomber en ruines, et on la céda au maître particulier de la forêt, qui y établit un garde.

Réné-Puissant, qui avait été attaché à la maison de Henri IV, désirant finir ses jours dans une dévote obscurité, demanda au roi et en obtint la permission de se loger dans les débris du château des Loges, permission qui lui fut encore confirmée par un brevet du roi Louis XIII, en date du 12 juillet 1615. La petite chapelle de Saint-Fiacre, autrefois en vénération, fut remise en crédit par la vie simple et religieuse du pénitent qui en était voisin. On y accourait en foule et les aumônes abondaient. Louis XIII se plaisait lui-même à visiter le bon ermite et à lui laisser d'amples preuves de sa charité.

Une affluence de pèlerins riches et généreux était bien faite pour allécher des hommes qui ont fait vœu de pauvreté. Les Augustins déchaussés, le plus promptement et les mieux avisés, pensèrent qu'ils pourraient profiter du grand âge de Réné-Puissant pour le décider à leur céder son ermitage. Ils lui en firent la demande, et furent accueillis favorablement. Le 25 septembre 1626, en vertu d'un accord provisoire et verbal, ratifié par un brevet de Louis XIII, du 30 du même mois, ces pères obtinrent la permission de s'établir parmi les décombres que leur cédait l'ermite, et de célébrer les offices; mais, par esprit de prévoyance et d'économie, le chapelain réserva pour lui et ses successeurs les revenus, fruits et émolumens de ladite chapelle, et de plus une chambre dans le couvent, pour y loger quand bon lui semblerait; car il faut observer que, quoique abandonnée, la chapelle de Saint-Fiacre avait toujours un chapelain titulaire, qui en jouissait comme d'un bénéfice.

Le bon homme Réné-Puissant céda aussi tous les meubles et ornemens qui lui appartenaient, à condition que les Augustins le revêtiraient de l'habit de leur ordre, et qu'il se soumettrait à la règle, autant que son grand âge le lui permettrait. Cet arrangement ne subsista que deux ans : Réné-Puissant, malgré sa ferveur, n'ayant pu soutenir l'austérité de la vie claustrale, demanda, le 20 septembre 1628, à reprendre son habit d'ermite, et il resta ainsi avec les religieux jusqu'à sa mort, qui arriva le 24 mai 1636.

Les Augustins se lassèrent de n'habiter qu'une chaumière, et ils firent construire, en 1656, deux maisons en pans de bois, dont une pour leur supérieur.

La colonie nouvelle, malgré l'obscurité dans laquelle elle faisait profession de vivre, trouva bien moyen de se faire connaître de Louis XIII, de la reine et des seigneurs qui les environnaient. Il fut de bon ton à la cour de Saint-Germain de visiter les Augustins des Loges, et de leur faire d'abondantes aumônes. Le roi leur accorda de grands terrains, et bientôt l'idée leur vint d'abandonner les deux maisons de bois dans lesquelles ils se trouvaient encore, pour bâtir un couvent et une église dignes de la fortune que leur avaient faite les libéralités de la famille royale et des princes. Anne d'Autriche ayant eu connaissance de leur dessein, voulut être la fondatrice de leur maison, en reconnaissance de ce que Dieu avait exaucé ses vœux en lui donnant un fils, et aussi pour remercier le ciel de la victoire de Rocroi et de la prise de Thionville.

En conséquence de cette résolution, elle donna ordre au duc de Saint-Simon de poser, en son nom, la première pierre de l'église. Le père Lazare de Sainte-Madeleine, provincial des Augustins, ayant reçu de Jean François de Gondi, archevêque de Paris, la commission et les pouvoirs nécessaires pour procéder à cette cérémonie, elle eut lieu le 6 juillet 1644. La chapelle fut dédiée à Notre-Dame-de-Grâce. On plaça pour première pierre un marbre noir chargé d'une inscription latine, qui disait que le bâtiment avait été fondé par la piété religieuse de la reine Anne d'Autriche (34); dessous furent mises quatre médailles représentant des sujets allégoriques, et présageant au jeune roi les grandes destinées qui l'attendaient.

La reine régente fit expédier, en février 1648, aux religieux Augustins, des lettres par lesquelles elle se déclara fondatrice de l'église et du couvent, et fit confirmer le même mois ces lettres par le jeune roi son fils. A ce bienfait elle joignit le don de plusieurs revenus, à prendre, les uns sur les coupes annuelles de la forêt de Saint-Germain, les autres sur le produit de quelques domaines publics. Ce fut principalement au père Alexis de Sainte-Gertrude, homme du monde qui cachait sous le froc d'un moine un esprit fin et délié, et jouissait d'un grand crédit à la cour, que les Augustins durent ces faveurs. Souvent Anne et Marie Thérèse d'Autriche assistèrent aux offices religieux dans l'église des Loges. Ces princesses travaillèrent elles-mêmes à plusieurs ornemens d'autel, et firent à la maison don de l'argenterie qui servait à la pompe des cérémonies. Le roi Jacques II et la reine d'Angleterre honorèrent fréquemment cette solitude de leur présence.

Le pape Innocent X, par bref daté du 9 janvier 1652, institua la confrérie de Saint-Fiacre, et les habitans de Saint-Germain demandèrent qu'elle fût établie dans l'église des Loges. L'archevêque de Paris, à qui cette requête fut présentée, l'accueillit favorablement, et accorda aux Augustins, le 18 mai 1669, une patente, en vertu de laquelle ces pères obtinrent du pape Alexandre VIII, le 25 mars 1690, la confirmation de ladite confrérie.

Aux avantages temporels dont les rois avaient doté ce couvent, la cour de Rome avait joint des grâces spirituelles : Innocent X avait accordé par un bref, des indulgences plénières à ceux qui visiteraient la chapelle de Saint-Fiacre, le jour de la fête de saint Étienne premier martyr.

La reine mère avait fait bâtir, en 1660, au bout du potager, un petit pavillon qui fut occupé en 1670 par Talon, secrétaire du cabinet, et après lui par le duc de La Rochefoucauld, auteur du livre des *Maximes*, qui y venait tous les ans faire une retraite pendant la semaine sainte, et qui, en 1704, obtint pour les religieux un terrain d'environ un arpent, qu'on planta en bosquets. Il paraît que les fruits qui croissaient dans les jardins du monastère étaient d'une qualité supérieure, car les religieux avaient coutume d'en offrir au roi et à la reine.

Depuis sa fondation jusqu'à l'époque dont nous allons parler, la maison fut gouvernée comme hospice et non comme couvent, par des supérieurs qui restaient deux ans en exercice, et pouvaient être réélus; mais, en 1670, elle fut érigée en prieuré par le chapitre provincial, et mise sous l'administration d'un prieur, qui ne restait également que deux ans en fonctions.

La fête des Loges (*), l'une des plus belles et

(*) Voyez ci-après, § *Forêt de Saint-Germain.*

des plus nombreuses assemblées des environs de Paris, doit son origine à une procession solennelle que le curé de Saint-Germain avait coutume d'y faire chaque année, à la tête de son clergé, le jour de Saint-Fiacre. Cette fête, à laquelle on accourait de toutes parts, donna lieu à une contestation, puis à une brouillerie entre les deux autels voisins.

En 1655, le curé et les marguilliers de Saint-Germain, désireux de figurer dans une cérémonie à l'éclat de laquelle ils contribuaient par leur présence, sollicitèrent et obtinrent des Augustins des Loges la permission de venir chanter dans l'église du monastère, la veille de Saint-Fiacre, les premières vêpres en l'honneur du saint, et le lendemain d'y dire la messe et les secondes vêpres; le tout après que les Augustins auraient chanté leurs offices et leur messe conventuelle. Ceci s'observait assez fidèlement depuis plus de cinquante ans, mais M. Benoît, curé de Saint-Germain, prétendit, en 1706, que lorsque la fête de Saint-Fiacre tombait un dimanche, il avait le droit d'exercer les fonctions curiales dans la chapelle des Loges, qui était dans sa dépendance, d'y faire le prône et d'y publier les bans. Cette prétention fut repoussée par l'évêque de Metz et M. de Pontchartrain, nommés commissaires-arbitres, qui dirent à l'ambitieux curé que l'église des Augustins n'était point une dépendance de la sienne, puisqu'elle était de fondation royale, et substituée aux droits de la chapelle de Saint-Fiacre, antérieure à l'établissement d'une paroisse à Saint-Germain.

L'affaire en resta là jusqu'en 1722, que le débat se renouvela sans que le curé obtînt la victoire; enfin, en 1744, la paroisse de Saint-Germain cessa de venir en procession à la fête des Loges, le curé et les marguilliers préférant rester chez eux à aller contribuer à une solennité étrangère pour n'y jouer qu'un rôle subalterne et, selon eux, incompatible avec leur dignité.

Dès l'an 1786, on avait établi une manufacture de velours et d'étoffes de soie dans ce monastère; il paraîtrait que les moines, pour utiliser leur temps et accroître leurs revenus, travaillaient eux-mêmes à la fabrication de ces objets de luxe. A la révolution, et lors de la dispersion des religieux, la fabrique fut fermée. Le dernier prieur, Jean Charles Levacher, mourut le 28 mai 1790, âgé de cinquante-six ans, et fut enterré sous le porche de l'église.

Par arrêté du comité de salut public, en date du 13 vendémiaire an III (4 octobre 1794), il fut établi une poudrière dans une partie des bâtimens des Loges, et le 15 thermidor an IV (2 août 1796), le restant des bâtimens et terrains fut vendu. La poudrière ayant été supprimée, son emplacement fut réuni à ce qui avait déjà été aliéné, et l'acquéreur y forma une maison d'éducation. Plus tard, en 1811, le gouvernement racheta cette propriété, et y établit la maison des orphelines de la Légion-d'Honneur (*).

Le monastère des Loges vit mourir un homme

(*) Voyez ci-devant, § *Instruction publique*.

à qui ses folies valurent une espèce de célébrité. Après avoir été mis en interdit, le fameux marquis de Brunoy, qui dépensa la plus grande partie de l'immense fortune que lui avait laissée son père, en cérémonies religieuses et en ornemens d'église, fut d'abord enfermé dans le prieuré d'Hennemont, puis amené à l'abbaye des Loges. Là, miné de chagrin en se voyant privé de la satisfaction de se livrer à sa pieuse manie, il tomba en langueur et mourut tristement. Un poète du temps lui fit cette épitaphe :

Ci gît un fou plein de sagesse,
Riche et noble contre son gré ;
Qui, du grand monde retiré,
Vécut sans faste, sans maîtresse,
Se ruinant pour son curé.

On a fait un volume de toutes les extravagances qui passaient par la tête du marquis de Brunoy, et on enrichirait cent familles de l'argent qu'elles lui ont coûté. Un de ses arrière-petits-cousins étant mort de misère et de faim dans un grenier, il lui fit faire un enterrement d'un luxe et d'une magnificence extraordinaires : il en fut lui-même l'ordonnateur suprême et le directeur général. Il alla plusieurs fois importuner le célèbre chimiste Lavoisier pour obtenir de lui le moyen de *faire pisser noir* aux chevaux qui devaient conduire à son dernier asile le héros de la fête : c'était pousser aussi loin qu'elle pouvait aller la sévérité du costume.

Cimetières. — Le premier cimetière de Saint-

Germain occupait l'emplacement sur lequel est bâtie aujourd'hui la salle de spectacle, et bien des habitans ne se doutent pas qu'ils se livrent au plaisir sur les ossemens de leurs ancêtres. Plus tard, on le transporta hors de la ville, et on prit un terrain sur lequel est maintenant construit le marché neuf. Des bâtimens élevés depuis, sur les rues de Pologne et de Poissy, finirent par l'enfermer dans l'intérieur, et la fabrique fut forcée de faire, pour les inhumations, l'acquisition d'un emplacement hors de la nouvelle ville. Des lettres-patentes de décembre 1773 accordèrent l'autorisation de transporter le cimetière dans le terrain nouvellement acquis, dont la bénédiction fut faite le 28 octobre 1774.

L'accroissement de la ville et de nouvelles constructions du côté du cimetière en rapprochèrent les habitations, et il ne se trouva plus dans l'éloignement voulu par la loi. Il était d'ailleurs trop petit, car tous les cinq ans on était obligé de revenir sur les fosses. Ces considérations, et d'autres encore, portèrent les habitans à faire des réclamations qui furent accueillies. Le préfet déclara à l'administration municipale, par lettre du 5 juin 1821, qu'il était nécessaire qu'elle fît l'acquisition d'un terrain éloigné de l'enceinte de la ville d'au moins trente-cinq à quarante mètres, en exécution du décret du 23 prairial an XII.

On pensa au clos Victor; mais on reconnut que c'était précisément le seul point du territoire sur lequel Saint-Germain pouvait s'étendre, ses limites étant irrévocablement fixées dans les autres directions.

L'administration locale se vit forcée de recourir à la bonté du roi Charles X, et S. M. prenant en considération l'objet de la pétition, daigna accorder, par bail emphytéotique, et à titre gratuit, cinquante ares de terrain du côté de la forêt. L'ordonnance qui accorde ce bienfait est du 30 mars 1826. On se livra de suite aux travaux nécessaires; on conserva prudemment du côté des habitations un rideau d'arbres de haute-futaie pour arrêter les exhalaisons; on entoura le terrain d'un simple mur; on en réserva, au fond à gauche, une portion pour les protestans; et ce nouvel asile, qui n'est point encore à la distance voulue, fut ouvert à la mort le 18 juin 1827.

Pour arriver à ce cimetière, on est obligé de traverser l'ancien, dans lequel des portions de terrain ont été cédées à perpétuité. Il est à présumer que l'emplacement qu'il occupe ne sera jamais vendu, et que sans doute l'abolition de quelques entraves permettra d'y faire encore des concessions, pour laisser à des parens et à des amis la faculté de manifester leur attachement religieux pour les leurs. Il est certain que quelques inhumations de loin en loin seraient sans danger pour la santé publique; et par suite, les tombeaux environnés d'arbustes et couverts de fleurs, protégeraient les propriétaires voisins contre les exhalaisons qui peuvent s'échapper. Enfin, l'entrée qui se trouverait alors cachée entièrement à la vue, serait un jardin pittoresque, dont l'aspect éveillerait dans l'âme une sensibilité douce et pieuse. Ce serait mal à propos que l'on dirait que cet arrangement violerait l'égalité qui doit régner dans les tombeaux : l'égalité est illusoire, même après le trépas. Partout, le riche obtient le droit de reposer à part sous des voûtes de marbre, tandis que le pauvre gît sous quelques pieds de terre, sans que rien n'indique à sa famille la place où ses restes sont déposés.

Il est à désirer que l'on adopte une mesure qui mettra la fabrique à même d'obtenir un prix élevé de son terrain, sans diminuer l'étendue du nouveau cimetière.

On remarque plusieurs tombeaux plus ou moins simples, entourés d'arbustes et de fleurs, et enrichis, pour la plupart, d'inscriptions qui inspirent l'intérêt et sont une preuve de la douleur des parens ou amis qui les ont élevés.

Parmi ces monumens funèbres, on distingue celui de Charles-Just de Beauveau, maréchal de France, et de son épouse, Marie-Charlotte de Chabot. Les exploits de l'un, la bienfaisance et l'esprit de l'autre, ont laissé des souvenirs qui ne s'effaceront jamais.

On voit encore avec intérêt celui de Louise Pauline Françoise de Montmorenci-Luxembourg, princesse de Montmorenci; celui du comte de Diesbach de Belleroche, lieutenant-général, et celui de sa belle-fille Alexandrine Pauline de Cardivac de Giry, épouse de M. Romain de Diesbach; celui de François Léon, prince de Béthune et du Saint-

Empire romain, marquis d'Étigneul, et celui de son épouse.

D'autres sépulcres renferment les restes d'officiers-généraux ou de militaires de tous grades, au nombre desquels on compte Édouard de Fitz-James, commandeur de l'ordre de Jérusalem, et le marquis d'Havrincourt.

Des monumens élevés au mérite modeste, à la piété, à la bienfaisance, à la vertu, attirent les yeux du promeneur que le besoin de sentimens mélancoliques amène en ces lieux : tels sont ceux de Bibiane de Verthamont, veuve Leberthon; de Gédéon Bion; de Paul Duchemin; de Marie Keating, comtesse d'Orfeuille; de J. B. Marie Fage; de Jacquinet, ancien avocat, etc., etc.

Ces tombes, chargées de peu d'ornemens, sont enfermées par une clôture en bois ou en fer. Quelques-unes se composent d'une table de pierre, terminée d'une manière circulaire ou en forme d'autel, plantée verticalement en terre, scellée au mur, ou couchée horizontalement; d'autres sont seulement marquées d'une simple croix de bois. Au nombre des pierres tumulaires placées par la douleur ou la vanité des familles, il en est de remarquables par le ridicule de l'exécution et le style des inscriptions.

Près de la porte d'entrée est un autel antique en marbre blanc, sur les faces sont sculptées des guirlandes de fleurs et de fruits, soutenues par quatre têtes de bélier. Au-devant était une inscription votive, qui a été effacée pour faire place au nom du défunt; au-dessous se trouvait un groupe de figures dont on distingue encore quelques traces; sur le côté gauche se voit une coupe, et sur celui de droite une patère. Sous cet autel sont déposés les restes du sieur Leprince, ancien marbrier, et ceux de son épouse. Celle-ci a fait don par testament, au bureau de charité de la ville, d'une rente perpétuelle de mille francs, inscrite sur le grand-livre, pour être distribuée aux pauvres vieillards et aux malades de Saint-Germain, à la charge de faire respecter la sépulture de son mari et la sienne, d'entretenir le monument sous lequel il repose avec elle, la grille qui l'entoure et les arbres qui l'ombragent. Le legs fut accepté, et le bureau de charité sera, de siècle en siècle, chargé de ces soins, le terrain où dorment les défunts leur ayant été concédé à perpétuité.

§ VII. ÉTABLISSEMENS D'UTILITÉ PUBLIQUE ET D'AGRÉMENT.

Bureau de prêt. — En 1824, le conseil municipal de Saint-Germain manifesta l'intention de fonder, au profit de l'hospice, un mont-de-piété, pour venir, par des prêts d'argent, au secours de la classe indigente. Un travail fut fait et soumis au préfet du département, qui ne le prit point en considération et ne rendit aucune réponse. Le 13 mai 1826, le conseil fit une nouvelle demande pour le même objet, et cette fois le préfet répondit que l'établissement que l'on se proposait de fonder lui semblait plus propre à favoriser la paresse et l'inconduite, qu'à soulager la classe indigente et laborieuse ; qu'il croyait beaucoup plus utile de former une caisse d'économie et de prévoyance, destinée à recueillir et faire fructifier les épargnes de l'homme actif et économe. Une commission, choisie parmi les membres du conseil municipal, fut nommée pour examiner de nouveau le projet et les observations du préfet. Sur le rapport de cette commission, le 5 décembre 1826, le conseil considérant qu'il ne lui paraissait pas que les produits de cet établissement pussent, pour le présent ni même pour l'avenir, couvrir les dépenses qu'il nécessiterait; que la position financière de la ville ne lui permettait pas de fournir à l'hospice la somme dont il aurait besoin, en remplacement des rentes qu'il faudrait lui emprunter et vendre pour former le capital nécessaire au mont-de-piété, ajourna l'exécution du projet. Quant à la création de la caisse d'épargnes, elle fut pareillement ajournée.

Au lieu du mont-de-piété, on a toléré l'établissement d'un *Bureau de prêt sur nantissement*, qui offre tous les inconvéniens que le préfet de Seine-et-Oise a signalés à l'administration pour la décider à renoncer à son projet, et qui ne laisse les bénéfices qu'au seul propriétaire.

Pompes a incendie.—Saint-Germain ne posséda, jusqu'en 1827, que deux pompes à incendie, servies par douze pompiers et un sergent; mais madame Oger, dont nous avons déjà eu occasion de signaler la bienfaisance, en fit don d'une troisième, et le nombre des pompiers fut augmenté à cette occasion.

Le service de la ville et des environs est encore assuré par une quatrième pompe, dont le ministre de la maison du roi a fait acquisition pour les deux établissemens de gardes-du-corps : le génie militaire en est dépositaire.

Bains publics. — Trois établissemens de bains publics sont en activité et rivalisent de zèle. Le service des bains ambulans est bien organisé, et se fait avec intelligence et régularité.

Messageries et voitures a destination fixe. — Cinq diligences, partant de Paris pour Caen, Rouen et Évreux, passent par Saint-Germain tous les jours.

Des voitures de Saint-Germain à Paris et retour partent de demi-heure en demi-heure.

Les communications avec Versailles, Mantes, Meulan, Épône, etc., sont assurées par des voitures partant journellement.

Théatre. — Saint-Germain fut long-temps sans avoir de salle de spectacle. Quand la cour voulait se donner le divertissement d'une représentation dramatique, on dressait un théâtre dans la grande salle du vieux château. Le premier ballet dans lequel apparurent des femmes était intitulé *le Triomphe de l'Amour;* il fut exécuté dans cette salle, devant le roi, le 20 janvier 1681. Plusieurs princes,

Blanchard Del.

seigneurs et dames de distinction y figurèrent. Le mélange des deux sexes parut une innovation si heureuse, et rendit cette représentation si brillante, qu'on reconnut la nécessité de remplacer les nobles actrices par des danseuses de profession. La chorégraphie éprouva une révolution, et c'est de 1681 que les nymphes de Therpsicore obtinrent le droit de déployer devant les amateurs leurs graces légères et leurs poses voluptueuses.

La salle de spectacle du château fut restaurée en 1787, par les soins du sieur Dennebecq, qui obtint l'autorisation d'y donner quelques représentations et des bals de société. En 1790, il ouvrit une nouvelle salle, au coin de la rue de Pologne et de la place de l'ancien cimetière, en vertu d'une permission de la municipalité, à la charge de ne jouer que des pièces agréées par les autorités, et de se conformer aux règlemens et ordonnances. Il reçut ordre, le 21 nivôse an II (10 janvier 1794), de soumettre au conseil général de la commune les pièces qu'il avait intention de représenter, afin de rayer du catalogue celles qui contiendraient des principes contraires à ceux qui faisaient la base de la révolution.

Quelques circonstances portent à croire qu'à cette époque il n'y avait qu'une troupe d'amateurs, exploitant le théâtre, qui n'était que provisoirement construit, et où on ne jouait que de petites pièces : il fut acheté et démoli par un particulier. Le terrain qu'il occupait fut joint à ceux sur lesquels on a élevé les bâtimens dont le rez-de-chaussée en arcade fait face au marché neuf.

Des représentations eurent lieu de temps à autre dans une pièce dépendante des constructions neuves de l'église, et qui sert aujourd'hui de salle de catéchisme.

Des sous-officiers d'un régiment de cavalerie ayant voulu se donner le divertissement de jouer la comédie, rouvrirent la salle du château au public, afin d'avoir des spectateurs. Le sieur Le Bailly, tapissier, obtint, après leur départ, la faveur d'y faire donner des représentations par des acteurs de différens théâtres de la capitale. Plus tard, il s'y organisa une troupe de comédiens; mais en 1809, à l'installation de l'école de cavalerie, le sieur Le Bailly fut forcé de l'abandonner, et il fit construire, rue de Pontoise, le théâtre que nous y voyons encore aujourd'hui. L'entrée est décorée de deux colonnes supportant une plate-bande; le vestibule est petit et très incommode; les corridors sont étroits; le parterre et l'orchestre sont garnis de banquettes de bois; un rang de baignoires et deux rangs de loges règnent autour. Cette salle est beaucoup trop profonde, eu égard à sa largeur; la scène est assez vaste, mais tellement étroite qu'on ne peut placer deux décors à la fois; les machines sont dans le plus mauvais état, et il doit y avoir du danger à se hasarder sur les ponts de service; les loges des acteurs sont formées par de mauvaises cloisons en planches, et reçoivent par la porte un jour presque nul ; un lustre très mesquin éclaire les spectateurs. Quant à la décoration intérieure, elle répond au mauvais goût qu'on remarque partout.

Ce théâtre est exploité par la troupe de Versailles : on y joue la comédie, l'opéra-comique et le vaudeville. On doit quelques éloges aux efforts que fait le directeur pour varier les représentations et entretenir de l'ensemble parmi ses acteurs.

§ VIII. CHATEAU DE SAINT-GERMAIN ET SES DÉPENDANCES.

VIEUX CHATEAU. — Avant de faire la description de cet ancien édifice, il est bon de revenir sur ce que nous avons dit, et de rappeler que, comme la plupart de ceux construits dans le moyen âge, il avait été élevé pour une double destination, et qu'il servait à la fois de lieu de résidence pour les rois et de forteresse pour couvrir les environs de Paris.

Il formait, comme aujourd'hui, un pentagone irrégulier, et présentait les cinq faces que nous lui voyons encore ; seulement, un des côtés ne fut d'abord en partie qu'une terrasse, avec une galerie que François Ier fit démolir pour y substituer la grande salle de bal dont nous avons parlé ailleurs. A chacune des cinq encoignures s'élevait une tour ou pavillon carré, qui se terminait par une plate-forme, du haut de laquelle on pouvait, autant que le permettait la forêt, découvrir le pays environnant et suivre de l'œil la marche d'un ennemi. A l'un des angles de la face qui regardait les restes de l'ancien prieuré, une grosse tour s'élançait dans les airs, comme le clocher d'une cathédrale. On communiquait de l'intérieur de la forteresse à la rive opposée, par des ponts-levis jetés sur des fossés inondés par les eaux qu'y amenait la conduite d'Hennemont. Le pont que nous avons dit être une arcade surbaissée sur toute la largeur du fossé, se retrouve dans de vieux plans, mais couvert dans toute sa longueur par des bâtimens en maçonnerie. Ces constructions, moins anciennes que le reste de l'édifice, servaient probablement de corps-de-garde à des postes extérieurs, et étaient en même temps destinées à masquer une issue qui conduisait à la forêt, dont les premiers arbres étaient alors au bord du fossé même.

Le château n'avait que trois étages, éclairés par des croisées de quatre pieds et demi de hauteur sur trois pieds de largeur. Les murs du second étage avaient sept pieds et demi d'épaisseur. Dans l'intérieur de la première cour, dont les bâtimens présentaient des pans de mur percés de fenêtres comme au hasard, se remarquaient quatre médaillons de Bernard Palissy, potier de terre, natif d'Agen, qui se livra à l'étude de la géométrie pratique, du dessin, de la chimie, et acquit une grande célébrité. Ces médaillons, fabriqués en terre cuite, et qui depuis ont été transportés au Musée des Petits-Augustins, sont revêtus d'une couverte à la manière des faïences de leur auteur. Les deux premiers, vernissés de blanc sur des fonds bleu et violet, et en façon de bas relief, représentent Mars et l'Abondance, fort étonnés sans doute de se rencontrer ensemble; les deux autres, simplement peints en grisailles, offrent des sujets allégoriques.

Nous ne connaissons rien de la distribution des appartemens royaux, et nous savons seulement que l'entrée royale était par la porte qui s'ouvre sur la rue du Château-Neuf. Vis-à-vis était une place de cinquante toises de long sur trente de large; et autour de l'édifice, en dehors des fossés, avait été pratiqué un chemin de ronde d'environ soixante pieds de largeur.

On a vu que la cour des cuisines, bâtie sur une portion de l'emplacement de l'ancien prieuré, se trouvait vis-à-vis de la façade ouest du château; que cette cour était composée de bâtimens qui offraient, dans leur partie basse, des logemens aux gens de service, des corps-de-garde aux soldats qui veillaient sur la personne du roi, et dans une partie plus élevée qui dominait le parterre, des appartemens aux secrétaires-d'état. Il nous reste à ajouter qu'elle occupait toute la place, laissait un petit passage entre elle et l'église, et formait un côté de la rue de la Salle, qui se continuait ainsi pour se terminer presqu'à la place du Jeu de paume.

La cour des cuisines avait son entrée principale par une grande porte qui s'ouvrait sur la rue de l'Église, à peu près où est aujourd'hui le réservoir de la fontaine du Grand-Commun, et possédait en outre diverses issues. Il y en avait une qui conduisait au parterre; une autre, beaucoup plus large, aboutissait sur la place de l'Abreuvoir, aujourd'hui du Jeu de paume; enfin une troisième, ouverte sous une arcade, se trouvait en face de l'hôtel de Conti, bâti depuis. Tel était le château de Saint-Germain, lorsque Louis XIV y fit faire des travaux qui durèrent de 1675 à 1682.

Colbert fit abattre, par ordre du roi, les tours qui flanquaient les façades du bâtiment, et Mansard les remplaça par les cinq pavillons qui existent encore, et dont la construction a coûté un million six cent mille livres. On fit en même temps une réparation générale, et des distributions intérieures que nous reconnaîtrons en partie à la fin de cet article. L'extérieur de la chapelle fut particulièrement changé; quant à l'intérieur, assez richement orné par Louis XIII, il fut laissé tel qu'il se trouvait.

Louis XIV ordonna de creuser et d'élargir les fossés; les terres qu'on en tira, répandues autour du château, élevèrent le sol d'environ trois pieds au-dessus du parterre : on les maintint par un petit mur de soutenement, terminé par quatre perrons, placés à diverses distances, et dont le principal faisait face au parterre. On fit disparaître le pont couvert et les ponts-levis qui servaient d'issues. On voit encore des avances en pierre construites pour recevoir deux de ces ponts-levis, placés, l'un pour sortir par le pavillon nord-ouest, dit *de l'Horloge*, l'autre par le pavillon de l'est, dit mal à propos *de madame de La Vallière*.

Les bâtimens qui formaient la cour des cuisines tombant de vétusté, furent démolis. On en éleva d'autres qui s'étendirent du parterre à la rue de l'Église, et composèrent le Grand-Commun. Ces nouvelles constructions, mitoyennes alors d'un côté, comme elles le sont encore, avec la Surintendance, vaste hôtel élevé vers la même époque, y communiquaient, par un passage ouvert de la cour, d'un des deux bâtimens à l'autre.

Il fut bâti un mur d'appui à la hauteur des fossés du château, depuis ces mêmes fossés jusqu'au Grand-Commun, en laissant seulement de la nouvelle cour au parterre, le passage que nous avons désigné plus haut. Toutes les autres constructions furent faites à peu près dans la même direction qu'auparavant, si ce n'est qu'on ouvrit de douze toises la place sur la rue de la Salle, en démasquant l'hôtel de Conti. On construisit une maison parallèle au Grand-Commun, mais bien moins vaste, pour loger le capitaine de Saint-Germain.

Pour ne plus avoir à revenir sur cette cour, nous dirons que les bâtimens qui faisaient partie de la capitainerie, et ceux qui longeaient le derrière de l'église, élevés les uns et les autres seulement d'un rez-de-chaussée, furent démolis en 1765, lorsqu'on fit les premières fouilles pour la nouvelle église, et cela pour en démasquer le portail, qui, dans les plans, se trouvait en face du château. Le Grand-Commun fut conservé; mais ayant été aliéné pendant la révolution, ceux qui en devinrent propriétaires en abattirent une partie et en exhaussèrent l'autre.

En même temps que Louis XIV faisait réparer le

château, il faisait augmenter ou élever les constructions suivantes, qui en étaient autant de dépendances (35) : Le manége, entouré des écuries du roi ; l'hôtel du Maine ; le chenil ; le jeu de paume ; la maison de l'inspecteur et du contrôleur ; le grand-commun ; l'orangerie ; la surintendance ; les petites écuries du roi ; le vautray ; l'hôtel extraordinaire des guerres.

Une partie de ces bâtimens a été vendue pendant la révolution ; l'autre a changé de forme et de destination : nous y reviendrons à la suite de cet article.

Louis XIV habita le vieux château jusqu'en 1682, et depuis il servit d'asile à deux souverains détrônés dont nous avons raconté en partie l'histoire. Après la mort de Jacques II et de la reine son épouse, il fut abandonné à la garde d'un gouverneur et de quelques officiers. Pendant la révolution, les pièces principales servirent de lieu de réunion pour les assemblées publiques, d'autres servirent de prison ; et plus tard, les appartemens furent loués à des particuliers pour le compte du gouvernement. Cette dernière mesure, quoique peu productive, eut au moins le résultat de prévenir les dégradations qui seraient survenues par suite d'un abandon total. En mars 1809, l'empereur Napoléon y fonda une école spéciale militaire, destinée à former des officiers de cavalerie. A cette occasion il fut fait de grands changemens dans les distributions intérieures, notamment au premier étage, dont toutes les grandes pièces devinrent des salles d'étude. Le 26 juillet 1814, le roi ordonna la dissolution de cette école, et le château servit, en 1815, de quartier à un corps anglais de dix mille hommes qui trouvèrent moyen de s'y caserner. Depuis il reçut une des compagnies des gardes du corps du roi.

L'extérieur du château conserve encore un aspect imposant par sa masse. Il occupe une superficie d'un hectare cinquante-cinq ares seize centiares. La face du côté du parterre est gâtée par une avance en pierre de taille, qui renferme des lieux d'aisance. Celle sur la place dite du *Château*, bâtie par François Ier, est en pierre, et en conséquence d'une décoration différente du reste du bâtiment, partout ailleurs en pierre et en brique. De vastes fossés l'enferment, un balcon de fer, placé en 1668, et faisant le tour de l'édifice à la hauteur du premier étage, en est un des plus utiles ornemens.

Plusieurs écrivains assurent que la forme d'un pentagone irrégulier a été donnée à la cour du château par une galanterie de François Ier, qui voulait qu'elle ressemblât à un D gothique, première lettre du nom de Diane de Poitiers. Cette supposition n'a rien de fondé. Au lieu de chercher de la finesse et de la galanterie jusque dans une masse de pierres, il est bien plus naturel de présumer qu'on a multiplié les faces du château, peut-être dans un but stratégique, ou pour augmenter les points de vue qui sont de tous côtés admirables.

On retrouve encore aujourd'hui, à travers plusieurs constructions plus ou moins nouvelles, des parties de la forteresse bâtie par Louis-le-Gros. A deux étages de profondeur sous la cour, on découvre les restes d'un escalier, avec les fondemens et les premières assises d'une tour qu'il desservait. C'est tout ce qui en subsiste. Quant aux preuves que François Ier a fait travailler au monument qui nous occupe, elles se montrent dans les chiffres et les salamandres sculptés en divers endroits, et particulièrement sur les cheminées.

Du reste, les réparations que nécessitent les diverses destinations du bâtiment font disparaître tous les jours les témoignages de son antiquité. Une balustrade en pierre, avec des pilastres de distance en distance, existait sur la terrasse supérieure et régnait autour; comme elle exigeait de grandes réparations, on a jugé à propos de la supprimer lors de l'établissement de l'école de cavalerie, et de la remplacer par un mur d'appui. Le clocher, renversé entièrement par la foudre, en 1683, ne fut point relevé sur le modèle de l'ancien, il fut établi en charpente et recouvert en entier en plomb.

Les distributions intérieures ont été si souvent changées, d'abord par Louis XIV, qui y fit de grands embellissemens, ensuite par les divers gouvernemens qui se sont succédé depuis 1789, qu'on n'y reconnaît que très peu de chose de celles qu'avait ordonnées François Ier. On retrouve cependant encore à l'ouest la grande salle qui servait pour les bals et les spectacles de la cour. Cette pièce, de cent quarante et un pieds de longueur sur quarante de largeur, est éclairée par huit grandes croisées, quatre sur la cour et quatre sur la place en face de l'église neuve. On voit encore sur la cheminée une salamandre en relief et les armes de François Ier. Elle sert aujourd'hui de salle pour l'appel des gardes du corps, lorsque le mauvais temps ne permet pas de le faire dans la cour.

Les appartemens royaux établis par Louis XIV, qu'on aimerait tant à reconnaître, à parcourir, et qui seraient aujourd'hui pour nous remplis de tant de souvenirs, ont été à leur tour, malgré le nom puissant qui semblait devoir les défendre, tellement divisés et subdivisés, qu'il est impossible de reconnaître même l'emplacement de la plus grande partie. Il est certain que toute la face de l'est était occupée par les pièces principales et d'apparat, telles que la salle du trône, celle des ambassadeurs, etc., et que les appartemens particuliers du monarque étaient à l'ouest.

L'appartement d'Anne d'Autriche était situé au premier étage, dans le pavillon du fond à l'est, ayant vue sur le parterre et la terrasse. Le salon sert aujourd'hui de salle de théorie pour les gardes du corps; le conseil de la compagnie tient ses séances dans la chambre à coucher de la reine qui est à la suite. Dans ces deux pièces on retrouve encore les marbres des cheminées tels qu'ils étaient autrefois, mais c'est tout ce qui reste de leur ancienne magnificence. Les tableaux et peintures qui les décoraient, ainsi que ceux des autres appartemens, et même de la chapelle, ont été transportés à Paris, en 1802, par ordre du ministre de l'intérieur. Le boudoir est encore garni des boiseries du temps. Les placards d'armoires de chaque encoignure contiennent la bibliothéque des gardes du corps. Une partie des livres qui la composent a été donnée par le ministre de la guerre, et l'autre par M. le duc de Gramont.

La dauphine Marie Anne Christine Victoire de Bavière, femme de Louis de France, habitait l'entre-sol, dans le pavillon de l'Horloge : c'est celui qui est le mieux conservé. Les sculptures dorées, les corniches ornées de dauphins, les marbres précieux des cheminées, en brèche et en sérancolin, sont en très bon état, à l'exception des fleurs de lys qu'on a fait disparaître. Les anciennes boiseries dorées du boudoir, sur les panneaux desquelles on voit encore les chiffres A. M. V., sont un peu dégradées. Un petit oratoire qui y communique a conservé aussi son ancienne décoration : dans la niche où était le prie-Dieu, on retrouve, sculptés sur bois, les attributs de la passion.

On prétend que Jacques II, pendant son séjour en France, occupa le logement de la dauphine. Cette allégation n'est pas juste, car tous les auteurs du temps disent que les appartemens de Louis XIV étaient devenus ceux du roi d'Angleterre, et que ce dernier donnait ses audiences dans les salles du trône et des ambassadeurs.

Une des pièces de cet appartement sert de salle de réunion à la compagnie des gardes du corps, et les autres sont occupées par un maréchal des logis.

Au troisième, dans le pavillon de l'est, au fond de la cour, était l'appartement de madame de Montespan, dans lequel on voit encore les anciennes cheminées en bon état. Le boudoir, garni de boiseries dorées, est très bien conservé. Un petit escalier dérobé, qui conduit aux étages inférieurs, paraît être celui par lequel Louis XIV parvenait chez sa favorite.

L'appartement de madame de Montespan est généralement désigné comme ayant été celui de madame de La Vallière. C'est une erreur qu'il est facile de démontrer : il est placé dans l'un des pavillons construits en 1680 ; or, madame de La Vallière, qui prit le voile de novice le 2 juin 1674 et prononça ses vœux le 4 juin de l'année suivante, ne put l'occuper six à sept ans avant qu'il fût construit. Comme toutes les filles d'honneur, elle logeait dans les combles; et si on voulait trouver sa chambre, il faudrait la chercher dans celles situées dans ces parties, à l'une des deux encoignures de la face du parterre. Effectivement, il y a aux fenêtres donnant sur la terrasse supérieure du château, des grilles qui paraissent être du temps où madame de Navailles reçut ordre d'en faire placer aux fenêtres de toutes les filles d'honneur.

Par suite de la même erreur, on ajoute qu'il y avait au plafond du boudoir une trappe s'ouvrant sur la terrasse du château, par laquelle on prétend que le roi s'introduisait chez madame de La Vallière. Ce conte se réfute par ce que nous venons de dire, ensuite la voûte a peut-être en cet endroit quatre à cinq pieds d'épaisseur, et est surmontée par un comble en charpente couvert en tuiles et en ardoises. Jamais il n'y a eu de trappe en cet endroit, et ce qu'on montre comme en étant l'emplacement, n'est que celui d'un tableau de plafond.

Dans toutes les constructions féodales il existait une de ces redoutables prisons d'état, connues sous le nom d'*oubliettes*, et dans lesquelles un malheureux une fois descendu était perdu sans retour. Celles de Saint-Germain, aussi anciennes que le château, ou qui datent au moins de François Ier, étaient adossées à l'épaisseur d'un pilier en pierre qui supporte les retombées des voûtes d'une partie du pavillon dit *de l'Horloge*, qui n'était autrefois qu'une tour flanquant les ailes nord et ouest de l'édifice. Ces oubliettes, dont une partie existe encore, avaient six pieds carrés, descendaient à dix pieds au-dessous du niveau des caves qui ont deux étages l'un sur l'autre, et s'élevaient jusqu'au premier étage du bâtiment. La hauteur en a été interrompue au niveau du rez-de-chaussée par les constructions faites sous Louis XIV. Les murs qui environnent ces oubliettes ont jusqu'à vingt pieds d'épaisseur, par suite des additions qu'il a fallu faire pour joindre le pavillon au corps de l'édifice.

L'entrée de ce gouffre, dans lequel ne pénétrait pas même l'espérance, était fermée par deux portes: l'une, de six pouces d'épaisseur et doublée en fer, a été détruite lors de l'établissement de l'école de cavalerie; la deuxième fut conservée. A cette époque les oubliettes furent comblées jusqu'à la hauteur du sol des caves. Quelques marches qui existaient encore et qui servaient à descendre dans cette fosse, indiquaient à quel funeste usage elle était employée.

Sur les murs de ce souterrain on remarquait avec douleur des armoiries grossièrement sculptées par des mains inhabiles. Ces ouvrages étaient les délassemens de quelques malheureux prisonniers à qui il ne restait que ce moyen de faire connaître à leurs successeurs dans ce lieu sépulcral, qu'ils y avaient gémi avant eux et y avaient subi la mort qui les y attendait.

Plusieurs grilles, placées à diverses hauteurs dans le mur principal du puits de descente, fermaient autant de cachots obscurs qui ne recevaient d'air que par l'ouverture du gouffre. Depuis Louis XIV, ces cachots ont été transformés en de vastes caves qui communiquent aux fossés du château.

La chapelle, de construction dite improprement gothique, fait partie de la masse du château et ne s'élève qu'à la hauteur de son second étage. Elle est entourée de corridors et d'escaliers qui y communiquent par des portes inaperçues de l'intérieur. Elle a environ quarante pieds de hauteur, trente de largeur, et soixante-dix de longueur. La voûte est soutenue par des piliers ornés de fuseaux du même style que le reste du bâtiment, et qui se croisent dans tous les sens. La coupole du chœur se distingue par sa légèreté; des rosaces en pierre, fort bien sculptées, et laissant apercevoir une tête couronnée au centre de leur assemblement, servent de clefs aux différens arcs de la voûte. L'intérieur de ce temple est éclairé par des ouvertures garnies de trèfles en pierre et surmontées d'ogives en fuseau.

Nous avons vu comment Louis XIII prit à l'orner un soin tel, que son fils, malgré son goût pour les constructions et les embellissemens, n'y trouva rien à faire. La chapelle resta donc comme elle était, et fut soigneusement entretenue quand la cour eut été transportée à Versailles. D'anciens habitans qui se rappellent encore sa splendeur passée, n'en parlent qu'avec enthousiasme.

Lors de la tourmente révolutionnaire, l'autel fut démoli, les colonnes furent renversées et transportées plus tard au Musée des Petits-Augustins à Paris, où on les voyait encore il y a quelques années. Les boiseries du chœur furent brisées, les grilles vendues, les parquets arrachés, les carreaux en marbre de la nef mutilés et détruits, et des inscriptions cachées depuis des siècles aux yeux des hommes, furent mises à découvert. Rien ne fut épargné de ce qu'on aperçut et de ce qu'on put atteindre.

Les peintures de la voûte échappèrent cependant comme par miracle à cet affreux désastre. La poussière qui s'échappait des débris qu'on s'empressait d'accumuler, forma, en s'élevant, un voile épais qui les déroba aux yeux des destructeurs. Malgré cela ces peintures n'en sont pas moins perdues en partie pour nous : oubliées pendant quarante ans, l'humidité les endommagea, et nous voyons périr journellement ces chefs-d'œuvre que la faux du temps et les passions humaines, plus cruelles encore, avaient jusqu'ici respectés.

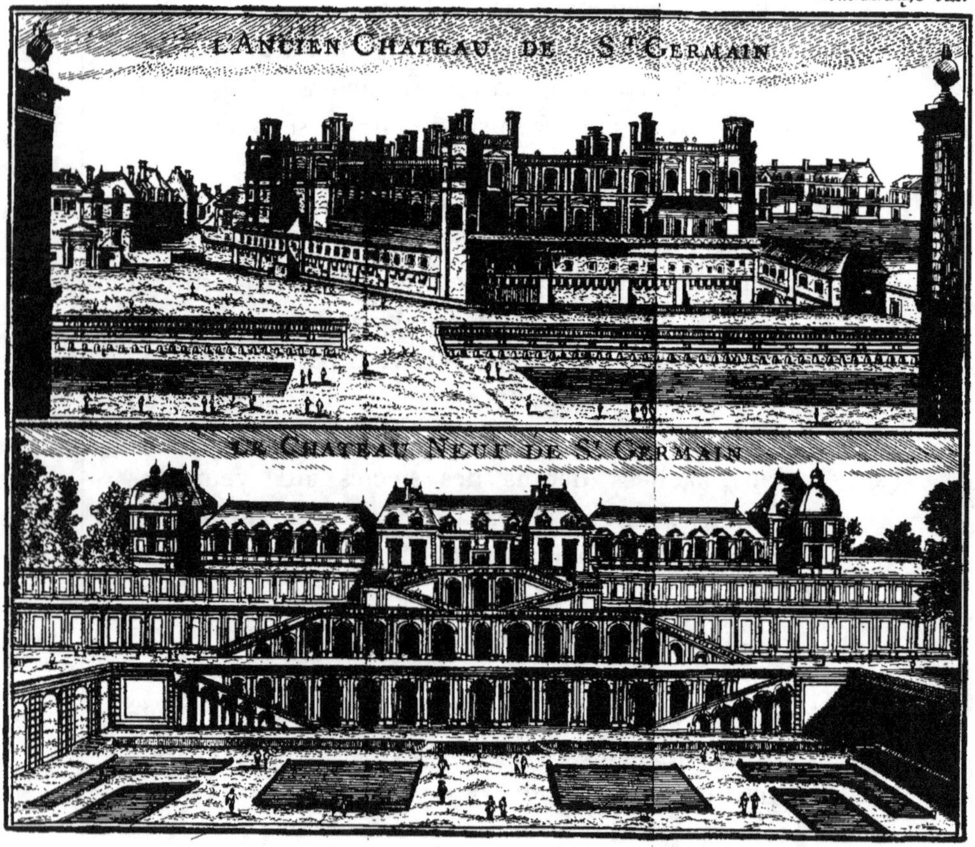
L'ANCIEN CHATEAU DE S.T GERMAIN
LE CHATEAU NEUF DE S.T GERMAIN

Les descendans de Saint-Louis ne pouvaient laisser dans l'abandon un monument tout plein encore du souvenir de leurs aïeux. Sa Majesté Charles X accorda environ cinquante mille francs pour faire les réparations les plus urgentes, et mettre l'intérieur dans un état de décence tel qu'on y pût célébrer les offices divins. En 1826, M. Meunier, ingénieur militaire, fut chargé de la surveillance des travaux, sous la direction du commandant en chef du génie de la maison du roi; et le 6 janvier 1827, jour de l'Épiphanie, la chapelle fut bénite en présence des autorités civiles et militaires et de l'élite de la population de Saint-Germain.

Nous n'examinerons pas s'il eût été mieux de n'avoir aucun égard aux constructions faites sous Louis XIII, qu'on a tâché de mettre en harmonie avec les travaux modernes; peut-être eût-il été préférable de prendre pour point de départ les constructions antiques, et de conserver à l'édifice son caractère primitif. Nous nous contenterons de dire quelques mots sur cette dernière restauration.

Le maître autel a été replacé sur ses anciens piédestaux qu'on a relevés; les colonnes en pierre qui l'accompagnent ont été peintes en marbre ainsi que leur couronnement, et rehaussées de dorures et de décors distribués avec goût, les chapiteaux des colonnes dorés en entier, de même que leurs bases. On a restauré les deux tribunes latérales, rétabli les anciennes balustrades de la nef, refait la tribune du fond en la rattachant à ces balustrades que l'on a redorées. Sous cette tribune où il y avait autrefois six colonnes qui produisaient un bel effet, on n'en a replacé que deux, ce qui nous semble moins heureux. On a refait la boiserie du chœur seulement, d'après les données qu'ont pu fournir les débris des anciennes. On a remplacé par des mitres entourées de guirlandes, les décorations des quatre portes du chœur, et on les a peintes pour leur donner le ton de la boiserie neuve. Cette peinture était nécessaire sans doute, mais elle empêche de reconnaître de suite la beauté du travail et force l'observateur à la chercher.

Le bénitier paraît être aussi ancien que la chapelle, et peut-être date-t-il de l'époque de sa construction : il est en marbre et a la forme d'une coquille ouverte. Ce n'est pas l'objet le moins intéressant pour ceux qui aiment à remonter dans les siècles écoulés, et à chercher dans les objets qui les ont traversés le souvenir de ceux qui les illustrèrent.

On regrette que les niches latérales du chœur soient restées vides, et qu'on n'ait rien placé sur chaque groupe des colonnes de l'autel, où étaient autrefois les deux anges adorateurs. Les vitraux qui étaient en verre ordinaire ont été remplacés par des panneaux avec bandelettes en verre de couleur, dont les reflets produisent un effet avantageux sur les dorures des piliers. Une grille simple et de bon goût sépare le chœur de la nef, dont les murs ont été peints en marbre blanc, mais avec moins de talent que le maître autel, où la vérité d'imitation laisse peu à désirer. Le chœur est planchéié et la nef pavée en carreaux de marbre noir et de pierre de liais. On a cherché à marier les dorures neuves qui vont jusqu'au-dessus des tribunes avec les anciennes dorures des voûtes.

Quant aux tableaux de la nef dont nous avons parlé, et qui se détériorent tous les jours davantage, on les a raccordés çà et là par quelques coups de pinceau qui sont loin de leur rendre leur beauté primitive. On a senti un instant combien il était important de restaurer cette partie intéressante. M. Abel Pujol, à qui ce travail a été proposé, demandait, pour l'exécuter, plus d'argent qu'il n'en avait été accordé pour la réparation entière de la chapelle ; il a fallu y renoncer.

Au-dessus du maître autel, on a placé une copie du chef-d'œuvre de Poussin, au lieu de l'original qu'on y admirait autrefois.

Telle qu'elle est du reste, la chapelle du château de Saint-Germain est bien faite pour exciter la curiosité, et elle ne manquerait pas de captiver l'attention, si on lui rendait un jour son ancien éclat.

Ruines du Chateau neuf. — Louis XIV ayant établi sa cour dans le vieux château, le palais bâti par Henri IV ne servait qu'aux réunions des assemblées du clergé de France, qui avaient lieu tous les cinq ans. Bientôt, abandonné entièrement, il ne tarda pas à se dégrader, et on n'y fit aucune autre réparation que de relever une terrasse qui s'était écroulée en 1660. Jaloux de posséder une habitation plus moderne sur le terrain qu'Henri IV avait si bien choisi, et sur le lieu même où était né

Louis XIV, monseigneur le comte d'Artois obtint, en 1776, du roi son frère, le château neuf et le boulingrin. Les démolitions furent faites en partie, et on commença des travaux qui, interrompus par les événemens de la révolution, n'ont point été repris et ne le seront probablement jamais.

C'est à travers des décombres et des voûtes enfoncées, qu'il nous a fallu aller chercher des traces de l'ancienne magnificence du château neuf. Il est facile de distinguer les restes des constructions premières de celles faites sur la fin du dernier siècle; mais sur les terrains aliénés, c'est avec quelque difficulté qu'on parvient à retrouver encore des portions des bâtimens. Nous commencerons notre description par les terrasses inférieures.

Les jardins, qui s'étendaient jusqu'au bord de la Seine, sont aujourd'hui des propriétés particulières, où on ne remarque qu'un pavillon d'un étage surmonté par un comble très élevé couvert en ardoises. Le chemin du Pecq aux vignes sépare ces jardins des grottes; on voit encore, dans les débris d'un mur de terrasse qui borde le chemin, des pierres circulaires et un petit aquéduc. Au-dessus, et vers le milieu, se trouve un bâtiment décoré de niches carrées surmontées d'une partie circulaire et couronné par un autre renfoncement orné de médaillons. Au milieu sont trois arcades donnant entrée à une grande salle, décorée de pilastres portant des arcs doubleaux dont les entre-deux sont revêtus en briques. On voit encore une espèce de réservoir communiquant avec le haut par un sou-

pirail destiné sans doute à la conduite des eaux qui alimentaient les jets placés à l'intérieur.

Dans un enfoncement, en suivant la pente gauche qui conduit au bâtiment dont nous venons de parler, il existe une pièce voûtée en arc de cloître, qui devait être richement décorée. Elle est en assez bon état de conservation, sa partie basse seulement est comblée par un amas de démolitions. Des arcs doubleaux en pierre et des tableaux garnis de coquillages et de nacre, portent sur une corniche chargée de moulures. La frise est ornée d'enroulemens où se trouvent des fleurs de lys. Au milieu de chaque face on distingue encore un chiffre composé des lettres M H et de deux palmes croisées. On remarque dans les doubles niches de la nacre et des coquilles qui forment des dessins. A droite et à gauche sont des cariatides. Cette salle offre de l'attrait à la curiosité.

Un avant-corps avec pilastres toscans et piédestaux se rencontre à l'endroit où se termine la pente douce. Le mur soutenant la terrasse est décoré d'arcades entre lesquelles sont des tables saillantes en pierre. Le revêtement extérieur des six dernières est tombé et laisse la maçonnerie à découvert.

Plusieurs pièces de gauche, dont les jours sont en partie bouchés, se trouvent assez bien conservées. Quant à celles de droite, il n'en existe plus rien.

Les pentes douces, ainsi que les terrasses où elles aboutissaient, étaient pavées de petites pierres carrées parfaitement taillées. On en remarque encore plusieurs parties d'une grande beauté.

Sur la sixième terrasse, défoncée en plusieurs endroits par la chute des voûtes inférieures, s'élève un grand bâtiment en pierre qui a été reconstruit pour soutenir la partie qui s'était écroulée sous Louis XIV. La façade est décorée de niches circulaires et terminée par deux avant-corps, d'où partent des rampes sur lesquelles s'appuient les pentes douces qui descendent du haut. Une corniche ornée de consoles d'un assez beau caractère le couronne. L'intérieur est élevé de quatre marches au-dessus du sol; il se compose de plusieurs pièces où on remarque des stalactites en pierres sculptées. L'extérieur paraît n'avoir jamais été terminé.

Les murs qui s'élèvent au-dessus pour soutenir les jardins sont d'une grande hauteur; ils sont bâtis en pierre et en brique, mais leur dégradation est telle, dans la partie supérieure, qu'on ne peut en reconnaître le couronnement. A l'extrémité à droite, du côté des vignes, on remarque un petit aquéduc disposé par étages et qui devait communiquer avec ceux qui se trouvaient dans le jardin au-dessus et dont il reste des vestiges. Ce mur est interrompu dans le milieu de sa longueur par un passage qui conduisait au château même.

On voit de même à droite un pavillon carré à deux étages, couvert en dôme. L'extérieur, décoré d'assises, de tableaux en pierre et remplissage en brique, avec une corniche de bon style, produit encore un bel effet. Le rez-de-chaussée renferme une salle dont la voûte est enjolivée de coquillages, de nacre et de petites figures en relief. Un escalier conduit au premier étage qui forme la chapelle du château. On y trouvait, il y a peu d'années, de très beaux restes des ornemens qu'on y admirait autrefois. Ce pavillon ayant été loué par bail emphytéotique, on a voulu en faire une maison d'habitation, et pour y parvenir, on a coupé la chapelle sur sa hauteur par un plancher, et divisé le bas en un petit appartement. Malheureusement ces travaux ont fait disparaître ce qu'il pouvait y avoir de curieux. Le domaine, rentré depuis peu dans cette propriété, va établir dans les constructions faites par le locataire, les bureaux d'un architecte attaché à son administration.

On peut voir encore, à gauche de la chapelle, une baie pratiquée dans un mur de soutenement qui donne entrée à un caveau octogone bien conservé et parfaitement sec, quoique couvert de plus de six pieds de terre.

La partie gauche, qui correspond à ce que nous venons de décrire, était en tout semblable à celle-ci pour l'ensemble des constructions; devenue depuis long-temps une propriété particulière, la distribution intérieure ne présente plus rien de ce qui existait.

Les bâtimens qui font face au parterre et à la grande terrasse ont été élevés sur les fondations de ceux du château neuf. Le rez-de-chaussée de la maison dite *Hôtel du vieux château* a subi peu de changemens, et le pavillon qui est situé dans la même propriété est un des six qui bordaient la cour principale.

Voilà tout ce qui survit de tant de grandeur et de magnificence, d'un palais bâti par Henri IV, et dans lequel est né Louis XIV! On ne trouve plus que des monceaux de décombres que le temps assiége et disperse!

HÔTEL DES GARDES DU CORPS DE LA COMPAGNIE DE LUXEMBOURG. — ÉCURIES, MANÉGES, etc., AFFECTÉS AUX DEUX COMPAGNIES. — L'hôtel situé rue de Versailles a été construit en 1823 et années suivantes, par le génie militaire de la maison du roi, pour contenir environ les deux tiers des gardes du corps de la compagnie de Luxembourg. Il est élevé de cinq étages, et dans une position si heureuse qu'on l'aperçoit de deux à trois lieues.

L'ensemble présente une façade de cent trente-cinq pieds, et une profondeur de quarante-trois. Il est placé perpendiculairement aux grandes écuries, et forme la partie latérale de la carrière de manœuvre. On construit en ce moment, rue de Versailles, un bâtiment qui doit servir de succursale à celui-ci, et offrir les salles nécessaires à l'instruction de la compagnie, le logement des officiers inférieurs, les cuisines, etc. A l'extrémité on doit établir une grille qui sera l'entrée principale de l'hôtel neuf, du côté de la rue de Versailles. Ces constructions ont beaucoup embelli ce quartier de la ville.

L'*Abreuvoir*, qui est à gauche sur la rue de Paris,

avait été fait sous Louis XIV, pour en remplacer un ancien existant alors place du château, il fut reconstruit en 1820, dans l'alignement des écuries de la compagnie de Luxembourg. Le génie militaire proposa aux autorités municipales d'entrer pour un tiers dans la dépense, et de le rendre commun à la ville et à la maison du roi. On ne sait pourquoi une pareille proposition n'a pas été accueillie avec empressement.

Cet abreuvoir a cent douze pieds de long sur quarante-cinq de large; il est alimenté par le trop plein d'un réservoir placé intérieurement dans les grandes écuries, et qui approvisionne toute la maison. Un canal dans lequel peut passer un homme, a été pratiqué pour l'évacuation des eaux, et s'étend jusqu'au Pecq, en traversant les écuries, la grande côte de Paris et une propriété particulière. Il a été construit en même temps que le réservoir dont il est la décharge.

Le long de l'abreuvoir est une auge d'environ cent pieds de long, portée sur des dés. Deux bornes d'extrémité en font le principal ornement.

La grille placée en face, et qui a environ cent pieds de large, produit un fort bel effet.

Les Écuries, situées rue de Paris, au coin de la place royale, et qui sont destinées à la compagnie de Luxembourg, étaient celles de la reine : elles sont dénommées actuellement *Écuries du roi*. Elles ont été bâties en 1766 et peuvent contenir cent soixante-douze chevaux. Elles sont doubles, ont vingt-quatre pieds de hauteur et les rateliers sont placés au milieu du bâtiment. Les fondations, auxquelles on a donné un soin particulier, reposent sur un bon terrain qu'il a fallu aller chercher vers l'extrémité de la rue de Paris, jusqu'à la profondeur de vingt pieds. Les eaux tombent dans le canal qui passe sous ces écuries par des ouvertures placées de distance en distance, et fermées par des grilles de fer.

Ce qui fait le mérite de cette construction, dont la décoration extérieure est originale, sont les facilités qu'offrent les divers passages pour arriver dans la cour intérieure, qui a cent quarante pieds de longueur sur cinquante environ de large; ensuite l'abondance des eaux que fournit le réservoir qui contient environ vingt muids.

L'aile qui s'appuie sur la côte de Saint-Germain et qui est en potence, renferme le *Pavillon d'état-major* et le pied-à-terre de M. le duc de Luxembourg. C'était autrefois le logement du prince Borghèse.

En face de ce pavillon, à l'autre encoignure de la place royale, est l'*Hôtel de l'état-major de la compagnie de Gramont:* acheté en 1814 pour cette destination, il n'a de remarquable que le jardin qui en dépend. On y a masqué avec art les bâtimens adjacens et les anciens murs de soutenement du château neuf. Il réunit une brillante collection de fleurs rares, et une innombrable variété de roses.

A l'angle nord-est du sommet de la grande côte du Pecq, la maison du roi fit, en 1814, l'acquisition de terrains pour la construction d'un *grand manége couvert* nécessaire à l'instruction des gardes du corps, qui n'avaient à leur disposition que l'ancien jeu de paume, insuffisant pour les deux compagnies. Le 11 juillet 1816, M. le duc de Gramont posa la première pierre de cet édifice. Une médaille fut frappée à cette occasion, et un discours analogue à la circonstance fut prononcé par M. le chevalier Carette, capitaine au corps royal du génie, chargé, avec M. le comte du Moncel, chef de bataillon de la même arme, de la direction des travaux.

Ce bâtiment a cent cinquante pieds de long sur cinquante de large. La charpente du comble est très soignée, et construite à la manière de Philibert de Lorme. Une coupole, formant tribune à l'extrémité du manége, sert aux personnes qui veulent assister aux manœuvres sans descendre dans l'intérieur. Les croisées qui éclaireut cette coupole, espacées symétriquement sur une demi-circonférence, dominent toute la côte du Pecq.

Vis-à-vis le grand manége, entre l'avenue du boulingrin et la rue de Paris, se trouve la grille de sortie des anciennes *grandes écuries du roi*, qui complètent aujourd'hui, sous la dénomination d'*Écuries des gardes du corps du roi de la compagnie de Gramont*, le casernement de cette compagnie. L'entrée principale est sur la rue de la Verrerie.

Elles sont composées de deux corps de bâtiment élevés dans un vaste manége découvert, l'un du côté de l'hôtel du Maine, l'autre formant un côté de la rue de Paris, depuis la rue de la Verrerie jusqu'à la côte. Les extrémités ont été construites en même temps que la côte de Saint-Germain et la place circulaire qui annonce l'entrée de la ville. La distribution intérieure est en tout point vicieuse: les pièces sont, les unes basses, les autres élevées, les unes petites et pouvant à peine loger cinq chevaux, d'autres vastes et susceptibles d'en recevoir cinquante. Malheureusement l'état des choses est tel qu'il est impossible d'y remédier.

Pendant la révolution, et jusqu'à l'installation de l'école spéciale de cavalerie du château, ces bâtimens, et le jeu de paume dont on fit un manége, servirent à la troupe lorsqu'il y en avait en garnison. Depuis cette époque, ils furent soumis à la même administration que le château, dont ils étaient une dépendance.

La grande cour est d'une utilité majeure pour la cavalerie. Elle offre une superficie d'environ treize cents toises.

En suivant la rue de la Verrerie depuis le chenil jusqu'à la rue de Paris, il n'existait autrefois que l'hôtel du Maine; mais une portion en ayant été vendue pendant la révolution, il n'est resté que les écuries, rétablies en 1814, et une partie du terrain sur lequel on construit, aux frais de la liste civile de nouvelles écuries.

Le *Jeu de Paume*, bâti sous Louis XIV pour l'amusement des seigneurs de sa cour, a soixante pieds de long sur vingt-cinq de large : les croisées qui l'éclairent sont à vingt-cinq pieds du sol. Du côté du nord, il est mitoyen avec une maison occupée autrefois par le contrôleur des bâtimens royaux, maintenant l'*Hôtel des Étrangers;* derrière était une vaste cour de cinquante toises de longueur sur trente de largeur. Au sud, le Jeu de paume s'appuyait sur une dépendance du *Chenil*, remplacée en 1818 par une maison où sont établis les bureaux du génie militaire.

Le Jeu de paume sert actuellement de manége pour le dépôt de la compagnie de gardes du corps qui est de service, le grand manége étant réservé pour celle qui tient garnison dans la ville.

PARTERRE. — François Ier fit abattre, autour du vieux château, les arbres qui masquaient le point de vue. Ils furent remplacés, vis-à-vis de la façade nord-ouest, par un jardin de peu d'étendue que Louis XIV fit agrandir en 1674 et planter en *parterre*, sur les dessins de Le Nôtre. Il se composait de deux grandes pièces de buis, où étaient des bassins de quarante pieds de diamètre placés l'un en face de la Surintendance, vis-à-vis le pavillon du château dit *de l'Horloge*, et l'autre vis-à-vis du pavillon de l'est. Ils étaient environnés de plates-bandes garnies de fleurs de toutes les saisons, et séparés par une allée de dix toises de largeur se dirigeant vers les Loges, et au bout de laquelle on voyait un troisième bassin de quatre-vingts pieds de diamètre. Ce jardin, entouré de contre-allées de tilleuls et de marroniers d'Inde, qui fournissaient une délicieuse fraîcheur, était séparé de celui de la dauphine par un bosquet charmant, par quatre rangs d'ormes et par une orangerie garnie des arbrisseaux les plus rares. Une vaste allée de marroniers conduisait de l'extrémité du parterre à la grande terrasse.

La façade du château avait été mise en harmonie avec ces plantations : un perron de quatre-vingts pieds de large régnait sur toute la largeur du jardin. A la place de la grille qui fait face à la route des Loges, était un perron de cent soixante pieds de longueur, surmonté de deux autres de vingt pieds chacun.

Ces plates-bandes et ces perrons n'existent plus; les bassins et jets d'eau avaient besoin de réparations, on les a comblés en 1750; les buis et le bosquet ont été arrachés; l'orangerie a été démolie à la même époque; le jardin de madame la dauphine a aussi disparu : une partie des grilles qui le fermaient a été placée en face de l'avenue des Loges, et le reste fut donné au duc d'Ayen pour son hôtel. On a caché par une haie le mur qui sépare le parterre de la forêt; entre cette haie et ce mur il existe un espace dans lequel se trouvent un jardin assez mal entretenu et deux glacières qui dépendent du domaine royal.

On doit au maréchal de Noailles, long-temps gouverneur de Saint-Germain, les grilles principales du parterre et celles qui séparent la ville des issues de la forêt.

Le Parterre, qui ne devrait plus porter ce nom, puisqu'on y chercherait en vain une fleur, est cependant encore une très belle promenade. Sa superficie est de douze hectares dix-neuf ares trente centiares. Le long des fossés du château s'étend en pente un terrain plus élevé que le sol ; au bas, se trouvent deux pièces de gazon formant une vaste pelouse, terminée à gauche par des maisons particulières et par une allée de tilleuls; à droite, par une allée semblable, au-dessus de laquelle domine majestueusement la cime des marroniers ; à l'extrémité est une grille. Au bout de la pelouse à droite, s'ouvre une magnifique allée placée parallèlement au château, et aboutissant à la petite terrasse qui se trouve entre le château neuf et la place Dauphine: c'est le lieu de réunion et la promenade favorite des *fashionables* de la ville.

De la grande allée au vieux château, est un vaste quinconce planté de jeunes tilleuls et entouré d'allées doubles. Au centre on a réservé une place autour de laquelle sont plusieurs bancs de pierre.

Il y avait une entrée du Parterre qui venait de la rue du Château-Neuf, passait près des fossés du château, et conduisait à une superbe avenue de marroniers parallèle à la terrasse et correspondant à une grille sur la forêt. On ne sait trop pourquoi ce chemin est coupé par un jardin dont on laisse la jouissance à un particulier: c'est un abus manifeste, qui enlève aux promeneurs l'effet admirable que produisent les allées et contre-allées plantées dans cette direction, et qui d'ailleurs intercepte le chemin de ronde du château.

Terrasse. — Cette magnifique promenade, construite en 1676 par Le Nôtre, s'étend, sur une longueur de douze cents toises et sur une largeur de quinze, depuis le château jusqu'à une des portes de la forêt qu'elle longe dans toute son étendue. La partie qui touche à la futaie, plantée en 1745 d'une ligne de beaux arbres et d'une charmille, donne un agréable ombrage aux promeneurs. La partie opposée, appuyée dans toute sa longueur sur un mur de soutenement et bordée d'un garde-fou en bois, offre une perspective immense dont la variété de ses aspects fait un des plus beaux points de vue de la France et peut-être de l'Europe.

D'un côté, le spectateur découvre entre le coteau et le lit onduleux de la Seine qui se déroule à ses pieds comme un ruban d'azur, le château de Maisons, les villages et hameaux du Mesnil, Vaux, Carrières-sous-Bois, le Belloi, le Pecq, le château et la ville de Saint-Germain, le Port-Marly, la pompe à feu, et l'imposant aquéduc qui semble suspendu dans les nuages, l'île de la Loge, Prunai, Louveciennes, Voisin-le-Bois, la Celle, Bougival, la Chaussée, la Jonchère, Ruel, Nanterre, la Malmaison et le Mont-Valérien.

De l'autre côté du fleuve, et vis-à-vis le Mesnil, les yeux se reposent sur les villages d'Herblai, Montigny, la Frette, Cormeil, Sartrouville, Houille, Montesson, le bois du Vésinet, Croissy, Chatou, Argenteuil, les tours de l'antique abbaye de Saint-Denis, et dans le lointain s'élève le dôme doré des Invalides, étincelant des feux du soleil. Sous les yeux, et tant que la vue peut s'étendre, se déploie

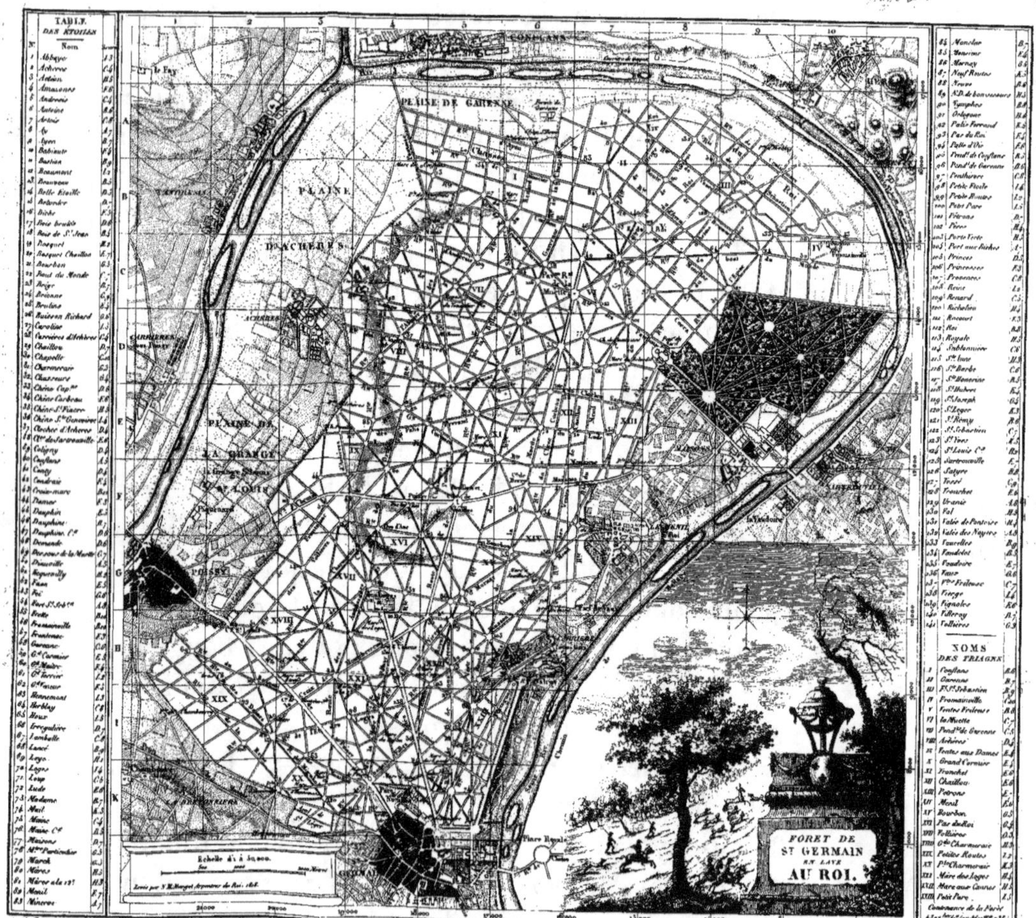

à St Germain en Laye, chez Goujon, Libraire-Papetier rue de Paris, N° 14.

Déposé à la Direction.

une multitude de cultures aussi riches que variées, animées par une population partout en mouvement.

Tel est ce superbe point de vue dont on pouvait tirer un si beau parti, que Louis XIV dédaigna ou ne sut pas apprécier, et dont les étrangers viennent admirer la majesté imposante.

La Terrasse n'est pas le seul endroit de Saint-Germain d'où l'on jouisse d'un coup d'œil magnifique : du côté de la rue des Ursulines et de celle de Mantes, le paysage est très varié, et orné de tableaux gracieux. Si, en ménageant une ouverture pour la grande côte, on eût prolongé la Terrasse depuis le château neuf jusqu'à l'extrémité de la rue de la Grande-Fontaine, de manière à ce qu'elle embrassât toute la partie sud et sud-ouest, il est certain que cette ville eût possédé une promenade plus susceptible encore d'étonner le voyageur.

§ IX. FORÊT DE SAINT-GERMAIN.

La forêt de Saint-Germain, ou plutôt la forêt d'*Iveline*, dont elle faisait partie, inspira long-temps des terreurs superstitieuses aux habitans de la Gaule qui l'avoisinaient, et aux étrangers que leur marche approchait de ses chênes prophétiques. Lorsque les Normands firent en France ces invasions cruelles, qui, pendant tout le cours du neuvième siècle, furent si fatales aux environs de Paris, ils n'osèrent hasarder leurs têtes sous les ombrages redoutés de la forêt d'Iveline. Un de leurs corps d'armée débouchait toujours par Pontoise, suivait les bords de la Seine jusqu'à Chatou et même au-delà, sans pénétrer dans le bois qui s'étendait de Poissy au Pecq. Un autre corps, partait de Mantes, longeait la rivière jusqu'à Hennemont et Saint-Léger, de manière que la forêt, débordée à droite et à gauche, n'entendait pas retentir dans son enceinte le cri de guerre d'un seul barbare.

Ce respect pour les forêts, qui se rattachait aux croyances de l'époque et à l'idée qu'elles étaient habitées par les dieux, se maintint long-temps dans la Gaule; et ce ne fut que vers la fin du neuvième siècle, après la retraite des Normands, qu'on se hasarda de porter la hache dans la forêt d'Iveline, et d'y pratiquer des routes. On peut présumer que les scrupules religieux étaient diminués au moins au commencement du onzième siècle; car on est à peu près certain que le roi Robert avait, vers l'an 1021, une maison de plaisance sur l'emplacement actuel des Loges. Or, ce prince dut nécessairement ouvrir, à travers la forêt, une route pour y parvenir.

A mesure que la religion chrétienne s'étendit et se propagea dans la Gaule, les terreurs qu'inspirait une croyance étrangère durent se dissiper, et elles devaient ne plus être populaires lorsque, dans le treizième siècle, la reine Blanche fit percer un chemin de Poissy à Saint-Germain.

Plus tard, de grands défrichemens firent disparaître une partie de la forêt d'Iveline, et une des portions épargnées, celle qui nous occupe ici, fut réunie au domaine de la couronne sous le nom de *forêt de Laye.*

Les rois de France eurent long-temps la coutume de faire, des présens de bois aux communautés religieuses, aux hospices et maladreries, et aux officiers qui environnaient leur personne. On voit, par une ordonnance de Charles VI, publiée au mois de septembre 1402, que ces sortes de libéralités avaient été tellement répétées, que la forêt de Laye était presque épuisée. L'ordonnance, pour réparer cette dévastation, défendit d'y faire à l'avenir aucune concession.

François Ier, qui aimait beaucoup la chasse, avait distrait environ quatre cent seize arpens de bois, et les avait fait ceindre de murs pour former un parc autour du château. Il donna au reste de la forêt des soins particuliers, et fit des réglemens pour en établir l'aménagement sur des bases sûres et conservatrices. Henri II l'augmenta du village de *Vignoles*, qu'il obtint par échange, qu'il fit démolir, et dont il transféra l'église à Garennes. L'emplacement qu'occupait ce village et le territoire qui en dépendait furent défrichés et plantés. Henri IV suivit le plan d'amélioration adopté par ses prédécesseurs.

Louis XIII, dont la chasse était l'unique plaisir, donna aussi des soins assidus à ces bois. Lorsque, vers l'an 1627 ou 1628, il fit bâtir le petit château de Versailles, pour en faire un rendez-vous de chasse, il nomma, pour la conservation du gibier de son territoire, un sous-lieutenant des chasses et deux gardes qui faisaient leur rapport à la capitainerie de Saint-Germain, établie même avant le règne de François Ier, et dans les attributions de laquelle ils furent placés, eux et le canton confié à leur surveillance.

Louis XIV agrandit la forêt de Saint-Germain par diverses acquisitions; il y réunit trois cent quatre-vingt-onze arpens vingt perches de taillis, qui appartenaient aux dames de l'abbaye de Poissy et au prieuré d'Hennemont; il y ajouta encore un terrain couvert de landes, dépendant des seigneuries de Maisons et de Fresnes, et un faible village nommé Fromainville, souvent submergé, parce qu'il était situé précisément au fond de l'anse que forme la Seine un peu au-dessus du confluent de l'Oise. Cette partie resta nue jusqu'en 1764, époque où elle fut nivelée et plantée à la charrue.

La chapelle de ce village est encore debout; sa charpente, en châtaignier, a conservé une propreté remarquable, due à la propriété de ce bois, auquel les araignées ne s'attachent jamais.

Par arrêt du 14 octobre 1687, les communes riveraines avaient été privées du droit de pâturage pour leurs bestiaux, et en avaient été dédommagées par des prairies et d'autres terrains qui leur furent partagés. Cette mesure débarrassa la forêt de huit cents à mille bestiaux, qui y pâturaient souvent à la fois. Louis XIV avait ordonné de l'entourer de murs; il la fit percer de larges routes et de chemins de traverse, pour faciliter les chasses. Les clôtures du petit parc furent ouvertes en plusieurs endroits, afin de donner issue à ces nouvelles routes. Plus tard, en 1737, les murs de ce bel enclos furent entièrement démolis, et les matériaux employés à séparer la forêt de la terrasse, en remplacement de palis qui entouraient un espace où on élevait des bêtes fauves.

Louis XV acheta, en 1751, la seigneurie de *Garennes*, qui appartenait au chapitre de Paris, réunit son territoire à la forêt, et quatre cents arpens furent plantés en bois, depuis Achères jusqu'à Maisons.

On voyait encore, il y a peu d'années, les restes d'une chapelle dédiée à *saint Rémi*, qui sans doute avait dépendu de Garennes. Près de là est une ferme appartenant au domaine.

Le projet de clôture, exécuté en partie, resta en suspens jusqu'en 1806, époque où les murs furent continués depuis la petite porte des Dames, près de Poissy, jusqu'au bac de Conflans. Les limites furent alors rectifiées sur Achères seulement, et, par suite de ce travail, trois cent quatre-vingts arpens furent plantés et joints à la forêt.

Dès l'an 1294, Saint-Germain était le chef-lieu d'une administration locale, qui, sous le nom de maîtrise, était chargée de la conservation et de l'aménagement tant de la forêt principale que de celles qui en dépendaient. Par suite des réunions successives qui furent faites à la forêt de Laye, par la suppression de la lieutenance des eaux et forêts de Poissy, et sa réunion à la maîtrise de Saint-Germain, opérée par Charles IX en 1561, cette administration acquit une grande importance, et étendit sa juridiction sur plus de cinquante mille arpens de bois.

Cette maîtrise, et une gruerie qui fut également établie, mais qui dura peu, donnaient leurs audiences dans un grand bâtiment entouré d'un enclos, près de la nouvelle église des Loges.

Depuis 1689 jusqu'à la révolution, voici quel fut le personnel de la maîtrise de Saint-Germain : Un maître particulier, un lieutenant, un garde-marteau, un procureur du roi, un greffier, un huissier audiencier, un huissier ordinaire, deux arpenteurs, et un garde général collecteur des amendes. Elle dépendait de la généralité et grande maîtrise de Paris.

La capitainerie royale des chasses, qui est aussi fort ancienne, se composait encore, en 1789, des officiers suivans : Un capitaine, deux officiers en charge ou par commission du roi, quatre sous-lieutenans et un survivancier, deux inspecteurs généraux, six exempts et un survivancier, un procureur du roi, un greffier en chef, et (par commission du capitaine) un assesseur, un survivancier, un commis greffier, un collecteur des amendes, et enfin six inspecteurs et un survivancier.

Cette capitainerie était une des plus considérables du royaume, elle comprenait près de cinquante lieues carrées. Avant François Ier, les capitaines ne se qualifiaient que de concierges du château de Saint-Germain, et leur administration ne s'étendait que sur le château, la ville, la forêt et les environs. Cette place a toujours été occupée par des personnes de la première qualité : en 1472, elle était remplie par Guillaume de Montmorenci; depuis Louis XI jusqu'à la révolution, on a vu s'y succéder le duc de Saint-Simon, les marquis de Maisons père et fils, MM. de Beaumont, de Richelieu, le duc de Lude, grand-maître de l'artillerie, M. de Montchevreuil, aussi maître particulier des eaux et forêts, de Mornay, et le maréchal de Noailles, qui était en même temps gouverneur de la ville, avec survivance pour le duc d'Ayen, son fils.

La maîtrise et la capitainerie n'ont laissé aucun acte émané d'elles, qui date de leur origine. Lorsqu'à la révolution on apposa les scellés sur leurs greffes, on reconnut, à l'inventaire de leurs livres et papiers, que la première minute de la capitainerie était de 1508, que le premier livre d'audience était de la même année, et que le premier registre ne datait que de 1676. Il paraîtrait que les archives antérieures ont été dispersées.

Les grandes maîtrises, les maîtrises particulières et les capitaineries ayant été supprimées, les forêts furent mises sous un nouveau régime et divisées en conservations. La maîtrise particulière de Saint-Germain fut morcelée ; une partie des forêts qui en dépendaient fut attribuée à d'autres districts, et ce qui en resta forma la troisième conservation. Elle se compose des forêts de Saint-Germain, de Marly et du Vésinet, qui réunissent six mille six cent quatre-vingt-dix-huit hectares de bois, et sont, ainsi que la chasse, administrées par un conservateur, un inspecteur, deux gardes généraux, un secrétaire archiviste, cinq gardes à cheval, quatre brigadiers, un faisandier, vingt-sept gardes à pied, cinq garçons gardes, et quinze portiers.

On a pu remarquer, au commencement de cet article, que ce n'est que par degrés que la forêt de Laye acquit l'étendue qu'elle a aujourd'hui. Dans l'origine, elle ne contenait que cinq mille cent quatre-vingt-dix-huit arpens quatorze perches. Les différens cantons qui y furent réunis la portèrent, en 1686, à cinq mille sept cent quatorze arpens huit perches, tant pleins que vides, suivant le travail de Caron, arpenteur de la maîtrise. En 1783, elle n'était plus que de cinq mille cinq cents arpens trente-deux perches trois quarts, parce qu'alors on ne compta que les cantons plantés d'arbres. Aujourd'hui elle se compose d'une surface de quatre mille trois cent quatre-vingt-dix-sept hectares quarante-un ares, ou huit mille six cent dix arpens vingt-trois perches, et est partagée en vingt-trois triages. Elle est tellement coupée d'allées en tous sens que d'après les calculs de M. Main, géographe, elle a trois cent quatre-vingts lieues de routes.

Le sol de la forêt est sec et presque entièrement sablonneux; il est d'autant plus propre à la chasse qu'on n'y voit ni montagnes ni vallées, ni marécages; il est couvert de chênes, d'ormes, de charmes et de châtaigniers. L'essence de tous ces arbres est reconnue la meilleure parmi les bois que le commerce amène à Paris pour la consommation de cette ville. Des terres douces, légères et quelquefois graveleuses, des sables blonds ou ardoisés, sont aussi favorables à la croissance de ces arbres qu'aux défoncemens, aux semis et aux plantations; cependant, à l'exception de quelques futaies, qui, placées à certaines expositions, sont arrivées heureusement à un âge avancé, les bois que produit le sol en général, ne restent pas sains au-delà de soixante-dix à quatre-vingt-dix ans, et s'altèrent souvent avant d'avoir atteint cet âge. On en emploie pour la marine, et alors ils sont embarqués sur la Seine ou sur l'Oise pour leur destination; ils sont aussi recherchés pour la charpente, le charronnage, la menuiserie et la boissellerie, à qui ils fournissent des cercles souples et très forts; on en fait du merrain, du treillage, des lattes, des échalas, etc., le tout avec un égal succès.

Malgré le voisinage de cette belle forêt, Saint-Germain paie le bois à brûler aussi cher que Paris, du moins à peu de chose près, parce que la majeure partie du produit des coupes est retenue à l'avance pour l'approvisionnement de la capitale, où les bûches, par leur beauté, servent à parer les chantiers. La corde de vente était autrefois de cinq pieds de hauteur sur huit de couche, et celle de chantier, de quatre pieds et demi sur huit.

Les arbres vénérables de cette forêt ont couvert de leur ombrage plus d'un doux mystère, et souvent aussi ils ont été les muets témoins de tragiques événemens et même de crimes. Plus d'un malheureux est venu, dans la profondeur du bois, mettre fin à une existence qui lui était odieuse; plus d'une fois, deux ennemis y ont satisfait aux lois d'un inflexible honneur, et ses gazons toujours verts ont été souillés de sang humain.

Parmi les divers événemens qui y sont arrivés, nous rapporterons le suivant, survenu le 7 juin 1812, sur une route cavalière, à cent pas de l'étoile des Mares.

Deux jeunes gens de sexe différent, élevés ensemble dès leur plus tendre enfance, qui avaient conçu l'un pour l'autre la passion la plus vive et demandé en vain à leurs parens de les unir, forment le projet de se détruire. Ils se rendent dans le lieu que nous venons de désigner, armés de pistolets, et s'ajustent en même temps, à un signal convenu. La jeune fille tombe percée d'une balle et baignée dans son sang; mais l'arme qu'elle tenait a trompé l'attente de son amant, qui lui survit et la voit avec horreur et jalousie privée du sentiment. Éperdu, il appelle la mort, qui semble vouloir l'épargner, et la trouve enfin en se pendant avec un fichu de soie qui couvrait le sein de celle qu'il adorait. Ces deux victimes d'un amour funeste furent déposés à côté l'un de l'autre, et leur lit nuptial fut un tombeau.

La forêt de Saint-Germain est percée de belles et vastes avenues et de routes de chasses toujours bien entretenues. Elle est peuplée d'une grande quantité de cerfs, de daims, de chevreuils et de sangliers, nourris avec soin pour les chasses royales. Dans une enceinte formée des triages de la Charmeraie et des Petites Routes, on élève des biches et des cerfs.

Sur l'emplacement de l'ancien village de Vignoles est un vaste terrain, clos de murs et semé de sarrasin, où on élève des faisans. La manière dont on s'y prend pour multiplier ces oiseaux exige du soin: on laisse cinq ou six femelles renfermées avec un mâle, et on ramasse les œufs qu'elles pondent pour les faire couver par des poules ordinaires, parce qu'elles sont moins sauvages; les faisandeaux sont vingt-cinq jours à éclore; on les nourrit avec des œufs de fourmis, des jaunes d'œufs cuits, mêlés avec du chenevis broyé, du millet, etc.

Il est vraiment curieux de voir donner à manger à ces oiseaux : au coup de sifflet du faisandier, ils accourent de tous les côtés du champ de sarrasin et des environs de la faisanderie où ils se tiennent, et se réunissent autour du garde qui leur jette la nourriture. Quand ils sont gros, ils se répandent partout dans la forêt, où ils font leurs couvées.

Pour servir de renseignemens et de guides aux chasseurs, on a planté des poteaux portant des inscriptions dans les places où aboutissent plusieurs routes; on a aussi élevé des croix, pour consacrer la mémoire d'événemens passés près du lieu qu'elles occupent, ou en l'honneur de quelques personnages en place. Telles étaient la *croix Pucelle*, placée sur le terrain où une jeune fille fut tuée, en 1423, par un être barbare, qui lui avait ravi l'honneur; la *croix de Poissy*, érigée, en 1640, par les ordres de Louis XIII; la *croix de Montche-*

vreuil, monument de reconnaissance des habitans de ce bourg, à la mémoire du capitaine de ce nom, qui avait rendu praticable la route de Poissy à Saint-Germain; celle de *Berry*, élevée par la famille d'un particulier qui avait été assassiné en cet endroit, en 1540. Le duc de *Saint-Simon* fit placer, en 1635, sur la route de Conflans, une croix qui portait son nom. Le maréchal de *Noailles*, dont la bienfaisante administration a laissé de précieux souvenirs à Saint-Germain, fit construire, en 1751, sur la même route, un pavillon, pour servir de rendez-vous de chasse; au-devant fut placée une colonne cannelée, surmontée d'une croix qui prit son nom. Nous citerons encore la *croix Dauphine*, posée en 1540, lorsque Henri II n'était encore que dauphin; celle du *Maine*, qui fut érigée, en 1709, par ordre de Louis XIV, en l'honneur de Louis Auguste de Bourbon, prince légitimé duc du Maine.

On voyait sur un chêne coupé, dans la route de Maisons, la *croix de Beaumont*; elle fut ainsi appelée, parce que M. de Beaumont, capitaine des chasses et maître particulier de la forêt, fut assassiné là par deux hommes de qualité, avec qui il avait eu quelque démêlé : ses meurtriers prirent la fuite, et passèrent en Angleterre, où ils finirent leurs jours. Néanmoins leur procès fut fait, et ils furent condamnés à être roués vifs. On devait prendre une somme sur leurs biens pour construire une chapelle au lieu où le crime avait été commis; mais comme ils ne possédaient aucun patrimoine en France, cette partie de l'arrêt ne put être exécutée.

Ces monumens furent en partie détruits de 1794 à 1796. L'obélisque de Noailles fut pourtant respecté; la croix seule qui le surmontait disparut. Il avait été proposé, pour la fête civique du 10 août 1793, de le transporter sur le parterre, mais cette proposition n'eut pas de suite.

Différens carrefours portent des noms auxquels une tradition fort incertaine rattache des souvenirs. Le *Pas-du-Roi* doit, dit-on, ce nom à une chûte que François Ier fit en cet endroit. Comme il s'était blessé au pied, on fit élever une croix sur le lieu, et on plaça auprès une pierre portant l'empreinte d'un pied. D'autres disent que le roi mit seulement pied à terre, pour reconnaître plus facilement la trace de la bête qu'il chassait, et que le maître particulier de la forêt, en habile courtisan, voulut éterniser, par un monument, le souvenir de cette action *héroïque*. La croix a disparu, mais la pierre existe toujours. Le *Repos du Tonnelier*, situé à l'intersection du chemin d'Achères à la Muette, et de celui de Saint-Germain à Conflans, est appelé ainsi, à ce que l'on croit, parce que le sommelier du château de la Muette se tenait à ce carrefour les jours de chasse, pour donner à rafraîchir aux gens du roi. La tradition ne nous apprend rien sur l'emplacement dit des *Six Chiens;* nous prenons sur nous de supposer que c'était un relai où on tenait six chiens accouplés.

Outre ces cantons et leurs dénominations, on rencontrait, dans plusieurs carrefours, des chênes distingués par de petites figures de saints, dont ils empruntaient le nom. Tels étaient le chêne de *Sainte-*

l'hiver précédent dans les salons somptueux du quartier d'Antin; à côté d'elle, les filles d'un honnête marchand dansent avec réserve et modestie sous les yeux de leur famille, et viennent, lorsque le *chassé-huit* a donné le signal de la retraite, prendre, à côté de leur mère, la place que celle-ci leur réserve. Plus loin, la joyeuse grisette, riche de sa fraîcheur, de son insouciance et de ses dix-huit ans, se livre tout entière aux plaisirs du jour, sans se souvenir des peines de la veille ni prévoir celles du lendemain, tandis qu'en plein air et au bruit du tambourin, la fille du village voisin, rouge et joufflue comme une pomme, saute lourdement hors de cadence, s'essouffle, rit, et ne s'en amuse que mieux.

Pendant les trois jours que dure l'assemblée, on se livre aux mêmes divertissemens. On élève à quinze mille le nombre des personnes qui se réunissent aux Loges, le premier jour seulement. Tant que la fête a lieu, ces groupes de mangeurs, ces cantiniers haletans, empressés de répondre à vingt demandeurs à la fois, ces bouteilles, ces verres, épars à côté des buveurs, forment le spectacle le plus pittoresque et le plus curieux.

On compte ordinairement aux Loges, le jour de la fête principale :

10 bals à grand orchestre,
12 spectacles et autres curiosités,
10 jeux de bague,
50 restaurateurs et marchands de vin,
180 marchands de jouets d'enfans, de pain d'épice, de menue mercerie, etc.

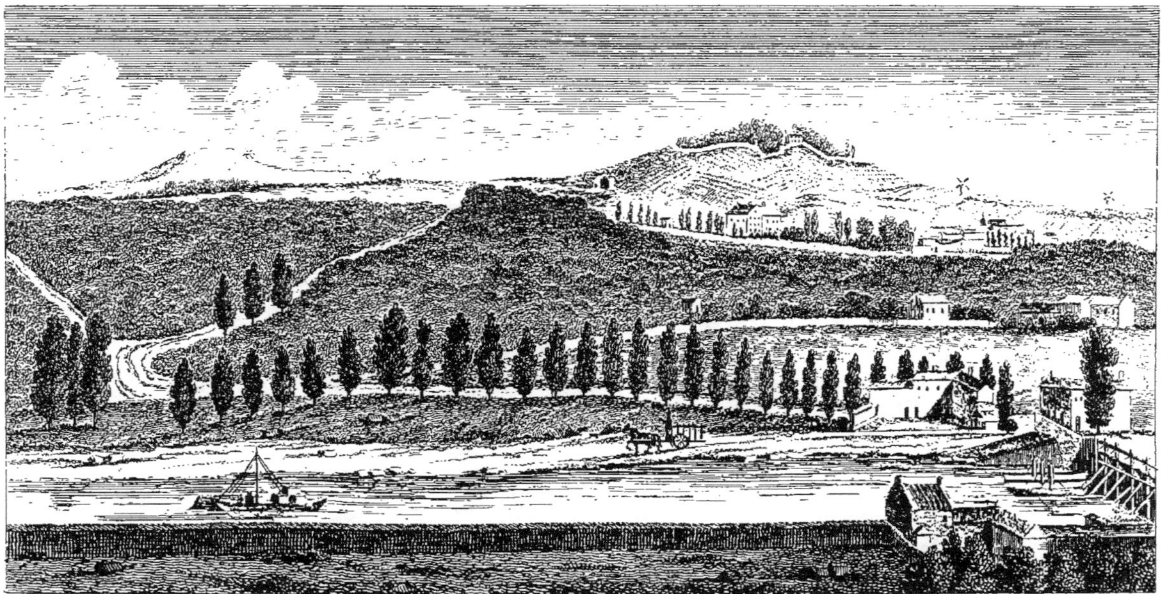

A. Goujon Del. Boisseau et Dureau Sc.

Les marchands apportent leurs tentes, leurs boutiques ou échoppes, et on perçoit, tant sur eux que sur les bals, spectacles, jeux de bagues, chiens savans et autres curiosités de toute espèce, un droit de place au profit des pauvres de Saint-Germain, dont la recette s'élève chaque année à onze ou douze cents francs.

Les avantages que la commune retire de la fête des Loges sont considérables : pendant plus de huit jours les étrangers remplissent les hôtels garnis et les auberges, et il est peu de familles qui ne reçoivent chez elles des parens ou des amis; ce qui donne lieu à un grand mouvement et à de fortes ventes d'objets de consommation.

Il serait bien important que l'autorité locale fît des efforts pour éloigner du lieu de la réunion tous les mendians qui viennent faire ombre au tableau, en exposant à la vue leurs hideuses infirmités, ou qui mêlent une telle insolence à leur importunité, qu'ils arrêtent la main bienfaisante prête à les secourir.

Les boissons qui se consomment sur place s'élèvent à environ

18,200 bouteilles de vin.
1,800 bouteilles de bière.
130 bouteilles d'eau-de-vie.

sans compter au moins douze cents bouteilles de vin, eau-de-vie et liqueurs apportées par différentes sociétés.

La fête de la Saint-Louis, qui précède celle des Loges, dure aussi trois jours, et se tient sur la route de Poissy, derrière le parc de Noailles : c'est un diminutif de la fête principale, et elle offre en miniature le même spectacle. Il s'y consomme à peu près

3,100 bouteilles de vin.
300 bouteilles de bière.
20 bouteilles d'eau-de-vie.

Le *château de la Muette* fut bâti en 1515, par les ordres de François Ier; ce n'était pas, comme l'ont avancé la plupart des historiens, un petit pavillon carré sans dépendances; c'était, au contraire, un bâtiment assez considérable entouré de fossés, élevé de plusieurs étages, flanqué de tourelles et surmonté d'une terrasse sur laquelle était un jeu de paume couvert. Les appartemens suffisaient pour loger toute la suite du roi. Sur le devant existait une grande cour où était un puits. En 1530, le roi y fit construire une chapelle.

A gauche étaient les écuries et les remises. Le chenil et les équipages de chasse étaient fort éloignés, ils occupaient un bâtiment près le buisson Richard, entre le village de Carrières et celui du Mesnil.

Ce fut à la Muette que François Ier éprouva, le 12 mars 1547, les premières atteintes de la maladie dont il mourut à Rambouillet le 30 du même mois.

Jusqu'au règne de Louis XIII, ce château ne fut point réparé; il tombait tellement de vétusté, que quelques officiers des chasses qui l'habitaient furent forcés de l'abandonner. Le roi le fit rétablir en partie, ainsi que la chapelle, qui fut bénite de nouveau, en 1630, par l'official du prieuré de Saint-Germain.

Cette maison de plaisance s'écroulait lorsque Louis XIV voulant, en 1665, agrandir le petit parc de ce côté, ordonna de l'abattre, sur les conseils du duc Dulude, et ceux de M. de la Rose, maître particulier des eaux et forêts. La menuiserie, la serrurerie et les décors de la chapelle furent donnés aux religieux des Loges pour réparer leur monastère. On employa plus tard les autres matériaux aux murs de clôture de la forêt.

Louis XV fit bâtir sur une partie de son emplacement le pavillon que nous voyons aujourd'hui, et Louis XVI le fit achever et surmonter d'un belvéder. Cette maison, qui sert de rendez-vous de chasse, ne présente rien de remarquable. A côté sont des écuries et un logement pour un garde à cheval.

Le petit *château du Val*, situé au bout de la grande terrasse, est devenu la propriété du maréchal de Beauvau et appartient aujourd'hui à madame la princesse de Poix, qui l'habite pendant l'été.

En face était une vaste avenue, couverte autrefois d'une belle futaie, qu'Henri IV fit abattre pour démasquer la vue. Le Val n'était alors qu'un pavillon couvert en tuiles, avec quelques dépendances; il servait de rendez-vous de chasse. Louis XIV le fit reconstruire sur un nouveau plan; il est couvert en plomb et en ardoises. La pièce principale est un fort beau salon donnant sur la cour et sur le jardin, il sépare deux petits appartemens composés de plusieurs pièces de plain-pied. L'extérieur est décoré de bustes en marbre blanc, placés de distance en distance sur des consoles sculptées avec goût.

Une cour principale fermée d'une grille en fer fait face au château; une autre cour communique aux offices et au logement du concierge.

Les jardins, autrefois d'une médiocre étendue, ont été très agrandis à gauche sur la forêt, où ils sont bordés d'un fossé. Ils sont plantés, partie en parc, terrasses et parterres, partie en verger.

Le 6 mai 1747, Louis XV visita le château de Maisons qu'il avait intention de donner pour habitation à la marquise de Pompadour; mais il préféra le Val et ordonna de suite des réparations; puis changeant subitement d'avis, il donna contre-ordre, et le Val, conservé pour sa première destination, resta ainsi jusqu'en 1761, que le même monarque le donna pour demeure au comte de La Marck.

Voici une anecdote rapportée par Chamfort, qui doit trouver place ici.

« Madame du Barry étant à Vincennes, eut la » curiosité de voir le Val, maison de M. de Beau- » vau. Elle fit demander à celui-ci si cela ne dé- » plairait pas à madame de Beauvau. Madame de » Beauvau crut plaisant de s'y trouver et d'en » faire les honneurs. On parla de ce qui s'était » passé sous Louis XV. Madame du Barry se plai- » gnit de différentes choses qui semblaient faire » voir qu'on haïssait sa personne. Point du tout, » dit madame de Beauvau, nous n'en voulions » qu'à votre place. Après cet aveu naïf, on de- » manda à madame du Barry si Louis XV ne di-

» sait pas beaucoup de mal d'elle (madame de
» Beauvau) et de madame de Grammont. — Oh,
» beaucoup. — Eh bien! quel mal de moi, par
» exemple? — De vous, madame? Que vous étiez
» hautaine, intrigante; que vous mèniez votre
» mari par le nez. M. de Beauvau était présent:
» on se hâta de changer de conversation. »

Nous avons fait connaître tout ce que la forêt de Saint-Germain renferme de remarquable, nous allons à présent guider les promeneurs et les curieux dans ce vaste labyrinthe en les conduisant pas à pas, et en leur épargnant ainsi de pénibles recherches, des courses longues et incertaines et une grande perte de temps. Vouloir la parcourir dans toutes ses parties est chose presqu'impossible; se diriger dans ses avenues, de manière à voir tous les lieux dont nous avons parlé, est déjà assez difficile; car, à moins de la connaître parfaitement et d'y être conduit par l'habitude, on est presque certain de s'y égarer.

Prenant le château pour point de départ, on traversera obliquement, vers le nord-est, le Parterre, et on arrivera à la Porte-Dauphine, où on trouve ordinairement des ânes sellés et bridés, qui sans avoir la réputation *européenne* de leurs confrères de Montmorenci, n'offrent pas moins aux promeneurs un moyen de transport et un motif de divertissement.

Avant de s'enfoncer sous l'ombrage de la forêt, on suivra la Terrasse. A l'extrémité est une place nommée *l'Octogone*, à cause de sa forme; à peu de distance dans la même direction, on voit le village de Carrières-sous-Bois et la maison dite *le Belloy*. On entrera dans la forêt par la grille qui donne sur cette place. Là, le garde-portier tient une espèce de guinguette où l'on trouve vin, œufs frais, lait, etc. Suivant le chemin le plus à droite, on passera bientôt vis-à-vis le *château du Val*.

Laissant à droite ce château, à gauche la large avenue et la place où la danse réunissait autrefois une brillante société, on continuera le chemin que l'on a déjà suivi, qui oblique un peu vers la droite et aboutit à l'étoile de *la Porte-Verte*, abandonnée aussi des danseurs : huit routes partent de ce point dans toutes les directions. Celle qui est vis-à-vis de soi est nommée route de *La Mark*, et se dirige vers l'étoile du *Grand-Veneur*, l'une des plus belles de la forêt; la première, vers la gauche, est la route de la *Porte-Verte*, conduisant du parc du Val aux Loges; la suivante traverse l'étoile où nous sommes, elle aboutit à gauche sur la grande avenue de Saint-Germain aux Loges, et à droite, à l'étoile du *Buisson-Richard*, dont elle porte le nom; la dernière de ce côté traverse la place du Val, que nous avons déjà entrevue, et conduit à Saint-Germain dans une direction à peu près parallèle à la Terrasse.

A droite est la route qui passe au pavillon de la Muette, et se prolonge au-delà jusque sur le bord de la Seine, vis-à-vis les îles de Garennes; c'est la plus droite et la plus longue de la forêt.

C'est près de là, vers la gauche, à cent pas de

l'étoile des *Mares*, qu'est arrivé l'événement des deux amans.

En quittant l'étoile de *la Porte-Verte*, on suivra à droite la route du *Buisson-Richard*, jusqu'à l'étoile du même nom pour aller à celle *des Veaux;* à gauche est la route de *Bourbon;* on laissera encore à gauche la route qui va vers l'étoile du *Chêne du Corbeau* et celle des *Ventes de Châtillon*, pour suivre la longue avenue d'*Artois*, étroite et bien couverte, qui passe près du carrefour du *Mesnil;* à l'est est le village de *Mesnil-le-Roi*, et plus loin et du même côté la porte de Maisons. Les routes de la forêt sont souvent traversées par des cerfs, des daims ou des chevreuils, qui se laissent même approcher à certaine distance, examinent les voyageurs avec beaucoup d'attention et les suivent longtemps des yeux.

On traversera la nouvelle grande route de Paris à Poissy par Maisons, celles de *Monsieur*, *Dulude* et du *Clocher de Sartrouville*, et on débouchera sur l'emplacement circulaire qui termine au nord-ouest le parc de Maisons, dont on découvre une grande partie, ainsi que le château qui est à l'extrémité d'une belle avenue plantée de grands arbres.

De l'autre côté de la place circulaire, on laisse à gauche la route *des Pavillons*, pour prendre celle *de l'Épine*, que l'on suivra d'abord jusqu'à l'étoile de *Tessé*, à l'autre angle du parc de Maisons, et qui traverse ensuite l'étoile de *Brionne*. On prendra à droite la route du *Bout du Monde* qui conduit à l'étoile de *la Chapelle*, et de là par une petite route un peu à gauche, à travers les *Tirés du roi;* on gagnera *Fromainville*, dont on pourra visiter la chapelle. Afin d'éviter de suivre les Tirés on reviendra à l'étoile de *Brionne*, pour continuer la route de l'*Épine* jusqu'à l'étoile de *Vaucelles* et passer sur les restes des ouvrages du *Fort Saint-Sébastien.*

Ce fort décrit un demi cercle dont la rive gauche de la Seine forme le diamètre; il a été élevé, seulement en terre, pour l'éducation du grand dauphin. Les parties qui avoisinent la rivière ont été nivelées pour laisser libres les Tirés du roi, parallèles aux routes de *Croix-Marc* et de *Saint-Sébastien.*

De l'étoile de *Vaucelles* on se dirigera par la route du même nom sur celle du *Bastion*, et l'on suivra jusqu'à la rencontre de la route *Neuve;* tournant à gauche, celle-ci conduira d'abord à l'étoile des *Satyres*, puis au pavillon de la *Muette*, après avoir traversé presque perpendiculairement les routes de *Brionne*, d'*Ayen*, de *Montclare* qui conduit à droite au beau carrefour de l'*Étoile du Roi*, et après avoir coupé la route *Corra* et d'autres moins remarquables.

En quittant ce lieu, on suivra la belle avenue plantée de deux contre-allées, qui se dirige au sud et en ligne droite sur la ville de Saint-Germain, et traverse la forêt dans toute sa longueur; on s'arrêtera à l'étoile du *Chêne-Capitaine* et l'on prendra à droite la route de même nom, jusqu'à la *Croix-Dauphine;* on tournera vers la gauche et l'on se trouvera près du clos des *Vignoles*, où est la *Faisanderie.*

A l'ouest de ce lieu est le prolongement de la route de *Garennes*, que l'on suivra jusqu'à l'étoile des *Palis-Ferrand*, en obliquant un peu sur la gauche on arrivera bientôt au carrefour *Dauphin*.

A droite, route du *Grand-Cormier*, à gauche, route de *Monsieur*, on continuera dans la même direction jusqu'à la *Croix-de-Noailles*, étoile qui reçoit sept avenues et est traversée par la nouvelle grande route de Maisons à Poissy. Auprès, passe celle de Pontoise, sur laquelle est la *Croix Saint-Simon*, le *Repos du Tonnelier* et la *Croix du Maine*.

A peu de distance, vers la droite, sur le vieux chemin de Poissy, est le *Pas du Roi*.

De l'étoile de *Noailles* on se dirigera vers le sud-ouest, par la route de *Saint-Joseph;* cette route monte un plateau sablonneux sur lequel est tracée la belle étoile du *Grand-Veneur*. Les amateurs d'entomologie pourront recueillir dans ce canton de belles *cicendelles (cicendela campestris*, *cicendela hybrida)* qu'on y voit en grand nombre quand l'air est chaud et sec : ces insectes, remarquables parmi les plus beaux qui habitent les environs de Paris, sont très difficiles à saisir à cause de leur vol incertain et de leurs repos multipliés.

En quittant l'étoile du *Grand-Veneur*, on continuera de marcher sur la route de Saint-Joseph jusqu'à l'étoile de même nom, qui est au bas du coteau dont nous venons de parler; appuyant vers la gauche, on longera les murs des *Loges* et on se trouvera bientôt sur la place vis-à-vis l'entrée principale de ce bâtiment.

Vis-à-vis des *Loges* est l'avenue qui aboutit directement au château de Saint-Germain; la route à droite, qui lui est opposée, conduira à l'étoile de *Richelieu;* on tournera à gauche pour aller rejoindre la route de Saint-Joseph à l'étoile *Sainte-Anne*, et en tournant encore à gauche on passera près de la *croix Pucelle;* à quelques pas plus loin, on se trouvera sur la grande route de Poissy à Saint-Germain, et tournant vers le sud-est, on arrivera sur l'emplacement de la *croix de Mont-Chevreuil.*

On traversera la route de l'étoile des *Loges* et le carrefour de l'*Abbaye*, laissant à gauche la mare de Poissy et longeant les murs du parc de Noailles, on rentrera dans la ville par la grille de Poissy.

RECHERCHES HISTORIQUES

SUR LES

COMMUNES

DU CANTON DE SAINT-GERMAIN.

FILLANCOURT ET SAINT-LÉGER.

Avant de parler des communes du canton, nous avons cru devoir consacrer un article à *Fillancourt* et à *Saint-Léger*, parce qu'ils formaient autrefois des villages distincts et séparés de la ville dont ils sont aujourd'hui les faubourgs.

Fillancourt s'appelait en latin *Villeolis Cortis*, *Filiacum Cortis;* et *Filiolicuria*, en français *Filiocourt*, *Filliancourt*, et actuellement *Fillancourt* et *Feuillancourt*. Dans la vie d'Érembert, évêque de Toulouse, nous lisons que ce saint était natif de *Filiacum cortis;* que Gamard son frère, qui posséda ce bien, en fit don à l'abbaye de Fontenelle en y prenant l'habit religieux ; que le saint évêque y avait bâti, sous l'invocation de saint Saturnin, une église à laquelle il avait légué son bâton épiscopal, qui y fut conservé jusqu'à ce que cette église, tombée de vieillesse et rebâtie à Broucy, aujourd'hui Chambourcy, il y fut transféré avec un des vêtemens épiscopaux du saint homme.

Fillancourt, autrefois célèbre, appartint, après la chute de son église, à la paroisse de Saint-Léger, jusqu'à ce que Saint-Germain, en s'en approchant toujours, l'eût atteint; alors il fut réuni à la ville: il fait partie du quatrième quartier.

En fondant le prieuré de Saint-Germain, le roi Robert y attacha la terre de Fillancourt, qu'il racheta des moines de Saint-Vandrille, moyennant la cession d'autres biens et l'abandon qu'il leur fit des dîmes qu'elle produisait.

D'après une opinion généralement répandue, *Saint-Léger* remonte à une époque fort reculée. Dulaure dit que son église a été construite en 668 par Childéric II, sous l'invocation de l'évêque d'Autun. Il y a visiblement erreur dans cette date. Comme saint Léger n'a été martyrisé que le 2 octobre 678, dans une forêt de l'Artois, par ordre d'Ébroin, maire du Palais, sous Thierri III, roi de Bourgogne et de Neustrie, et qu'il ne fut jamais en usage de placer une église sous l'invocation d'un homme vivant, ce n'est point en l'année fixée par Dulaure que l'église de Saint-Léger a été bâtie. L'opinion qui place sa fondation en 685, quoique plus vraisemblable, n'est peut-être pas plus vraie.

Des chroniques disent même que l'église de Saint-Léger n'était, dans les temps reculés, autre que celle de Saint-Germain; cette assertion est fausse, car cette église fut, depuis son origine jusqu'à sa destruction, sous la juridiction de l'évêque de Chartres, et celle de Saint-Germain, paroisse avant 1100, n'appartenait à aucun diocèse de 1160 à 1169, elle fut plus tard de celui de Paris. Tout ce qu'on pourrait supposer de plus probable, c'est qu'avant que le village de Saint-Germain fut érigé en paroisse, il était sous la dépendance de celle de Saint-Léger.

Ceux qui font de Saint-Léger une église si ancienne, ne manquent pas de faire des habitations qui l'environnaient un bourg important, une mairie royale qui ne relevait que de la couronne. Dans des temps plus rapprochés, on a adopté cette opinion, et on a prétendu qu'il existait autour de l'église des fondations fort anciennes, de vastes caves solidement voûtées, et au-dessous du sol actuel, des rues entièrement pavées; on a même cité une rue *des Orfèvres;* enfin on a fait tout ce qu'on pouvait pour donner un air d'antiquité à un village qui ne méritait pas tant d'honneur.

On a entrepris des fouilles pour retrouver les nobles débris qu'on prétend exister sous les habitations modernes. Sur la rive gauche du Buzot, l'on a découvert quelques traces d'habitations construites dans la carrière même, et qui ressemblaient à des tanières. Sur la rive droite, où l'on prétend que se trouvait le bourg, les terres, fouillées à diverses distances, ont présenté des lits qui indiquaient par leur position, que le sol n'avait jamais été creusé comme il aurait dû l'être, s'il eût servi d'assiette à des constructions nombreuses. Le peu de vestiges de fondations qu'on a rencontrés n'annonçait que des chaumières, placées à une assez grande distance les unes des autres.

En se rapprochant de l'endroit où était l'église, des fouilles faites en 1765 ont fait découvrir d'anciennes caves, mais de peu d'étendue, et dont on a extrait des pierres pour la réparation de l'église. Il est probable que ces caves, seules constructions un peu considérables trouvées sous le presbytère, si toutefois il y en avait un à Saint-Léger, devaient en dépendre ou faire partie de l'église, car lors même qu'elle n'eût pas été fondée en 685, elle a dû être démolie et reconstruite plusieurs fois.

Quelques années après 1765, des travaux entrepris pour agrandir l'église nécessitèrent de nouvelles fouilles, qui mirent à découvert deux tombes du quatorzième siècle. Les recherches furent continuées avec activité par un propriétaire voisin, qui mettait beaucoup d'amour-propre à vérifier si, comme on le disait généralement, Saint-Léger repose sur une ancienne ville. Les travaux qu'il entreprit lui prouvèrent qu'il était sur le terrain de l'ancien cimetière, et on jugea par le petit nombre de tombes mises à jour et d'ossemens recueillis, que ce lieu n'avait jamais dû être très peuplé.

Quant à la rue des Orfévres, nom qu'on prétend donné à la ruelle Nicod, dans d'anciens titres de propriété, nous dirons que l'examen de plusieurs de ces pièces ne nous ont point montré cette dénomination. Des personnes, placées par leur rang, soit dans les administrations, soit dans les affaires, à portée de consulter les titres de propriétés qui longent cette ruelle, n'ont pu y trouver le nom de *rue des Orfévres*. On peut conclure de là que cette opinion n'est basée sur rien de solide. Au surplus, quand cette supposition serait vraie, on n'en pourrait pas inférer que Saint-Léger ait jamais été un bourg d'une grande importance. Un orfévre ou deux ont pu y posséder une maison de campagne, une métairie, un jardin, et avoir donné pendant quelque temps à la ruelle qui les y conduisait, le nom qu'on veut qu'elle ait porté.

On sait que les Normands ont ravagé différentes fois, dans le milieu du neuvième siècle, les environs de Paris, et on ne trouve dans aucune chronique Saint-Léger au nombre des bourgs dévastés, ce qui serait, si ce hameau eût été alors digne d'être cité. Il y a plus, il est très permis de douter que Saint-Léger existât, même comme bourg, lors de l'expédition du roi d'Angleterre, en 1346, car il est à remarquer que les historiens nomment tous les villages et châteaux que les Anglais incendièrent aux environs de Paris : ils font mention des châteaux de Montjoie et Saint-James, des bourgs et villages de Saint-Germain, Fourqueux, Montaigu, Hennemont, etc., et ne parlent jamais de Saint-Léger.

Ce qui, du reste, peut avoir donné l'idée que Saint-Léger était autrefois important, c'est ce qu'on lit dans quelques auteurs, que Saint-Germain dépendait de sa paroisse. Mais quand on pense que ce dernier village n'était composé que du château, du prieuré et de quelques cabanes de bûcherons, on comprendra sans peine que Saint-Léger pouvait le tenir dans sa dépendance, pour le spirituel, sans être pour cela un endroit fort remarquable. Quelques bicoques de plus suffisaient pour établir une différence entre les deux villages.

La cure de Saint-Léger était à la nomination du prieur d'Hennemont, par suite d'échange fait en 1314, du droit de nommer à celle de Limay, près de Mantes. Le curé ne possédait point les dîmes de sa paroisse; elles appartenaient à l'archevêque de Paris, qui lui payait une portion congrue de trois cents livres et lui abandonnait le casuel.

L'église était fort petite et à moitié ruinée avant 1782. A cette époque on l'agrandit, en conservant le clocher, qui n'était qu'une tour carrée appelée *bretèche*. A la révolution, elle fut vendue avec le terrain qui la portait, et démolie; à sa place existe aujourd'hui une maison, Fonds-de-Saint-Léger, n° 7.

Quelques bois, qui dépendaient de la commune, furent joints, par Louis XIV, à la forêt de Saint-Germain; et par arrêté du district, en date du 1er pluviôse an II (20 janvier 1794), la paroisse de Saint-Léger fut réunie à Saint-Germain; elle forme aujourd'hui un faubourg, qui est composé seulement de quelques maisons de campagne, de tanneries, de mégisseries, de buanderies et de marais. L'air qu'on y respire, étant moins vif que dans la partie haute de la ville, est recommandé aux personnes d'une santé faible.

Tavoque Delt. *Bousseau et Bureau*

ENVIRONS DE St GERMAIN EN LAYE.

Tour de RE[illegible] DÉSERT

Les dépendances de la paroisse de Saint-Léger étaient Hennemont, la rue et les Fonds-de-Fillancourt, la ruelle du Prieuré, les Fonds-de-Saint-Léger, la rue Bergette, et partie des Fonds-de-l'Hôpital. Cette paroisse fait maintenant partie du quatrième quartier de la ville. On y comptait, année commune, sept à huit naissances.

Le chevalier de Boufflers avait à Saint-Léger une maison de campagne. M. de la Bouïsse prétend y être venu, et il fait le récit de son voyage, moitié en vers, moitié en prose, à madame Éléonore de la Bouïsse son épouse. En suivant l'ordre qu'il a observé dans son volume, il paraîtrait qu'à son retour de Saint-Léger il aurait fait un autre voyage à Charenton, d'où on l'aurait laissé revenir.

ACHÈRES.

Ce village, distant de cinq lieues et demie de Paris, et d'une lieue et demie de Saint-Germain, remonte au treizième siècle et peut-être plus loin. Il a formé une commune séparée et indépendante, sous la juridiction de seigneurs laïcs.

Il est probable qu'il n'a point été épargné lors des dévastations dont les environs de Paris ont été le théâtre; mais nos annales se taisent à cet égard, ce village n'étant alors qu'un point imperceptible sur la carte.

Achères n'offre aucun monument remarquable, si ce n'est son église et son clocher, qui datent de l'an 1212, et qui, très probablement, ont été reconstruits plusieurs fois depuis. Les premiers registres constatant l'état civil des habitans ne remontent qu'à 1610.

Son territoire se compose de six cent vingt-sept hectares, quarante-trois ares d'un terrain sablonneux, dont le travail retire des grains et des légumes. Il ne renferme aucune carrière dont l'exploitation puisse fournir matière à un commerce quelconque.

Ce village contient quatre cent quarante-cinq habitans, soumis autrefois pour le spirituel à l'évêque de Chartres, et dépendant aujourd'hui de celui de Versailles. Les affaires communales sont administrées, comme celles des autres communes dont nous parlons à la suite, par un maire, un adjoint et un conseil municipal composé de dix membres. La ferme royale de Garennes est dans sa dépendance.

AIGREMONT.

Village du canton de Saint-Germain, à une lieue et demie de cette ville et à cinq et demie de Paris.

Son origine est fort ancienne, si l'on en croit la tradition : la cure appartenait à l'ordre de Prémontré, et dépendait de l'abbaye de Ressons près de Beauvais. Érigé en commune depuis un temps immémorial, Aigremont était sous le patronage temporel de seigneurs laïcs. Il existe un titre de propriété constatant que soixante arpens de terres ont été donnés à bail et à cens, le 22 mars 1508, aux habitans de cette commune, par Jean Violle, seigneur d'Aigremont. Le marquis de Soyecourt, dernier seigneur connu de cette paroisse, l'était aussi de Poissy et de Maisons.

Aigremont ne contient ni bâtimens ni propriétés remarquables, et aucun hameau n'en dépend. Les registres de l'état civil ne remontent qu'à 1665.

Le territoire se compose de deux cent cinquante hectares de terres plantées en bois et chataigniers, ou livrées à la culture et produisant du blé, du seigle, de l'avoine, des pommes de terre et toutes sortes de légumes. Ce que la commune récolte de ces diverses productions au-delà de ses besoins, est pour elle l'objet d'un petit commerce avec Saint-Germain. Le sol recouvre des carrières d'où se tire une grande quantité de pierre meulière. Les terres de basse qualité renferment diverses espèces de grès dont on fait également l'extraction.

La population ne s'élève qu'à cent quatre-vingts habitans. Saint Éloi est le patron de cette paroisse, qui est desservie par le curé de Chambourcy.

CHAMBOURCY.

Village composé d'une seule rue, situé à mi-côte, près de la route de Saint-Germain à Mantes, à cinq lieues de Paris.

Chambourcy, appelé dans de vieux titres *Bruacium*, et en français *Broucy*, paraît d'une haute antiquité. Si l'on en croit la tradition, son église daterait du septième siècle et aurait joui du titre de prieuré ; les reliques de sainte Clotilde, qu'on y transféra de Joyenval, sont très vénérées dans le pays, elles y attirent toute l'année un grand concours de fidèles et donnent lieu à une fête solennelle, le 3 juillet, jour consacré à la sainte épouse de Clovis.

Selon Lebeuf, voici quelle serait l'origine de l'église de Chambourcy : celle de Fillancourt, dédiée à saint Saturnin, évêque de Toulouse, tombant de vétusté à une époque qu'il n'assigne point, mais qui est sûrement postérieure au septième siècle, fut réédifiée à Chambourcy ; on y transporta quelques reliques de saint Saturnin, qui en devint et en est encore le patron. Voyez au surplus ce que nous disons sur cette translation à l'article *Fillancourt*.

Le village de Chambourcy fut, jusqu'en 1792, sous la juridiction d'un seigneur laïc. La seigneurie est restée pendant un temps fort long dans la maison de Montmirail. A une époque que nous ne connaissons pas, un des chefs de cette famille l'ayant donnée en dot à une de ses filles, qui épousa un L'Hôpital, cette nouvelle maison la garda jusqu'en 1772. Cette année-là, le vicomte de L'Hôpital l'ayant vendue à M. Moreau, historiographe de France, ce nouveau propriétaire la laissa à la baronne de Clédat, sa fille, qui en fut dépossédée à la révolution.

Sa population, en y comprenant ses dépendances, dont nous parlerons ci-après, s'élève à six cent quarante-cinq habitans.

Le territoire, plus étendu autrefois qu'aujourd'hui, parce qu'il en a été distrait onze cents arpens de bois qui ont été réunis à la forêt de Marly, offre une superficie de six cents hectares d'un sol qui ne recouvre aucune carrière, mais qui est généralement bon et propre aux grandes cultures, comme à celle des fruits et des légumes. On y cultive aussi la vigne; on y établit des prairies artificielles et on y recueille beaucoup de châtaignes.

Le village est le chef-lieu d'une perception des contributions directes, qui se compose des communes d'Aigremont, de Fourqueux, Mareil et l'Étang.

L'église, d'une construction remarquable, est desservie par un curé résidant. La fête patronale est la saint Saturnin. Le 24 août, jour de Saint-Barthélemy, il s'y tient une foire renommée, depuis qu'elle a cessé d'avoir lieu à Joyenval.

Chambourcy est à une lieue de Saint-Germain. On s'y rend de cette ville par une route nouvellement classée parmi les routes royales, et qui conduit à Mantes par Flins et Épones.

Les lieux suivans sont des dépendances de cette commune:

La Bretonnière, hameau de peu d'importance et qui n'a rien de remarquable.

Montaigu, qui était anciennement une petite seigneurie possédée par la maison Soyecourt, qui l'a vendue. Ce n'est qu'un hameau où l'on trouve encore les ruines d'un château qui appartenait à Jean de Montaigu, surintendant des finances sous Charles V et Charles VI. Ayant été convaincu de péculat, Montaigu eut la tête tranchée en 1409; sa postérité fut dégradée de noblesse, ses biens furent confisqués après avoir été mis en roture, et son château fut livré aux flammes avec toutes ses dépendances.

La Tuilerie, autre hameau composé de quatre à cinq ménages.

Dans une vallée nommée *Gaudium Vallis*, plus tard *Joyenval*, s'élevait une chapelle dédiée à la Vierge, et connue sous le nom de *Chapelle des Essarts*. En 1221, Barthélemy de Roye, chambrier de Philippe-Auguste, et sa femme, Pétronille, fille de Simon III, comte de Montfort, jetèrent dans cette vallée, les fondemens d'une abbaye destinée à recueillir des chanoines réguliers, de l'ordre de Prémontré (*). Il paraît que les bâtimens conventuels furent terminés avant l'église, et peuplés sur-le-champ, car le pieux fondateur de la maison sollicita auprès de Pierre, abbé de Poissy, et en obtint pour sa colonie naissante, la permission de célébrer l'office divin dans la chapelle des Essarts, en attendant que l'église que l'on construisait fût achevée.

Cette église fut en état, trois ans après, de recevoir les religieux. Gauthier, évêque de Chartres, en fit la dédicace en 1224, et la consacra à la Sainte-Vierge et aux martys saint Laurent et saint Quentin. Plus tard elle fut mise sous l'invocation de la Sainte-Vierge et de saint Barthélemy, patron du fondateur. Cette même année, le monastère de Saint-Magloire de Paris, à la prière de Barthélemy de Roye, fit don à celui de Joyenval, des dîmes qu'Amaury de

(*) Gallia Christiana, Art. *Gaudium Vallis*, t. VIII, col. 1333. Hugo. *Annales ordinis Præmontratensis*.

Montfort lui avait données sur le territoire de l'Aigle.

L'abbaye de Joyenval reçut, presque dès son origine, de grandes preuves de la munificence et de la protection de Philippe-Auguste, qui lui permit de prendre pour armoiries l'écusson de France, qui était déjà d'azur à trois fleurs de lys d'or, comme aujourd'hui. Une tradition rapporté par Guaguin, et propagée par ceux qui l'ont choisi pour guide, prétend que l'abbaye prit cet emblême parce que, lors de sa construction, il tomba autour des ouvriers plusieurs lys du ciel. Les fondations religieuses sont presque toujours accompagnées de quelque événement miraculeux!

Louis VIII, la reine Blanche, les papes Honorius III et Grégoire IX, confirmèrent successivement l'abbaye de Joyenval dans ses biens et priviléges. De 1247 à 1268, sous le gouvernement de Guillaume de Picardie, cinquième abbé de Joyenval, on transporta solennellement dans l'église de cette abbaye des reliques de saint Barthélemy, qu'Amaury de Montfort avait apportées de Bénévent et déposées au château de son frère Philippe.

Lorsque Louis IX, sur le point de partir pour sa dernière expédition d'Afrique, fit son testament en février 1269, il comprit l'abbaye de Joyenval parmi les maisons religieuses auxquelles il fit des libéralités. Voici l'article qui la concerne:

Legamus Abbatiæ præsmonst. *XXX lib.* Abbatiæ Albæ Curiæ, *XX lib.* Abbatiæ Gaudii Vallis,

XX lib., et aliis domibus ejusdem ordinis magis indigentibus et plus oneratis, secundùm discretionem et ordinationem executorum nostrorum, C lib.

Philippe de Valois, par lettres datées de Saint-Germain, en novembre 1328, et confirmées par Charles V, en mai 1370, déclara que l'abbaye de Joyenval était placée sous sa sauvegarde particulière.

Trois ans après, le pape permit à son abbé de porter la mitre et les insignes de l'épiscopat. En 1334, Philippe de Valois, non content de ses générosités précédentes, donna à l'abbé de Joyenval et à ses successeurs un canonicat du Chapitre royal de Poissy, à la charge et condition d'y nommer un chanoine régulier de son ordre.

On ne sait pas ce que devint l'abbaye de Joyenval pendant l'année 1346, si funeste aux environs de Paris; il est à présumer qu'elle souffrit beaucoup et que cependant elle se releva promptement de ses désastres, car on lit que Jean II, qui la gouvernait de 1347 à 1366 avec une autre abbaye dont il était en même temps titulaire, l'enrichit d'un grand vase d'argent doré dans lequel il incrusta un morceau du chef de saint Barthélemy; qu'il décora l'église et le sanctuaire de magnifiques vitraux, qu'au milieu de l'un d'eux était son portrait parfaitement ressemblant, et sur le bord se trouvaient ses armoiries.

Les Anglais s'ètant emparés, en 1431, du château de Montjoie, ainsi que de tous les forts et lieux environnans, occupèrent l'abbaye de Joyenval qu'ils dévastèrent. Les religieux se dispersèrent, et l'abbé qui les gouvernait alors mourut loin du siége de sa puissance, dans une espèce d'exil. Les Anglais ayant été chassés des environs de Paris, les chanoines réguliers de Joyenval rentrèrent dans leur maison qu'ils réparèrent aussi bien qu'ils purent. Ils commençaient à respirer, lorsque survint la guerre dite *du bien public*, qui fut pour eux une source de malheurs nouveaux.

L'armée des princes confédérés occupant et ravageant, en 1464, tout ce qui avoisinait la capitale, s'empara de Joyenval, en dispersa les religieux et réduisit l'abbé à un tel état de misère, qu'il fut contraint de mendier son pain. Les traités de Conflans et de Saint-Maur ayant ramené la tranquillité l'année suivante, l'abbé de Joyenval rassembla son troupeau et le ramena au monastère. Mais cette fois le désastre avait été si grand qu'il fut impossible aux religieux de le réparer avec les seules ressources qu'ils possédaient. Ils obtinrent de l'évêque de Chartres la permission de promener partout les reliques de saint Barthélemy, pour provoquer la générosité des fidèles : à l'aide des secours qu'ils obtinrent, ils rétablirent leur maison dans sa première splendeur.

Depuis cette époque jusqu'en 1697, il ne survint rien à Joyenval qui soit digne de remarque. Georges d'Aubusson de La Feuillade, qui en était abbé commandataire en même temps qu'il occupait le siége épiscopal de Metz, étant mort le 12 mai de cette année, l'abbaye fut réunie à l'évêché de Chartres, en considération du démembrement qui fut fait de ce diocèse pour former celui de Blois, que l'on venait de créer. Depuis ce temps, elle cessa d'avoir des abbés particuliers, et fut gouvernée par un grand-prieur, nommé par le général de l'ordre de Prémontré.

L'église de Joyenval, très bien bâtie, avait deux bas-côtés soutenus par un double rang de colonnes, et était surmontée par un clocher couvert en plomb et en ardoises. Le chœur, séparé de la nef par un jubé en menuiserie, était fermé par un rang de colonnes en pierre, derrière lesquelles se trouvaient de fort belles chapelles. Les stalles des religieux, données par l'évêque de Metz, dernier abbé de la maison, étaient en menuiserie et très bien travaillées. A gauche du chœur on remarquait le trésor, qui avait été fort riche, mais qui, pillé plusieurs fois, n'offrait plus guère, sur les derniers temps, que quelques bustes, des bras et des reliquaires d'argent. L'abbaye avait heureusement conservé les reliques de saint Barthélemy, qui y attiraient l'affluence des fidèles. Le 26 août, jour de la fête de cet apôtre, on y chantait une messe à minuit avec beaucoup de solennité.

Le sanctuaire recélait les restes de Barthélemy de Roye et de Pétronille de Montfort sa femme, fondateurs de l'abbaye. Plusieurs seigneurs de la maison de Roye reposaient à côté d'eux avec une partie des abbés du lieu. On y remarquait une tombe de cuivre, avec cette inscription à l'entour de la figure d'un cavalier :

Hujus basilicæ fundator Bartholomæus
De Royâ jacet hîc, cui pius esto Deus.
Regis consilium ; regni camerarius ; inter
Regni majorês maximus iste fuit.
Ut tantus fieret, meruit discretio, sensus,
Mores, vita, manus larga, probata fides.

A côté de cette tombe on en voyait une autre aussi de cuivre, sur laquelle était la figure d'un évêque, avec cette inscription autour :

Anno milleno bis centeno, mense secundo
Ter nono, mundo sublatus, menso secundo,
In medio mensis, Nicholaus Noviomensis
Præsul obit, patrui junctus ad ossa sui.

Les bâtimens conventuels avaient été souvent réparés et en dernier lieu rebâtis en entier. Dans leurs dépendances se trouvait un enclos de cent arpens, où on vit long-temps les restes de la chapelle des Essarts, qui sous la main du temps, et faute d'entretien, avait fini par tomber en ruines. Le 3 juin on célébrait avec pompe à Joyenval la fête de sainte Clotilde ; ce qui donnait lieu à un pèlerinage qui durait pendant tout l'octave de la sainte Reine. Ses reliques et celles de saint Barthélemy ont été transférées à Chambourcy, par suite de la suppression des corporations religieuses en France, décrétée le 13 février 1790.

Les biens attachés à l'abbaye de Joyenval ont été vendus, partagés, et sont devenus des propriétés particulières : il ne survit plus rien aujourd'hui d'une maison qui, comme on le voit, n'a pas été sans jouir d'une certaine célébrité.

Quoiqu'il ne reste aucun vestige du château de la *Montjoie*, nous ne croyons pas inutile d'en donner une idée, parce qu'il en a souvent été question dans les temps reculés. C'était une forteresse bâtie par Clovis, tant pour couvrir les avenues de Paris que pour perpétuer la mémoire de la victoire de Tolbiac. Long-temps le séjour des rois de la première race, il occupait un vaste terrain et était entouré d'un large fossé revêtu de pierres de taille, avec un rempart garni de tourelles, de crénaux et de meurtrières. Au centre des constructions s'élevait une tour carrée qui les dominait. Édouard III le détruisit au milieu du quatorzième siècle. La tour subsistait encore en 1655; elle a été abattue depuis.

Montjoie était sur le territoire de Marly, et son nom dit assez qu'il se trouvait sur une montagne, ou tout au moins une colline, car cette expression *Montjoie*, *Montjou*, *Montjavoul*, signifie *Mons Jovis*, *Mont-de-Dieu*. *Montjoie* et *Montjou* sont les noms de plusieurs montagnes ou monticules autrefois consacrés. Pour les distinguer on y ajoutait les noms de Dieu, de la Vierge et des saints. Celui-ci reçut le nom de Saint-Denis, et fut appelé *Montjoie Saint-Denis*, expression qui devint et fut long-temps le cri de bataille des Français, et le nom qu'on donnait au premier héraut d'armes.

Ce que nous savons du château de Montjoie se réduit à peu de chose. Des historiens nous disent que Philippe de Valois le fit réparer en 1345. Des lettres de Charles V, de 1358, datées *in capitaniâ et custodiâ castri nostri* de Montjoie-Saint-Denis, nous apprennent que ce prince y fit cette même année, au moins un séjour momentané. Le château était sous la garde d'un capitaine-concierge. Nous avons du dernier des deux rois dont nous venons de parler, des lettres datées de 1362, qui nomment Étienne Rat gardien de la tour de Montjoie, en remplacement d'un certain Pastorel. *Stephanus Rat, institutus custos turris Montis gaudii loco magistri Pastorelli.* Montjoie est appelé quelquefois Moultjoie. Charles VI, en 1406, adressa ainsi une lettre, *à Pierre Morelet, dit Marescot, escuyer-capitaine de nostre chastel de Moultjoie.*

Ce château, pris et détruit par les Anglais, en 1431, ne fut jamais rétabli.

Dans les environs de Joyenval et de Montjoie, existait un château nommé dans de vieux titres *Royâ* et *Reya*, en français *Raiz* et *Retz*, dont il ne reste aujourd'hui que l'emplacement. Il était fort ancien et fut certainement une habitation royale, car en mars 1345, Philippe de Valois y donna des lettres qui portent que chaque pièce de bétail qui viendra des pays étrangers, pour paître dans le Gévaudan et sur les montagnes voisines, ne paiera plus à l'entrée et à la sortie du royaume deux deniers et une obole, mais seulement une obole, suivant l'ancien usage. Il devint très probablement le manoir des seigneurs de Roye, fondateurs et bienfaiteurs de Joyenval, qui lui donnèrent leur nom.

Le château de Retz fut, en 1346, détruit comme ceux des environs. Au commencement du dix-huitième siècle il restait encore une tour assez spacieuse avec quelques débris de tourelles enveloppés d'un large fossé, quelques caves voûtées et un puits. L'étendue des ruines indiquait que les bâtimens avaient été nombreux et couvraient autrefois un espace considérable. On assure même qu'il avait dû y exister dans un temps reculé une ville assez forte.

Peu à peu la nature, rentrant dans ses droits, a peuplé ces terrains ravis à son empire : des arbres nombreux couvrent le sol qu'occupait le château de Retz et ses dépendances; des buis qu'on remarquait étaient, selon les habitans voisins, les mêmes dont avaient été garnis les jardins de cette habitation royale.

Aujourd'hui les ruines même ont disparu : à leur place s'élève une propriété fort pittoresque appelée *le Désert*, bâtie par M. de Monville, ancien fermier général.

Voici comment en parle M. Donnet:

« Le Désert est le nom que porte une jolie habitation située à une lieue et demie de Saint-Germain, et à l'extrémité d'un vallon agréable et fertile. Son jardin, dans le genre pittoresque, est cité avec raison comme un des plus remarquables des environs de Paris. La disposition originale, bizarre même de l'habitation principale, à laquelle on a donné la forme d'un débris de colonne gigantesque et cannelée, attire le voyageur dans ce lieu. Construite sur un terrain incliné, d'un côté on ne distingue que le congé et le listel de la base de cette colonne; de l'autre on voit le tors qui est en partie engagé et perdu dans un mur qui semble le soutenir. Les cannelures ont six pieds, et les côtés deux pieds et demi; le diamètre de la colonne est d'environ quarante pieds; sa hauteur, si elle était entière, serait de trois cent soixante. Les assises, travaillées en refends, imitent assez bien les dégradations du temps. Au centre de la colonne est l'escalier en vis, et entre la cage circulaire de cet escalier et la circonférence du monument, on a pratiqué, jusqu'au sommet de la colonne, de petits appartemens, poür la distribution desquels l'architecte, par la bizarrerie de sa composition, s'était préparé plus d'une difficulté à surmonter. Le premier étage prend jour par des portes croisées; au second les baies sont carrées, au troisième elles sont ovales, et toujours placées dans les cannelures; enfin le quatrième étage ne reçoit la lumière que par des lézardes qui paraissent assez naturelles.

» On trouve encore dans ce parc : un temple d'ordre toscan dont le plan est moitié carré, moitié circulaire, et qui, par sa position, se dessine sur un fond très riche; une espèce de ferme habitée par le concierge, et qui est d'un effet pittoresque; enfin un rocher artificiel d'une imitation assez heureuse, dont l'effet est encore augmenté par la plantation de pins et de mélèzes qui le couvrent.

» Le pavillon chinois du Désert jouissait, dans le siècle dernier, d'une grande réputation; mais aujourd'hui il est très négligé, et cet abandon prouve et notre frivolité et l'empire de la mode. » (*)

Ce pavillon est en face d'un canal et contient des figures sculptées avec art. Plus loin l'œil se reporte avec plaisir sur des prairies émaillées de fleurs, des sources limpides, et des grottes tapissées de verdure, sous lesquelles on se plaît à retrouver tous les ornemens qui embellissaient la demeure de Calypso. Delille a mis le Désert au nombre des jardins les plus dignes de fixer l'attention de l'observateur.

La reine Marie Antoinette allait souvent se promener au Désert, et paraissait s'y complaire. Au commencement de la révolution il était de bon ton de s'y donner des rendez-vous et d'y faire des promenades.

Le domaine de Retz, ou du Désert, contient soixante-seize arpens; on y voit encore les ruines d'une chapelle dédiée à saint Jacques. Une porte du parc, surmontée d'un rocher factice, donne issue sur la forêt de Marly. Les bois en ont été bien dévastés il y a plusieurs années par un propriétaire, plus jaloux d'en tirer parti que de conserver l'aspect sombre et tout particulier qui convenait au nom que lui avait donné M. de Monville. Néanmoins cette propriété offre encore beaucoup d'attrait à la curiosité.

Non loin est une ferme qui était autrefois une *Faisanderie* créée par le maréchal de Noailles.

On remarque encore sur le territoire de la com-

(*) Alexis Donnet, *Description des environs de Paris, considérés sous les rapports topograph., histor. et monumental.*

mune de Chambourcy la tour de *Betmont*, construite à une époque fort reculée et qu'on ne connaît pas. Quelques autres tours semblables existaient dans la même direction : on en voyait des restes au dix-huitième siècle; elles servaient à défendre les environs de la capitale.

CHATOU.

Quelques auteurs ont prétendu que cette commune était un ancien lieu nommé *Captunacum*, où nos rois avaient une résidence et un hôtel des monnaies; mais l'abbé Lebeuf trouve cette assertion fort douteuse. Dans les anciens titres, elle est désignée par les noms de *Chato*, *Catho* et *Chatoue*.

Que Chatou ait été ou non le siége d'une habitation royale, il n'en est pas moins d'une antiquité fort respectable. Les dictionnaires géographiques le qualifient de petite ville. En 1182, l'abbaye de Malenoue y possédait une seigneurie et une dîme. Cependant ce village, aujourd'hui fort joli, ne devait pas être considérable, car en 1470, on n'y comptait que trente habitans; en 1755, on évaluait le nombre de ses feux à cent cinquante-deux ou cent soixante, ce que le *Dictionnaire universel de la France* estime devoir fournir le nombre de six cent quatre-vingt-deux communians. L'abbaye de Saint-Denis avait des biens à Chatou et y exerçait un droit de justice, qu'elle partageait avec l'abbaye de Malenoue et quelques seigneurs séculiers.

L'église de Chatou, sous l'invocation de la Vierge,

est un monument du treizième siècle; son clocher paraît du douzième. Elle passe dans le pays pour avoir été bâtie par les Anglais; mais il ne faut qu'ouvrir l'histoire de France au treizième siècle, pour voir qu'alors les Anglais n'avaient point d'établissemens aux environs de Paris, et surtout d'établissemens assez assurés pour qu'ils pussent se croire maîtres du pays et y faire des constructions. La présentation à la cure avait été accordée à l'abbaye de Colombs par un évêque de Paris dont le nom n'est pas connu. Elle est occupée aujourd'hui par un desservant résidant.

On remarque à Chatou un château bâti à grands frais par Bertin, qui fut un des ministres du roi Louis XVI. Ce château, ainsi que tout ce qui en dépend, construit sur les dessins de Soufflot, est accompagné de vastes jardins, d'un parc décoré d'une magnifique terrasse que borde la rivière, de grottes et d'une pièce d'eau. On rencontre, outre cela, dans ce village, plusieurs habitations agréables.

Pendant long-temps on y passa la Seine sur un bac dont le produit avait été, en 1560, donné par le roi aux religieuses de Malenoue. En 1650, M. Portail, premier président du parlement, et dame Rose son épouse, firent bâtir un pont en bois. En 1723, par un contrat dont des lettres du 14 avril 1726 nous apprennent l'enregistrement, ils cédèrent leur pont au roi, moyennant une rente noble et féodale de six mille cinq cents livres à prendre sur l'état des bois de la Généralité de Rouen. Ce pont, qui avait été rétabli en 1812, fut coupé en

1815 pour arrêter la marche des troupes étrangères, et reconstruit en 1819. Il n'offre rien de remarquable que sa longueur extraordinaire et son peu de largeur. Il traverse deux fortes branches de la Seine.

Le territoire de Chatou se compose de

60 hectares 36 ares		plantés en vignes.
388	»	de terres labourables, prairies, jardins, habitations.
312	»	composés d'une partie du Vésinet.
760 hectares 36 ares.		

Il est léger et caillouteux; au moyen des engrais, toute culture y prospère, hors celle du froment. La vigne est belle, mais donne de mauvais vin.

La population se compose de mille habitans. La fête patronale se célèbre le 15 août, et donne lieu à une brillante assemblée qui se tient à l'entrée du bois.

Dans la dépendance de Chatou se trouve la *Faisanderie*, située dans un lieu isolé attenant au Vésinet. Cette maison, qui, avant la révolution, faisait partie de l'apanage du comte d'Artois, était un rendez-vous de chasse remarquable par la simplicité de sa construction, qui lui donne l'aspect d'un joli ermitage, par son jardin bien entretenu et rempli de superbes plantations d'arbres étrangers, et par son point de vue magnifique, d'où l'on découvre depuis Malmaison jusqu'à Saint-Germain. Elle a été aliénée pendant la révolution, avec quarante arpens du Vésinet.

CROISSY-SUR-SEINE.

Ce village, à une lieue un quart de Saint-Germain et à trois et demie de Paris, remonte à une haute antiquité, et il est un des lieux où abordèrent les Normands dans le neuvième siècle. Il fut pour cela nommé *Malus portus*, *Port funeste*, ou selon Duchesne, *Malport*. Les deux auteurs du *Guide du Voyageur et du Promeneur aux environs de Paris*, traduisent ce nom latin *Malus portus* par *Malin portier*. Bien trouvé!

L'église paroissiale est du treizième siècle, et la tradition en attribue la fondation à la reine Blanche. Les reliques de saint Léonard qui y avaient été déposées, et qui s'y trouvaient du temps de Philippe-le-Hardi, attiraient à Croissy un grand concours de pèlerins, et saint Léonard déposséda saint Martin du patronage de la paroisse qui lui avait été attribué antérieurement. Les bâtimens de l'église, qui menaçaient ruine au milieu du siècle dernier, furent consolidés par de fortes et nombreuses barres de fer. On voyait dans le fond deux statues qui, à cette époque, annonçaient bien quatre cents ans d'antiquité. Celle de droite représentait saint Léonard vêtu de la dalmatique; celle de gauche saint Louis; un crucifix peint par Vouet, décorait le maître-autel, et un grand nombre de tableaux votifs étaient suspendus aux murailles.

La cure, qui était à la collation de l'évêque de Paris, fut, au commencement du dix-huitième siècle, soumise au gouvernement des chanoines réguliers de Saint-Antoine. L'abbé de Vertot fut curé de Croissy en 1689, et y composa ses *Révolutions du Portugal*. Aujourd'hui l'office divin s'y célèbre par un curé résidant.

Croissy fut complètement dépeuplé par les Normands, et fut très lent à se rétablir. Il avait repris de l'importance au treizième siècle; mais, incendié et détruit en 1346, il fut tellement abandonné qu'en 1470 on n'y comptait que deux habitans; dans le milieu du siècle dernier il s'y en trouvait cent cinquante-trois, et aujourd'hui leur nombre s'élève à cinq cents, en y comprenant le hameau des *Gabillons*, qui en est une dépendance.

Le village est dans une très belle situation, sur la rive droite de la Seine, qui, au moyen d'un canal creusé et rendu navigable par Louis XIV, dans le temps de la construction de la machine de Marly, forme en cet endroit une grande île nommée l'*Ile de la Loge*. Parmi plusieurs maisons élégantes, qui toutes possèdent des jardins qui leur donnent un charme de plus, on remarque le château, construit sur l'emplacement d'une habitation plus ancienne, vers 1760 ou 1770.

Le territoire de cette commune se compose de cinq cents arpens de terres labourables, prairies et jardins potagers. On n'y trouve aucune carrière, et les habitans se livrent à la culture des légumes.

Croissy fut autrefois une propriété seigneuriale et laïque. Il ne s'y tient point de foire. La fête de saint Léonard, patron de la paroisse, se célèbre le 6 novembre.

Nous avons dit que *les Gabillons* étaient une dépendance de cette commune. Ce petit hameau, composé dans l'origine de trois maisons, appartenait à une famille appelée Gabillon. Suivant l'abbé Lebeuf, c'était un fief de la seigneurie de Croissy.

FOURQUEUX.

Située à une demi-lieue de Saint-Germain, la terre de Fourqueux était autrefois seigneuriale, avec haute, moyenne et basse justice. Elle avait dans sa dépendance beaucoup de taillis dans la forêt de Cruye ou de Marly, et le domaine royal était tenu à plusieurs redevances envers elle. Une portion appartenait au président Séguier, qui fut forcé de la vendre. Louis XIII l'acheta, y réunit quelques démembremens du domaine royal, et donna le tout par échange à Bouvard, son premier médecin, ou à Juran, son médecin ordinaire, en se réservant les bois qu'il joignit à ceux de Marly. Ce fut alors que le parc de Fourqueux fut séparé de la forêt.

Ce domaine parvint par échange, achat ou succession, à M. de Fourqueux, qui bâtit le château seigneurial sur les débris de l'ancien. Il vient d'être reconstruit. Le parc est bien planté et d'une étendue de deux cent trente arpens. Cette propriété appartient aujourd'hui à madame la marquise de Balivière, dont la main bienfaisante s'étend sur tous ceux qui l'entourent.

Le village contient environ quatre cents habitans. Son territoire se compose de deux cent huit hectares vingt-quatre ares soixante-quatre centiares, généralement plantés en vignes et en bois; on n'y voit presque point de terres labourables. Il est très propre à la chasse, à cause de la grande quantité de menu gibier qui, après s'être écarté des forêts de Marly et de Saint-Germain, vient se réfugier dans les vignes et dans les taillis dont il est couvert.

L'église n'a rien de remarquable; le service divin s'y fait par un curé résidant. La fête patronale du lieu se célèbre le 14 septembre, jour de Sainte-Croix. La ferme dite le *Petit Désert* dépend de cette commune.

MAISONS.

Le village de Maisons, distant d'une lieue et demie de Saint-Germain, ne remonte pas à une haute antiquité. On sait qu'en 1373 la seigneurie en appartenait à un chevalier de la famille des Aunay, qui possédait aussi celle de Poissy. Il dépendait du village de Sartrouville, dont il n'est séparé que par la Seine, et il ne prit de l'importance que lorsque Réné de Longueil y eût fait bâtir, par François Mansard, le château qu'on y admire encore aujourd'hui, et qui est même le seul bâtiment vraiment digne de remarque.

Maisons est peuplé de huit cent soixante habitans, tous cultivateurs. Le territoire de la commune se compose de treize cent quatre-vingt-onze arpens, dont mille appartiennent au château. Le sol, de qualité médiocre, ne couvre aucune carrière; il fournit du seigle, des pois, des haricots, des asperges, des pommes de terre, etc. L'église est sous l'invocation de saint Nicolas; elle est desservie par un curé résidant. Indépendamment de la fête patronale, on en célèbre une autre le dimanche qui suit le 15 juillet, jour de la saint Henri.

On prétend que Réné de Longueil se procura d'une manière aussi heureuse qu'imprévue les fonds nécessaires à la construction de ce bâtiment magnifique. On dit qu'ayant donné l'ordre de démolir son hôtel qui était rue des Prouvaires, à Paris, les ouvriers, en faisant les fouilles, trouvèrent dans un ancien caveau quarante mille pièces d'or frappées au coin de Charles IX, et que ce fut à l'aide de cette bonne fortune que fut bâti le château de Maisons. L'anecdote peut être vraie, mais il est bien permis de la révoquer en doute, quand on sait que Réné de Longueil était surintendant des finances.

En novembre 1658, la terre et le château de Maisons furent érigés en marquisat. Le 10 avril 1671, le jour du décès de Philippe, duc d'Anjou, le roi et toute la cour vinrent habiter le château. Louis XV eut, le 6 mai 1747, envie de l'acheter pour madame de Pompadour, mais il changea d'avis.

Il passa au marquis de Soyecourt et au président Des Maisons. Voltaire, qui y fut souvent reçu, s'y plaisait beaucoup : c'est là qu'il devait un jour lire pour la première fois sa tragédie de *Marianne*, quand il fut tout à coup frappé par la fièvre et par la manifestation de la petite vérole. Un mois se passa sans qu'il lui fût possible de revenir à Paris, et l'instant de son départ fut celui d'un grave accident: le feu éclata dans la chambre qu'il venait de quitter, et embrasa en grande partie une des aîles du château.

Devenu, en 1778, la propriété du comte d'Artois, il fut souvent honoré de la présence de la famille royale. Le roi, la reine Marie Antoinette et les princes y avaient chacun un appartement. A la révolution il fut vendu comme propriété nationale, et appartint plus tard au duc de Montebello; il fut ensuite acquis par M. J. Lafitte, possesseur actuel.

Placé dans la position la plus avantageuse, à peu de distance de la Seine, il offre dans sa décoration extérieure des preuves du goût et du talent de Mansard. Voltaire semble avoir décrit cette superbe habitation dans ces vers:

Simple en était la noble architecture,
Chaque ornement à sa place arrêté
Y semblait mis par la nécessité.
L'art s'y cachait sous l'air de la nature;
L'œil satisfait embrassait sa structure,
Jamais surpris, et toujours enchanté.

Le bâtiment des écuries, situé dans l'avant-cour sur le parc, est d'une construction élégante, et l'orangerie d'une architecture gracieuse.

Un petit pont en fer très élégant est jeté sur le fossé en face le château.

Le parc est d'une vaste étendue : de superbes

avenues le divisent. Il est entouré en partie par la forêt de Saint-Germain.

Deux moulins, bâtis sur un bras de la Seine, dépendent de cette propriété. Auprès on a établi, en 1822, une machine à vapeur, de la force de douze chevaux, pour fournir de l'eau dans le château, qui était alimenté avant par une pompe construite en 1681, par Morelan, Anglais habile en hydraulique (36).

MAREIL-MARLY.

Ce village, à un quart de lieue de Saint-Germain, est situé sur le haut d'une colline assez pittoresque qui regarde le nord et le levant. Il a vue sur Saint-Germain et sur Marly et domine une vallée au fond de laquelle se trouve le hameau de Demonval. Sur la droite est le village de l'Étang, et sur la gauche le château de Grandchamp. Le sommet de la colline est couronné d'un bois qui s'étend jusqu'à Marly. Il serait difficile de placer un village dans une situation plus agréable.

Les vignes de Mareil paraissent avoir été considérables au huitième siècle. Louis VII, dans la confirmation qu'il accorda à l'abbaye de Saint-Vandrille, des biens que Childebert III lui avait donnés dans les environs d'Aupec, y comprend la dîme du vin sur le territoire de Mareil : *Et in Marolio census et decimam vinearum.*

Dans le dénombrement de 1709, on donnait à la paroisse de Mareil quatre-vingt-dix feux. Le *Dic-*

tionnaire universel de la France y comptait, en 1726, quatre cent huit habitans.

Ce que Lebeuf a trouvé de plus remarquable à Mareil, lorsqu'il amassait des matériaux pour son *Histoire du Diocèse de Paris*, est son église, « qui » est, dit-il, un édifice du treizième siècle, entiè- » rement de pierre de taille, voûté et pavé, avec » une aile de chaque côté. La nef est embellie de » galeries dont les arcs sont supportés par de petits » piliers carrés. Le portail de devant et celui de » côté sont aussi du treizième siècle. Il ne manque » à cette église qu'une croisée avec un tour de » sanctuaire. La tour, ou clocher latéral, paraît » être du douzième siècle, excepté le haut qui est » nouveau et qui est terminé en pavillon d'ardoise. »

Cette église paroissiale, sous l'invocation de saint Étienne, premier martyr, en remplaçait une autre, qu'on croit avoir été donnée par Imbert, évêque de Paris, aux moines de Colombs, vers l'an 1060, en même temps qu'il leur accordait celle de Saint-Germain, dont ils possédaient déjà le prieuré. A partir de cette époque, la collation de la cure appartint à l'abbé de Colombs. Le desservant était, avec celui du Pecq, un des deux ecclésiastiques que le collateur pouvait charger du gouvernement de la paroisse de Saint-Germain.

Le voisinage de Fourqueux autorise à penser que c'est de ce Mareil dont il est question dans des lettres d'affranchissement accordées vers 1335, aux habitans de Mareil et Fourqueux.

Mareil n'a aucun hameau dans sa dépendance,

et n'est recommandable par aucun souvenir historique. Sa population est de trois cent trente habitans, tous cultivateurs, mais surtout vignerons. Le territoire, d'une surface de trois cent cinquante arpens (à vingt-deux pieds pour perche), mesure ancienne, est divisé en terres argileuses, sablonneuses et en gravier. La moitié du sol est plantée en vignes, un quart en bois et le reste est livré au labourage et à la culture des légumes.

L'église est desservie par un prêtre de Saint-Germain. Dans les temps anciens, Mareil était sous la juridiction de seigneurs ecclésiastiques, entr'autres des religieux de Joyenval.

MESNIL-LE-ROI ET CARRIÈRES-SOUS-BOIS.

Ces deux villages sont assez peu importans et assez rapprochés pour ne former qu'une seule commune avec leurs dépendances. Nous parlerons séparément de chacun d'eux.

Mesnil-le-Roi est à une lieue un quart de Saint-Germain. On voit, par une table de marbre noir scellée dans le mur de l'église, que cet édifice fut fondé en 1587 par M. Lemoine, conseiller et trésorier de Henri III, seigneur de Vaux et de Mesnil-le-Roi, qui le bâtit à ses dépens; il fut dédié à saint Vincent martyr. L'autel fut donné, avant la révolution, par monseigneur le comte d'Artois. Au-dessus est un tableau donné par le même prince, et représentant le martyr de saint Vincent. La fête patronale du lieu se célèbre le 22 janvier.

Le bâtiment le plus remarquable est un petit château accompagné d'un parc qui longe la forêt et qui a appartenu à un sieur Langlois, valet de chambre du comte d'Artois.

Carrières-sous-Bois est situé à l'extrémité de la Terrasse de Saint-Germain. Une table de marbre noir, autre que celle dont nous parlons plus haut, et scellée aussi dans le mur de l'église du Mesnil-le-Roi, nous apprend qu'en 1662 Charles de La Salle était seigneur de Carrières, et que ce village était la résidence d'un notaire.

Il y existait un vieux château de peu d'importance, qui a été détruit, et une chapelle fort ancienne dédiée à saint Pierre, qui a été démolie parce qu'elle tombait en ruines. La terre de Carrières a été autrefois érigée en fief en faveur de M. de Lally-Tolendal.

Les carrières qui ont donné leur nom au village fournissent une pierre tendre. On y a trouvé un arbre pétrifié qui malheureusement a été détruit, mais on en distingue encore l'empreinte sur les massifs qui restent.

Dans la dépendance de la commune dont nous nous occupons, se trouvent les deux propriétés suivantes:

Balroy, appelé par corruption *le Belloy*, situé près de Carrières et à l'extrémité de la Terrasse, était autrefois un petit fief, et est maintenant une maison de plaisance particulière située dans la position la plus heureuse.

Entre Carrières et le Mesnil, à égale distance de

l'un et l'autre, était un fief nommé *Vaulx*, dont était possesseur le seigneur du Mesnil. On regarde ce lieu comme le berceau de François Ier; on prétend que ce prince y fut allaité, y reçut sa première éducation, et que pour cela il fut appelé l'*Hôtel de la Nourrice*. On remarque sur l'extérieur d'une tourelle qui subsiste encore, un bas-relief assez bien conservé, composé d'un phénix et d'une salamandre, emblêmes que François Ier avait adoptés et qu'il fit placer sur plusieurs bâtimens.

Quant à nous, nous regardons comme certain que le nom de *Vaulx* n'est qu'une abréviation de celui de *Vautrait* que portait ce lieu, parce qu'il était le dépôt des équipages de chasse de François Ier, dans le temps que ce prince habitait le château de la Muette. Cette assertion est justifiée par la construction même du bâtiment, où l'on remarque des écuries et des chenils. D'ailleurs, un très ancien manuscrit que nous avons consulté donne une description de la Muette sous François Ier, et indique positivement que les équipages de chasse étaient près de Carrières.

Vaulx servit long-temps de ferme pour l'exploitation du domaine qui y est encore attaché. Lors de l'émigration, Monseigneur le comte d'Artois en était le propriétaire; il fut confisqué pendant la révolution et cédé à un créancier de S. A. R., en échange d'une portion de la pépinière du Roule, dont le prince avait fait l'acquisition, et qu'il n'avait pas encore payée. C'est aujourd'hui une maison de campagne, qui par sa situation fait un séjour fort agréable pendant l'été.

Lors de fouilles faites vers 1806 pour réparer le bâtiment, on trouva plusieurs couteaux sur lesquels étaient gravés d'un côté le *Benedicite*, et de l'autre les *Grâces :* le propriétaire les offrit à M. le comte de Brissac, sénateur.

La commune de Mesnil-le-Roy et Carrières-sous-Bois renferme une population de cinq cents âmes. Son territoire se compose de trois cent vingt-neuf hectares trente-sept ares, plantés en vignes et livrés à la petite culture.

LE PECQ.

Le Pecq, autrefois Aupec, en latin *Alpicum* ou *Alpecum*, était déjà connu au milieu et même au commencement du septième siècle. L'auteur de la *Vie de saint Érembert*, évêque de Toulouse, décédé vers 670, dit que le lieu *Villioli Curtis* était voisin d'une terre fiscale nommée *Alpicum*, située sur la Seine, dans le Pincerais.

L'an 704, le roi Childebert III, la dixième année de son règne, donna à l'abbaye de Fontenelle, au diocèse de Rouen, autrement dite de saint Vandrille, la terre royale d'Aupec : *Villam quæ vocatur Alpicum, quæ sita est in pago Pinciacensi super alveum sequanam*, avec ses dépendances ou plutôt *adjacences, adjacentes*, ainsi que les appelle la chronique de l'abbaye de Saint-Vandrille, écrite vers l'an 1000.

Dès le temps de Louis-le-Débonnaire, la terre d'Aupec était couverte de vignes qui donnaient une récolte assez abondante. On lit dans un règlement fait par Anségise, abbé de Saint-Vandrille, décédé en 833, que le domaine d'Aupec fournissait annuellement à son monastère trois cent cinquante muids de vin, *vinum de Alpiaco modios CCCL.* Les religieux de Saint-Vandrille furent attentifs à la conservation d'un bien aussi productif. Ils eurent soin de se faire confirmer, en 845, par Charles-le-Chauve, la donation que Childebert leur en avait faite. Plus de trois cents ans après, ils sollicitèrent de Louis-le-Jeune une nouvelle confirmation qui leur fut accordée, en 1177, par une charte datée de Compiègne, comprenant tous les biens de ce monastère, et désignant en particulier ceux qui étaient dans le diocèse de Paris : *In episcopatu Parisiensi Alpicum et ecclesiam cum totâ decimâ et visiniolum et Demonvalem, et dimidium viciniacas, ac decimam Villiolis Curtis et in Marolio census*, etc.

Vers la fin du onzième siècle, un chevalier formidable nommé Ervaud ou Évrard, dont le château était sur le territoire de Marly, pensant qu'il boirait tout aussi bien et peut-être tout aussi vite que les moines de Saint-Vandrille, les trois cent cinquante muids de vin qu'ils retiraient du domaine d'Aupec, résolut de s'approprier le vignoble qui les produisait. Il débuta par s'emparer de tous les porcs que les frères avaient engraissés. Hurfrède et Vautier, religieux envoyés par l'abbé Gisbert ou Gubert, pour gouverner les biens que la maison avait à Aupec, se mirent en prières, et racontèrent à

A Goujon Del.

Laroque Del.

leur bienheureux protecteur le malheur qui leur arrivait, et celui plus grand encore dont ils étaient menacés. Saint Vandrille, qui ne voulait pas que ses serviteurs bussent du cidre comme des Bas-Normands, et qui tenait à ce qu'ils eussent quelques jambons à manger à Pâques, apparut à Ervaud et le malmena si fort que ce chevalier félon s'empressa d'abandonner son entreprise, et indemnisa les moines de la valeur de ce qu'il avait enlevé.

Les guerres civiles et étrangères portèrent de grands préjudices au Pecq, comme à tous les environs de Paris. On pourrait presque croire qu'il disparut entièrement pendant une longue période, car il n'en est plus fait mention jusqu'au quatorzième siècle. En 1355, la paroisse de Saint-Germain s'étant agrandie aux dépens des Bernardins de Paris, qui possédaient des terrains sur la colline, ces religieux furent indemnisés par la cession qui leur fut faite de quelques portions du domaine d'Aupec, dont le surplus passa à des particuliers, sans doute après que des arrangemens convenables eurent été pris avec l'abbaye de Fontenelle.

Ce morcellement du domaine d'Aupec et le voisinage de la cour, qui faisait de longs et fréquens séjours à Saint-Germain, repeuplèrent insensiblement le village, et déjà sous Henri IV il était assez important pour que ce fût une faveur pour lui d'obtenir de ne payer que mille livres d'impositions. Plus tard il s'étendit et gravit la côte.

Le Pecq est à l'ouest de Paris. Il s'étend sur la

descente assez roide de la côte de Saint-Germain depuis les limites de cette ville jusqu'en bas, et ne forme presque qu'une seule rue. On y remarque quelques maisons de campagne agréablement situées. Son aspect est vers le levant, en face de la Seine. Le pont de bois fut construit en 1665, et rétabli à neuf en 1775 : il est en fort mauvais état. Il existe à l'extrémité, à droite, un arbre vénérable qui porte le nom d'*Orme de Sully*. L'histoire raconte que, le ministre de Henri IV voulant prévenir la rareté des bois de charpente dont la France était déjà menacée de son temps, ordonna des plantations d'ormes dans tous les terrains vagues. Il en fut fait sur le territoire du Pecq, et l'arbre qu'on y voit encore est le seul qui ait survécu à tous ceux qu'il avait pour voisins.

Le dénombrement qui fut fait en 1709, compte au Pecq deux cent quatre feux; celui qui fut imprimé en 1745 en portait le nombre à cent quatre-vingt-dix-sept, et le dictionnaire universel de la France lui donnait huit cent quatre-vingt-neuf habitans en 1726. Il en a actuellement onze cent vingt-trois.

L'an II de la république, le 1er pluviôse (20 janvier 1794), un arrêté du district de Saint-Germain ordonna la réunion de ce village à la ville, dont il semblait n'être qu'une prolongation. Sur des réclamations, la convention nationale n'approuva point cette mesure, et par décret du 21 du même mois de pluviôse (9 février suivant), la commune du Pecq fut maintenue.

Néanmoins, le Pecq perdit de son étendue lorsque l'octroi de Saint-Germain fut établi. La partie haute, qui se trouvait pour ainsi dire mêlée à la ville, présentait un obstacle à la perception du droit, et un moyen de fraude difficile à prévenir. On en proposa la réunion, qui fut consentie, en 1820, par délibération du conseil des deux communes, à la charge par la ville de Saint-Germain de payer à la commune du Pecq, pendant trois ans, une somme de douze cents francs.

L'église paroissiale, dédiée à saint Vandrille, est fort ancienne, et a été rebâtie plusieurs fois. Celle qui subsistait en 1720 était située un peu au-dessous du milieu de la côte. Comme elle tombait de vétusté en 1746, on prit le parti de l'abattre et de la reconstruire entièrement sur un autre emplacement plus élevé : quoiqu'il y ait une aile de chaque côté, on ne tourne pas derrière le sanctuaire. Le portail est simple, surmonté d'une tour et précédé d'une place. L'ancien clocher avait supporté deux cloches fondues en 1606 et 1699 : elles ont été refondues et nommées par le roi et la reine.

On voit dans le *Pouillé de Paris* du treizième siècle, que le curé du Pecq était à la nomination de l'abbé de Saint-Vandrille, qui jouissait en outre, sur le territoire de l'abbaye, du droit de justice; mais comme nous l'avons vu, ce droit fut réuni à la prevôté de Saint-Germain. La fête patronale est celle de saint Vandrille, mais on célèbre celle de la Madelaine, le dimanche qui suit le 22 juillet. Il se tient à cette occasion, à l'entrée du bois du Vésinet, une fort jolie réunion où les danseurs et les danseuses des environs viennent faire admirer leurs grâces au milieu de cercles brillans.

Une partie des vignes dont le territoire était couvert au neuvième siècle, a disparu par suite de défrichemens et de la construction du palais de Henri IV; néanmoins il en reste encore beaucoup, mais le vin qu'elles produisent n'est pas de nature à donner à un nouveau chevalier Ervaud la tentation de les envahir.

Dans une propriété particulière, située entre les ruines du château neuf et la Seine, il existe des eaux thermales qui furent long-temps en réputation; mais, comme toutes celles des environs de Paris qui ont eu de la célébrité, elles sont totalement dans l'oubli.

Le 1er juillet, le corps du général Blucher, lassé d'échanger inutilement des coups de canon et de fusil contre les Français, protégés par les fortifications de Montmartre et de Saint-Chaumont, se replia sur le Pecq, y effectua le passage de la Seine, pour se déployer dans des plaines où le défaut de points de défense lui donnait l'espoir et les moyens de s'emparer bientôt de la capitale.

La défense de ce poste important était confié à la bravoure de vingt-cinq hommes. L'officier qui les commandait se trouvait à la mairie de Saint-Germain quand on eut avis de l'approche de l'ennemi. Le maire lui fit observer qu'il ne pourrait mettre obstacle au passage du pont avec le faible détachement qu'il avait sous ses ordres; qu'on était certain que quinze cents hommes étaient entrés à Montesson, d'où ils se dirigeaient sur le Pecq; il lui offrit enfin de sûrs moyens de retraite. Le commandant répondit qu'il savait combien ses efforts seraient impuissans, mais que son devoir lui ordonnait de défendre son poste et qu'il y périrait l'épée à la main. Il descendit aussitôt se mettre à la tête de sa troupe, et après les plus vaillans efforts, il tomba mortellement blessé. Après avoir vu tuer leur officier et la plupart de leurs camarades, ce qui restait de ces vingt-cinq braves fit retraite par le Chemin-Neuf en combattant toujours.

Au premier bruit de l'arrivée de la colonne de Blucher, les habitans du Pecq, cherchant à prévenir par une prompte soumission les désastres qu'ils prévoyaient, accoururent au-devant des Prussiens, tenant en main des drapeaux blancs et de l'autre des brocs remplis de vin. Ils espéraient, par ces démonstrations amicales et royalistes, se rendre favorables des hommes qui disaient ne venir qu'en alliés, et pour replacer le roi de France sur son trône. Ils furent cruellement détrompés : leur village, exposé pendant plusieurs jours au passage de la presque totalité de l'armée prussienne, fut dévasté.

La commune du Pecq comprend dans ses limites: *Grand-Champ*, maison de campagne assez jolie, qui vient d'être reconstruite, et le *Vésinet*, nommé autrefois *Échaufour*. Cette forêt, ou plutôt ce bois, est situé dans l'anse formée par la Seine, après sa sortie de Paris, entre les ponts de Chatou et du Pecq. Il est très ancien, selon André Duchesne et quelques vieux historiens. On l'appelle aussi le *Bois de la Trahison*, parce que, disent des traditions plus que douteuses, ce fut sous son ombrage que fut méditée la trahison de Ganelan de Hauteville et de ses complices, contre Roland, neveu de Charlemagne, les douze pairs de France, les seigneurs de la maison des Ardennes, et que fut préparée la funeste journée de Roncevaux. On a montré long-temps une table de pierre sur laquelle on prétend que les conjurés signèrent leur pacte et prêtèrent leurs sermens. Charlemagne, dit-on, fit mourir par le feu les coupables, au lieu même où ils avaient formé leur ligue criminelle.

Les mêmes traditions ajoutent qu'en mémoire et pour châtiment du crime, Dieu voulut qu'une branche d'arbre coupée d'un côté de la route de Paris et jetée dans l'eau y surnageât, et qu'une branche coupée de l'autre côté de la route et pareillement jetée dans l'eau, coulât à fond comme une pierre. André Duchesne et d'autres auteurs racontent très sérieusement cette particularité, mais aucun d'eux ne dit s'il l'a vérifiée; elle en valait pourtant bien la peine.

Henri IV paraît être le premier de nos rois qui se soit occupé du bois du Vésinet, encore s'il y a donné quelqu'attention, c'est qu'il avait l'avantage de se trouver en face de Saint-Germain et sous les fenêtres du château neuf. Ce fut très probablement ce prince qui y fit ouvrir les principales routes, qui toutes aboutissent à une très belle place circulaire, au midi de la Seine.

Au décès de Henri IV, le bois du Vésinet ne contenait que deux cent quatre-vingt-quatre arpens et vingt-quatre perches. En 1612, les seigneurs de Chatou et de La Borde cédèrent à Louis XIII trois cent trente-cinq arpens quatre-vingt-douze perches de forêts attenantes. En 1634, le seigneur de Croissy fit pareillement cession de trois cent soixante-trois arpens quarante-trois perches. Louis XIV y réunit, pendant son séjour à Saint-Germain, différens cantons voisins; il acquit de l'importance et de l'étendue, et selon un arrêt du conseil d'état du 5 avril 1751, qui en ordonna la fixation, la délimitation et le bornage, il fut reconnu de la contenance de douze cent quatre-vingt-quatorze arpens soixante-trois perches trois quarts. Il fut transformé en garenne, et entouré en partie de murs qui enfermèrent beaucoup de terrains vagues, généralement d'une médiocre valeur. Il y fut construit une faisanderie, et il devint un domaine.

Par arrêt du conseil, en date du 26 janvier 1664, le bois du Vésinet fut visité par le grand maître des eaux et forêts; et sur son rapport, quoiqu'il fût affermé six mille francs et qu'on n'eût pas le droit de troubler le locataire dans la jouissance de la chose louée, il fut décidé que les lapins qui le peuplaient et qui s'étaient multipliés à l'infini, seraient détruits, que les arbres seraient récépés et replantés. Cet arrêt ne fut jamais exécuté : les bois et le domaine du Vésinet furent affermés au maréchal de Noailles pour la même somme. Le gibier y fut conservé par ses ordres, au préjudice des végétaux du sol et des terrains environnans.

Le maréchal de Noailles, non content de ne tenir aucun compte de l'arrêt du conseil, qui ordonnait la destruction des lapins, agit en propriétaire du Vésinet. Sans doute valablement autorisé, il fit défricher trois cents arpens de la garenne, bâtit des habitations pour les cultivateurs, et la population de cette colonie s'éleva bientôt à quatre-vingts personnes. Du consentement des curés de Chatou et du Pecq, il fit construire, au centre de ces défrichemens, une chapelle avec un logement pour le chapelain, afin que l'on pût célébrer sur les lieux mêmes la messe et les autres offices, et conserver les espèces sacrées et les saintes huiles.

Cette fondation semblait nécessaire, parce que Chatou, distant d'une lieue, était bien éloigné pour que les habitans du Vésinet allassent y remplir régulièrement leurs devoirs religieux, et que le pont du Pecq, paroisse la plus voisine, pouvait à tout moment être emporté par les eaux. L'archevêque de Paris commit un chapelain pour remplir les fonctions curiales, à condition qu'on ferait transcrire les baptêmes et les sépultures sur les registres de la paroisse de laquelle la nouvelle chapelle serait déclarée une dépendance. En 1726, le 8 août, le cardinal de Noailles, nonobstant quelques baptêmes administrés à Chatou, déclara que les habitans du Vésinet appartiendraient à l'avenir à la paroisse du Pecq.

Henri IV et ses successeurs prenaient le plaisir de la chasse dans le bois du Vésinet. Louis XIV, même lorsqu'il eut fixé sa cour à Versailles, venait se récréer dans les environs du château où il avait pris naissance. Voici ce qu'on lit dans les mémoires de Dangeau, sous la date du jeudi 24 avril 1698.

« Le roi alla à la volerie (chasse au vol) dans la
» plaine de Vésiné. Le roi d'Angleterre et le prince
» de Galles y étaient, mais la reine d'Angleterre n'y
» vint point ; elle était assez incommodée depuis
» quelques jours : Madame et madame la duchesse
» y étaient à cheval. On prit un milan noir, et le
» roi fit expédier une ordonnance de six cents francs
» pour le chef du vol. Il en donne autant tous les
» ans au premier milan noir qu'on prend devant
» lui ; autrefois il donnait le cheval sur lequel il
» était monté et sa robe de chambre. »

Ce domaine fut cédé à M. le comte d'Artois et devint propriété nationale par l'émigration de S. A. R.

Voici les variations de contenance qu'a subies le Vésinet depuis sa délimitation en 1751:

	Arp.	Perch.	Arpens.	Perches.
Sa superficie, compris les bois, terres, jardins et bâtimens, était, d'après sa délimitation en 1751, de.............			1264	63
Pendant la révolution, il a été aliéné : La faisanderie, à M. de Molveau.........	34	73	399	46
La ferme du Vésinet et terres environnantes............................	256	72		
Les terres près du chemin de Sartrouville.	108	1		
Il devrait rester....			865	17
D'après le nouveau plan, la superficie se trouve être en bois....................	982	5	987	5
Bâtimens et maisons des gardes.........	5	»		
Différence en plus....			121	88

BIOGRAPHIE.

ANTOINE (*Jacques*), garçon ordinaire de la chambre de Louis XIV, est auteur d'un manuscrit intitulé : *Histoire des Antiquités des Églises, Abbayes, Prieurés, Châteaux, Forêts et autres lieux situés dans les limites de la Capitainerie de Saint-Germain-en-Laye ; suivie d'un récit fidèle et journalier de la maladie de Louis XIV.*

C'est de ce manuscrit qu'est tiré en grande partie l'*Almanach historique, civil et militaire de la ville de Saint-Germain-en-Laye, et de tout le district, première année* 1792. Saint-Germain, Perreault, in-18.

M. J. C. de Beaurepaire, ancien officier de la maison de Monsieur, vient de publier le manuscrit d'Antoine, sous ce titre : *Saint-Germain-en-Laye et ses environs, depuis* 1020 *jusqu'à nos jours*. Paris 1829, in-18.

L'éditeur y a conservé toutes les erreurs de l'auteur, sans les annoter. Il avance, dans sa préface, qu'aucun ouvrage n'ayant donné jusqu'alors de *détails particuliers sur les constructions du château, ses embellissemens successifs*, etc., etc., il remplira à cet égard le désir des curieux, et donnera des descriptions exactes. Mais, fidèle au guide qu'il a copié, il décrit Saint-Germain en 1829, tel que l'a vu Antoine en 1680. C'est ainsi qu'il conduit l'étranger dans le château neuf, dont il visite les appartemens et les jardins ; il lui montre le boulingrin planté *d'ifs taillés en pointe sans façons*, et d'arbrisseaux étrangers!!!

Antoine a fini ses jours à Saint-Germain, le 16 décembre 1716, à l'âge de quatre-vingt-un ans. Son père, mort dans cette ville, le 20 mai 1677, avait été garçon de la chambre de Louis XIII ; il a laissé un *journal* manuscrit des progrès de la maladie du monarque, jusqu'au 14 mai 1645, époque de son décès.

AUBUSSON DE LA FEUILLADE (*George* D'), abbé de Joyenval, près de Saint-Germain, ambassadeur ordinaire à Venise en 1659, et extraordinaire en Espagne en 1661, était archevêque d'Embrun depuis le 11 septembre 1649. C'est lui qui décida Philippe IV, roi d'Espagne, à envoyer en France un ambassadeur extraordinaire, pour réparer publiquement l'offense commise le 10 octobre 1661 par le baron de Batteville envers le comte d'Estrades, ambassadeur de France en Angleterre. Le marquis de Fuentes, chargé d'exécuter cette commission, déclara solennellement dans la galerie du Louvre, le 24 mars 1662, en présence de tous les ministres étrangers, que le roi son maître avait donné ordre que ses ambassadeurs et ministres dans toutes les cours étrangères, cédassent le rang aux ambassadeurs et ministres de France en toute occasion. D'Aubusson, devenu évêque de Metz en 1668, mourut dans cette ville le 12 mai 1697, à quatre-vingt-huit ans. On a de lui :

I. *Réponse au président de l'assemblée du clergé, au comte de Fiesque et autres gentilshommes, envoyés à ladite assemblée, le mercredi 15 mars* 1651. Paris, le Rond, 1651, in-4°.

II. *Statuta Synodalia diœcesanæ Synodi Metensis, habitæ à Georgio d'Aubusson de la Feuillade, anno* 1671. Metz, Antoine, 1692, in-8°.

III. *La défense de Marie Thérèse d'Autriche, reine de France, à la succession des couronnes d'Espagne.* Paris, Cramoisy, 1674, in-4° et in-12; *it.*, 1699, in-8°.

IV. *Oraison funèbre de Marie Thérèse d'Autriche :* insérée dans les *Oraisons funèbres* de cette princesse, publiées à Paris, 1683, in-4°.

V. *Ambassade à Venise ès années* 1650 *et* 1660 : in-fol.

MS. que nous avons vu à la Biblioth. de Saint-Germain-des-Prés, et qui a dû passer dans celle du roi.

VI. *Lettres du roi à l'archevêque d'Embrun, ambassadeur en Espagne, avec ses réponses, depuis le 1er nov. 1661, jusqu'au 10 janvier 1662, sur l'action commise par l'ambassadeur du roi d'Espagne en Angleterre, au sujet du rang prétendu par lui devant l'ambassadeur de France :* in-fol. MS. à la Biblioth. du roi, provenant du cabinet de l'abbé de Louvois, n° 83.

AUDIBERT (*Dominique*), négociant à Marseille, et secrétaire de l'Académie de cette ville, aimait les lettres, et consacrait à leur culture les momens qu'il pouvait dérober au commerce. Admis dans la société de Diderot, de d'Alembert et autres personnages marquans du XVIIIe siècle, il y était aimé et considéré. Sept épîtres, que lui adressa Voltaire, témoignent que ce grand homme l'honorait de son estime : elles ont été insérées dans les diverses éditions du philosophe de Ferney.

Audibert ayant éprouvé quelques revers de fortune, s'était retiré à Saint-Germain, où il se livrait à son goût pour l'étude. Il a commenté plusieurs passages du *Nouveau-Testament*, et la Bible sur laquelle il avait écrit ses notes marginales a été vendue après sa mort un prix assez élevé. Le seul ouvrage imprimé qu'on connaisse de lui, est un *Abrégé de l'Histoire de France* (en vers), 1 vol. petit in-fol.

Né en 1736, il est mort à Saint-Germain-en-Laye le 10 août 1821, âgé de quatre-vingt-cinq ans.

BEAUVAU (*Charles Just*, maréchal, duc de), né à Lunéville, le 20 septembre 1720, suivit la carrière militaire dès l'âge de treize ans. A vingt ans il était colonel des gardes du roi Stanislas. Il entra depuis au service de France, et en 1742, lorsque les français étaient assiégés dans Prague, il n'était connu dans l'armée que sous le nom du *jeune brave*. Elevé rapidement de grade en grade, jamais il ne démentit sa valeur accoutumée. Il se couvrit de gloire au passage de la Bormida, à l'assaut de Mahon, où il commandait l'attaque principale, et à la journée de Corback.

La paix conclue en 1763 lui ferma cette carrière des armes, qu'il était si avide de parcourir. Le gouvernement du Languedoc fut le prix de ses services : il s'y fit remarquer autant par sa justice que par sa bienfaisance.

Ami des lettres, il les cultivait avec ardeur et succès. En 1748 il fut reçu à l'académie *Della Crusca*, et l'académie française l'admit dans son sein en 1771. On a de lui une *lettre à l'abbé Desfontaines sur une phrase* (la seconde) *de cent quatre-vingts mots d'un discours de l'abbé Hardion, à la réception de M. de Mairan à l'académie française*; 1745, in-12.

Il fut nommé maréchal de France en 1783 : également dévoué à son prince et à sa patrie, le duc de Beauvau accompagna Louis XVI le 14 juillet 1789, dans son tumultueux voyage de Versailles à l'Hôtel-de-Ville de Paris, prêt à le couvrir de son corps, si cette crainte d'un danger présent à tous les esprits se réalisait. Le 4 août, ce monarque lui écrivit de sa main : « Je sens toute l'importance dont il est pour » mon service que mon conseil d'état soit composé de la » manière la plus propre à captiver la confiance publique; » et comme personne en France ne jouit d'une considération » plus grande que M. le maréchal de Beauvau, je le prie de » venir m'aider de son zèle et de ses lumières, et de me » donner en ces malheureuses circonstances une nouvelle » preuve de son attachement à ma personne. » Beauvau, qui avait refusé le ministère quelques mois auparavant, le même jour que Malesherbes avait refusé les sceaux, l'accepta cette fois : il y fit paraître autant de zèle que de talens, et des membres de ce conseil ont répété souvent que « si l'on » eût suivi ses avis, beaucoup de malheurs eussent pu être » évités. » Le duc de Beauvau, trop long-temps affligé des infortunes de Louis XVI, ne lui survécut que peu de mois. Il finit son honorable carrière le 21 mai 1793, à Saint-

Germain-en-Laye, où il s'était retiré. Son éloge fut prononcé en 1805 par le chevalier de Boufflers, son neveu, dans une séance de l'Institut. Un *Journal Républicain* disait en annonçant sa mort : « Malgré *son nom et ses dignités*, l'as- » cendant de ses vertus et de ses bienfaits l'a environné de » respects jusqu'à la fin de sa carrière. »

BETHUNE (*Engène François Léon*, prince de) et du Saint-Empire, des anciens comtes souverains d'Artois, maréchal de camp en 1793, chevalier de Saint-Louis en 1797, lieutenant-général en 1816, des académies d'Arras et de Valence en Dauphiné, etc., vit le jour à Saint-Omer, le 30 juillet 1746, et mourut à Saint-Germain-en-Laye le 17 août 1823, à l'âge de soixante-dix-sept ans. Il est auteur d'un ouvrage intitulé : *OEuvres mêlées*, 1812, in-8°, imprimé par M. le comte de Beaurepaire, son gendre, et tiré à quelques exemplaires seulement pour sa famille.

Cet ouvrage est divisé en deux parties : la première contient la généalogie de la maison de Béthune et les portraits gravés au physionotrace ; la seconde renferme les passe temps du prince : ce sont des charades, des énigmes et des logogriphes en vers, suivis de quelques pièces du même genre, sorties de la plume de l'éditeur.

BLANCHET (*François*), né le 26 janvier 1707, à Angerville, près d'Etampes, entra en 1724 au noviciat des Jésuites, qui avaient été ses maîtres ; son caractère indépendant l'en fit bientôt sortir. Suivant ce même principe, quoiqu'il portât l'habit ecclésiastique, il ne prit jamais les ordres ; il se livra d'abord à l'instruction publique, professa d'une manière distinguée les humanités et la rhétorique dans deux colléges de province, et quitta ces fonctions pénibles pour les éducations particulières, qui, souvent, le sont encore davantage. Devenu chanoine de Boulogne-sur-Mer, il ne put s'accoutumer à cette vie, et un matin son bénéfice se retrouva entre les mains du collateur. Nommé un des interprètes à la Bibliothéque du roi, il voulut encore refuser, mais on lui déclara que cette place était une récompense et non pas un emploi, et on le força de la garder : plus tard il fut nommé garde des livres du cabinet du roi. Guéri de toute illusion par le séjour de Versailles, où il périssait d'ennui, il quitta sa place, et se retira à Saint-Germain-en-Laye en 1767 ; il y languit long-temps, et y mourut le 29 janvier 1784, âgé de soixante-dix-sept ans.

L'abbé Blanchet aurait pu passer agréablement sa vie, sans un naturel mélancolique et une santé faible qui en troublaient le repos. Il ne laissait pas d'être recherché dans les sociétés par son caractère bienfaisant et ses conversations utiles et enjouées. Son ami Dusaulx l'a tiré de l'obscurité où il avait voulu vivre, en publiant après sa mort une notice sur sa vie. On lui doit :

I. *Variétés Morales et Amusantes, tirées des journaux Anglais.* Paris, Debure, 1784, 2 vol. in-12.

II. *Vue sur l'Education d'un Prince.* Paris, 1784, in-12.

III. *Apologues et Contes orientaux.* Paris, 1785, in-8°, ouvrage posthume, à la tête duquel se trouve la notice de Dusaulx.

L'abbé Blanchet a cultivé les Muses latines et françaises pendant plus de soixante ans ; on a de lui une Ode sur l'existence de Dieu et quelques pièces de poésies dont la plupart furent attribuées aux meilleurs poètes du temps, qui ne s'en défendaient pas. A ce sujet, il disait en riant : « Je suis charmé que les riches adoptent mes enfans. » De plusieurs milliers de vers qu'il a composés, il ne s'en est conservé qu'un petit nombre, parce que, résistant à toutes les tentations de la gloire, il les brûlait : c'était Saturne qui dévorait ses enfans.

BRUNO (*Louis*), ancien introducteur des ambassadeurs, né à Chandernagor (Indes Orientales), et mort à Saint-Germain, le 23 mai 1814. On peut le regarder comme auteur *Des principes et des procédés du Magnétisme animal*, et de *leurs rapports avec les lois de la physique et de la physiologie ; par de Lauzanne* (Sarrazin de Montferrier). Paris, 1819, 2 vol. in-8°.

« Cet ouvrage est extrait en grande partie de celui qui a » été composé par feu M. Bruno, introducteur des ambas- » sadeurs et savant physiologiste. Ce manuscrit fut remis » à l'éditeur par M. Gombault, à qui il appartenait : l'a- » vertissement est aux trois quarts formé du discours que » *M. Perreau*, professeur, prononça à l'ouverture des cours » sur le Magnétisme qu'il avait entrepris en 1785, à la so- » ciété de l'Harmonie, sous la direction de Mesmer. » (*Archives du Magnétisme animal*, t. 8, p. 266 et suiv.) Barbier, *Dict. des Anonymes*, n° 21768.

CAGNÉ (*Pierre*), né à Saint-Germain-en-Laye, vers l'an 1566, était fils d'un des officiers de la cour de Charles IX, qui le plaça au collége de Navarre, où il fut instruit dans l'étude des belles-lettres.

Le père avait su gagner l'affection du monarque par sa fidélité et par son zèle à le servir, et le fils par la vivacité de son esprit et par les heureuses dispositions qui, dès ses premières années, faisaient concevoir les plus belles espérances. Telle fut en effet la rapidité de ses progrès, qu'à seize ans il était déjà maître-ès-arts. Des succès si précoces, loin de ralentir son ardeur, ne firent qu'accroître son amour pour l'étude. Son inclination le porta à suivre la carrière de l'enseignement : il y acquit bientôt la plus brillante réputation, et compta parmi ses élèves les jeunes gens des familles les plus illustres, entr'autres Louis de Lorraine, fils du fameux duc de Guise, qui devint cardinal et archevêque de Reims.

Après avoir professé les humanités pendant quelques années, il se signala d'une tout autre manière dans un cours public de théologie, où se réunissait en foule tout ce qu'il y avait de plus éclairé à Paris. On admirait la vivacité de son esprit, la variété de ses connaissances, la profondeur de son érudition : la gloire qu'il acquit alors reçut un nouveau

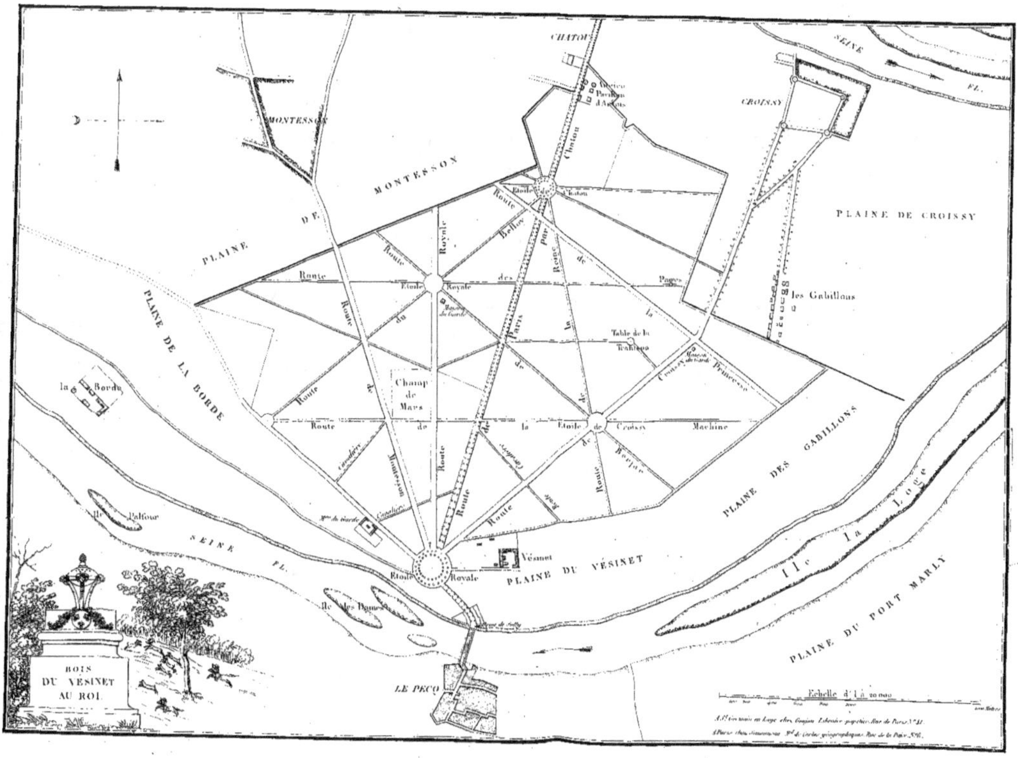

CHATOU
CROISSY
SEINE FL.
MONTESSON
PLAINE DE MONTESSON
PLAINE DE CROISSY
les Gabillons
PLAINE DE LA BORDE
la Borde
Champ de Mars
Etoile Royale
Route Royale
Route des Pages
Route de la Princesse
Etoile de Croissy
Route de Croissy
Route de Montesson
PLAINE DES GABILLONS
Ile la Loge
PLAINE DU PORT MARLY
PLAINE DU VÉSINET
Vésinet
Ile des Dames
LE PECQ
Echelle d'1 à 20 000
BOIS DU VÉSINET AU ROI

lustre de l'honneur qu'il eut de compter parmi ses auditeurs le cardinal Cajetan, le célèbre Bellarmin et le savant Panigerol.

Les discussions et les discordes qui agitèrent la France durant le règne de Henri III, jetèrent bientôt du trouble dans l'asile paisible des sciences; tous les membres de l'université furent obligés de se disperser et de fuir. Cagné seul eut le courage de continuer ses travaux à Navarre; jamais il ne voulut s'éloigner de la ville, ou quitter le collége.

C'est pendant ce malheureux temps qu'il se disposa aux ordres sacrés, et reçut le sacerdoce vers 1591, dans la chapelle même du collége. Dès lors il se livra plus que jamais à l'étude des sciences ecclésiastiques; il prit ses grades à la faculté de théologie, et il était à la veille de recevoir le bonnet de docteur, lorsque les troubles qui survinrent dans l'université l'obligèrent d'y renoncer. Dans cette circonstance, des personnes de haute distinction qui s'intéressaient à la conservation des lettres, l'engagèrent à reprendre ses premières fonctions à Navarre; il y consentit par modestie, aimant mieux continuer à mériter le nom de docteur que d'en avoir le titre.

C'est à cette occasion qu'il fut revêtu de toutes les charges et de tous les honneurs de l'université : la haute idée qu'on avait de sa prudence et de sa sagesse, le fit élever deux fois à l'éminente dignité de recteur, ce qui était alors bien rare, et ce qu'on regardait comme la marque de la plus haute considération et du mérite le plus saillant. Mais comme cette dignité fut toujours annuelle, Cagné n'interrompit point ses travaux classiques, et il accepta la chaire du savant Matthieu Montan, qui, fléchissant sous le poids des années, le choisit pour son successeur en 1607. Par son zèle infatigable il parvint à faire refleurir les études : le collége de Navarre sortit en quelque sorte de ses ruines, et on vit renaître cet ordre et cette admirable discipline que l'agitation des guerres civiles avait entièrement détruits.

Le portrait que le docteur de Launoy a tracé de ce savant

estimable, nous montre combien sa mémoire était chère à l'université. Après plusieurs années de souffrances, supportées avec une pieuse résignation, il passa à une meilleure vie, le 4 mars 1619. Son corps fut inhumé dans le chœur de la chapelle du collége de Navarre (*).

CAGNÉ (*François*), natif de Saint-Germain, et de la même famille que le précédent, « composa en vers latins » une description de sa patrie, Saint-Germain-en-Laye, » qui forme cinq ou six feuillets in-4°, laquelle il adressa, » dans le dix-septième siècle, au sieur Cagné, principal des » grammairiens du collége de Navarre. » (Lebeuf, *Hist. du Diocèse de Paris*, t. VII, p. 232.)

CAGNIÉ, GAGNYÉ ou GAGNIÈRES (*Nicolas*), docteur de Sorbonne, était prieur-curé de Saint-Germain en 1669, époque où il survint un différend entre l'archevêque de Paris et l'évêque de Chartres, concernant la juridiction de la ville de Saint-Germain. Le docteur Cagnié fit imprimer, à cette occasion, un mémoire in-fol. contenant deux feuilles. Un arrêt du conseil d'état du 25 septembre 1670, termina cette contestation en faveur de l'archevêque de Paris.

CHARLES DE FRANCE, duc d'Orléans, de Bourbon, d'Angoulême et de Chatellerault, troisième fils de François Ier et de Claude de France, fille aînée de Louis XII (**), était né dans le vieux château de Saint-Germain, le 22 janvier 1522. Il fut pair et grand chambrier de France, gouverneur de Champagne et de Brie. Il mourut de pleurésie à l'abbaye de Farmoutier, le 8 septembre 1545, après avoir fait la conquête du Luxembourg. Son corps fut porté à Saint-Denis.

(*) Cette notice est extraite de l'histoire latine du collége de Navarre par de Launoy.

(**) Le mariage de cette princesse avec François Ier, alors comte d'Angoulême et duc de Valois, se fit à Saint-Germain, le 18 mai 1514.

CHARLES IX, fils de Henri II et de Catherine de Médicis, né à Saint-Germain-en-Laye, le 17 juin 1550, succéda, le 15 décembre 1560, à François II son frère, et fut sacré à Rheims, le 15 mars 1561, n'ayant pas encore onze ans accomplis.

A peine François II eut-il rendu le dernier soupir que la reine-mère, de l'aveu du Parlement, prit la direction des affaires et s'adjoignit, en qualité de lieutenant général du royaume, le roi de Navarre, dont l'esprit faible et le caractère indolent lui étaient bien connus. Elle se flatta d'abord de neutraliser, à force de politique, le parti des princes de Bourbon et celui des princes de Lorraine, qui se partageaient la France : en conséquence, elle fit rendre, en 1561, un édit sur les affaires du culte; bientôt après elle autorisa le colloque de Poissy, et enfin, l'année suivante, elle accorda aux protestans le libre exercice de leur religion. Mais à peine le calme commençait-il à se rétablir dans l'État, que le massacre de Vassi vint donner le signal d'une nouvelle guerre civile qui dura jusqu'au 15 août 1570, époque où la paix fut signée à Saint-Germain. Les conditions en furent tellement avantageuses aux réformés, que les chefs de ce parti ne purent s'empêcher d'en concevoir des soupçons; cependant le mariage du jeune roi de Navarre avec la princesse Marguerite les ayant entièrement rassurés, Coligny, le plus considérable d'entre eux, vint à la cour pour assister à cette cérémonie. Blessé le 22 août 1572 d'un coup de carabine, par Maurevers, il prit d'abord la résolution de sortir de Paris; mais, arrêté par les caresses hypocrites du roi, il fut le lendemain la première victime du massacre de la Saint-Barthélemi, qui dura près d'un mois et s'étendit sur presque toute la France. Il est inutile de donner des détails sur cet épouvantable attentat qui est connu de tout le monde, et dont la postérité a placé l'auteur au rang des Néron et des Domitien. Vainement quelques écrivains ont-ils cherché à réhabiliter la mémoire de Charles et à rejeter son crime sur la faiblesse de son caractère. S'il est juste de dire qu'il y fut poussé par le Pape, par le roi d'Espagne, par Catherine de Médicis, par le cardinal de Lorraine et par les Guise, il est juste aussi de reconnaître que ses inclinations perverses ne s'accordaient que trop avec les conseils qu'on lui donnait. Il était ignorant, dévot, débauché, fourbe et surtout sanguinaire; il se plaisait à abattre d'un seul coup la tête des animaux qu'il rencontrait, les exécutions étaient pour lui de doux spectacles; dans la fatale journée du 24 août, non content d'exciter par ses cris les catholiques au carnage, il tira lui-même, d'une fenêtre du Louvre, sur les malheureux protestans qui cherchaient à se sauver, et enfin, le 26 août, il revendiqua hautement la responsabilité du massacre de la Saint-Barthélemi.

Deux ans après, le 15 mai 1574, accablé de chagrins et dévoré de remords, il mourut au château de Vincennes des suites d'une maladie honteuse.

Il est auteur de l'ouvrage suivant :

Traité de la Chasse au Cerf, Paris, 1625, petit in-8°.

COCHU (*François Félicité*), médecin, né à Saint-Germain-en-Laye le 4 mars 1710, florissait dans le dix-huitième siècle. Il a publié : *Observations sommaires, lues en* 1763 *dans l'assemblée des commissaires nommés par la Faculté de Médecine de Paris, au sujet de l'inoculation de la petite vérole.* Paris, 1765, in-4°.

CROMELIN (*Isaac Matthieu*), né à Saint-Quentin (Aisne) le 27 novembre 1730, descendait d'Armand Cromelin qui créa les belles fabriques de linon de cette ville, où il s'établit en 1579. Il était de l'académie de Dijon : domicilié depuis long-temps à Saint-Germain, il y finit ses jours le 8 octobre 1815. On a de lui :

I. *Encyclopédie élémentaire*, ou *Rudiment des Sciences et des Arts;* Autun, Dejussieu, 1773, 3 vol. in-8°. C'est un résumé des connaissances les plus variées, qui peut être mis avec fruit entre les mains de la jeunesse.

II. *Mes Radotages*, ou *l'Art de tuer le temps ; par le bon homme Isaac Matthieu* (Cromelin). Paris, Déterville, 1809, 2 vol. in-12.

III. *Mémoires* in-8°, sans date, première partie, écrits d'un style vif, et semés d'anecdotes piquantes; ils offrent une lecture agréable.

Il a travesti en vers plusieurs chants de l'*Iliade d'Homère*, d'après la traduction de Bitaubé : ces fragmens, restés manuscrits, sont très négligés sous le rapport de la versification ; mais comme ils présentent de l'orginalité et de l'esprit, on vient d'entreprendre de terminer cette parodie, qui sera publiée sous peu.

DABANY (*Marie-Thérèse Peroux*, femme), née à Rouen en 1753, épousa M. Dabany, officier. Cette union ne fut point heureuse : son époux était d'un caractère violent et emporté. Obligée de s'en séparer, elle vint se fixer à Saint-Germain, où son mérite ne tarda pas à être connu. Les qualités de son cœur et de son esprit lui firent beaucoup d'amis. Elle mourut le 24 mars 1821, au couvent de Saint-Thomas-de-Villeneuve, où elle s'était signalée par une vie pieuse et édifiante. Ses ouvrages sont marqués au coin de la facilité et de l'esprit, en voici les titres :

I. *Séilla, fille de Jepthé, juge et prince des Hébreux*. Paris, 1801, 2 vol. in-12.

II. *L'Amazone française*, ou *Jeanne d'Arc*. Saint-Germain, 1819, 2 vol. in-8°.

DESMÉ (*Marguerite Emilie*), née à Mantes-sur-Seine, à la fin de 1749, et domiciliée à Saint-Germain depuis 1808, a publié, sous le voile de l'anonime :

I. *Conseils à un chrétien qui veut retirer des fruits du sacrifice de la Messe, par Mlle ****. Paris, veuve Nyon, 1805, in-16, p. 219.

II. *L'Ami de la jeunesse Villageoise*, ou *Petit cours d'Instruction concernant les devoirs religieux envers Dieu, les de-*

voirs du sujet envers son roi, du citoyen à l'égard de ses semblables, des enfans envers leurs pères et mères. Saint-Germain-en-Laye, Forestier, 1815-1817, 3 vol. in-12.

III. *Méditations pour le jour et l'Octave de la Pentecôte.* (Sans lieu ni date), in-16, p. 55.

Ces ouvrages respirent une piété douce et tendre : l'auteur a su y employer assez adroitement les pensées d'autrui, et si Lamothe-le-Vayer revenait au monde, il ne manquerait pas de dire que la modeste et vertueuse anonime qui les a composés et publiés descend en ligne directe du bon larron.

DIESBACH-BELLEROCHE (*François Philippe Nicolas Ladislas*, comte de), lieutenant général, chevalier de Saint-Louis. Entré de bonne heure au service militaire, carrière parcourue avec gloire par ses ancêtres, il déploya dans plusieurs occasions de la valeur et du talent. Il passa par divers grades dans le régiment suisse au service de France, dont son père était colonel-propriétaire; après la mort de ce dernier, en 1786, il lui succéda.

Le comte de Diesbach est mort à Saint-Germain-en-Laye, le 11 mars 1822.

DILLON (*Arthur Richard*), né à Saint-Germain-en-Laye le 15 septembre 1721, d'Arthur Dillon, lieutenant général des armées, et de Catherine Sholdon, embrassa l'état ecclésiastique, et fut nommé jeune encore à l'abbaye d'Elan, puis à celle de Saint-Etienne de Caen, et ensuite à la riche abbaye de Signy.

Sacré évêque d'Evreux le 28 octobre 1752, il fut promu à l'archevêché de Toulouse en 1758, d'où il passa, en 1762, à celui de Narbonne, auquel était attaché la présidence des états de Languedoc.

Il parvint à la dignité de commandeur de l'ordre du Saint-Esprit en 1776, et présida les dernières assemblées du clergé, où il fit admirer son éloquence.

Il fut nommé en 1768 l'un des commissaires pour l'exécution de l'édit relatif aux réguliers, daté de cette année : ouvrage de M. de Brienne, alors archevêque de Toulouse, sous le prétexte de la réformation des ordres religieux, mais en réalité tendant à leur destruction. L'ordre des chanoines réguliers de l'Institut de Prémontré, consacré au ministère pastoral, échut à M. Dillon, et n'eut qu'à s'en féliciter. Il assista au chapitre national de cet ordre en 1770, et l'aida, avec beaucoup de bienveillance, à l'exécution de ce que l'édit exigeait, prit l'ordre sous sa protection particulière, lui rendit tous les services qui dépendaient de lui, et assista, en qualité de commissaire du roi, à l'élection des deux derniers abbés généraux, le 18 avril 1769 et le 18 septembre 1780. En 1763, il avait été nommé par le roi un des quatre commissaires pour l'examen de l'*Ordonnance et Instruction pastorale sur les assertions des Jésuites en* 1762, par l'évêque de Soissons. (Voy. l'art. *Fitz-James.*)

Le poète Lemierre lui a décerné cet éloge :

Montpellier dans ses murs ouvre aussi ses comices,
Où je vois s'assembler, sous d'augustes auspices,
La noblesse, le peuple, et ce corps révéré
Que le droit de l'autel place au premier degré.

. . . .
. . . .

C'est là qu'on voit Dillon déployer puissamment
Cette éloquente voix, ce talent du moment ;
Là, pour le bien public, sa grande âme zélée,
Le montre digne chef d'une telle assemblée :
A sa voix l'indigent entreprend des travaux
Qui semblaient demander des Hercules nouveaux :
Les marais desséchés, et les terrains stériles
Se transforment bientôt en des plaines fertiles ;
Au commerce enrichi des canaux sont ouverts,
Qui joignent ce canal, le lien des deux mers.
Prodige sur prodige ; et Neptune s'étonne
De voir communiquer le Rhône à la Garonne (*).

On doit à l'influence de Dillon la rédaction du *Code muni-*

(*) *Fastes de Lemierre*, chant XV.

cipal et économique du Languedoc; ouvrage qui manquait à cette province pour la perfection de son administration.

Après la clôture de l'assemblée constituante, le prélat se retira à Londres, où il mourut vers 1804. Lors du concordat, en 1801, il refusa sa démission : l'exemple des évêques démissionnaires ne le fit point changer d'opinion. Les secours que lui envoyait sa famille, étaient en grande partie employés au soulagement des ecclésiastiques français qui partageaient ses sentimens (*).

DUFLOG (N***.), écuyer, vit le jour à Saint-Germain vers 1720. On connaît de lui : *OEuvres de l'Esope de Saint-Germain-en-Laye*. Paris, 1764, in-8°.

ELISABETH DE FRANCE, dite *Isabelle de la Paix*, reine d'Espagne, fille aînée du roi Henri II et de Catherine de Médicis, était née à Saint-Germain le 13 avril 1545. Elle épousa, le 22 juin 1559, Philippe II, roi d'Espagne, et mourut en couches le 3 octobre 1568, laissant de son mariage deux princesses, Isabelle Claire Eugénie, qui fut mariée l'an 1599 à l'archiduc Albert, auquel elle apporta pour dot ce qui restait des Pays-Bas; et Catherine, qui épousa, en 1585, Charles-Emmanuel de Savoie. (*Art de vérif. les dates.*) Les ouvrages suivans sont relatifs à cette princesse :

I. *Oraison funèbre d'Elisabeth de France, reine d'Espagne, par Simon Vigor.* Paris, 1568, in-8°.

II. *Tombeau d'Elisabeth, en plusieurs langues, recueilli de plusieurs savans personnages de la France.* Paris, 1569, in-4°.

III. *Eloge de la même, par Brantôme :* imprimé dans son recueil des dames illustres (p. 175). Leyde, 1666, in-12.

IV. *Historia y Relacion Verdadera de la enfermedad, feli-*

(*) Saint-Germain-en-Laye a vu mourir dans ses murs, le 28 avril 1806, Charles Antoine Gabriel d'Osmond, né à Médavy (Orne), en 1722, comte de Lyon, sacré évêque de Comminges le 1er avril 1764, démissionnaire en 1785.

cissimo transito, y sumptuosissimas exequias de la serenissima reina de Espana Dona Isabella de Valois; por Juan Lopez en Madrid, 1569.

Son portrait : 1° N. Nelli, in-4°; 2° Sicfrinck, in-fol.; 3° H. Cok, in-4° en ovale, tenant une fleur; 4° Dessin au cabinet du roi, dans les *monumens de la monarchie française*, par Montfaucon.

ÉRAMBERT (*Saint*), évêque de Toulouse, né à Fillancourt, hameau situé près de Saint-Germain-en-Laye, florissait dans le septième siècle. L'amour de la retraite et le goût de l'étude l'attirèrent de bonne heure à l'abbaye de Fontenelles, diocèse de Rouen, où il y avait une école renommée, de laquelle sortirent une foule de personnages d'un mérite éminent. Il reçut l'habit de Saint-Benoît des mains de Sant-Vandrille. Cultivés par d'habiles maîtres, les talens du jeune Erambert finirent par jeter un grand éclat : ses progrès dans la littérature sacrée, qui le mirent au niveau des plus doctes solitaires de Fontenelles, frappèrent le roi Clotaire III; il le retira du cloître, et l'éleva sur le siége de Toulouse. Après s'y être signalé pendant douze ans, par sa vigilance pastorale, les infirmités de la vieillesse l'engagèrent à se décharger du fardeau de l'épiscopat. Il revint à Fontenelles, où il reprit avec ferveur ses premiers exercices sous Saint-Lambert, successeur de Saint-Vandrille. La mort l'enleva à ses confrères vers l'an 671 : la piété versa des pleurs sur son tombeau, et rendit ensuite à sa mémoire un culte religieux.

Mabillon, sa vie dans le t. II, p. 605 des *Actes des Saints de l'ord. de Saint-Benoît; Recueil des Ballandistes au* 14 mai. Baillet, *Vies des Saints, au même Jour;* Dom Clément, *Hist. littér. de Fr.;* t. III, p. 438; Godescard, *Vies des Saints*, t. III, p. 438.

FAGE (*Jean Baptiste Marie*), dont le nom est cher à la ville de Saint-Germain par les legs pieux et les nombreuses libéralités qu'il fit pour soulager les pauvres, naquit le 27 février 1758, à Doulon, près de Nantes, de parens propriétaires de l'habitation *Fage* à Saint-Domingue, qui produisait un revenu de plus de 200,000 francs.

Fage a passé peu de temps dans les colonies; sa demeure habituelle était en France : ruiné par la catastrophe arrivée à Saint-Domingue, ce ne fut qu'à force d'ordre et d'économie qu'il parvint à récupérer une partie de sa fortune... A sa mort il possédait plus de 300,000 fr.; comme il ne se connaissait point d'héritier, il pourvut lui-même au partage de sa succession. Son testament, dicté par la piété la plus pure et la charité la plus tendre, mériterait d'être rapporté en entier : on y voit que sa plus douce jouissance était de faire le bien, et qu'il était heureux de penser, comme il le dit lui-même, qu'en donnant ses biens aux pauvres, il les donnait à Jésus-Christ.

Après avoir partagé la somme de 93,000 fr. entre la domestique qu'il avait lors de sa mort, celles qu'il avait eues autrefois, les personnes qui lui avaient rendu quelques légers services, et celles dont il connaissait les besoins, il disposa du reste en legs pieux et en fondations de charité, qui s'élèvent à plus de 225,000 fr.

Fage avait un extérieur grave et réfléchi; on voyait rarement le sourire sur ses lèvres. Affable à tous, il ne se liait intimement avec personne; sa vie était sobre et retirée; il résistait au penchant qui le portait à la bienfaisance, dans la crainte de se faire remarquer par de grandes libéralités; il partageait son temps entre la lecture, la promenade et les pratiques de la religion, qu'il observait avec la plus scrupuleuse exactitude. Il mourut le 16 avril 1827 à Paris, où il s'était rendu pour soigner sa santé, et fut inhumé à Saint-Germain le 19 du même mois. Il n'a point d'autre épitaphe que cette phrase de son testament : « Si » mon exécuteur testamentaire juge à propos de faire élever » une simple pierre sur mes cendres, que ce ne soit que » pour m'attirer des prières, autrement je la refuse. »

FITZ-JAMES (*François*, duc de), évêque de Soissons, et premier aumônier du roi, né à Saint-Germain le 9 janvier 1709, fut duc de Fitz-James, après la mort de son frère aîné (arrivée le 13 oct. 1721), et aussi gouverneur du haut et bas Limousin, en survivance du maréchal de Berwick, dont il était fils ; mais ayant embrassé l'état ecclésiastique en 1727, il renonça à ses dignités, fut nommé en 1728 abbé de Saint-Victor à Paris, et sacré évêque de Soissons le 31 mai 1739.

Aucune des qualités d'un grand évêque ne lui manqua, et l'histoire ne laissera pas tomber dans l'oubli le courage avec lequel il exigea, dans Metz (en août 1744), au nom de la religion, un des sacrifices les plus pénibles qu'elle puisse imposer à un jeune roi. Le zèle du pontife ne lui fit pas oublier les devoirs du citoyen : après avoir fait courber le prince sous le joug des mœurs, il fortifia le peuple de l'autorité de la doctrine contre les ennemis de l'indépendance du trône. Une de ses instructions pastorales est devenue célèbre par la défense dont elle fut honorée, plus encore que par la censure dont on essaya de la flétrir. C'est celle où le prélat, fidèle aux maximes du clergé gallican, enseigne que, dans les choses de ce monde, la puissance temporelle ne reconnaît pas de supérieur, et que celle de l'église se borne aux sujets purement spirituels. Elle fut condamnée par la cour de Rome, mais elle eut l'assentiment des évêques français et Louis XV se chargea lui-même de la défendre. Quand les deux lettres apologétiques du monarque parurent, Fitz-James n'était plus : un parti décria sa mémoire en le traitant de janséniste (*). Pouvait-il échapper à cette qualification, lui qui avait été d'avis en 1761 que l'institut des jésuites, même modifié, ne pouvait subsister sans péril pour l'état et les mœurs? (Devisme, *Manuel historique de l'Aisne*,

(*) « Cependant l'on ne connaît de lui aucune démarche d'opposition » formelle aux décisions de l'Église. » (Feller, *Dictionn. histor.*)

p. 241 et 399.) La mort le surprit à Paris le 19 juillet 1764.

Ses ouvrages :

I. *Mandement du 21 mars 1757, sur l'assassinat de Louis XV par Damiens,* le 5 janvier 1757, in-4°.

II. *Mandement et Instruction pastorale*, 1760, in-12 ; c'est une réfutation de l'*Histoire du peuple de Dieu*, par Berruyer. L'abbé Gourlin, auteur du *Catéchisme de Naples,* a composé ce mandement.

III. *Avis*. Paris, 1763, in-12 ; c'est contre les Jésuites.

IV. *Rituel de Soissons*, 4 vol. in-4°.

V. *Instructions sur les dimanches et fêtes, tirées du Rituel*, 3 vol. in-12.

VI. *OEuvres posthumes, avec le supplément*. Avignon, 1769 et 1770, 3 vol. in-12. L'opinion du prélat sur les Jésuites et les libertés de l'église gallicane, se trouve dans cet ouvrage ; à la tête est un abrégé de sa vie.

GOMEZ (*Madelaine Angélique* POISSON DE), fille de Paul Poisson, comédien célèbre, née à Paris le 26 novembre 1684, annonça de bonne heure d'heureuses dispositions pour les lettres. Elle les cultiva d'abord par amusement ; mais ayant épousé don Gabriel de Gomez, gentilhomme espagnol, qu'elle croyait riche, et qui était accablé de dettes, elle se vit obligée de chercher dans sa plume une ressource contre l'indigence ; et c'est sans doute à cette triste nécessité d'écrire pour vivre qu'il faut attribuer le grand nombre de volumes qu'elle mit au jour. Elle avait de l'esprit et des grâces. Le produit de ses ouvrages, joint aux pensions qu'elle obtint, lui ayant procuré les moyens de subsister d'une manière honorable, elle se retira à Saint-Germain-en-Laye, où elle jouit de la considération publique. Un bon caractère, une gaîté originale et le charme de sa conversation lui procurèrent un grand nombre d'amies. Elle expira au milieu d'elles, à l'âge de quatre-vingt-six ans, le

28 septembre 1770. Parmi les ouvrages sortis de sa plume, les plus remarquables sont :

I. *Journées amusantes ;* Paris, 1723 et suiv., 8 vol. in-12, traduit en italien. Venise, 1758, in-12; *it.*, en allemand, Berlin, 1757, dix vol. in-8°; *it.*, réimpr. en 1776 dans la *Bibliothèque des Romans.*

II. *Cent Nouvelles Nouvelles.* Paris, 1730 et suiv., dix-huit vol. in-12; trad. en allemand, Vienne, 1757, dix volumes in-8°; *it.*, insérées dans la *Bibliothèque des Romans.*

Ce sont les deux productions les plus estimées de l'auteur. Par ce mélange d'histoires et de contes, elle a su trouver le moyen d'instruire et de plaire. Il y règne autant d'imagination que de variété. « Pourquoi faut-il que le merveilleux » en détruise quelquefois l'intérêt, et que des longueurs en » déparent le style, d'ailleurs agréable et facile? » (Sabatier, *Siècles Littér.*)

III. *Histoires mêlées en prose et en vers.* Paris, Prault, 1724, in-12. Ce recueil contient une comédie, quatre tragédies, dont *Habis*, qui eut vingt-cinq représentations en 1714, et qui fut reprise en 1752, et d'autres pièces en prose et en vers.

HAMILTON (*Antoine*, comte D'), né en Irlande vers 1646, passa fort jeune en France avec sa famille qui y avait suivi Charles II. Il y fit ses études, et retourna en Angleterre à l'âge de près de quatorze ans, lorsque Charles II eut été rétabli sur le trône de son père en 1660. Environ deux ans après, le comte de Gramont, exilé de la cour de France, se rendit à Londres, où il épousa la sœur d'Hamilton, et revint à Paris. Hamilton passait souvent en France pour y voir sa sœur et son beau-frère. Dans un de ces voyages, il fut choisi par Louis XIV pour figurer à Saint-Germain dans le *Triomphe de l'Amour*, ballet de Quinault.

Attaché au catholicisme, il resta sans emploi sous Charles II, qui n'osait se montrer favorable à ceux qui en faisaient profession : mais Jacques II, lors de son avénement au trône en 1685, utilisa ses talens. Ce prince ayant été chassé de ses états, Hamilton le suivit en France, et s'établit à Saint-Germain, où il composa tous ses ouvrages. Il y finit sa carrière le 21 avril 1720, âgé d'environ soixante-quatorze ans. On a de lui :

OEuvres d'Hamilton, Paris, 1812, quatre vol. in-8°; it., *ibid.*, 1815, cinq vol. in-8°. Ce sont les deux meilleures éditions de ses ouvrages. Les *Mémoires de Gramont*, qu'on lui attribue, et qui en font partie, sont très bien écrits. C'est une production originale et peut-être inimitable.

Son portrait : N.... dans *Odieuvre*, in-12.

HAVRINCOURT (*Anne Gabriel Pierre de Cardevac*, chevalier, marquis d'), lieutenant général, né le 23 septembre 1739, entra au service le 15 janvier 1753, dans les mousquetaires de la maison du roi. Devenu aide de camp du duc de Chevreuse, il fit sous ce général, la campagne de 1758, 59, 60 et 61. Le 1er décembre 1762, il devint mestre de camp, commandant de royal étranger cavalerie, et parvint en 1780 au grade de brigadier, et l'année suivante à celui de maréchal de camp. Ayant émigré en 1792, il fut employé dans l'armée des princes, et reçut pour prix de ses services, le grade de lieutenant général le 20 janvier 1801. Rentré en France à la renaissance du calme, il fut admis, en septembre 1817, à la retraite de lieutenant général : retiré à Saint-Germain-en-Laye, il y finit ses jours, le 24 janvier 1824.

HENRI II, fils de François Ier et de la reine Claude, né le 31 mars 1518, à Saint-Germain-en-Laye, succéda le 31 mars 1547 à son père, et fut sacré le 16 juillet suivant, par le cardinal archevêque Charles de Lorraine.

La France était en guerre avec l'Angleterre. La paix se fit en 1550, et Boulogne fut rendu aux Français, moyennant la somme de quatre cent mille écus. Henri se ligua alors avec les protestans contre Charles-Quint. La France y gagna Metz, Toul et Verdun. Le 10 août 1557, l'armée fut entièrement défaite près de Saint-Quentin, et le 3 avril 1559, Henri fit une paix désavantageuse à Cateau-Cambrésis. Par cette même paix, furent conclus les mariages d'Élisabeth, fille du roi, avec Philippe II, roi d'Espagne, et de sa sœur Marguerite, princesse d'un grand mérite, avec Emmanuel-Philibert, duc de Savoie. Au milieu des fêtes données à l'occasion de ce second mariage, Henri II, qui ne se plaisait qu'aux joutes et tournois, fut blessé dans la rue Saint-Antoine d'un éclat de lance, par le comte de Montgomeri, et mourut de sa blessure onze jours après, le 10 juillet 1559.

On peut dire de ce prince qu'il hérita de tous les défauts de François Ier, son père, et qu'à l'exception de sa valeur, il n'eut aucune de ses brillantes qualités. Tout le monde connaît sa passion désordonnée pour les femmes, et les fautes nombreuses que lui fit commettre Diane de Poitiers sa maîtresse.

De quatre fils qu'il eut de Catherine de Médicis, François II, Charles IX et Henri III, lui succédèrent l'un après l'autre.

Mademoiselle de Lussan a publié les *Annales galantes de la cour de Henri II.* Paris, 1749, deux vol. in-12. L'abbé Lambert et Varillas ont écrit l'histoire de son règne.

JACOB (*Pierre Philippe Joseph*), né à Saint-Germain-en-Laye le 10 février 1765, était cordonnier-fafioteur (*). Lorsque la révolution s'annonça, un dévouement entier aux principes de l'époque, du courage et de l'audace suppléèrent à son défaut d'instruction : cela suffisait alors pour faire un chemin rapide. Jacob ayant pris le parti des armes, se fit bientôt remarquer en affrontant les balles et les boulets, et en se précipitant sur l'ennemi sans aucune tactique. Sa bravoure et ses services lui valurent le grade de général de brigade, et plus tard une pension de retraite. Mort à Aurillac (Cantal), vers 1824.

(*) Fabricant de souliers d'enfans.

JACQUES II, roi d'Angleterre, second fils de Charles Ier, né à Londres le 24 août 1633, et créé aussitôt duc d'York, passa en France avec sa famille pendant l'usurpation de Cromwell, et y fut élevé dans la religion catholique. En 1660, à son retour en Angleterre, il épousa Anne Hyde, fille de mylord Clarendon. Peu de temps après, placé à la tête de la flotte anglaise, il se distingua contre les Hollandais. Sa première femme étant morte, il se remaria, en 1673, à la princesse de Modène, et succéda à son frère Charles II, le 6 février 1685.

Il s'annonça d'abord, en montant sur le trône, comme le soutien des libertés publiques et le défenseur de la religion de l'État; mais on put voir, dès les premiers actes de son règne, qu'il n'était rien moins que sincère dans ses protestations d'attachement aux lois. Il viola ouvertement la constitution de l'État en levant des impôts sans y être autorisé par le parlement, et en favorisant le catholicisme. Il annonça même le projet de se passer des Chambres, et envoya Caryl à Rome pour y faire des soumissions au pape. L'Angleterre, indignée, appela à son aide Guillaume de Nassau, prince d'Orange et stathouder de Hollande. Celui-ci débarqua à Torbay le 15 novembre 1788, et vit bientôt le peuple, l'armée et la cour venir se ranger sous sa bannière. Le malheureux Jacques, au contraire, attaqué par un de ses gendres, abandonné par l'autre, méconnu par ses filles, trahi par ses favoris, et près de l'être par ses officiers généraux, perdit courage et prit la fuite. Fait prisonnier et conduit le 17 novembre à Rochester, il s'en échappa pendant la nuit du 23 décembre, s'embarqua et vint chercher un asile en France, où Louis XIV le reçut avec la plus grande générosité. Au mois de mars suivant, il s'embarqua pour l'Irlande, que le comte de Tyrconnel avait maintenue dans l'obéissance. Il y aborda avec cinq mille hommes commandés par le duc de Lauzun, et le 11 juillet 1690, livra la bataille de la Boyne, où il fut vaincu. Il reprit alors la route de France, et vint rejoindre sa famille au château de Saint-Germain.

C'est là que ce prince passa le reste de sa vie, livré aux pratiques de la dévotion la plus minutieuse, et entouré d'amis fidèles dont le dévouement, qui ne se démentit jamais, est son plus beau titre aux yeux de la postérité. La bonté du maître put seule inspirer tant d'amour aux serviteurs. Jacques, en effet, avait toutes les vertus d'un homme de bien, sans posséder aucune de celles qui font un bon roi. On pourrait même douter de la franchise dont il faisait gloire, quand on le voit violer ses promesses et se jeter dans les mesures arbitraires, tout en protestant de son respect pour la constitution. S'il montra de la valeur dans la campagne de 1665, on ne peut nier qu'il ne fût totalement dépourvu de courage moral; on regrette que sa piété n'ait pas été plus éclairée, et ses nombreux enfans naturels donnent une idée assez défavorable de la régularité de ses mœurs (*).

Quoi qu'il en soit, les jésuites, qui lui avaient fait perdre une courone sur la terre, essayèrent de lui en donner une autre dans le ciel. Ils prirent donc des mesures pour le faire canoniser, et des gens dignes de foi ont vu les procès-verbaux de cette affaire dans les archives du secrétariat de l'archevêché de Paris. On fit m'me courir une relation des miracles qui s'opéraient sur son tombeau; miracles qui, comme on le prouva dans le temps, n'étaient que le fruit de pieuses fraudes. Nul doute pourtant que la société célèbre à laquelle il avait tout sacrifié ne fût venue à bout de le faire mettre au rang des saints, si les terribles événemens de 1789 n'eussent fait entièrement oublier ce projet.

Il est mort à Saint-Germain le 16 septembre 1701, à l'âge de soixante-huit ans, laissant de son premier mariage deux filles, Marie qui épousa Guillaume de Nassau, prince d'Orange, et Anne, qui se maria à Georges, prince de Dan-

(*) Il eut, 1° d'Arbella Churchill, sœur du fameux Marlborough, Jacques Fitz-James, duc de Berwick, Henri Fitz-James, grand prieur de France, et une fille nommée Henriette. 2° De Catherine Sedley, il a laissé Catherine d'Arnley.

nemarck. Sa seconde femme lui donna Jacques III, plus connu sous le nom du chevalier de Saint-Georges, et Marie-Louise, née à Saint-Germain le 28 juin 1692.

Le Père Bretonneau, jésuite, a publié : *Abrégé de la vie de Jacques II, tiré d'un écrit anglais du Père François Janders, jésuite, confesseur de Sa Majesté, avec un recueil des Sentences du même roi, sur divers sujets de piété.* Paris, imprimerie royale, 1703, in-12; traduite en espagnol par Madiana et Vargas. Cadix, 1704, in-4°.

L'abbé Anselme a prononcé son oraison funèbre à Saint-Germain le 8 novembre 1702; elle est insérée dans le tome VII des sermons de cet orateur. Paris, 1718-1731, sept vol. in-8°.

JODDIN (*Jean*), horloger à Saint-Germain-en-Laye, né à Genève dans la première moitié du dix-huitième siècle, mort le 6 mars 1761, a mis au jour :

I. *Les échappemens à repos comparés aux échappemens à recul.* Paris, 1754, in-12.

II. *Examen des dernières observations de M. de Lalande.* Paris, 1755, in-12.

JOMBERT (*Charles Antoine*), connu par les livres de mathématiques et d'architecture dont il a fait son principal commerce, était né à Paris en mars 1712. Il fut reçu libraire en 1736, et en 1743, imprimeur adjoint de sa communauté.

« Il apprit les premiers élémens des mathématiques sous
» Belidor et l'abbé Deidier; il s'appliqua ensuite à l'étude de
» l'architecture et de l'art militaire, pour se mettre au fait
» des livres de sciences et d'arts, dont il se proposait de
» former un fonds unique et qui lui fût propre. La liaison
» intime qu'il a eue toute sa vie avec Cochin et avec plusieurs
» autres artistes de première classe, lui forma le goût, et
» lui procura des connaissances particulières sur la peinture
» et le dessin; en sorte que c'est aux conversations instruc-
» tives qu'il eut fréquemment avec ces hommes célèbres,

» qu'on est redevable de ce qu'il peut y avoir de bon dans les » ouvrages qu'il a mis au jour sur ces beaux arts. Outre quel» ques ouvrages qui portent son nom, il a travaillé à plu» sieurs autres dont il a été l'éditeur, et auxquels il a fait di» vers changemens, corrections et augmentations. » (D'Hébrail, *France littéraire*, t. 1, p. 300.)

Le lecteur curieux de connaître ses nombreux ouvrages, en trouvera le catalogue dans le tom. III, pag. 109, du livre de d'Hébrail; il devra également recourir au *Dictionnaire des Anonimes* de Barbier.

Jombert s'était retiré à Saint-Germain-en-Laye, où il finit ses jours en août 1784.

LEMIERRE (*Ant. Marin*), né à Paris, en 1733, d'une famille d'artisans. Son père, malgré la modicité de sa fortune, lui fit donner une bonne éducation : à sa sortie du collége, où il s'était fait remarquer par son application et ses succès, le jeune Lemierre entra chez M. Dupin, fermier général, en qualité de secrétaire, ce qui lui permit de se livrer à sa passion pour la poésie. Il débuta, en 1753, dans le monde littéraire, par un poëme sur *la Tendresse de Louis XIV pour sa famille*, ouvrage qui fut couronné par l'Académie française. Cinq autres compositions de ce genre lui ayant valu autant de triomphes, il essaya de prendre un vol plus élevé, et donna, en 1758, sa tragédie d'*Hypermnestre*, qui fut très favorablement accueillie du public. Trois ans après il échoua complétement dans *Térée*. En 1764, *Idoménée* n'eut pas un meilleur sort. Il se releva par *Artaxerce*, *Guillaume Tell* et *la Veuve du Malabar*. Enfin, il termina sa carrière dramatique en 1786 par *Barnevelt*, dont on n'a retenu qu'un seul vers, et par *Céramis*, aujourd'hui tout-à-fait oubliée. Outre ses pièces de théâtre et ses discours académiques, on a de lui un poëme sur la peinture, un autre sur les fastes ou les usages de l'année, et un recueil assez volumineux de poésies fugitives.

C'est de Lemierre surtout qu'on peut dire que l'histoire de sa vie consiste dans l'histoire de ses ouvrages. Il se contenta de cultiver les muses sans se mêler à aucune des coteries du temps, et les anecdotes qu'on nous a conservées sur lui ne se rapportent exactement qu'à sa fortune poétique. Doué d'une vanité peu commune, il manifestait hautement la bonne opinion qu'il avait de lui-même, et répondait naïvement à ceux qui lui reprochaient ce travers : « Je n'ai pas de prôneurs, il faut bien que je fasse mes affaires tout seul. » A la première représentation de *Céramis*, les murmures du public lui donnant de l'humeur, il répétait : « Parbleu, ne s'imaginent-ils pas qu'on leur donnera toujours une *Veuve du Malabar?* » Un jour que cette dernière pièce était représentée devant un petit nombre de spectateurs, on lui fit remarquer malignement la solitude du parterre et des loges : « Il ne manque pas de monde, répondit-il, mais la salle est tellement construite qu'elle paraît toujours vide. » A la mort de Voltaire, il se mit sur les rangs pour le remplacer à l'Académie française : « C'est Ajax, disait-il, qui revendique les armes d'Achille. » Par malheur, il éprouva le sort du héros Grec, et Ducis lui fut préféré. Deux ans après il reçut un semblable échec dans sa concurrence avec Chabanson. Ce ne fut même qu'en 1761, à la mort de l'abbé Batteux, que cette société l'admit dans son sein.

Comme poète, on ne peut lui refuser ni la verve, ni l'imagination, ni surtout l'entente des effets dramatiques. Il paraît même qu'il avait tourné particulièrement ses études vers cette dernière partie de l'art; aussi disait-on que ses tragédies étaient faites à peindre. Ce genre de mérite lui valut dans le temps des succès que la postérité n'a pas entièrement confirmés. On n'a retenu de lui que quelques tirades écrites avec un rare bonheur, et l'on s'étonne souvent que l'auteur de tant de vers âpres et rocailleux ait pu faire ceux du *Clair de lune*, de la *Fiction allégorique*, de l'*Ignorance*, de l'*Invocation au Soleil*, et de quelques morceaux qu'on retrouve dans tous les Cours de Littérature. Rien, en effet, partout ailleurs, ne saurait égaler la dureté de son style. On se rappelle cette épigramme où Chénier tâcha vainement de l'imiter:

Lemierre, ah! que ton Tell avant-hier me charma.
etc. . . . .

et le mot plus piquant de Voltaire, qu'on interrogeait sur le mérite de cette dernière tragédie : « Il n'y a rien à dire, elle est écrite dans la langue du pays. »

Au reste, Lemierre avait toutes les vertus d'un homme de bien. On n'a jamais mis en doute ni sa piété filiale, ni sa bonté, ni sa candeur. Malgré sa laideur et ses travers, il sut plaire à une jeune personne aussi aimable que jolie, qui l'épousa et le rendit heureux (*).

Il est mort à Saint-Germain, le 30 juin 1793, et non le 4 juillet, comme le disent toutes les Biographies.

LEMOYNE (*Pierre Hyppolite*), architecte-inspecteur des bâtimens de la couronne, né à Paris, mort à Saint-Germain le 28 février 1828, à l'âge de quatre-vingts ans, est auteur d'un *Projet de réunion du Louvre au palais des Tuileries*. Paris, 1811, in-fol.

LONGUEIL (*Réné* DE), surintendant des finances et ministre d'état, seigneur de Maisons et de Poissy, était fils de Jean de Longueil, doyen de la chambre des comptes, et de Madelaine l'Huillier. Il se signala par ses lumières dans les charges de conseiller au grand conseil, de premier président à la cour des aides, et de président à mortier au parlement de Paris. On le nomma gouverneur des châteaux de Saint-Germain-en-Laye et de Versailles, le 16 mars 1645, et ensuite

(*) Nous avons signalé plusieurs fois, dans cet ouvrage, la bienfaisance de madame Lemierre, née Lecomte, veuve en secondes noces de M. Oger. Cette dame prend part à toutes les bonnes œuvres : sa charité ne se borne pas aux seuls indigens de Saint-Germain, elle verse partout d'abondantes aumônes, et trouve au fond de son cœur la récompense de sa générosité.

gouverneur d'Evreux. Il avait épousé Madelaine de Boulène de Crevecœur, dame de Grisoles; c'est lui qui a fait bâtir le beau château de Maisons, dont la seigneurie fut, en sa faveur, érigée en marquisat, par lettres d'avril 1658, enregistrées au parlement le 7 février, et à la chambre des comptes le 10 avril 1659. La mort le surprit le 1er septembre 1677.

Il ne faut pas le confondre avec le président Jean Réné de Longueil, son arrière-petit-fils, membre honoraire de l'académie des sciences, où il fut reçu le 23 août 1726. « Celui-ci se fit » à Maisons un jardin de plantes rares, et un laboratoire de » chimie, dignes tous les deux d'un lieu où tout ce qui » n'aurait pas été magnifique aurait eu fort mauvaise grâce. » Il est sorti du jardin le seul café que l'on sache qui ait » encore pu venir à maturité en France, et on assure qu'il » n'a pas moins de parfum que celui de Moka. M. de Mai- » sons a fait lui-même dans le laboratoire le bleu de Prusse » le plus parfait que l'on ait encore dans cette espèce de » couleur. Né à Paris le 15 juillet 1699, mort le 13 sep- » tembre 1731. » (Fontenelle, *Elog. des Acad.*)

Réné de Longueil descendait de Jean de Longueil, deuxième du nom, président au parlement de Paris en 1418, possesseur de la terre et seigneurie de Maisons. Pierre, l'un des fils de ce dernier, mourut évêque d'Auxerre, en 1449. Antoine, son petit-fils, mort à Maisons le 25 août 1500, était évêque de Léon, chancelier et grand aumônier de la reine Anne de Bretagne, ambassadeur dans les Pays-Bas, où il eut un fils naturel, appelé Christophe de Longueil, qui fut abbé de Saint-Ambroise de Milan. Jean de Longueil, cinquième du nom, eut entr'autres enfans, Christophe, prieur du Mesnil-le-Roi, nommé par le roi Henri II à l'évêché de Dol, mort le 15 juillet 1554, avant d'en avoir pris possession. (Moréri, art. *de Longueil.*)

Portrait de Réné de Longueil : 1° Gaspard *Isaac*, in-fol., obl., dans des ornemens; 2° *Vanmerlen*, in-fol.; 3° *Mellan* del. et sc., in-fol.; 4° *Morin*, d'après *Champagne*, in-fol.; 5° *Nanteuil*, 1653, in-fol.; 6° *Idem*, 1662, in-fol.; 7° *G.*

Rousselet, in-fol.; 8° *Lasne*, in-fol.; 9° *Moncornet;* 10° N*** dans *Odieuvre*.

LONGUEIL DE MAISONS (*Louise Marie Thérèse* DE), petite-fille de René qui précède, et fille de Jean Longueil, marquis de Maisons-sur-Seine et de Poissy, gouverneur des châteaux de Versailles et de Saint-Germain-en-Laye, etc., et de Louise de Fieubet, vit le jour à Maisons, vers 1670. Sa naissance et son mérite pouvaient lui faire jouer un rôle brillant dans le monde; mais l'amour de la solitude lui fit prendre le voile de Saint-Dominique au monastère royal de Poissy. A l'exemple d'Anne de Marquetz (*), de Marie Madelaine de Mauroy (**), et de plusieurs autres filles savantes de cette maison, elle consacra ses loisirs à la culture des lettres. Ses supérieurs lui permirent d'aller soulager Renée Suzanne de Longueil, sa sœur aînée, née en 1658, abbesse des chanoinesses régulières de Sainte-Perrine de la Villette-lès-Paris, morte en 1733. Elle demeura long-temps dans cette abbaye, et ce fut là qu'elle mit au jour, en 1704, un ouvrage, fruit de ses pieuses veilles. Elle était de retour à Poissy en 1720 (***), où elle ne cessa d'offrir le spectacle de toutes les vertus chrétiennes et religieuses jusqu'à sa mort, arrivée vers 1740. On lui doit :

1° *Traité de la vie spirituelle, ou de l'Homme intérieur, traduit du latin de Saint-Vincent Ferrier*. Paris, Claude, Cellier, 1704, in-12, p. 354. Elle y a ajouté :

(*) Cette femme poète, qui savait le grec et le latin, est morte à Poissy, le 11 mai 1588. Voyez ses ouvrages dans la Croix du Maine et du Verdier. Une de ses compagnes a publié sur sa mort une pièce de vers que le Père Hilarion de Coste a insérée à la fin du tome Ier de ses *Vies des Dames illustres en piété*.

(**) Morte le 16 février 1714. Voyez ses ouvrages dans la bibliothèque Dominicaine du Père Echard, tom. II, pag. 849.

(***) Parmi les personnages qui ont illustré cette ville, on remarque Saint-Louis et le savant humaniste Nicolas Mercier, mort en 1646; l'abbé Claude Carlier, savant historien, était prieur d'Andrésy, village voisin de Poissy.

Exercices de piété pour passer chrétiennemant la journée (*).

2° *L'esprit dont les chrétiens doivent être animés dans toute la conduite de leur vie, et ce qu'ils doivent observer dans leur travail, en remplissant d'une manière chrétienne les principaux devoirs de la vie civile.*

3° *Traduction des prières que l'Eglise fait dans la cérémonie d'une profession dans l'ordre des chanoinesses régulières de Saint-Augustin.*

Echard, *Script. ord. Prœd.*, t. 2, p......; Lebeuf, *Hist. du Dioc. de Paris*, t. 2, p. 486; Moréri, t. 6, p. 381; art. *de Longueil*, numéro quatorze; Tournon, *Hist. des Hom. ill. de l'ord. de Saint-Dominique*, t. 3.

LOUIS XIII, dit le *Juste*, né à Fontainebleau le 27 septembre 1601, monta sur le trône le 14 mai 1610, à l'âge de dix ans et demi, sous la tutelle de Marie de Médicis sa mère, déclarée régente du royaume.

L'histoire de ce prince n'est, à peu de chose près, que celle de ses favoris. Dominé d'abord par le maréchal d'Ancre, qui fut assassiné par Vitry, il passa bientôt sous la tutelle d'Albert, duc de Luynes, connétable de France, et celui-ci étant mort en 1621, le cardinal de Richelieu prit en main les rênes du gouvernement.

C'est sous le ministère de ce dernier qu'eurent lieu les événemens les plus remarquables de ce règne : la prise de la Rochelle, les secours donnés au duc de Mantoue, l'institution de l'Académie française, la défaite de Montmorenci, *à Castelnaudary*, l'abaissement de la maison d'Autriche, à laquelle l'alliance du roi de France avec Gustave Adolphe, porta le dernier coup, et par suite la conquête de la Lorraine; celle d'une partie de la Catalogne, et la réduction du Roussillon. Cette guerre n'était pas encore terminée que

(*) Moréri, tom. X, pag. 645, art. *Vincent Ferrier*, s'est trompé en donnant cette *addition* comme un ouvrage imprimé séparément.

Louis XIII mourut à Saint-Germain-en-Laye, le 14 mai 1643, quelques mois après Richelieu.

On a dit de lui qu'il était mauvais fils, mauvais frère et mauvais ami. Ses courtisans lui donnèrent le surnom de *Juste ;* un plaisant y ajouta, *à tirer de l'arquebuse*, et la postérité, en conservant ce jeu de mots, a paru confirmer ce jugement.

Le Vassor, le Père Griffet et de Bury ont écrit sa vie. On a de Henri IV et de ce prince une *Traduction des Commentaires de César.* Paris, impr. royale, 1650 ; in-fol. : les deux derniers livres sont de Louis XIV, dont les traits nous ont été transmis par le célèbre Champagne. *Voyez* notre *Histoire,* pages 119 à 134.

LOUIS XIV. Il est des hommes dont la renommée est si grande, que leur nom réveille le souvenir de leurs actions : tel est Louis XIV, né à Saint-Germain-en-Laye le 5 septembre 1638, mort à Versailles le 1er septembre 1715. On a de lui :

I. *La guerre des Suisses, pour la conquête des Gaules, traduite du premier livre des Commentaires de César,* par Louis XIV, âgé de treize ans. Paris, imprimerie royale, 1651, in-fol., fig.; *it.* Grenoble 1754, in-12. Ce volume, ornée de quatre planches, n'a guère d'autre mérite que celui d'être l'ouvrage d'un grand prince : c'est une version de César, revue par son précepteur.

II. *OEuvres de Louis XIV* (publiées par Grimoard et Grouvel). Paris, 1806, 6 vol. in-8°, fig. Elles contiennent toutes les instructions pour le Dauphin et le roi d'Espagne, plusieurs lettres du monarque, etc. Les *Mémoires de Louis XIV,* publiés la même année, mais antérieurement, par Gain-Montagnac, en sont un abrégé.

III. *Relation de ce qui s'est passé au siége de Namur* (attribuée à Louis XIV). Paris, Thierry, 1692, in-fol., avec trois cartes gravées par ordre du roi. Grimoard l'a insérée dans le précédent. *Voy.*, sur cet ouvrage, le numéro 16041 du *Dict. des Anonimes*, par Barbier.

MADELAINE DE FRANCE, reine d'Ecosse, fille de François Ier et de Claude de France, vit le jour au château de Saint-Germain-en-Laye, le 2 août 1520. Elle épousa, le 1er janvier 1536, dans la cathédrale de Paris, Jacques V, roi d'Ecosse, et mourut le 7 juillet suivant. Ses restes furent inhumés à l'abbaye de Sainte-Croix. Ronsard, le prince des poètes du temps, a consacré à sa mémoire les vers qui suivent :

A peine elle sautait en terre du navire
Pour toucher son Écosse, et saluer le bord,
Quand au lieu d'un royaume elle y trouva la mort.
Ni larmes du mari, ni beauté, ni jeunesse,
Ni vœu, ni oraison ne fléchit la rudesse
De la Parque, qu'on dit la fille de la nuit,
Que cette belle reine, avant que porter fruit,
Ne mourut en sa fleur : le poumon qui est hôte
De l'air qu'on va soufflant, lui tenait à la côte.
Elle mourut sans peine ès bras de son mari,
Et parmi ses baisers, lui, tristement marri,
Ayant l'âme de deuil et de regret frappée,
Voulut cent fois vêtir son corps de son épée :
La raison le retint.

Charles de la Huterie a publié sur le mariage de cette jeune princesse : *Le concile des Dieux, sur les noces de Jacques, roi d'Ecosse, et de Madelaine de France, fille aînée de François Ier, poëme.* Paris, Mallard, 1536, in-8°.

Le P. Hilarion de Coste a célébré sa mémoire dans le t. 2, p. 197-201, de ses *Eloges des Dames illustres.*

MARGUERITE DE FRANCE, duchesse de Berry et de Savoie, et princesse du Piémont, célèbre par ses talens, sa piété, ses mœurs et son caractère, était fille de François Ier et de Claude de France, et sœur du roi Henri II. Elle vit le jour à Saint-Germain, le 5 juin 1523 : les langues grecque et latine lui étaient familières. Après la mort du roi son père, en 1547, elle se déclara la protectrice des sciences et des savans. Ronsard, du Bellay, Jodèle, Dorat, Belleau et le chancelier de l'Hôpital eurent part à son estime et à ses libéralités, et portèrent son nom dans toute l'Europe, en célébrant dans leurs vers, son savoir, sa beauté, sa douceur et sa prudence.

Elle épousa, le 9 juillet 1559, Emmanuel Philibert, duc de Savoie et prince du Piémont, surnommé *Tête-de-fer*, à cause de sa fermeté, de son courage et de son esprit. Ce duc s'estima heureux de posséder une épouse si accomplie : ses sujets la nommèrent de concert *la Mère des peuples*, et la comblèrent de mille bénédictions. Sa réputation attira dans l'université de Turin les plus célèbres jurisconsultes, qui donnèrent un nouveau lustre à cette école déjà si renommée.

La princesse Marguerite mourut à Turin, âgée de cinquante et un ans, le 14 septembre 1574, d'une pleurésie, occasionée par les mouvemens qu'elle s'était donnés pour bien recevoir le roi Henri III, son neveu, qui revenait de Pologne pour prendre possession de son royaume. Elle laissa un fils unique qui succéda à son père en 1580. Son décès donna lieu aux pièces suivantes :

I. *Oraison funèbre de Marguerite de France, duchesse de Savoie* (prononcée le 29 mars 1575), *par Arnaud Sorbin*. Paris (Chaudière), 1575, in-8°.

II. *Autre*, traduite du latin de Charles Pascal, par Gabriel Chappuis. Paris, Poupy, 1574, in-8°.

III. *L'ombre et le tombeau de Marguerite de France, composé en latin par R. d'Er, et traduit par Endi*. Turin, d'Almeyda, 1574, in-12. C'est un mélange de prose française et de vers latins et français.

MONTAIGU (*Jean* DE), seigneur du château de Montaigu-en-Laye, près de Saint-Germain, était né à Paris d'un maître des comptes du roi; il eut la principale administration des affaires sous Charles V et sous Charles VI. Celui-ci lui confia la surintendance des finances, charge qui lui procura de grands biens et lui suscita de grands ennemis. Jean Sans-Peur, duc de Bourgogne, et Charles III, roi de Navarre, qui détestaient en lui son attachement pour la reine Isabelle et pour la maison d'Orléans, entreprirent de le perdre; et, profitant de la démence du roi Charles VI, ils l'accusèrent de divers crimes et le firent arrêter le 7 octobre 1409 : il eut la tête tranchée le 17 du même mois, et son corps fut attaché au gibet de Montfaucon. Son crime le plus avéré fut d'avoir détourné à son profit quelques parties des finances; ses grands biens furent confisqués et pillés, son château de Montaigu fut brûlé et détruit avec toutes ses dépendances. Sa mémoire fut cependant réhabilitée trois ans après; et alors les célestins de Marcoussis, dont il avait fondé le monastère en 1404, obtinrent ses restes, lui firent de magnifiques funérailles, et lui érigèrent un tombeau, monument de ses malheurs et de leur reconnaissance.

Sa vie, par d'Auvigny, est dans le t. I, p. 205 des *Vies des Hommes illustres de France*. Le P. Griffet a inséré des *Observations sur Jean de Montaigu* dans le t. VI, p. 606, de son édition de l'*Hist. de France* du père Daniel.

MOREAU (*Jacob Nicolas*), vint au monde à Saint-Florentin, le 20 décembre 1717. Après avoir obtenu le bonnet de docteur, il fut reçu avocat, puis conseiller à la cour; mais il quitta bientôt le barreau pour ne s'occuper que de l'étude des lettres. S'étant fixé à Paris, il ne tarda pas à s'y distinguer par des écrits qui lui méritèrent la place d'historiographe de France; il fut en même temps chargé de rassembler près du contrôle général les chartes, les monumens historiques, les édits, etc., concernant la législation française, depuis Charlemagne jusqu'à cette époque. Cette collection, faite avec clarté et exactitude, fut confiée à sa garde sous le titre de *Dépôts des chartes et de législation;* il fut nommé quelque temps après bibliothécaire de la reine, et mourut à Chambourcy, canton de Saint-Germain-en-Laye, le 9 juin 1803, à l'âge de près de quatre-vingt-six ans. L'abbé de Boulogne y a prononcé son oraison funèbre. Moreau est auteur d'un grand nombre d'ouvrages, dont la *Biogr. univ.* a donné un catalogue assez exact, auquel nous renvoyons ; le principal est intitulé : *Principes de morale politique et de droit public.* Paris, 1777 à 1779, 21 vol. in-8°. Ce livre est peu lu de nos jours, et quand il parut, on reprocha vivement à l'auteur de favoriser le despotisme et le pouvoir arbitraire ; accusation qui lui ferma les portes de l'académie française.

MORNAY DE LA VILLETERTRE (*Réné* DE), prêtre, prieur de Saint-Germain-en-Laye, seigneur de la Villetertre et de Bachaumont, appartenait à la famille du fameux Philippe de Mornay, surnommé *le Pape des Huguenots.* Selon Moréri, cité par l'abbé Lebeuf (*), il était fils de Réné de Mornay, seigneur de Labbeville et d'Agnès Fournier : nommé au mois de juin 1690, à l'abbaye de Chartzeuve, ordre de Prémontré, diocèse de Soissons (**), l'abbé de la Villetertre se démit de son prieuré, et se retira dans son abbaye où les lettres étaient cultivées. Il y mourut en décembre 1708 (***), après avoir employé tout son bien en missions et en œuvres de piété ; il est auteur de l'ouvrage intitulé :

Vie de mademoiselle de Buhy (****) *de la maison de Mornay, en huit livres.* Paris, Roullant, 1665, in-12 ; *it.* réimprimée à la suite des *Vies des anciens Seigneurs de la maison de Mornay, avec leur généalogie ;* par le même Réné de Ville-

(*) *Histoire du Diocèse de Paris*, tom. VII, pag. 232.

(**) *Gallia christiana*, tom. IX, pag. 796 et 798. Hugo, *Annales ordinis Præmonstratensis.*

(***) Et non en 1713, comme le dit Moréri.

(****) Marie de Mornay, morte à Buhy, en odeur de sainteté, le 11 avril 1664, âgée de quarante-huit ans. *Voyez* son article dans Moréri, tom. VII, pag. 801.

tertre. Paris, Jean-Baptiste Coignard, 1789, in-4°; ouvrage exact et plein de recherches. (*Voy.* p. 391.)

NEUVILLE (*Bon Pierre Charles* FREY DE), naquit le 23 décembre 1693, dans le diocèse de Coutances, où des affaires avaient attiré momentanément ses parens, qui étaient domiciliés à Vitré en Bretagne. Au sortir du collége des Jésuites de Rennes, en 1710, il entra dans leur société, et consacra dix-huit ans à perfectionner son instruction acquise, en y professant les humanités et la philosophie. Il se rendit célèbre par son éloquence et par son rare talent pour la prédication. Il entra dans cette carrière en 1736, continua de se distinguer pendant plus de trente ans, et fut nommé prédicateur du roi. Il survécut à la destruction de son ordre, qu'il avait défendu par ses écrits contre la foule d'ennemis qui l'attaquaient (*). Quoiqu'il n'eût pas prêté le serment exigé, il continua de résider en France. Après sept ans d'une vie errante, il obtint l'autorisation de se fixer à Saint-Germain-en-Laye, où les bienfaits de la cour lui apportèrent quelque consolation. Il mourut dans cette ville le 16 juillet 1774 (**). Ses ouvrages sont:

I. *Lettre d'un ami de la vérité à ceux qui ne haïssent pas la lumière*, ou *Réflexions critiques sur les reproches faits à la société de Jésus, relativement à la doctrine.* (Sans date, nom de lieu, ni d'imprimeur.) In-12, anonime.

II. *Observations sur l'Institut de la société des Jésuites.* Avignon, 1762, 1771, in-12, anonime.

III. *Sermons* (publiés par Querbeuf et May, ex-jésuites). Paris, Mérigot, 1776, 8 vol. in-12.

Ces discours ont fait placer le Père Neuville à la tête des

(*) La société de Jésus n'a point eu le sort ordinaire des corps politiques, qui, parvenus lentement à leur apogée, déclinent dans la même progression jusqu'à leur ruine. Arrivée au plus haut degré de splendeur, elle n'a point vu d'intervalle entre son élévation et sa chute; la foudre grondait encore, et elle n'existait plus.

(**) C'est à tort que quelques biographes le font mourir à Compiègne.

prédicateurs du dix-huitième siècle, immédiatement après l'abbé Poule.

Des biographes lui ont faussement attribué *la Morale du Nouveau-Testament, pratiquée en réflexions*, ouvrage sorti de la plume du Père Anne Joseph de la Neuville, jésuite.

NOAILLES (*Adrien Maurice* DE), gouverneur de Saint-Germain-en-Laye, vit le jour à Paris, le 29 septembre 1678. Né avec des talens pour la guerre, il se signala constamment par sa valeur et sa prudence. Il servit en Catalogne durant la guerre de la succession d'Espagne. A la fin du mois de décembre 1710, dans la saison la plus rigoureuse, il entreprit le siége de Gironde, l'une des plus importantes places de cette province, et s'en rendit maître le 25 janvier suivant. Le titre de Grand d'Espagne de première classe fut le prix de cet éminent service.

Réunissant au mérite d'homme de guerre celui d'homme d'État, il fut nommé président du conseil des finances en 1715, et conseiller du conseil de régence en 1718. Uni à madame de Maintenon, par son mariage avec sa nièce, et plus encore par une estime réciproque, ils raisonnaient souvent sur leurs chaînes d'or, et leur morale était toujours celle des sages. Il eut la douleur de la perdre le 25 août 1719.

Il jouissait de la plus grande faveur en 1722, lorsqu'il fut exilé par les intrigues du cardinal Dubois, qui, avec le seul mérite d'aimer les femmes sans s'attacher, le vin sans s'enivrer, et le jeu sans perdre, parvint à occuper à Cambrai la place de Fénelon, et celle de Richelieu dans le ministère. Le duc de Noailles avait eu le courage de lui dire, le jour que le régent le présenta au conseil, après que les ducs et les maréchaux de France eurent refusé de s'y trouver : « Cette » journée sera fameuse dans l'histoire, Monsieur, on n'oubliera pas d'y remarquer que votre entrée au conseil en a » fait déserter tous les grands. » Rappelé après la mort de cette éminence, en 1723, Maurice servit l'État comme un homme qui n'avait jamais eu à s'en plaindre.

Dans la guerre de 1733, il se trouva au siége de Philisbourg, pendant lequel il fut honoré du bâton de maréchal de France. Commandant en chef, pendant l'hiver de 1734, il reprit Worms sur les Impériaux. L'année suivante, il alla cueillir de nouveaux lauriers en Italie ; mais dans la guerre de 1731, il perdit la bataille d'Ettingen.

C'est lui qui procura le maréchal de Saxe à la France, et il voulut être son aide-de-camp à la bataille de Fontenoy, le 11 mai 1745, tout maréchal de France qu'il était. Lorsque Louis XV, en le félicitant de la victoire, lui dit : « M. le » maréchal, vous gagnez plus à cette guerre que nous tous, » car vous étiez enflé par tous les membres, et vous jouissez » à présent de la meilleure santé. » Le maréchal de Noailles dit : « Il est vrai, sire, que M. le maréchal de Saxe est le » premier homme que la gloire ait désenflé. »

A la fin de sa carrière, Maurice de Noailles se retira dans la capitale, y vécut loin du faste turbulent, tout occupé de l'étude et de Mémoires. C'était César travaillant à ses Commentaires après ses conquêtes. Il y mourut le 24 juin 1766. Il avait été créé chevalier des ordres du roi en 1724.

L'abbé Millot a publié ses *Mémoires*. Paris, 1777, 6 vol. in-12. Il y trace ainsi son portrait : « Il avait une belle » âme, un esprit supérieur, une gaîté charmante, beaucoup » d'amabilité et de culture, l'amour du roi et de la patrie, » le zèle du bien public, une ardeur prodigieuse pour le » travail, une émulation vive pour tout ce qui est digne » d'éloges. Il était, plus que personne, à portée de tout » obtenir, et il ambitionnait surtout de le mériter. »

Son portrait : 1° Fr. *de Troy* pinx., Drevet *sc.*, 1704, in-fol., maj.; 2° Thomassin, in-8°; 3° N..., dans Odieuvre; 4° Cathelin, 1771, in-fol., dans la *Galerie française*.

NOAILLES (*Louis* DE), fils du précédent et de Françoise d'Aubigné, nièce unique de madame de Maintenon, né à Versailles, le 21 avril 1713, d'abord appelé comte, puis duc d'Ayen, entra en jouissance du gouvernement de Saint-

Germain, sur la démission de son père, le 23 décembre 1754, et de la charge de premier capitaine des gardes, en janvier 1759. Sa vie militaire n'offre pas de faits bien marquans. Ses bons mots lui avaient acquis de la renommée à la cour. Quelques-uns prouvent que, fidèle et assidu serviteur de son roi, il savait, au milieu de souples courtisans, conserver dans son langage une indépendance peu commune. « Les » fermiers généraux, lui disait un jour Louis XV, sou- » tiennent l'État. — Oui, sire, comme la corde soutient le » pendu. »

Il reçut le bâton de maréchal de France en 1775, et mourut à Saint-Germain le 22 août 1793, laissant, par son testament, trente-six mille livres aux pauvres de cette ville; ce qui n'empêcha pas qu'il ne fût inscrit sur la liste des émigrés, d'où l'on eut même beaucoup de peine à le faire rayer.

Le nom des Noailles est cher aux habitans de Saint-Germain; ils trouvaient auprès de ces gouverneurs, bienveillance, protection et justice. Ils répandirent long-temps leurs bienfaits sur les malheureux et surent obtenir de la cour tout ce qui pouvait être utile à la ville et servir à son embellissement.

NOVERRE (*Jean Georges*), célèbre choréographe, né à Paris le 29 avril 1727, est considéré comme le créateur de son art. Il parcourut presque tous les théâtres de l'Europe, où ses ballets eurent le plus grand succès; il mérita des pensions de Frédéric II, roi de Prusse, de Marie Thérèse, de don Pedro, roi de Portugal; ce monarque le combla de de bienfaits et de distinctions, et lui accorda la croix de l'ordre du Christ. On compte plus de cent cinquante ballets de ce fécond compositeur, qui a laissé beaucoup d'élèves en France et en Italie. Plein du sentiment de son mérite comme artiste, Noverre savait soutenir avec dignité son importance individuelle : un ministre l'ayant envoyé chercher, il s'excusa sur ses affaires et sa santé, et ne se rendit qu'à une troisième invitation. L'homme d'état témoigna son mécontentement : il se montra surpris qu'*un maître à danser se fît dire trois fois de venir chez un ministre.* — *Je ne suis pas difficile sur les titres*, répondit Noverre ; *cependant je pourrais vous répondre que je suis maître à danser comme Voltaire est maître à écrire.*

Il s'occupait d'un dictionnaire de la danse, où il voulait rectifier le travail de Cahusac, dans l'*Encyclopédie*, quand la mort le surprit à Saint-Germain-en-Laye le 19 octobre 1810, âgé de quatre-vingt-trois ans et demi. Il a publié :

Lettres sur les arts imitateurs, et sur la danse en particulier. Paris, 1807, 2 vol. in-8° : ce recueil contient tout ce que Noverre a publié à diverses époques. Voltaire lui a écrit une lettre charmante.

ORLÉANS (*Philippe-de-France*, duc D') (*), second fils de Louis XIII, était né à Saint-Germain-en-Laye le 21 septembre 1640. On s'était attaché à le rendre efféminé et timide, tandis que son frère avait reçu une éducation plus mâle. Il déploya pourtant du courage dans les combats, et se signala par une brillante victoire sur le prince d'Orange, le 11 avril 1677. Mais Louis XIV, jaloux de la gloire qu'il s'était acquise en Hollande, résolut de ne plus lui fournir d'occasion de se montrer digne petit-fils de Henri IV. Philippe avait épousé, le 31 mars 1661, Henriette Anne, sœur de Charles II, roi d'Angleterre : cette alliance ne fut pas heureuse par suite de la jalousie que Philippe éprouva de l'amitié intime que Louis XIV avait pour Henriette, et de la confiance qu'il lui accordait. Cette princesse étant morte à Saint-Cloud le 30 juin 1670, l'année suivante la politique donna pour épouse à Philippe Charlotte Élisabeth de Bavière.

Ce prince mourut à Saint-Cloud le 1er juin 1701.

(*) Nicolas, duc d'Orléans, deuxième fils de Henri IV et de Marie de Médicis, est mort à Saint-Germain le 17 novembre 1611, à l'âge de quatre ans.

PECHMÉJA (*Jean* DE), littérateur français, né à Villefranche de Rouergue, le 25 janvier 1741, fut professeur d'éloquence au collége royal de la Flèche, et vint ensuite résider à Paris. Il avait été lié dès son enfance avec Dubreuil, son compatriote et son camarade de collége; celui-ci s'était livré à l'étude de la médecine, qu'il exerçait dans sa province. Pechméja tomba malade à Paris, en 1776, son ami accourut aussitôt lui prodiguer les soins les plus touchans, et parvint à lui rendre la santé. Dubreuil se fixa dès lors à Paris, y acquit une certaine réputation, et fut nommé médecin du roi et de l'hôpital de Saint-Germain-en-Laye. Les deux amis devinrent bientôt inséparables : logement, société, biens, peines, plaisirs, tout fut commun entr'eux. Le docteur ayant été atteint d'une maladie de poitrine, son ami ne le quitta pas un seul instant. Un jour que plusieurs personnes étaient venues pour lui rendre visite, Dubreuil refusa de les recevoir, et appelant Pechméja : *Mon ami*, lui dit-il, *faites sortir tout le monde; ma maladie est contagieuse, vous seul devez rester ici.* Il mourut le 19 avril 1785, après avoir institué son ami son légataire universel. Celui-ci, victime de la plus constante amitié, le suivit au tombeau, vingt jours après, s'étant empressé de rendre à la famille du docteur le legs qu'il en avait reçu.

Pechméja mourut le 8 mai 1785, ses restes furent déposés sous la même pierre où reposaient ceux de son ami; et l'on y grava cette inscription :

D. O. M.
Ici
Reposent deux amis :
L'estime,
La reconnaissance
Et la plus tendre amitié
Leur ont élevé ce monument.
Priez pour eux.

Pechméja a publié :

I. *Éloge de Colbert*. Paris, 1773, in-4°. L'académie française lui accorda le troisième accessit.

II. *Télèphe*, en douze livres. Paris, 1784, 2 vol. in-8°, réimprimé plusieurs fois, et même traduit en anglais. L'élégance du style, des images riantes et vraies, la peinture de l'amitié que l'auteur sentait si bien lui-même, assignent à ce roman une place parmi les meilleurs ouvrages de ce genre.

Il a coopéré à l'*Histoire philosophique des deux Indes*, par Raynal, avec Diderot, d'Holbach et autres philosophes du dix-huitième siècle.

POISSON (*Paul*), fils de Raimond Poisson, comédien fameux (*), naquit à Paris en 1658. Il fut d'abord portemanteau de Philippe de France, duc d'Orléans, frère unique de Louis XIV. Ayant hérité des talens de son père pour jouer le comique, il ne put maîtriser sa passion pour le théâtre; il renonça à son emploi en 1686, et monta sur la scène, où il excella dans les rôles comiques. Il quitta le socque sous Louis-le-Grand, et le reprit sous la régence de Philippe II, duc d'Orléans : l'ayant abandonné de nouveau le 1er août 1724, il se retira à Saint-Germain-en-Laye avec sa femme, qui avait été comédienne jusqu'en 1694; il y est mort le 28 décembre 1735, âgé de soixante-dix-sept ans, après douze ans de retraite et d'exercices de piété.

POISSON (*Philippe*), fils aîné du précédent, né à Paris en février 1682, après avoir joué pendant cinq ou six ans avec succès dans le tragique et surtout dans le haut comique, se retira, avant son père, à Saint-Germain, où il finit sa carrière, le 14 août 1743, à l'âge de soixante ans. Il est auteur de dix comédies, publiées d'abord séparément, et de quelques poésies fugitives très médiocres, formant deux volumes. Paris, 1741, in-12 : le tout a reparu avec les œuvres de Raimond Poisson. Paris, 1743, 4 vol. in-12.

(*) Mort à Paris en 1690, auteur de poésies et de comédies publiées à Paris en 1687, 2 vol. in-12; *id.*, *ibid.*, 1743, 4 vol. in-12.

L'abbé de Voisenon, vicaire général du diocèse de Boulogne-sur-Mer (*), nous apprend que Poisson était le bel esprit de la maison de madame de Carignan; et il ajoute que ses comédies, quoique froides, étaient plus amusantes que lui. Madame de Gomez était sa sœur.

RAMSAY (*André Michel* DE), docteur de l'université d'Oxford et chevalier de Saint-Lazare en France, né à Daire en Écosse, le 9 juin 1684, eut, dès sa plus tendre jeunesse, un goût décidé pour les sciences, surtout pour la théologie et les mathématiques. Il flotta long-temps dans ses opinions philosophiques, consulta les théologiens d'Angleterre et de Hollande, et trouva enfin la vérité dans les lumières du célèbre Fénelon, qui le fixa dans la religion catholique, en 1709, et lui fit confier l'éducation du duc de Château-Thierry, et ensuite celle du prince de Turenne. Ces occupations ne l'empêchèrent pas de publier plusieurs ouvrages, dont voici la liste :

I. *Discours sur le Poëme épique*, à la tête de l'édition de Télémaque de 1717.

II. *Histoire de la vie et des ouvrages de Fénelon.* Amsterdam, 1729, in-12, pag. 303.

III. *Essai sur le gouvernement civil.* Londres, 1721, in-12; *it., ibid.*, 1722, in-8°.

Cet ouvrage a aussi paru sous ce titre : *Essai de politique, où l'on traite de la Nécessité et de l'Origine des droits des*

(*) Cet abbé, dit le Père de Feller, jésuite, « Quoique tout entier au » monde, n'était pas sans religion. Il disait son bréviaire exactement, » et en marquait les renvois avec des couplets de chansons. Étant tombé » malade assez sérieusement pour penser à se confesser, il envoya chercher le célèbre Père de Neuville : *Mon Père*, lui dit-il en le voyant près » de son lit, *je ne veux point aller en enfer, c'est un logement trop incommode. — Vous avez raison, mon cher abbé; mais si vous persistez à faire » vos opéras-comiques, cela pourrait bien vous arriver. Ce n'est pas le tout » encore d'aller en enfer, ah! mon cher ami, vous y seriez hué.* » (Dictionnaire historique, art. *Poisson*.)

hommes et des différentes formes de la souveraineté, selon les principes de l'auteur de Télémaque. La Haye, deux parties in-12.

IV. *Le Psychomètre,* ou *Réflexions sur les différens caractères des esprits;* par un milord anglais : dans les mémoires de Trevoux, 15 avril 1735, et sous le nom de l'auteur dans l'*Ambigu littéraire.* Paris, 1770, in-12.

V. *Les Voyages de Cyrus.* Paris et Londres, 1727, 2 vol. in-8°; *it.,* en anglais, Édimbourg, 1729, in-8°; ouvrage estimé.

VI. *Plan d'Éducation,* en anglais.

VII. *Poëmes,* en anglais. Édimbourg, 1738, in-4°.

VIII. Deux *Lettres à Racine le fils,* sur les vrais sentimens de Pope dans son poëme sur l'homme.

IX. Deux *Lettres* dans le *Journal des Savans,* juin 1726, et février 1727, où il prouve que l'*Abrégé des Vies des Philosophes,* publié sous le nom de Fénelon, n'est point de ce prélat.

X. *Histoire de Turenne.* Paris, 1735, 2 vol. in-4°, ou Hollande, 4 vol. in-12. L'auteur en donna aussi une édition anglaise.

XI. *Principes philosophiques de la religion naturelle et révélée, développés et expliqués dans l'ordre géométrique.* Glascow, 1749, 2 vol. in-4°; ouvrage posthume, en anglais.

XII. Il est éditeur des *Dialogues des Morts,* et des *Dialogues sur l'Éloquence,* par Fénelon.

Ramsay est mort à Saint-Germain-en-Laye, le 6 mai 1743, âgé de cinquante-sept ans. Son corps fut inhumé dans l'église paroissiale de cette ville, et son cœur reposait dans une chapelle des religieuses du Saint-Sacrement à Paris.

ROYE (*Barthélemi* DE), était fils de Rogues de Roye et d'Adèle de Guise. Il sut gagner les grâces du roi Philippe Auguste, qui lui donna, en 1199, la fôret d'Herèle, près de Montdidier, et plusieurs autres héritages en augmentation de son fief. Il accompagna ce prince au siége de Rouen en

1204, fut fait chambrier de France vers 1205, combattit à la bataille de Bouvines en 1214, fonda l'abbaye de Joyenval, près de Saint-Germain-en-Laye, en 1221, et y fut inhumé trois ans après.

SEGUIER (*Pierre*), garde-des-sceaux, chancelier et pair de France, était né à Paris le 28 mai 1588; il se distingua par son amour pour les lettres, et devint, après la mort du cardinal de Richelieu, protecteur de l'académie française, qui tint ses séances chez lui pendant le reste de sa vie. La baronnie de Villemot fut érigée en duché en sa faveur; il fut du conseil formé par Colbert pour perfectionner les règlemens concernant la justice, le commerce, la marine, etc. Il est mort à Saint-Germain-en-Laye le 18 janvier 1672, à l'hôtel de la Chancellerie, aujourd'hui l'Hôtel-de-Ville (*).

Ses ouvrages :

I. *Harangue faite à Sa Majesté sur le danger qu'il y a de quelque changement d'état, à moins que la paix ne soit bien conclue*. Paris, Courant, 1652, in-4°.

II. MS. « *Mémoires du chancelier* (Pierre) *Seguier, concernant les différends de la France avec la maison d'Autriche, en* 1643; in-fol. » Ils étaient conservés dans la biblioth. des Missions étrangères :

III. MS. *Lettres du chancelier* (Pierre) *Seguier, depuis l'an* 1633 *jusqu'au* 14 *mars* 1643; in-fol.

IV. MS. « *Recueil de lettres*, que Gaston (Jean Baptiste), » duc d'Orléans, la reine Marie Thérèse d'Autriche, la » duchesse de Montpensier, Pierre Seguier, chancelier de » France, Etienne d'Aligre et Michel le Tellier, aussi chan-

(*) On a consacré à sa mémoire : 1° *Oraison funèbre*, par Pierre Cureau de la Chambre, de l'Académie française. Paris, 1672, in-4°. 2° Par Charles Laisne, prêtre de l'Oratoire. Paris, 1672, in-4°. 3° Par Mascaron, dans le recueil de ses oraisons funèbres. 4° Par Armand de Béthune, évêque du Puy, prononcée aux états de Languedoc, 1672. 5° Son éloge historique, par l'abbé Tallemas de l'Académie française. Paris, 1672, in-4°.

» celiers de France, MM. les secrétaires d'état et autres personnes ont écrites à M. Dugué-Bagnols, depuis l'an 1659 jusqu'en 1670 : in-fol. » Ce recueil était dans la biblioth. de M. Foucault, qui a été dispersée.

TOURNON (*François* DE), né à Tournon en Vivarais, de Jacques, comte de Tournon, et de Jeanne de Polignac, embrassa l'état ecclésiastique, et parvint, à l'âge de vingt-huit ans, à l'archevêché d'Embrun. Il fut nommé ambassadeur en Espagne en 1526, pour y traiter de la délivrance de François Ier. Chargé de différentes négociations importantes, il donna toujours des preuves d'une haute capacité, et ses services lui méritèrent le chapeau de cardinal. Il se fit remarquer par son habileté dans tous les postes éminens que lui confia François Ier, qui l'investit plusieurs fois d'un pouvoir sans bornes. Ennemi des innovations religieuses, et les redoutant pour le repos du royaume, il montra un zèle outré, et on peut lui reprocher ses rigueurs excessives contre les calvinistes.

Le cardinal de Tournon est mort à Saint-Germain-en-Laye le 21 avril 1562 ou 1567. Il avait présidé, par ordre du roi, le colloque de Poissy, bien qu'il se fût opposé vivement à sa convocation.

VERKAVEN (J.-J.), mort au Pecq en avril 1817, était né à Paris. Il a publié :

I. *L'art de lever les plans appliqué à tout ce qui a rapport à la guerre, à la navigation et à l'architecture civile et rurale.* Paris, Barrois, 1811, in-8°, fig., p. 323, 2e édition.

II. *Traité historique et pratique du nivellement.* Paris, 1820, in-8°, ouvr. posthume.

VERMANDOIS (*Louis-de-Bourbon*, comte DE), fils naturel de Louis XIV et de la duchesse de La Vallière, naquit à Saint-Germain-en-Laye, le 2 octobre 1667. Il fut légitimé en 1669, et obtint le pas à la cour, après les princes du sang. Le roi eut à se plaindre de sa conduite, ce qui affligea vivement la duchesse. Il mourut à Courtrai le 18 novembre 1683, au retour de sa première campagne. Lorsque Bossuet annonça cette nouvelle à madame de La Vallière, elle répandit d'abord beaucoup de larmes; mais, revenue bientôt à elle-même : « C'est trop, dit-elle, pleurer » la mort d'un fils dont je n'ai pas encore assez pleuré la » naissance. »

VERTOT (*Réné Aubert* DE), né le 25 novembre 1655 au château de Benetot, pays de Caux, entra au couvent des Capucins d'Argenton, en 1671, et y fit profession. Il ne tarda pas à y devenir infirme. Autorisé par un bref papal du 7 février 1675 à passer chez les chanoines réguliers des Prémontrés, il y prononça ses vœux, le 7 juin 1677, à l'abbaye de Valsery, diocèse de Soissons. Dès le 25 janvier suivant, Colbert, général de l'ordre, qui l'avait remarqué, l'incorpora à son abbaye, où il professa la philosophie, et le prit ensuite pour son secrétaire. Le 25 octobre 1683, il le nomma grand-prieur de Joyenval; mais il quitta cette place pour la cure régulière de Croissy (*), près de Saint-Germain-en-Laye, dont il prit possession au commencement de 1687. On appela ces divers changemens *les Révolutions de l'abbé de Vertot,* par allusion aux titres de ses ouvrages historiques.

Il laissa l'habit de chanoine régulier pour prendre celui de prêtre séculier, devint secrétaire des langues du duc d'Orléans, qui lui donna un logement au Palais-Royal, fut nommé historiographe de l'ordre de Malte, et pourvu de la commanderie de Santeny. Bossuet disait de lui que c'était *une plume taillée pour écrire la vie du maréchal de Turenne.* Il mourut à Paris le 15 juin 1735, âgé de quatre-vingts ans, et fut enterré dans l'église de Saint-Eustache.

(*) Ce fut là qu'il composa ses *Révolutions de Portugal,* dont la première édition parut en 1689. Le Père Chanot, chanoine régulier antonin, prédicateur célèbre, a été prieur-curé de cette paroisse.

Ses ouvrages sont :

I. *OEuvres choisies* (contenant les Révolutions Romaines, de Portugal, de Suède, et l'Histoire de Malte). Paris, Janet, 1819, 22 vol. in-8°. On ne comptait plus les éditions de ces révolutions lorsqu'on les réunit.

II. *Traité de la Mouvance de Bretagne.* Paris, Cot, 1710, in-12.

III. *Histoire critique de l'établissement des Bretons dans les Gaules.* Paris, Barrois, 1720, 2 vol. in-12.

IV. *Origine de la grandeur de la cour de Rome, et de la Nomination aux évêchés et aux abbayes de France.* La Haye, 1737, in-12; *it.*, Lausanne, 1745, in-12, pag. 244. Ouvrage posthume.

V. *Ambassades de MM. de Noailles, rédigées par l'abbé de Vertot* (publiées par Villaret). Paris, 1762, 5 vol. in-12.

VI. Quelques *Dissertations* dans les *Mémoires de l'Académie des Belles-Lettres,* dont l'abbé de Vertot était membre. Il a coopéré au *Journal des Savans.*

Son portrait : 1° J. de Lieu *pinx.*, Cars *sc.*, in-4°. 2° Dans *Odieuvre.* 3° Desrochers, in-8°.

WILLOT (*Amédée,* comte DE), commandeur des ordres de Saint-Louis, de la Légion-d'Honneur, et chevalier de Saint-Lazare de Sardaigne, né en 1757 (*), suivit la carrière des armes, devint officier dans la légion de Maillebois, et se distingua dans la campagne de Corse. Son avancement fut rapide durant la révolution, dont il avait adopté les principes d'une manière modérée. Il était général de brigade, en 1792, général de division en 1795, et commandant de la division militaire des Bouches-du-Rhône en 1796. Ce

(*) Les biographes le font naître à Saint-Germain-en-Laye. Son nom n'est point inscrit sur les registres baptistaires. On présume qu'il est né dans les environs, ou qu'ayant été mis en nourrice dans un village voisin de cette ville aussitôt après sa naissance, il y reçut le baptême. On remarque le nom de Willot sur les registres de l'état civil de Saint-Léger, commune réunie à celle de Saint-Germain.

département l'ayant nommé député au conseil des cinq cents, l'année suivante, il partagea les principes de Pichegru, de Barthélemi et autres, et fut déporté avec eux à Cayenne, par suite de la journée du 18 fructidor an V (4 septembre 1797). Étant parvenu à s'échapper, le 3 juin 1798, il resta dans les pays étrangers, où il appuya de tous ses moyens la cause des Bourbons. Rentré en France, lors de la restauration, Louis XVIII le décora de la croix de Saint-Louis, et le nomma gouverneur de la Corse, où il avait fait avec distinction sa première campagne. Rappelé en France en 1818, il se retira dans sa maison de Choigny (Seine-et-Oise), où il mourut le 17 décembre 1823.

OUVRAGES PUBLIÈS SUR SAINT-GERMAIN.

Saint-Germain, ou les Amours de madame de M. T. P. (de Montespan), avec quelques autres galanteries, in-12.

La Promenade de Saint-Germain, à mademoiselle de Scudéry ; par Le Laboureur. Paris, 1669, in-12.

Les Galanteries de la cour de Saint-Germain. Londres, Jac. Vaillant, 1729, petit in-12.

Les Plaisirs de Saint-Germain-en-Laye et de la cour, et le tableau de la vie humaine, ou le Solitaire; par H. L. N. Paris, Gabriel Quinet, 1665, in-12.

Ce recueil contient environ quinze pièces. La première est de deux cent quatre-vingt-quatre vers. Nous en citerons un fragment pour donner une idée de la manière de l'auteur :

Sous un climat chéri, même de la nature,
Se voit un vieux château d'ancienne structure,
Et qui conserve encor dessus ses fondemens,
La force et la beauté des plus beaux bâtimens.
Ce château est posé dessus une montagne,
Qui découvre de loin une vaste campagne ;

Il témoigne aux passans, leur donnant de l'effroi,
Qu'il est depuis long-temps la demeure d'un roi.
Il commande de plus à toute cette plaine,
Qui lui rend des honneurs comme à sa souveraine;
Et la Seine, qui vient lui laver les piés,
Force tout à lui rendre ses soins humiliés.
La forêt qui paraît, avec une arrogance,
S'élever au-dessus de la toute-puissance,
Dont les arbres chenus semblent toucher les cieux,
Sont toutefois beaucoup au-dessous de ses yeux.
L'on voit un nombre infini de villages,
Qui d'un cœur libre et franc lui rendent leurs hommages;
Et les petits buissons, les huttes, les ormeaux,
Ne sont pas les derniers qui s'en disent vassaux.
etc. . . . .

Dialogue de Saint-Germain-en-Laye, en forme de tragédie (en vers), par lequel on remarque la fidélité des Parisiens au roi; dédié à M. le duc de Beaufort, par le S. D. B. P. C. D. S. M. Paris, Louis Sévestre, 1649, in-4°, première partie.

Ce dialogue est un tissu d'injures contre Mazarin. L'auteur fait parler le roi, la reine, le peuple français, les ducs de Beaufort, de Bouillon, de Vendôme et plusieurs autres: chacun lance son trait piquant; la reine seule prend le parti du cardinal.

L'auteur de cette pièce, qui ne peut être regardée comme un drame, est resté inconnu.

La Forêt de Saint-Germain, poëme; par V***. Paris, 1814, in-12.

Histoire de la ville et des antiquités de Saint-Germain-en-Laye. Paris, 1815, in-18.

Saint-Germain-en-Laye et ses environs, depuis 1020 *jusqu'à nos jours;* par J. C. de Beaurepaire. Paris, 1829, in-18.

On peut voir ce que nous disons de cet ouvrage, à l'article biographique d'Antoine.

NOTES

ET

PIÈCES JUSTIFICATIVES.

PREMIÈRE PARTIE.

PREMIÈRE PÉRIODE.

(1) Page 1.

Plusieurs auteurs, d'après la chronique de Fontenelle, celle de l'abbaye de Saint-Riquier, autrement Centule, et celle d'Albéric, ont dit que Carloman, second fils de Louis-le-Bègue, se livrant au plaisir de la chasse, en un lieu de la forêt d'Iveline appelé *Mons Acricus,* fut attaqué par un sanglier, et qu'un de ses officiers, nommé Berthold, qui voulait le secourir, lui fit à la jambe une blessure sur laquelle il garda le silence, et dont il mourut sept jours après, en décembre 884, âgé d'environ dix-huit ans. L'abbé Lebeuf, dans une dissertation insérée dans le vingt-quatrième volume des Mémoires de l'Académie des Inscriptions et Belles-Lettres, et composée d'après les Annales védastines tirées de la bibliothéque de l'abbaye de Saint-Bertin, prétend que ce malheur arriva dans la forêt de Baizieu, située à neuf ou dix lieues d'Arras, et à cinq ou six d'Amiens.

(2) Page 2.

Les druides, ministres de la religion chez les anciens Gaulois, réunissaient le sacerdoce à l'autorité publique, avec un pouvoir souverain. C'est au milieu des bois qu'ils tenaient leurs assises et terminaient les différends populaires; c'était là qu'ils faisaient leurs sacrifices, qu'ils coupaient tous les ans le gui de chêne pour le distribuer, par forme d'étrennes, au commencement de l'année. Leur première demeure dans les Gaules fut le pays Chartrain, que César nomme *Gallia comata*. Ils n'avaient d'autres temples que les forêts, croyant que la divinité ne peut être circonscrite. Les Gaules ayant été subjuguées par les Romains, ce fut une nécessité pour ses habitans de se soumettre à la religion de leurs vainqueurs; et depuis cette époque les druides perdirent insensiblement de leur crédit : ils furent enfin anéantis sous les règnes de Tibère et de Claude.

(3) Page 2.

Le nom des Celtes, ainsi que leur origine, est enveloppé de ténèbres que les doctes Cluvier, Pelloutier, dom Jacques Martin, dom Martin Bouquet, etc., etc., ont en vain cherché à dissiper. Leur langue, que l'on prétend avoir été en même temps et jusques dans le moyen âge, parlée dans trois contrées séparées, le Northumberland, la Bretagne et la Biscaye, est aujourd'hui entièrement ignorée, malgré les recherches du savant abbé Bullet, et celles d'une société qui, reconnaissant l'impuissance de ses efforts pour retrouver une langue complétement perdue, a changé son titre d'*Académie celtique* en celui de *Société des Antiquaires de France*.

(4) Page 3.

M. de Roquefort, dans son *Dictionnaire étymologique de la langue françoise*, fait dériver le mot *laye* du latin *lignum*.

Cette étymologie ne laisserait rien à désirer, si l'on trouvait souvent dans les auteurs, sinon de haute du moins de basse latinité, le mot *lignum* employé dans le sens de *silva* et de *nemus*. Ducange n'en cite aucun exemple.

(5) Page 4.

Le roi Robert était un prince d'une grande piété. Voici le portrait qu'en fait Montfaucon dans ses *Monumens de la monarchie françoise*, tom. I, pag. 356.

« Il faisoit largement des aumônes aux pauvres. On dit » qu'on en voyoit tous les jours plus de deux cents chez lui » qui le suivoient partout quand il alloit dehors. Non content de cela, aux villes où il s'arrêtoit pour faire quelque » séjour, à Paris, Senlis, Orléans, Dijon, Auxerre, Avallon, » Melun, Étampes, il faisoit donner abondamment du pain » et du vin à trois cents, et quelquefois à mille pauvres. Il » augmenta encore cette aumône la dernière année de sa » vie. Il touchoit les malades et les ulcérés, et faisoit le » signe de la croix sur eux, et l'on disoit qu'il les guéris» soit souvent. Il aimoit à visiter les lieux saints, et fit deux » fois le voyage de Rome pour cela Il rebâtissoit des églises » ou en fondoit de nouvelles; il chantoit souvent au chœur, » et avoit une chappe particulière pour se tenir parmi les » chantres, ayant son sceptre d'or à la main. Il composoit » des pièces pour le chœur et y mettoit des notes. Il faisoit » des antiennes et des répons en l'honneur des mystères ou » des saints. L'Église en a même conservé quelques-uns jus» qu'à présent. »

(6) Page 9.

« Le nombre des maisons royales était très considérable » sous les deux premières races, parce que les princes me» naient une vie plus sédentaire, et que d'ailleurs l'usage » alors établi de partager la monarchie française en autant

» de portions que le monarque laissait d'héritiers, avait » donné souvent à la France plusieurs rois contemporains, » chefs de différentes branches collatérales, ce qui devait en » peu de temps multiplier les habitations royales. On en » comptait jusqu'à trois cent cinquante, dont les noms sont » aujourd'hui inconnus. Les ruines de plusieurs subsistent » encore; mais il y en a quelques-unes dont il est difficile » d'assigner la position. » (*Mémoires de l'Académie des Inscriptions et Belles-Lettres,* tom. XXI, pag. 100.)

Le quatrième volume de la *Diplomatique de Mabillon,* composé presque en entier par dom Michel Germain, traite des anciens palais de nos rois, où des diplômes et des chartes furent expédiés. On y trouve cent soixante-trois habitations royales ou palais rangés par ordre alphabétique. Des recherches en ont fait découvrir à dom Martène et à l'abbé Lebeuf, plusieurs autres qui avaient échappé à dom Germain.

(7) Page 10.

Charlevanne, Charlevagne, Chalevanne, en basse latinité *Karoli-venna, Karoli-vana, Caroli-vanus,* pêcherie, *piscatoria,* construite sur la Seine, près de Ruel, par Charles-Martel, qui lui donna son nom, ainsi qu'au territoire qui l'avoisinait. Le moine Helgraud, dans la *Vie du roi Robert,* parle de *Karoli-venna* où il manqua de périr, en traversant la Seine dans un bateau, en présence de ce roi qui allait à Poissy, et nous apprend que c'était un endroit consacré à la pêche. *Dies autem sanctæ quadragesimæ Pisciaco celebraturus, iter accelerabat nobiscum... Cum ipse venientes ad portum Sequanæ qui dicitur Caroli-venna, id est piscatoria quæ erat difficultate transmeabilis,* etc.....

La position de Charlevanne et l'origine de son nom sont clairement désignés par les deux passages suivans, le premier de Doublet, cité par Ducange : *Hinc nomen loco ad Sequanam prope Riogilum* (Ruel) *Caroli-venna;* et le second d'Aimoin, dans son livre des *Miracles de saint Germain,* évêque de Paris: *Ad locum qui vocatur Caroli-venna hodie* Chalevanne *dicitur*. On voit que déjà le nom originaire avait reçu quelque altération et commençait à se franciser.

Il paraîtrait qu'en traduisant *venna* par pêcherie, on a, par métonymie, désigné le tout par une de ses parties; car nous sommes porté à croire que la *venna* n'était point la pêcherie elle-même, mais un des moyens principaux employés pour la pêche. Dans une charte de 1180, il est fait don à une abbaye de la dîme du poisson, et le titre s'exprime en ces termes : *Conferimus... decimam salmonum, sive retibus sive venna capiantur. Venna,* ainsi opposé à *retibus,* désigne plutôt un piége à prendre le poisson que l'ensemble d'une pêcherie. Une ordonnance de Charles VI, publiée en 1415, défend d'établir dans le lit de la Seine *vennes,* gords, pieux, moulins, pescheries, etc...

La *venna* était très probablement une espèce de haie ou un barrage à claire voie, établi d'une rive à l'autre d'un fleuve assez ouvert pour laisser couler l'eau, et assez serré pour retenir dans la partie supérieure le poisson qui veut descendre, et dans la partie inférieure celui qui cherche à remonter. Ce qui porte à le croire, c'est que le même mot s'emploie pour désigner les haies ou clôtures qui servent à enfermer les héritages. On lit dans une charte de 1397 : *Tenet domum et vercheriam suam clausam venarum;* et dans un registre de l'abbaye de Pruimes : *Quibus venna paratur vel etiam fortes sæpes.*

Quand Charles-Martel eut construit *Karoli-venna,* il en fit don à trois églises, par un acte qui fut confirmé en 816 par Louis-le-Débonnaire. Celle de Saint-Germain-des-Prés avait le droit d'y pêcher de jour, l'abbaye de Saint-Denis et celle de Saint-Pierre de Paris pouvaient y pêcher la nuit, à condition que ces trois monastères contribueraient, chacun pour sa quote part, et dans la proportion du profit qu'il en retirerait, à l'entretien de la *venna*. *Eadem monasteria omni tempore, pro suâ portione restaurationi vannæ atque emendationi adminiculum præstent.* Le même prince recommande *ne fiant opera huic vennæ nocitur.*

Si l'on pouvait douter encore que la pêcherie dont il est ici question fût bien celle de Charlevanne, nous renverrions à la charte de confirmation qui la désigne ainsi, et dit, en parlant de Charles-Martel : *Quandam piscatoriam... in villa quæ vocatur Rioilus* (Ruel) *in fluvio videlicet Sequanæ fieri jussit.*

(8) PAGE 19.

Dans un manuscrit sur Saint-Germain, on lit que l'église du prieuré fut construite sur l'emplacement d'une plus ancienne, fondée sous l'invocation de saint Gilles, et qui dut céder sa place à la nouvelle. Lebeuf, comme on le voit dans le texte, parle d'une chapelle de saint Gilles, qu'il croit être l'autel paroissial du lieu. Ces deux récits se concilient et s'expliquent l'un par l'autre, en supposant, ce qui est très probable, que l'église de Saint-Vincent et Saint-Germain fut en effet bâtie sur l'emplacement d'une autre fondation, anciennement dédiée à saint Gilles, et que, pour ne pas déposséder ce saint des hommages qu'il recevait dans son église, on transporta ses reliques, et on lui ménagea une chapelle dans celle dont le roi Robert ordonnait la construction. En ce cas, l'autel de Saint-Gilles n'eût été qu'un autel secondaire et non le principal, et par conséquent ne fut point l'autel paroissial comme le pense l'abbé Lebeuf.

(9) PAGE 20.

Besant ou Byzantin, monnaie de Byzance ou de Constantinople, de la valeur d'un huitième de marc d'argent, et par conséquent équivalente à six ou sept francs d'aujourd'hui.

(10) PAGE 23.

Regnauld Larcher possédait une maison assez considérable, et près de la chapelle de Saint-Éloi, dont il était fondateur, un petit fief qui a donné son nom a une cour qui existe encore, et s'appelle la *Cour Larcher*.

DEUXIÈME PÉRIODE.

(11) PAGE 55.

Brantôme loue beaucoup François Ier d'avoir attiré à sa cour des femmes et des filles *honnêtes* pour le menu plaisir des seigneurs qui l'entouraient, et le justifie de quelques accusations qu'élevaient contre lui probablement de vieux rigoristes, partisans de l'ancien ordre de choses. Le passage est curieux, et nous le rapportons ici :

« Certainement si le roy y eust introduit et planté (à la
» cour) une convocation de p......, comme fit Héliogabale à
» Rome près son siége impérial, il seroit à blasmer, mais ce
» n'étoit que dames de maison, des damoiselles de réputa-
» tion qui paroissoient en la cour comme des déesses au ciel :
» si elles favorisoient quelquefois (je dis aucunes) leurs amans
» et serviteurs, quel blasme en pouvoit avoir le roy, puis-
» que sans force et violence il laissoit à chascune garder sa
» garnison, dans laquelle si aucun entroit, il n'en pouvoit
» mais, voire qu'à une garnison frontière, où l'on veut faire
» la guerre, il est permis à tout galant homme d'entrer s'il
» peut.

» Je voudrois bien sçavoir qu'estoit-il plus loüable au roy
» ou de recevoir une si honneste troupe de dames et da-
» moiselles en sa cour, ou bien d'ensuivre les erres des an-
» ciens roys du temps passé, qui admestoient tant de p......
» ordinairement en leur suite, desquelles le roy des ribaux,
» qui depuis a été converti en prévost de l'hostel, selon qu'on
» dit, avoit charge et soin de leur faire départir quartier et
» logis, et là, commander de leur faire justice, si on leur
» faisoit quelque tort.

» Il me semble que tel b..... débordé et public, et tout plein

» de v....., ne pouvoit être si bien qu'un secret, discret et
» caché lieu de nos dames, qui estoient très nettes et saines,
» au moins aucunes, et qui ne gastoient ny rendoient les
» gentils-hommes impuissans comme celles des b......, dont
» puis après le roy n'en estoit d'eux mieux servi.

» Mais disoit ce prince, s'il n'y eust eu que ces dames de
» cour qui se fussent débauchées, c'eust été tout un, mais
» elles donnoient tel exemple aux autres de la France, que se
» façonnant sur leurs habits, leurs grâces, leurs façons, leurs
» dances et leurs vies, elles se vouloient aussi façonner à ai-
» mer et paillarder, voulant dire par là, à la cour on s'ha-
» bille ainsi, on dance ainsi, on y paillarde ainsi, nous en
» pouvons faire ainsi, comme si auparavant le règne du roy
» François, il n'y eust eu des p...... par toute la France, aussi
» bien des grandes, moyennes, petites que communes, et
» aussi bien en leurs pays et maisons qu'ailleurs. »

Une pareille apologie de la débauche paraîtrait étrange de nos jours, et Dieu sait pourtant si nous valons mieux que nos ancêtres du moyen âge. Elle n'a rien cependant qui doive surprendre, et pour l'époque et de la part d'un homme qui tirait presque vanité d'avoir une cousine maîtresse du roi. En parlant de François Ier il dit :

« J'ai ouy dire aux dames de ce temps-là qu'il leur était
» fort respectueux et les servait avec grand honneur et mesme
» sa maistresse dont fut faite cette chanson, *Brunette suis,*
» *jamais ne seray blanche;* c'estoit une fille de la reyne, de
» la maison de Maumont, très bonne et ancienne, du haut
» Limousin, elle estoit ma cousine germaine, fille de ma
» tante, sœur de mon père, c'estoit une très sage et ver-
» tueuse fille, car les grands volontiers se font des maistresses
» pour la gentillesse, et pour les vertus qu'elles ont, autant
» que pour autre chose. »

Aujourd'hui je crois qu'on serait mal venu à appeler la maîtresse du roi *une très sage et vertueuse fille*. Autre temps, autres mœurs.

(12) Page 61.

Il ne faut pas confondre le terrain sur lequel a eu lieu ce combat célèbre, avec la grande prairie située sur les bords de la Seine.

A l'est du vieux château, en face des appartemens du roi, il existait une grande place plantée en gazon, qui s'étendait d'un côté, des fossés du château aux carrières, où depuis a été construit le château neuf, et de l'autre, de la futaie qui a été abattue depuis pour former le jardin de la Dauphine, à une autre futaie qui se prolongeait jusqu'où est aujourd'hui la place Royale, et qui a été abattue aussi pour planter le boulingrin. On doit donc maintenant comprendre ainsi la situation de ce terrain : de la grille du parterre, à peu près à l'alignement de la rue du Château-Neuf, et des fossés du château vieux aux ruines des grottes.

(13) Page 61.

Ce combat, que l'on dit communément avoir été le dernier combat judiciaire, ne l'est point en effet; car Henri II, malgré le serment qu'il avait fait de ne jamais en permettre, en autorisa un qui eut lieu à Sedan. (Voy. Lelong, *Hist. de France,* pag. 406; Peyran, *Hist. de Sedan*, tom. I, pag. 103; et Voltaire, *Essai sur l'esprit et les mœurs des nations,* Kelh, 1784, tom. XVII, chap. C, pag. 51.)

(14) Page 74.

Il y avait à Saint-Germain une fabrique de bouteilles. Le roi Charles IX la leur donna, « attendu que les ouvriers ver- » riers s'y entendoient mieux, et que la ville en fourniroit à » foison. » Cette maison était située dans une rue nommée rue de la *Verrerie,* puis long-temps après rue du *Jeu de Paume*, lorsque ce bâtiment fut construit sous Louis XIV. Elle a repris aujourd'hui son ancien nom.

(15) Page 76.

La pièce authentique suivante, extraite des Mémoires du prince de Condé, montrera jusqu'où les Calvinistes poussaient leurs demandes, lors des conférences qui précédèrent le colloque de Poissy.

Advis tovchant les images, présenté au Roy par les Ministres de la parole de Dieu, à Sainct-Germain-en-Laye, le XIV feurier MDLXI.

Puisque l'expresse parole de Dieu condamne entièrement tout l'vsage des images, quant à ce qui concerne son seruice intérieur, nous ne pouuons en bonne conscience nous départir d'vn si exprès commandement et approuuer ce qui nous est expressement deffendu.

Nous croyons aussi que par le mesme commandement de Dieu, ainsi qu'il a esté practiqué par l'église d'Israël, par les Apostres, par leurs successeurs, l'espace de quatre cens ans et plus, les images ne se doiuent colloquer ès temples ni autres lieux où les fidèles conuiennent pour servir Dieu, pource que l'expérience nous monstre à l'œil que iamais les hommes n'ont bien vsé des images.

Pour ces causes, nous prions Dieu qu'il les abolisse du tout du milieu des Chrestiens, et qu'il donne zèle et vertu au roy nostre souuerain seigneur pour les oster du tout, suiuant l'exemple du bon roy Ezéchias.

Toutesfois s'il plaist au roy les tollerer encores et cependant entendre de nous en quoy nous pourrions tel cas aduenant conuenir auec ceux qui sont d'opinion contraire : nous supplions sa Maiesté de nous accorder les poincts qui s'ensuiuent:

Premierement, que toutes images illicites, comme celles de la Trinité, du Pere et du Saint-Esprit, celles qui sont figures dissolues, comme sont la pluspart des images des Vierges.

Item, les prophanes, comme celles des bestes bruttes et plusieurs autres images faites au plaisir des peintres, soyent entiérement ostées.

Item, que celles qui sont ès rues et places ausquelles on ne fait pas moins de seruice qu'à celles qui sont dans les Temples soyent pareillement ostées.

Item, que celles qui resteront, soyent ostées des Autels et tous autres lieux où on a accoustumé de se prosterner, et mises en tel lieu et place qu'on n'en puisse aisement prendre occasion de continuer en superstition.

Item, que les peuples soyent expressement et diligemment admonestez que nulle offrande de cire, argent ou autre chose ne soit faite ausdictes images; et cas aduenant qu'il s'en fist ne soit recüe ne aduouée.

Et en général que nulle adoration interiéure ou extérieure, simple ou relatiue, comme de se prosterner deuant elles et les visiter par pellerinage, couronner, toucher par déuotion, parer : et priére ne soit faite ausdictes images, ni audeuant d'elles, en sorte quelconque.

Et quant aux croix de bois et autres matiéres, combien que nous sachions que l'usage d'icelles estre depuis Constantin-le-Grand : toutefois ayant esgard à la parole de Dieu, et à ce que l'Eglise s'en est passée si longuement et durant sa premiére pureté : et puis considérant que la plus grossiére superstition s'est commise à l'endroit de la croix, nous ne la pouuons non plus tolérer que les autres figures et images, et nous contentons de voir Iésus-Christ et sa passion dépeinte au vif en sa saincte parole, comme sainct Paul en parle escriuant aux Galates.

Cela présuposé, combien que nous desirions encores d'auantage, c'est assauoir que l'occasion mesme de toute superstition fust ostée, toutesfois esperant que Dieu fortifiera le roy de plus en plus. Nostre aduis seroit tel que pourueu qu'on fust d'accord du reste, on ne laissast pour cela de venir et s'assembler en mesme lieu, les vns auec les autres.

Tel est nostre petit aduis, par lequel nous n'entendons

toutesfois préiudicier aux Eglises réformées de ce Royaume, desquelles nous n'auons charges ne adueu.

Faict à Sainct-Germain-en-Laye, le Samedi quatorziéme iour de Feburier MDLXI.

(16) Page 76.

Ce fut le cardinal de Lorraine qui ébaucha le projet de la Ligue, lorsqu'il assistait au concile de Trente. Les Italiens du concile cité plus haut nommaient cette éminence *le pape d'au-delà des monts*. Il avait accumulé sur sa tête trois archevêchés, cinq évêchés et quatre abbayes des plus considérables; ce qui fit dire qu'il était payé pour défendre la religion catholique.

(17) Page 77.

Ces actes, qui ne furent jamais publiés ni imprimés, sont à la bibliothéque particulière du roi, galerie du Louvre.

TROISIÈME PÉRIODE.

(18) Page 98.

La lettre suivante, de Henri IV à la belle Gabrielle, caractérise, selon Dulaure, la destination du château neuf de Saint-Germain bâti pour lui plaire, et dont une des ailes s'appelait *Pavillon de Gabrielle*.

« Mon cher cœur yls ont bien fayt le diable vers ma fame.
» Je vous voyrré demayn au matyn, et vous conterré tout.
» Je veux faire des myenes; c'est pourquoy je ne désyre pas
» qu'an ce temps-là vous soyes ycy, afyn que lon ne vous
» acuse de ryen. Je manvoys demayn à Saint-Germain. Pré-
» pares vous à partyr demayn, car mardi je joueré mes jeus,
» et vous voyrres si je suys le mettre. Je te donne le bon soyr
» mes cheres amours et un mylyon de besers. » H.

(19) Page 101.

Marie de Médicis aimait beaucoup Saint-Germain. Elle en parlait un jour au maréchal de Bassompierre, et pour lui exprimer la satisfaction que lui procurait ce séjour, elle disait : « Quand j'y suis, j'ai un pied à Saint-Germain et l'autre à Paris. » Le galant Bassompierre se rappelant que le village de Nanterre est entre ces deux villes, lui répondit : « En ce cas, madame, je voudrais être à Nanterre. »

(20) Page 119.

Il paraîtrait que lors de l'assassinat et de la mort de Henri IV, il fut dressé des actes de décès de ce prince dans les diverses maisons et paroisses royales. Ces actes, qui, pour la plupart, n'avaient rien d'authentique, étaient inscrits sur les registres des paroisses seulement pour mémoire.

Voici celui que l'on trouve sur les registres de la paroisse de Saint-Germain. L'article est coté, *Mort de Henri 4e du nom, tué par Ravaillac.*

« 93e *Acte de* 1610. — Sépulture.

» Le 14 may 1610, environ sur les *quatres heures* et *demi* » après midi, fut frappé malheureusement Henri 4e du nom, » roy de France et de Navarre, étant dans son carosse, d'un » couteau, par un malheureux que l'on dit être d'Angoulême, » ce qui fut fait en la rue de la Féronnerie à Paris, duquel » coup il mourut incontinent. »

Point de signature.

(21) Page 126.

Copie de l'Acte de Naissance de Louis XIV, extraite du registre de l'état civil de Saint-Germain.

Naissance de Monseigneur le Dauphin.

« Le cinquiéme jour de septembre 1638 nasquit dans le » château neuf de Saint-Germain-en-Laye à onze heures un

» quart du matin monseigneur le Dauphin fils premier-né de
» très chrétien et très puissant monarque Louis treiziéme de
» ce nom, roy de France et de Navarre et de très religieuse
» et illustre princesse Anne d'Autriche, sa très chaste et fi-
» delle épouse et fut incontinent après, le même jour ondoyé
» par révérend pere en Dieu M^ssre^ Dominique Virguier eves-
» que de Meaux et grand aumosnier de Sa Majesté avec les
» eaux baptismales de la paroisse de Saint-Germain-en-Laye,
» baillées et livrées par M. Cagny, prêtre-curé de ladite pa-
» roisse. » *Signé,* Bailly, vicaire.

(22) Page 128.

Différens auteurs ont rapporté, d'après Vittorio-Siri, comment Louis XIII, venu de Grosbois pour voir mademoiselle de Lafayette au couvent des filles de Sainte-Marie, près de la porte Saint-Antoine, retenu à Paris par le mauvais temps, fut forcé de coucher au Louvre, où il partagea le lit de la reine, et comment cette réunion, concertée probablement entre Anne d'Autriche et mademoiselle de Lafayette, fut l'époque de la conception de Louis XIV, qui naquit neuf mois après et jour pour jour, du moins à ce qu'on prétend. Voici une anecdote consignée dans le *Voyage littéraire de Provence,* que nous rapportons ici à cause de sa singularité, et pour laquelle nous ne contraindrons point la foi de nos lecteurs.

« Ceux qui iront à Cotignat, est-il dit dans cet ouvrage, pourront aller voir à Notre-Dame-de-Grâce, église desservie par MM. de l'Oratoire, un tableau remarquable par un événement digne d'être rémarqué.

» Il y avait déjà vingt-trois ans que Louis XIII était marié, sans avoir la consolation d'être père, lorsque le frère *Fiacre,* Augustin déchaussé, demeurant à Paris, se mit en prières pour demander à Dieu la fécondité de la reine. La sainte Vierge apparut à ce religieux le 3 novembre 1637, et l'assura que ses vœux étaient exaucés; mais elle ordonna que la reine lui fit trois neuvaines, dont une à Notre-Dame-de-Grâce; et pour preuve que ce n'était point une illusion, elle se montra à lui telle qu'elle est représentée dans le tableau dont on vient de parler.

» Le roi et la reine ayant appris de la bouche même de ce religieux tout ce qui s'était passé, l'envoyèrent en Provence, pour vérifier si la sainte Vierge était réellement peinte dans ce tableau, telle qu'il croyait l'avoir vue dans son extase; et si la chose se trouvait conforme à son récit, ils le chargèrent de faire une neuvaine à Notre-Dame-de-Grâce, afin d'obtenir du ciel l'enfant qu'on leur promettait. MM. de l'Oratoire conservent la lettre que le roi leur écrivit à ce sujet. Le père Fiacre reconnut que la vision ne l'avait point trompé et remplit sa mission.

» La reine étant accouchée de Louis XIV le 5 septembre 1638, n'eut rien de plus pressé que de consacrer sa reconnaissance envers la Vierge. Elle fit porter à Notre-Dame-de-Grâce, par le même religieux, un tableau qu'on y voit encore, et sur lequel le jeune prince est représenté aux pieds de la mère du Sauveur. Elle fonda ensuite six messes pour être dites à perpétuité dans cette église. Enfin, elle y vint elle-même avec ses deux fils, pour faire des actions de grâce en 1660, lorsque Louis XIV allait épouser l'infante Marie-Thérèse. Ce prince fit présent à la Vierge de son cordon bleu, que l'on conserve soigneusement, et lui envoya ensuite son contrat de mariage et le traité des Pyrénées magnifiquement relié : on peut les voir dans la bibliothèque de Notre-Dame-de-Grâce. On lit dans l'église, sur une pierre de marbre noir, à côté de l'autel, l'inscription que voici :

« Louis XIV, roi de France et de Navarre, donné à son
» peuple par les vœux qu'Anne d'Autriche reine de France
» sa mère a faits dans cette église, a voulu que cette pierre fût
» ici posée pour servir de monument à la postérité, et de sa
» reconnaissance, et des messes que sa libéralité y a fondées
» pour l'âme de sadite mère le XVII avril MDCLXVII. »

(23) Page 134.

Extrait des registres de l'état civil de Saint-Germain.

Mort du roi Louis, xiiie du nom.

« Le 14e jour de may mil six cent quarante-trois jour de l'Ascension de Notre-Seigneur à deux heures après midi au grand regret et trop tôt pour le bien de toute la France, après une longue et langoureuse maladie, mourut dans le château neuf de Saint-Germain-en-Laye très puissant, très victorieux et très chrestien prince, Louis de Bourbon treizième du nom, surnommé le Juste, fils aîné de l'Eglise après avoir reçu pendant sa maladie les SS.-Sacrements de Pénitence, d'Eucharistie et d'Extrême-Onction, avec un fort grand exemple de dévotion, âgé de 42 ans 7 mois 17 jours ayant resgné trente-trois ans entiers, tout juste, roy de France et de Navare, laissant pour successeur en sa place son illustre prince Louis de Bourbon 14e du nom, surnommé Dieudonné son fils aisné dauphin de France âgé de 4 ans 8 mois et 9 jours seulement, qui fut tout aussitot conduit à la chapelle du vieil chateau, où il fut recognu, honoré et proclamé pour roy par la reyne régente sa mère premierement, puis ensuite par MM. le duc d'Anjou son fils unique, d'Orléans son oncle, et par tous les autres premiers prélats, seigneurs et officiers, étant pour lors en cour en fort grand nombre, avec toutes les protestations d'obéissance dües à sa Majesté. »

Point de signatures.

Ensuite : « Le 15e jour de may 1743 fut fait en dévotion pendant 2 jours pour le repos de l'ame du feu roy un service complet aux Vigiles, recommandations, trois messes hautes, le *Libera* à la fin, avec les autres suffrages accoutumez, les messes hautes par MM. Bailly, Lucas, et M. le curé. » *Signé*, Cagny, curé.

(24) Page 135.

Trois-Ville, un des capitaines des gardes à qui Louis XIII parlait de la mort édifiante de Richelieu, lui répondit : « Sire, si le cardinal est en paradis, il faut que le diable se » le soit laissé escamoter en chemin. »

QUATRIÈME PÉRIODE.

(25) Page 149.

Ce jésuite était si conciliant, sa morale était tellement élastique, que le docteur Haller lui appliqua ces paroles : *Ecce qui tollit peccata mundi*, voici celui qui ôte les péchés du monde. Ce que le père Grenan, doctrinaire, a si finement exprimé dans son *Apologie de l'Équivoque*.

Jadis en bon chrétien, modérant ses désirs,
Un homme n'eût osé se livrer aux plaisirs.
Ce n'était qu'en tremblant qu'on goûtait à la pomme,
Dans tout ce qu'on faisait, on craignait le vieil homme,
Et des gâte-métier, jansénistes d'alors,
Sur les moindres douceurs semaient mille remords.
Jurer c'était jurer, médire était médire ;
Plus au large à présent l'amour-propre respire.
J'ai mis le cœur humain en pleine liberté :
Et Bauny (*) dans un livre avec moi concerté,
(A qui pouvais-je mieux confier ce système ?)
A du rang des péchés, rayé le péché même.

(26) Page 149.

Presque tous les écrivains prétendent que ce fut pour voir mademoiselle de La Vallière que Louis XIV prit la route péril-

(*) Né à Mouzon-sur-Meuse, en 1564, mort le 4 décembre 1649. Sotwel, dans sa *Biographie jésuitique*, peint ce digne disciple d'Escobar et de Busembaum comme un homme d'une probité patriarchale, et

leuse que nous indiquons, et madame de Genlis a adopté cette idée dans son roman de Madame de La Vallière, roman historique comme elle nous l'apprend dans sa préface, et comme chacun le sait. Nous avons attribué la cause de cette escapade à mademoiselle de la Mothe-Houdancourt, sur l'autorité de madame de Motteville, favorite d'Anne d'Autriche, et qui, vivant à la cour, a pu mieux que personne, savoir la vérité du fait. Cette dame nous dit que cette aventure alarma La Vallière, à qui « sans doute ces histoires ne plaisaient pas, parce qu'elles » lui faisaient voir une rivale en la personne de mademoiselle » de la Mothe-Houdancourt, » et qui se servit de ses charmes avec tant de succès, qu'elle déjoua la cabale que la comtesse de Soissons avait ourdie contre elle. La même dame donne à entendre que cette aventure fixa la destinée de mademoiselle de La Vallière, qui cessa de se défendre, pendant que mademoiselle de la Mothe-Houdancourt « balançait encore en fa- » veur de la vertu. »

(27) Page 169.

Voici une note de M. le marquis Lally-Tolendal, imprimée à la suite du discours que Sa Seigneurie prononça, le 22 mai 1827, à la Chambre des Pairs, sur le projet de loi relatif à l'emprunt de la ville de Saint-Germain-en-Laye; nous ne faisons pas difficulté de la placer ici, parce qu'elle nous fournira un récit aussi élégant que rapide et fidèle de l'expédition brillante et malheureuse du petit-fils de Jacques II.

« Le prince de Galles, Charles Édouard Louis Philippe » Casimir Stuard, embarqué à Nantes sur une frégate mar- » chande, le 18 juin 1745. — Descendu en Écosse le 21, avec

d'une profondeur extraordinaire dans toutes les matières qui concernent la conscience : *Vir antiquæ probitatis et singularis circa quæstiones omnes de conscientiâ eruditionis.* Les *Provinciales* de Pascal l'ont voué à une odieuse immortalité. (Extrait de la *Biographie des Ardennes*, par M. l'abbé Boulliot de Coupigni. Saint-Germain, 1829, 2 vol. in-8°.)

» deux mille louis, dix-huit cents sabres, douze cents fusils,
» trois Irlandais, deux Écossais, et un Anglais. — Dès le len-
» demain de son entrée dans le Lockabir, à la tête de quinze
» cents et bientôt de quatre mille montagnards, accourus du
» sommet de leurs rochers et des îles Orcades, conduits par
» les chefs des clans Macdonald, Cameron, Frazer, etc. —
» Maître le 15 septembre de la ville de Perth, le 29 d'Édim-
» bourg, et proclamé dans l'une et l'autre régent des trois
» royaumes pour le roi son père, Jacques III. — Débarrassé
» des premiers six mille Hollandais envoyés contre lui, par
» l'intrépidité de ses Orcadiens, assistés de leurs fameux
» dogues. — Vainqueur, le 2 octobre, à Preston-Pans,
» dans une bataille rangée, où le général Copp, avec une
» armée supérieure du double, fut réduit à s'enfuir, lui
» quinzième. — Maître le 26 novembre de Carlisle en
» Angleterre, où trois cents Anglais de la milice de Notting-
» ham joignirent ses drapeaux. — Posté le 29 à Derby, à
» 30 lieues de Londres, où le peuple l'appelait, et où la
» banque fut fermée. — Rappelé subitement en Écosse, où
» l'on attaquait Édimbourg sur ses derrières. — Vainqueur
» encore dans deux batailles rangées, livrées le même jour à
» Falkirk, le 28 janvier 1746. — Alors, à la tête de neuf
» mille volontaires dévoués, mais accablé enfin par le nombre,
» lorsqu'avec ses troupes régulières d'Anglais, d'Hanovriens,
» de Hollandais, de Hessois, le duc de Cumberland vint rem-
» porter sur lui la facile victoire de Culloden. Arraché malgré
» lui du champ de bataille, où, malgré le sang qui coulait
» de sa blessure, il voulait combattre encore avec une poi-
» gnée de ses fidèles; errant pendant plus de cinq mois,
» de marais en marais, de caverne en caverne; poursuivi par
» le fer, le feu, la faim, et par l'image horrible de ses amis,
» dont le sang ruisselait sur les échafauds. Sauvé par son
» courage personnel, par l'affection de ses clans, une fois par la
» générosité de ses ennemis, surtout par l'intrépidité sublime
» d'une héroïne du sang de Macdonald; rendu enfin à la vie
» sur une frégate française après cette agonie de cent soixante-

» seize jours ; porté, pour ainsi dire, en triomphe à Fontai-
» nebleau, où le roi et le dauphin le pressèrent dans leurs
» bras ; à Paris, où tous les habitans le couvraient de leurs
» acclamations ; à Saint-Germain, où, environné des respects
» et des vœux de toute la population, il alla saluer les restes
» de son aïeul, visiter l'appartement de son père, et consoler
» les vieux amis de sa famille ; qui eût dit alors à ce mal-
» heureux prince que, deux ans après, la lâcheté d'une
» partie du ministère français réservait le plus sanglant des
» outrages à celui qui recevait alors tant d'hommages d'ad-
» miration et d'intérêt ; que, pour acheter une paix qu'on
» était maître de dicter, on garotterait dans Paris un petit-fils
» de Henri IV ; que l'on conduirait comme un prisonnier
» hors de France, le prince que les rois de France et d'Es-
» pagne avaient appelé non-seulement leur *cousin*, mais leur
» *frère*, dans les lettres qu'ils lui avaient écrites après sa pre-
» mière victoire en Écosse ; qu'enfin le descendant de tant de
» grands rois ne recouvrerait son douloureux repos et sa
» dignité extérieure que par l'affection du duc de Bouillon,
» son proche allié, et par la générosité du grand-duc de
» Toscane, son noble admirateur et son hôte fidèle ? Enseveli
» à Florence, après de vaines tentatives pour en sortir encore
» comme il était sorti d'Avignon, en 1745, l'infortuné
» Charles Édouard, pendant tout le reste de ses jours, ne
» vit jamais un anniversaire de la journée de Culloden sans
» se relever tout à coup de l'abattement où il était plongé,
» sans raconter avec des expressions de feu son expédition
» d'Écosse, et sans s'écrier : *Trois mille Français seulement,*
» *trois mille Français de troupes régulières, joints à ma brave*
» *armée de volontaires, et j'étais encore vainqueur à Culloden.*
» Trois mille Français ! On lui en avait promis dix mille.
» Ils avaient été assemblés à Dunkerque, à Boulogne, à
» Calais. On leur avait donné pour général le duc de Riche-
» lieu. »

(28) Page 170.

Acte de décès du roi d'Angleterre.

« Du seize septembre mil sept cent un, à trois heures et vingt minutes après midi, est décédé dans le château vieil de ce lieu, très haut, très puissant et très religieux prince Jacques Stuart, second du nom, roi d'Angleterre, d'Écosse et d'Irlande, âgé de soixante-sept ans onze mois, également regretté des peuples de France et d'Angleterre, et surtout des habitans de ce lieu et autres, qui avoient été témoins oculaires de ses excellentes vertus, et de sa religion pour laquelle il avait quitté toutes ses couronnes, les cédant à un usurpateur dénaturé, ayant mieux aimé vivre en bon chrétien éloigné de ses États, et faire, par ses infortunes et sa patience, triompher la religion catholique, que de régner lui-même au milieu d'un peuple mutin et hérétique. Sa dernière maladie avoit duré quinze jours, pendant lesquels il avoit reçu deux fois le saint viatique et l'extrême-onction par les mains de M. Jean François de Benoist, docteur de la maison de Sorbonne, prieur et curé de ce lieu, son propre pasteur, avec des sentimens d'une humilité si profonde, qu'après avoir pardonné à tous les siens rebelles et ses plus cruels ennemis, il demanda même pardon à des officiers s'il leur avoit donné quelque sujet de chagrin. Il avoit aussi donné des marques de sa tendresse et religion au sérénissime prince de Galles son fils, digne héritier de ses couronnes aussi bien que de ses vertus, auquel il recommanda de n'avoir jamais d'autre règle de sa conduite que les maximes de l'Évangile, d'honorer toujours sa très vertueuse mère, aux soins de laquelle il le laissoit, de se souvenir des bontés que Sa Majesté très Chrétienne lui avoit toujours témoigné, et de plutôt renoncer à tous ses États que d'abandonner la foi de Jésus-Christ. Tous les peuples, tant de ce lieu que des environs, ont eu la consolation de lui rendre les derniers devoirs, et de le visiter pour la dernière fois en son lit de parade, où il demeura vingt-quatre heures exposé en vue, pendant lesquelles il fut assisté du clergé de cette église, des révérends Pères Récollets et des Loges, qui ne cessèrent pas de prier pour le repos de l'âme de cet illustre héros du nom chrétien, que le Seigneur récompense d'une couronne éternelle. »

(29) PAGE 170.

Épitaphe de Jacques second, roi de la Grande-Bretagne, telle qu'elle existait dans l'église de Saint-Germain-en-Laye, imprimée à la suite de l'Oraison funèbre de ce prince, prononcée dans ladite église, le 8 novembre 1702, par l'abbé Anselme, membre de l'Académie Française.

REGI REGUM.

Felicique Memoriæ
JACOBI II. Majoris Britanniæ Regis,
Qui sua hîc viscera condi voluit,
Conditus ipse in visceribus CHRISTI.

Fortitudine bellicâ nulli secundus,
Fide Christianâ cui non par?
Per alteram quid non ausus?
Propter alteram quid non passus?
Illâ plusquam Heros,
Istâ propè Martyr.

Fide fortis,
Accensus periculis, erectus adversis.

Nemo Rex magis, qui Regna quatuor,
Anglia, Scotia, Hibernia. Ubi quartum?
Ipse sibi.
Tria eripi potuere,
Quartum intactum mansit.
Priorum defensio Exercitus, qui defecerunt.
Postremi tutela Virtutes, nunquam transfugæ.

Quin nec illa tria erepta omninò.
Instar Regnorum est LUDOVICUS hospes.
Sarcit amicitia talis tantæ sacrilegia perfidiæ
Imperat adhuc qui sic exulat.
Moritur, ut vixit, fide plenus,
Eòque advolat, quò fides ducit,
Ubi nihil perfidia potest.
Non fletibus hìc, canticis locus est :
Aut si flendum, flenda Anglia.

CINQUIÈME PÉRIODE.

(30) PAGE 197.

« 19 septembre 1792.

» L'assemblée considérant que, d'après les principes d'égalité, doivent disparaître toutes marques distinctives, a arrêté, ouï M. le procureur de la commune, que le tombeau en marbre et grille en fer au pourtour, où ont été ci-devant enterrés MM. Dubreuil et Pechméja, au cimetière de cette ville, seront, à la diligence de M. Luppette, officier municipal, et Villette notable, totalement enlevés, sans cependant faire des fouilles, le plus tôt possible et rapportés à la maison commune. »

« 22 janvier 1793.

» La municipalité décide que le marbre tumulaire de Dubreuil et Pechméjà lui appartient, et qu'elle en peut disposer. »

« 30 janvier 1793.

« Vente de ces marbres, pour 256 liv., au nommé Garcelon. »

(31) Page 203.

Procès verbal de la fête civique célébrée à Saint-Germain-en-Laye le 10 nivôse an II, pour la reprise de Toulon.

Copie exacte et littérale extraite du registre de la municipalité portant le n° VII, f° 75 au recto et finissant au verso.

« Ce jourd'hui dix nivos l'an second de la république française une et indivisible à heures de midi, tous les citoyens de la garde nationalle se sont réunis dans les endroits ordinaires, se sont réunis au parterre, les autorités constituées, le comité de surveillance, le bureau de conciliation, la société républicaine, un grand nombre de citoyennes, les gardes nationalles, la gendarmerie n^lle^, les citoyens de la p^re^ réquisition, le détachement de l'armée révolutionnaire. Le cortége s'est composé : la marche s'est ouverte par un corps de gendarmes, suivoient l'artillerie, un détachement de gardes nationaux et des citoyens de l'armée révolutionnaire ; un groupe de jeunes citoyens de la première réquisition ; les tambours, les hommes et les femmes de la Halle avec des violons. Ensuite paraissoient les jeunes citoyens l'espérance de la nation, accompagnés de leurs instituteurs ; le drapeau du p^er^ bataillon, un vaisseau porté par de jeunes hommes, entouré de jeunes citoyennes vêtues de blanc et parées des couleurs nationalles ; la société républicaine, les autorités constituées, le comité révolutionnaire séparées par des drapeaux, des groupes des premiers citoyens de la p^re^ réquisition et de jeunes citoyennes, des musiciens. Entre ces groupes, des musiciens faisoient entendre des airs consacrés à célébrer la liberté. Entre les corps constitués se trouvoit aussy un jeune enfant avec tous les attributs de l'amour, porté sur un palanquin. Il rappeloit le règne de la liberté et aussy le règne de la nature ; que des institutions gothiques ne contrarierons plus de jeunes cœurs qui brulent d'un amour honnête. Le fort de Toulon porté par des citoyens; un citoyen représentant Moyse Bayle. Devant la municipalité étoit un grand vaisseau qui se mouvoit par des roues artistement placées; on voyoit dans ce vaisseau les défenseurs de la patrie qui forçoient des ho[es] revêtus du costume anglois à célébrer le triomphe de la liberté sur le despotisme, l'affreuse politique de l'Angleterre. Des cris mille fois répétés de *vive la république* se faisoient entendre dans la marche; le cortège s'est rendu à la place de Mareil; un arbre majestueux y a été planté, la marche s'est continuée jusqu'à la place de l'Abondance (la place de Saint-Pierre). Le cortège s'est rendu dans le temple de la Raison (l'église paroissiale). le c[n] agent n[l] de cette com[ne] a prononcé un discours que lui avoit dicté le génie de la liberté. Il étoit trois heures quand la cérémonie s'est terminée, etc... »

On voit, par le style de ce procès verbal, à quels hommes était alors confié le soin de gouverner les autres.

(32) Page 203.

Aristophane, dans sa comédie des *Chevaliers*, introduit Démosthène, l'un des généraux athéniens, pour persuader à un vendeur de saucisses d'entreprendre de se mêler des affaires publiques; et comme cet homme faisait difficulté de s'engager dans un emploi dont il ne se sentait point capable, n'ayant jamais pensé à autre chose qu'à ses saucisses, le poète fait parler ainsi Démosthène : « Il n'y a rien de plus facile; faites » ce que vous avez coutume de faire : brouillez, confondez » tout, et feignez toujours d'être populaire, en adoucissant » votre discours par quelques termes de cuisine; pour le » reste, vous avez tout ce qu'il faut pour faire un orateur » public : votre voix est forte, vous êtes méchant, vous figurez » tous les jours dans les places publiques; vous avez tout ce » qu'on doit avoir pour se mêler du gouvernement. » (*In Equitibus*, act. 1, sc. 2.)

SECONDE PARTIE.

§ II.

(33) Page 274.

Les *jurés* étaient, à Paris et dans la plupart des villes du royaume, lors de la réunion des métiers en corporation, des officiers préposés pour veiller à l'exécution des règlemens donnés aux corps et métiers.

Dans les anciennes chartes et dans quelques coutumes, on donne le nom de *jurés* aux officiers qu'on appelait ailleurs *consuls, échevins, conseillers de ville.* On voit dans les *Antiquités de Caen*, par Huet, qu'on nommait autrefois les échevins de cette ville *bourgeois-jurés;* que, depuis, on les qualifia de *jurés, commis au gouvernement de la ville, conseillers au gouvernement de Caen, conseillers et gouverneurs de la ville,* et enfin *échevins.*

Les *jurés* étaient donc les juges municipaux d'une ville. Quelquefois on employait indistinctement le mot *jurés* pour désigner ces magistrats et les simples bourgeois qu'ils avaient sous leur juridiction : c'est ce qu'on remarque dans une charte de commune de l'an 1331, rapportée tom. V des *Ordonnances des rois de France*, pag. 676. L'art. 2 de cette charte s'exprime ainsi : « Lesdits maires et jurés ont la prinse détention » et cognoissance de tous leurs jurés. »

A Valenciennes, les juges municipaux étaient à la fois *jurés* et *échevins;* la coutume leur donnait cette double qualité, et ils la prenaient dans leurs sentences. Comme *jurés* ils exerçaient la haute justice, avaient droit de punir les crimes, de faire des règlemens de police à la requisition du prévôt ou de son lieutenant. Comme *échevins,* ils jugeaient, à la réquisition du maïeur, toutes matières de succession, toutes actions réelles, toutes amendes, et généralement tous les autres cas de moyenne et basse justice.

Nous ne savons pas quelle était la juridiction des jurés de Saint-Germain, ni s'ils étaient en même temps échevins de la ville. Ce qu'il nous est raisonnablement permis de supposer, c'est qu'ils étaient attachés à la prévôté, et servaient peut-être d'assesseurs au prévôt ou à son lieutenant lors du jugement des causes.

§ VI.

(34) Page 341.

L'inscription gravée sur cette première pierre était ainsi conçue :

D. O. M.

Pietatis et religionis ergo, Anna ab Austriā totius imperii Gallici Regina regens, augustissimi et triumphantis Galliarum et Navarræ regis Ludovici XIV parens piissima, hunc primum lapidem, pro ecclesia Augustianorum discalceatorum S.-Germani in Laya, sub titulo Dominæ nostræ gratiarum, tot tantarumque gratiarum desuper receptarum, haudquaquam immemor opponere voluit mense julio 1644.

Quatre médailles accompagnaient cette pierre. La première représentait la reine assise sous un dais, tenant le sceptre d'une main et de l'autre le caducée, avec cette inscription :

Secura quies regno, pia sub regina regente.

Au revers, la reine à genoux rendant grâce au Ciel, d'où paraissaient descendre la sainte Vierge et Jésus qui lui présentaient des couronnes, et saint Augustin armé d'un caducée, symbole de paix. L'inscription du revers était :

Pietate, consilio, viro, partu regnoque beata.

La seconde médaille représentait l'église des Loges dans la forêt de Saint-Germain, décorée au frontispice d'une fleur de lis pour témoignage de sa fondation royale. Le feu roi Louis XIII apparaissait tenant une balance, et le jeune roi, son fils, armé d'une épée supportant sur la pointe un globe, et passant à travers plusieurs couronnes, avec ces mots :

Libram tenuit genitor, jus repetet genitus.

Au revers, la Vierge couronnant le jeune roi, et ces mots :

Hac duce totum moderabitur orbem.

La troisième représentait Louis XIV semblant fouler deux palmes sous ses pieds, tenant d'une main une épée entourée d'une branche de laurier, et dont la pointe était surmontée d'une couronne. De l'autre main, le roi tenait une branche de laurier, une armée paraissait à côté de lui, et ces mots étaient écrits :

Qui pacis votum fuit hic pacem firmabit in armis.

Au revers, la reine offrant la chapelle des Loges à Notre-Dame-de-Grâces, à saint Augustin et à saint Fiacre, qui lui présentent chacun une couronne. Voici l'inscription :

Theotocô, Augustino et Fiacrio cœlitibus vota solvere justum.

La quatrième représentait un petit enfant nu, couché sur des palmes. Au-dessus de sa tête paraissaient trois couronnes, plus haut un globe, et dans un nuage le signe de la Vierge, sous lequel est né Louis XIV, avec ces mots :

Optatus tandem sub signo Virginis ortus.

Au revers, Louis XIII et son fils tenant une épée d'une main, et de l'autre un sceptre. Des trophées d'armes sont à leurs pieds, avec ces mots :

Victori, justo, victor ne desideraretur successit à Deo datus.

§ VIII.

(35) Page 360.

« Voici, d'après un mémoire manuscrit du temps de Louis XIV, un état des dépenses faites au château de Saint-Germain et au Val, montant à 6,485,582 liv., somme énorme pour ce temps, et qui représenterait aujourd'hui un capital beaucoup plus fort.

« Cette maison, illustrée par la naissance du roi, est très » ancienne. Elle consiste en deux châteaux : l'un vieux, l'au- » tre neuf. Le vieux château est beaucoup plus beau et mieux » bâti que le neuf; ils ne sont séparés l'un de l'autre que par » une grande basse-cour, qui pourrait servir de manége.

» Le Val est un jardin dépendant de Saint-Germain, que » Sa Majesté fait entretenir avec soin, et qui produit une in- » finité de beaux fruits dans toutes les saisons, surtout des » précoces. Je ne dis rien des autres dépendances de Saint- » Germain, crainte d'ennuyer.

Années.	Livres.	Sous.	Den.
1664	193,767	15	6
1665	179,478	14	9
1666	59,124	11	6
1667	56,255	8	4
1668	120,271	18	3
1669	515,214	19	»
1670	597,429	1	4
1671	361,020	11	11
1672	208,516	13	»
1673	97,379	4	3
1674	112,168	19	11
1675	130,306	18	2
1676	176,118	14	10
1677	194,303	14	2
	3,001,357	4	11

Années.	Livres.	Sous.	Den.
D'autre part. . .	3,001,357	4	11
1678	196,770	5	9
1679	447,401	14	4
1680	607,619	9	2
1681	279,509	9	2
1682	662,826	13	4
1683	490,695	9	8
1684	300,218	19	»
1685	189,598	»	7
1686	47,618	4	5
1687	50,450	2	1
1688	152,950	18	10
1689	33,176	13	6
1690	25,388	15	3
	6,485,582	»	»

» Le mémoire ne va que jusqu'en 1690, et ne fait, par conséquent, aucune mention des dépenses postérieures à cette année. » (Note extraite de l'*Histoire physique, civile et morale des Environs de Paris;* par J. A. Dulaure, tom. II, prem. part., pag. 175 et 176.)

COMMUNES DU CANTON.

(36) Page 442.

Samuel Moreland, anglais, maître des machines (*magister mechanicorum*) de Charles II, fut envoyé par ordre du roi à Louis XIV, au mois de décembre 1681, pour s'occuper de l'élévation des eaux ; à la même époque Rannequin (*Shwam-Renkin*), né à Liége en 1644, décédé à Marly en 1708, construisait la machine de Marly, qui fut mise en état d'agir en 1682. En 1683, Moreland a présenté à Louis XIV, au château de Saint-Germain, un projet d'elévation des eaux, écrit en français, dont l'original manuscrit est au Musée britannique à Londres. Ce manuscrit est de vingt-deux pages, et la partie relative à l'emploi de la vapeur d'eau, comme force motrice, n'est que de quatre pages. Moreland, pendant son séjour en France, fit établir des pompes pour élever des eaux dans le château de Maisons. Il devint aveugle, et mourut le 6 janvier 1696 à Hammersmith. Peu de temps avant sa mort, il avait fait enterrer, à six pieds sous terre, pour cinq mille francs de musique, disant que c'étaient des *chansons d'amour* et des *vanités*. (*Note communiquée par M. Hachette, membre de l'Institut.*)

TABLE DES MATIÈRES.

LISTE DES SOUSCRIPTEURS.

M. Anloux (d'), à Saint-Germain.
M. Ansart (*Octave*), avocat, à Paris.
M. Aubé, professeur, à Saint-Germain.

Mme Balivière (la marquise de), à Fourqueux.
M. Bailly, sous bibliothécaire de l'Hôtel-de-Ville, à Paris. (Deux exemplaires.)
M. Barriole, bourgeois, à Saint-Germain.
Mme Bastard, marchande de nouveautés, *idem*.
M. Baune, entrepreneur, *idem*.
M. Beaudoin, maître de poste, *idem*.
M. Belloni, fumiste, *idem*.
M. Béreult, avoué, à Avranches.
M. Berrier, homme de lettres, à Paris.
M. Bertin-de-Vaux, conseiller-d'État, député du département de Seine-et-Oise, *idem*.
M. Bertrand, jeune, propriétaire, à Saint-Germain.
M. Béthune (le comte de), *idem*.
M. Blanc, avocat, à Paris.
M. Blottefière (le comte de), lieutenant au 3e régiment de la garde, *idem*.
M. Boisseau, graveur, *idem*.
M. Boullay, négociant, *idem*.
M. Boulliot de Coubigny (l'abbé), homme de lettres, curé de Mesnil-le-Roi.
M. Bourdin, receveur de rentes, à Saint-Germain.
M. Boursier, propriétaire, *idem*.
M. Bretteville, contrôleur des contributions, *idem*.
M. Brevannes (*Henri*, comte de), à Saint-Germain.
M. Brou, à Paris.
M. Brumby, à Saint-Germain.
M. Brunton, architecte, à Paris.
Mme Buffaut (de), propriétaire, à Saint-Germain.

M. Campagne, garde du corps du roi, compagnie de Luxembourg, *idem*.
M. Casse, pharmacien, *idem*.

M. Chamerot, à Paris.
M. Chapelle, à Alençon.
M. Charrin (de), colonel en retraite, à Saint-Germain.
M. Chevalier, entrepreneur, *idem.*
M. Chevillard, négociant, *idem.*
M. Chevillard, père, propriétaire, *idem.*
M. Chevillard-Rosier, négociant, à Paris.
M. C*** (de), à Paris.
M. Chéron, entrepreneur, à Saint-Germain.
M. Cléda (le baron de), maire de Chambourcy.
M. Clérambourg, ancien avocat, à Saint-Germain.
M. Clerc, docteur en médecine, *idem.*
Mme Courcy (la marquise de), *idem.*

M. Daliger, propriétaire, à Saint-Germain.
M. Delaunay, libraire, à Paris.
M. Delbut, négociant, à Saint-Germain.
M. Déloge (l'abbé), aumônier du couvent des Dames de Saint-Thomas-de-Villeneuve, *idem.*
M. Demanne, chef d'institution, *idem.*
M. Denis (*Alexandre*), notaire, *idem.*
Mme Desmarets, propriétaire, *idem.*
M. Diesbach (*Philippe* de), officier au 7e régiment de la garde, à Versailles.
Mme Dubard, propriétaire, à Montfort-Lamaury.
M. Dubusc-Dusouchez, libraire, à Saint-Germain.
M. Ducastel, notaire, *idem.* (Trois exemplaires.)
M. Dugit, propriétaire, *idem.*
M. Dujardin (l'abbé), curé de Chanteloup.
M. Dupeiroux (l'abbé), aumônier de la deuxième succursale de la maison royale de Saint-Denis, aux Loges.
M. Dupont, docteur en médecine, à Saint-Germain.
M. Dupoty, entrepreneur, *idem.*
M. Dupuis, notaire, *idem.*
M. Dureau, graveur, à Paris.
M. Durieux, propriétaire, à Saint-Germain.
M. Dutour, receveur des douanes, à la Rochelle.

Mme Edmond, bourgeoise, à Saint-Germain.
M. Edwards, professeur, *idem.*
M. Équerre, receveur de rentes, *idem.*
M. Étoquigny (le vicomte d'), lieutenant général, *idem.*
Fabrique (la) de l'Église de Saint-Germain.

M. Fautier, élève en droit, à Saint-Germain.
M. Félix, bourgeois, à Paris.
M. Fillion, bourgeois, à Saint-Germain.
M. Fiquet, négociant, *idem.*
M. Foucault, notaire, maire de Fourqueux.
M. Fouet, curé du Pecq.
M. Fournier, juge de paix du canton de Saint-Germain.
M. Frémi, à Saint-Germain.

Mme Geslin (la comtesse de), *idem.*
M. Gilbert, propriétaire, à Mareil.
M. Godefroy, huissier, à Paris.
Mme Vve Grand, bourgeoise, à Saint-Germain.
M. Grasset, maire du Mesnil-le-Roi.
Mme Vve Guillard, bourgeoise, à Saint-Germain.
M. Guy, propriétaire, *idem.*
M. Guyot, instituteur, *idem.*

M. Hallot, propriétaire, au Pecq.
M. Hardel, aîné, entrepreneur, à Saint-Germain.
M. Hardel, jeune, entrepreneur, *idem.*
M. Hesse, propriétaire, *idem.*
M. Heurtier, *idem.*
Mme Hilliers (la comtesse *Baraguay* d'), *idem.*
Hospice (l') de Saint-Germain.
M. Houlbrat, huissier, à Saint-Germain.
M. Huré, chef d'institution, *idem.*

M. Jay, architecte, *idem.*
M. Jeanneret, propriétaire, à Triel.
M. Joly, conservateur des estampes de la bibliothèque du roi.
M. Journet, propriétaire, à Saint-Germain.

M. Lafosse (de), bourgeois, *idem.*
M. Lallemant, entrepreneur-menuisier, *idem.*
M. Lallemant, employé au bureau de l'état civil, *idem.*
M. Lally Tolendal (le marquis de), pair de France. (Deux exemplaires.)
M. Lamarre, docteur en médecine, à Saint-Germain.
M. Langlois, bourgeois, *idem.*
M. Languedoc, coiffeur, *idem.*
M. Larchevêque, marchand de bois, *idem.*
M. Larenaudière, négociant, à Paris.
M. Laroque, architecte, *idem.*
M. Lasaunière, bourgeois, à Saint-Germain.

M. Laumier (*Charles*), homme de lettres, à Paris.
M. Leclerc (*Auguste*), professeur, à Saint-Germain.
M. Lecointe, libraire, à Paris.
M. Lécuy (l'abbé), grand vicaire de Mgr l'archevêque de Paris.
M. Lefèvre, propriétaire, à Saint-Germain.
M. Lefèvre, aîné, négociant, *idem*.
M. Lefèvre-Dugit, marchand de bois de sciage, *idem*.
M. Legay, négociant, *idem*.
M. Legrand (*Benjamin*), peintre, *idem*.
M. Lelaisant, commissaire-priseur, *idem*.
Mme Lepître, propriétaire, au Pecq.
M. Lerouget, marchand de bois, à Saint-Germain.
M. Lescaille (de), inspecteur-divisionnaire des ponts et chaussées, *idem*.
M. Longueville, docteur en médecine, *idem*.

M. Macé, jeune, propriétaire, *idem*.
M. Machuel, bourgeois, *idem*.
M. Marchand, à Paris.
M. Marcus, docteur en médecine, à Saint-Germain.
M. Mauconble (le vicomte de), lieutenant général, *idem*.
M. Mauroy, bourgeois, *idem*.
Mme Mesnard (la comtesse de), née Caumont de la Force, à Paris.
Mlle Meunier, libraire, à Saint-Germain.
M. Meunier, ingénieur-militaire, *idem*.
M. Michel, professeur, *idem*.
M. Moreau, architecte, à Paris.
Mme Mossac (la comtesse), à Saint-Germain.

M. Naudin, bourgeois, *idem*.
M. Naze, à Paris.
M. Niquevert, peintre d'histoire, à Saint-Germain.
M. Noel Desvergers, négociant, à Paris.

M. Obert (le vicomte), lieutenant général, à Saint-Germain.
Mme Oger, propriétaire, *idem*.
M. Ory, bourgeois, *idem*.
M. Ory, libraire, *idem*.

M. Pantigny, directeur du bureau des voitures accélérées, *idem*.
M. Pellan (le comte de), maréchal de camp, *idem*.
M. Perrin, négociant, *idem*.
M. Petit, entrepreneur, *idem*.
MM. Pichon et Didier, libraires, à Paris.
M. Pincherbau, huissier, *idem*.
M. Pinot, entrepreneur-serrurier, à Saint-Germain.

M. Poirier (l'abbé), aumônier de madame la dauphine. (Deux exemplaires.)

Mme Poix (la princesse de), à Paris. (Deux exemplaires.)

M. Potain, docteur en médecine, à Metz.

M. Poulain, entrepreneur, à Saint-Germain.

M. Pourchon (l'abbé), chanoine, supérieur de la Congrégation de la Nativité de la Vierge, à Saint-Germain.

M. Preux (*Frédéric*), *idem*.

M. Prevost, à Paris.

M. Prudhomme, libraire, *idem*.

M. Rauzan, docteur en médecine, à Saint-Germain.

M. Regnault, intendant militaire, *idem*.

M. Renard, entrepreneur-serrurier, *idem*.

M. Rigault, secrétaire de l'administration de Saint-Germain.

M. Robiniot, propriétaire, à Saint-Germain.

M. Rolot, huissier, *idem*.

Mme Rospiec (de), *idem*.

M. Rousselet, garde du corps du roi, compagnie de Gramont.

M. Saint-Projet (le chevalier de), conservateur des forêts et chasses du roi, à Saint-Germain.

M. Salhorgne, marchand chapelier, *idem*.

M. Samson, marchand d'estampes, *idem*.

M. Seroka (de), au ministère de la guerre.

Mme Supérieure (la) du couvent des Dames de Saint-Thomas-de-Villeneuve, à Saint-Germain.

M. Tellier, entrepreneur-charpentier, *idem*.

M. Tellier-Thibout, négociant, *idem*.

M. Thibaut (*François Charles*), sous-chef au bureau des travaux publics, à la préfecture de Versailles.

M. Thibout, père, propriétaire, à Saint-Germain.

M. Thibout, fils, négociant, *idem*.

M. Tourneux, libraire, à Paris.

M. Tourrot, bourgeois, à Saint-Germain.

M. Truchy, libraire, à Paris. (Deux exemplaires.)

M. Vander Kerckhoven, à Saint-Germain.

M. Vaux (le baron de), major au 3e régiment de la garde, à Paris.

M. Verthamont (le comte de), maréchal de camp, à Saint-Germain.

M. Vinchon, sellier-carrossier, *idem*.

ERRATA.

Page 14, lign. 17 et 22, sucesseurs *lisez* successeurs.
30, — 22, d'ordonnnance *lisez* d'ordonnance.
55, — 20, crénaux *lisez* créneaux.
91, — 5, n'étaient *lisez* n'était.
102, — 15, ceintrées *lisez* cintrées.
105, — 17, aidés *lisez* aidé.
153, — 13, Maison *lisez* Maisons.
179, — 7, succédés *lisez* succédé.
307, — 30, introduits *lisez* introduites.
316, — 23, ne mettraient *lisez* ne mettrait.
393, — 15, à qui ils fournissent *lisez* auxquels ils fournissent.
397, — 27, relai *lisez* relais.
408, — 20, qui conduit *lisez* qui conduisent.
423, — 8, rapporté *lisez* rapportée.
427, — 2, à l'entour *lisez* autour.
idem. — 14, *menso* lisez *mense.*
430, — 5, enveloppés *lisez* enveloppées.
478, — 13, chevalier, marquis d') *lisez* marquis d').
495, — 12, Gironde *lisez* Girone.
513, — 36, *nocitur* lisez *nocitura.*

AVIS AU RELIEUR POUR LE PLACEMENT DES GRAVURES.

www.ingramcontent.com/pod-product-compliance
Lightning Source LLC
Chambersburg PA
CBHW071014240426
43661CB00073B/2194
* 9 7 8 2 0 1 4 5 1 4 7 8 0 *